# ŒUVRES COMPLÈTES

# D'ALEXIS DE TOCQUEVILLE

PUBLIÉES

## PAR MADAME DE TOCQUEVILLE

—

VII

PARIS. — IMP. SIMON RAÇON ET COMP., RUE D'ERFURTH, 1.

# NOUVELLE

# CORRESPONDANCE

## ENTIÈREMENT INÉDITE

DE

## ALEXIS DE TOCQUEVILLE

## PARIS

MICHEL LÉVY FRÈRES, LIBRAIRES ÉDITEURS

RUE VIVIENNE, 2 BIS, ET BOULEVARD DES ITALIENS, 15

A LA LIBRAIRIE NOUVELLE

—

1866

# AVANT-PROPOS

Ce volume complète, avec les tomes V et VI, la correspondance d'Alexis de Tocqueville. Il ne contient que des lettres inédites. Un certain nombre de ces lettres sont adressées aux mêmes personnes dont le nom figure déjà dans les deux volumes précédents ; mais la plupart proviennent de correspondants nouveaux, étrangers à la première publication. Parmi ceux-ci je dois mentionner d'abord *le comte* et *la comtesse* de Tocqueville (le père et la mère d'Alexis de Tocqueville) et *Hubert* de Tocville, son neveu ; puis, en suivant l'ordre alphabétique, je citerai notamment MM. *Odilon* Barrot, *le marquis* de Blosseville, Bouchitté, *Léon* Faucher, *la comtesse* de Grancey, *Léonce* de Lavergne, *la marquise* de Leusse, *l'abbé* Lesueur, *le comte* de Montalembert, *madame* Phillimore, *la comtesse* de Pizieux, Royer-Collard, etc.

En tête des lettres dont se compose ce volume, on verra tout d'abord, par rang d'importance comme par ordre de date, celles qu'Alexis de Tocqueville écrivit à sa famille, en 1831 et en 1832, pendant son voyage aux États-Unis, et dans lesquelles on aimera sans doute à rechercher ses premières impressions sur ce pays, devenu plus tard l'objet de ses profondes études. Ce n'est que tout récemment que ces lettres d'Amérique ont été retrouvées ; et au moment même où l'impression du tome VII commençait, nous avons pu les y introduire, grâce à l'autorisation que les deux frères d'Alexis, le comte et le vicomte de Tocqueville nous en ont accordée et dont nous leur sommes bien reconnaissants. Rien, du reste, ne montre mieux que cette correspondance l'affection passionnée qui attachait Alexis de Tocqueville à tous les siens, et la place immense que sa famille occupait dans sa vie comme dans son cœur. On voit aussi par ses lettres à Hubert de Tocqueville, combien lui était cher ce neveu, dans lequel il voyait presque un fils, et auquel il donne des conseils, modèles de tendresse et de sollicitude paternelles.

Il est curieux, quand on rapproche les lettres adressées aux hommes politiques de celles qu'il écrivait à ses parents ou aux personnes du monde, par exemple à madame de Grancey, à madame de Pizieux, etc., etc., d'observer la facilité avec laquelle l'esprit de Tocqueville prenait tous les tons, et passait aisément de la méditation la plus grave à l'abandon, de la grâce à la profondeur.

Nous nous abstenons du reste, ici, de tout autre commentaire sur ce volume, que nous aimons mieux livrer aux impressions spontanées du public ; nous nous bornons donc à constater le sentiment de confiance avec lequel nous le lui offrons.

Il arrive quelquefois que les éditeurs de lettres, encouragés par le succès d'un premier volume, en donnent au public un second d'une moindre valeur. Sévères d'abord sur le choix des matières, ils se relâchent peu à peu de leur rigueur et finissent quelquefois par livrer à l'impression ce que d'abord, mieux inspirés, ils n'en avaient pas jugé digne. Nous avons suivi la marche opposée. Il nous a semblé que le succès obtenu par les deux *premiers volumes de correspondance* nous imposait une sévérité d'autant plus grande dans le choix des lettres destinées à former un volume nouveau, et que tout ce qui, en pareil cas, n'accroissait pas le succès pouvait le diminuer. Nous n'aurions pas publié ces nouvelles lettres si, dans leur ensemble, nous ne les eussions jugées, sinon supérieures, au moins égales aux premières.

Le lecteur pourra remarquer que, parmi les correspondants nouveaux, il en est un qui est demeuré anonyme, et dont il n'existe, du reste, dans ce volume, qu'une seule lettre, celle datée de *Warwick, 26 août* 1833[1]. Dans une note placée au-dessous de cette lettre, sans prononcer le nom de la personne à laquelle elle est adressée, nous permettions de le deviner. Aujourd'hui nous n'avons plus la même réserve à garder. Depuis que cette note a été écrite, madame de Tocqueville, qui en était l'objet, a été, par un coup bien cruel, hélas! pour tant d'amis auxquels elle était chère, prématurément retirée de ce monde[2]; et non-seulement elle ne s'est point opposée, en mourant, à ce que ce voile de l'anonyme fût levé, mais encore elle a formellement autorisé la publication de la plupart des autres lettres qu'Alexis de Tocqueville lui a adressées pendant une période de

1. Voir page 116 de ce volume.
2. Le 22 décembre 1864.

trente années. Elle n'a pas voulu, sans doute, que ces lettres, les plus belles assurément qu'il ait écrites et les plus capables de révéler ce qu'il y avait de cœur dans ce grand esprit ; que cette foule de pensées élevées et de sentiments généreux dont sa correspondance intime abonde ; que tous ces jugements de chaque jour portés sur les hommes et sur les choses, dont elle recevait la confidence ; elle n'a pas voulu que tous ces trésors d'intelligence et de passion, accumulés dans ses lettres, fussent perdus pour le public ; et elle nous en a confié le dépôt, en nous laissant juge du moment opportun à choisir et des convenances à observer pour leur publication. Ses intentions seront remplies.

Elle nous a confié un autre mandat, celui d'achever cette édition des œuvres complètes de son mari, que nous avions commencée sous sa direction, et que nous avions le bonheur d'exécuter sous ses yeux. Elle avait prévu qu'elle n'en verrait point la fin ; et, avant de mourir, elle avait, avec une grande prudence et une rare fermeté d'esprit, tout disposé pour que son œuvre ne fût point interrompue. Aucune de ses prévisions ne sera déçue. Sa noble entreprise sera continuée et fidèlement accomplie, nous osons le promettre, sous les auspices de sa pieuse volonté et de son impérissable souvenir.

Beaumont, le 10 juin 1865.

GUSTAVE DE BEAUMONT.

# CORRESPONDANCE

## ANNÉE 1851

A MADAME LA COMTESSE DE TOCQUEVILLE[1]

A bord du vaisseau *le Havre*, 26 avril 1831.

C'est à vous, ma chère maman, que je veux écrire la première. Mon intention était de le faire à mon arrivée à New-York, mais je n'ai pas le courage d'attendre si longtemps. D'ailleurs, l'occasion est favorable : le vent, qui nous pousse rapidement, agite si peu le vaisseau, que je n'écrirai peut-être pas plus mal qu'à l'ordinaire. Je voudrais vous faire une grande lettre, mais je ne sais pas précisément par où commencer. Sans qu'il me soit arrivé

1. Née Le Pelletier de Rosambo, petite-fille de Malesherbes (mère d'Alexis de Tocqueville), morte le 9 janvier 1836.

d'événements depuis notre séparation, il me semble cependant que j'en ai beaucoup à vous raconter. Je suivrai donc le chemin le plus court qui est de reprendre les choses du plus haut, et de vous les raconter comme elles me viendront.

Mon père vous aura dit comment et à quelle heure il s'est séparé de nous au Havre. Mais ce qu'il n'a pu vous apprendre, c'est la tristesse que nous avons éprouvée après son départ. Jamais, pour ma part, je ne me suis senti le cœur si serré. Son départ et celui de mes frères brisaient pour un temps le lien qui m'attachait encore à vous tous et à la France; et je doute qu'aucune ville d'Amérique me paraisse jamais aussi étrangère et aussi déserte que l'est devenue tout à coup la ville du Havre. Après avoir péniblement tué trois grandes heures, nous avons gagné notre bâtiment. Le bruit général était que nous resterions six jours au Havre. Je vous laisse à penser quel sentiment nous éprouvions en recevant de pareilles nouvelles. Nous nous jetâmes cependant sur nos lits, et nous nous endormîmes faute de mieux.. A minuit et demi, j'entendis quelque bruit sur le pont, et, y étant monté, je m'aperçus que nous voguions à pleines voiles. La lanterne de la jetée scintillait encore à l'horizon. Du reste, la nuit me cachait la terre, et depuis lors je n'en ai plus eu de connaissance. J'espère cependant qu'elle existe encore quelque part; car, pour mon compte, je déclare que je ne suis point d'avis de vivre ainsi longtemps sur l'eau. Quoi qu'il en soit, je finis par redescendre et me rendormir dans l'attente du mal de mer. Pendant deux jours je

fus malade et triste; Beaumont bien portant et gai comme
à son ordinaire : c'était l'ordre naturel des événements.
Le troisième jour, je pris quelque intérêt aux choses de ce
monde, et le quatrième j'étais guéri. En somme, j'ai été
un des moins incommodés. Ce n'est, à vrai dire, qu'au
bout de la semaine que nous avons fait connaissance les
uns avec les autres. Chacun a fini par sortir de son trou.
C'était, je vous jure, un bel assemblage de figures pâles,
jaunes et vertes; il y avait de quoi faire toutes les couleurs de l'arc-en-ciel. Je voudrais vous faire un peu connaître les habitants de notre petit monde; mais pour
vous parler de tous, la chose est impossible; car vous
saurez qu'indépendamment d'une vache et d'un âne,
nous nous trouvons ici cent quatre-vingt-une personnes,
ni plus ni moins, savoir : trente dans la chambre, treize
à l'entrepont, cent vingt à la proue et dix-huit matelots.
Voilà mon compte. Dans la cabine qui nous précède se
trouve un grand propriétaire anglais, M. ***; il a été
membre de la Chambre des communes. C'est un vieillard
instruit et plein de bonté, qui nous a pris en affection et
nous a fourni d'utiles renseignements et d'excellents avis.
C'est la meilleure pièce de notre assortiment. Son compagnon de chambre est le membre le plus bouffon de
la compagnie; non pas vraiment qu'il veuille nous faire
rire, c'est, au contraire, un très-sérieux personnage; mais
il nous amuse malgré lui. Ce n'est ni plus ni moins qu'un
commis-voyageur français qui ne sait parler que vins (il
est marchand de vin) et politique, et quelle politique!
bon Dieu! tout ce qu'un sot peut en savoir après avoir lu

*le Constitutionnel*. Son emphase nous faisait mourir de rire. Il n'appelle jamais la France que : « Ma patrie, » et dit : « Je vais en Amérique pour vendre les vins de ma patrie. » Chacun a bientôt fini par le laisser seul à son enthousiasme. Il s'en venge en buvant tous les jours une de ses bouteilles, sans en offrir à personne. Je n'en finirais jamais si je vous faisais le portrait de chacun ; vous saurez seulement que l'arche de Noé ne renfermait point d'animaux plus divers. Nous avons un Espagnol, une famille française, femme et enfants, deux jolies Américaines, une dame suisse et ses enfants ; tout cela, sans être remarquablement aimable, est cependant d'un commerce facile et bienveillant. Pour notre compte, nous n'avons qu'à nous louer de chacun d'eux ; d'ailleurs, en mer, si l'on ne veut se battre, il faut être les meilleurs amis du monde. Il n'y a pas de milieu. Vous ne pouvez pas vous figurer quelle drôle de vie on mène dans cette grande diligence qu'on appelle un vaisseau ! L'obligation de vivre les uns sur les autres et de se voir toujours entre les deux yeux établit un sans-gêne et une liberté dont on n'a pas d'idée sur la terre ferme. Ici, chacun agit au milieu de la foule comme s'il était seul ; les uns lisent à haute voix, d'autres jouent, d'autres chantent ; il y en a qui écrivent, comme moi, par exemple, en ce moment, pendant qu'un voisin soupe. Chacun boit, rit, mange ou pleure, selon que l'idée lui en vient. Les chambres sont si étroites, qu'on en sort pour s'habiller : et excepté de mettre ostensiblement sa culotte, je ne sais quelle partie de la toilette ne se fait point à la face d'Israël. En un mot, nous vivons sur la place publique comme les anciens. C'est ici le pays de la liberté; mais elle ne peut s'exercer qu'entre quatre planches : voilà le mal. Aussi la plupart de nos compagnons passent-ils la plus grande partie de leur temps de la manière la plus misérable; c'est ce qu'on peut appeler distiller l'ennui goutte à goutte comme un alambic. Pour nous, nous n'en avons point été atteints. Autant que la mer le permet, nous suivons nos habitudes de terre. Nous nous levons avec le jour, travaillons jusqu'au déjeuner qui est à neuf heures; à midi, nous recommençons jusqu'au dîner. Après dîner, nous causons anglais avec ceux ou celles qui veulent bien nous écouter, et à neuf heures nous nous couchons pour recommencer. Il ne faut pas croire cependant que nous manquions absolument de distractions extérieures; tout est relatif dans ce monde. Un nuage à l'horizon nous occupe, un changement de manœuvre nous intéresse vivement. Hier, un charmant petit oiseau bleu de ciel a été apporté, demi-mort, par un coup de vent, dans nos cordages. Nous n'en avons point de cette espèce en Europe, et nos Américains l'ont reconnu sur-le-champ pour un oiseau de leur pays. Vous ne pouvez vous figurer quelle joie nous a causée ce petit animal qui semblait envoyé tout exprès pour nous annoncer l'approche des terres. On l'a pris et mis en cage. Il y a huit jours, la mer était presque immobile; nous marchions cependant, mais sans ressentir le moindre souffle de vent : c'était une délicieuse soirée de printemps. On proposa de danser. Ce fut un bal en règle. Si vous voulez savoir où était en ce moment

la salle de danse, cherchez sur la carte le point de sec-
tion que forme le quarante-deuxième degré de latitude
avec le trente-quatrième de longitude ! c'est là ou aux
environs que se trouve la place. Il faut que l'homme soit
un animal bien insouciant du lendemain pour pouvoir
cabrioler ainsi, avec un abîme sans fond sous les pieds,
la mort à droite, à gauche, en arrière et en avant, et rien
que la calotte du ciel sur la tête. Après tout, n'en est-il
pas de même à peu près dans le salon le mieux bâti du
faubourg Saint-Germain : et puis on s'accoutume à tout.
Je vous assure que je ne cherche plus la terre à l'horizon
comme le premier jour ; je m'habitue déjà à ne voir autour de moi qu'une espèce de cercle plus ou moins borné
sur lequel courent de gros nuages. Nous avons eu cependant deux ou trois fois de beaux spectacles dont un
peintre eût bien voulu être témoin. Un soir, entre autres,
la mer s'est mise à étinceler comme la machine électrique. La nuit était très-noire, et la proue du bâtiment,
en fendant l'eau, faisait jaillir à vingt pas à l'entour une
écume de feu. Pour mieux voir, j'ai été me placer sur
le beaupré, c'est-à-dire sur le mât de l'avant. De là je
voyais à quelque distance la proue qui avait l'air de s'é-
lancer sur moi avec la vague étincelante qu'elle refou-
lait devant elle ; c'était un spectacle plus admirable que
je ne puis le peindre. La solitude du milieu de l'océan a
aussi quelque chose de formidable à voir. Pendant les dix
premiers jours de notre route, on signalait des voiles à
chaque instant ; de grands oiseaux nous suivaient constamment et souvent venaient se percher sur nos mâts ;

la mer était pleine de poissons. Mais à partir du trentième degré de longitude environ, les vaisseaux, les oiseaux et les poissons ont disparu ; l'aspect de l'océan est devenu morne ; mais sa monotonie était encore plus imposante qu'ennuyeuse.

A l'approche du banc de Terre-Neuve, nous avons éprouvé deux coups de vent assez forts, dont l'un a duré trente-six heures sans interruption. C'est au banc de Terre-Neuve qu'on commence à revoir des oiseaux et des poissons. Nous en voyons un entre autres qu'on nomme, je crois, une *galère :* ce petit poisson tire de l'eau et laisse voir des membranes transparentes à l'aide desquelles il se dirige suivant le vent. Cet effet électrique dont je vous parlais plus haut est aussi produit par des millions de petits poissons, gros comme des têtes d'épingle, et qui ont les mêmes propriétés à peu près que les vers luisants. Après les poissons et les oiseaux sont venues les herbes marines.

Aujourd'hui, 6 mai, jour où je reprends ma lettre, nous nous trouvons au soixante-sixième degré de longitude. Il ne nous reste plus qu'environ cent trente lieues pour arriver à New-York. Ce n'est rien si nous avons bon vent ; mais nous pouvons mettre huit jours à les faire. Voilà cependant déjà trente-deux jours que nous sommes en mer ! Une grande partie de nos provisions fraîches sont épuisées, et on ne nous donne plus le sucre que par rations. Malgré tout, vous me croirez, j'espère, quand je vous assurerai que je désire bien moins arriver à New-York pour toucher la terre, que pour rece-

voir des nouvelles d'Europe. Le paquebot du Havre, du
15 mai, ne sera pas arrivé sans doute; mais d'autres
vaisseaux partis de France ou d'Angleterre huit ou dix
jours après nous, le seront peut-être, et par eux nous
aurons des nouvelles. Quant à vos lettres à tous, ma
chère maman, après le plaisir de vous revoir, je n'en
conçois pas de plus grand que de les lire.

9 mai.

Hier soir, le premier cri de : *Terre*, s'est fait entendre; mais il fallait une lunette pour apercevoir le
rivage. Aujourd'hui, le soleil en se levant vient de
nous découvrir *Long-Island*. Nous approchons rapidement de la côte; déjà on aperçoit du gazon et des arbres
en feuilles. C'est un délicieux spectacle. Je vous quitte
pour m'aller joindre à ceux qui se réjouissent sur le
pont : la mer n'incommode personne aujourd'hui.

New-York, 14 mai.

Je ne m'attendais guère, ma chère maman, lorsque nous étions en vue de *Long-Island*, à ce qui allait
nous arriver. En montant sur le pont, je m'aperçus
que le vent, qui soufflait de l'est depuis le matin et
nous poussait au port, tournait à l'ouest. Une heure
après, il devint violent et contraire; il fallut se mettre à
courir des bordées, c'est-à-dire aller en zigzag, sans
avancer. Bientôt le vent d'ouest fut *settled*, c'est-à-dire
établi : ce qui paraissait annoncer une durée de plusieurs

jours. Or nous avions des malades à bord, et nos vivres
frais tiraient à leur fin. Tous les passagers se réunirent
pour demander au capitaine de gagner, à l'aide du vent
d'ouest, la petite ville de New-Port, qui est située sur la
côte de Rhode-Island, à soixante lieues au nord de New-
York. Leur prière fut agréée, et, le 9 mai, à huit heures
du soir, nous jetions l'ancre dans le havre extérieur de
New-Port. Un canot de pêcheur vint bientôt nous y reconnaître. Nous étions si heureux de nous trouver près
de terre que tout ce qu'il y avait de jeunes gens à bord
s'embarqua immédiatement dans le canot, et une demi-
heure après nous arrivâmes au quai de New-Port. Jamais, je crois, on ne vit des gens si heureux d'être au
monde; nous sautâmes sur la terre et y fîmes chacun
je ne sais combien de gambades avant de nous sentir
solidement établis sur nos jambes. Après avoir savouré
pendant quelques heures le plaisir d'être à terre, nous nous
rembarquâmes sur un immense bateau à vapeur qui, venant de Providence (capitale du Rhode-Island), se rendait
à New-York. Il est impossible de se faire une idée de
l'intérieur de cette immense machine. Qu'il vous suffise
de savoir qu'elle contient trois grands salons, deux pour
les hommes, un pour les femmes, où quatre, cinq et
souvent huit cents personnes mangent et couchent commodément. Vous pouvez juger de la rapidité de sa marche, puisque, malgré la mer et le vent contraire, nous
fîmes en dix-huit heures les soixante lieues qui nous sé-
paraient de New-York.

Toute cette côte d'Amérique est basse et peu pitto-

resque. Dans ce pays, couvert de forêts impénétrables il
y a deux siècles, on a peine à apercevoir un arbre. La
terre cependant nous bordait des deux côtés, car nous
passions entre *Long-Island* et les rivages du Connecticut.
Au lever du soleil nous nous approchâmes de New-York,
en en prenant par conséquent le port à revers. Je ne sais
si l'aspect peu séduisant du pays que nous avions déjà
vu, et nos trente-cinq jours de mer nous faisaient illusion ; mais ce qu'il y a de certain, c'est que nous pous-
sâmes des cris d'admiration en apercevant les environs
de la ville. Imaginez-vous les rivages les plus heureusement découpés, des pentes couvertes de gazons et d'arbres en fleurs qui descendaient jusqu'à la mer ; et plus
que tout cela, une multitude incroyable de maisons de
campagne, grandes comme des bonbonnières, mais d'un
travail aussi soigné. Ajoutez à cela, si vous pouvez, une
mer couverte de voiles, et vous aurez l'entrée de New-
York du côté du Sund.

Je vais tâcher d'abréger un peu, car si je me mets à
dire chaque chose par le menu, je vous enverrai un
in-quarto. Nous voilà donc à New-York : l'aspect de la
ville est bizarre pour un Français et peu agréable. On ne
voit ni un dôme, ni un clocher, ni un grand édifice ;
de manière qu'on se croit toujours dans un faubourg.
Dans l'intérieur, la ville est bâtie en briques : ce qui lui
donne un aspect fort monotone. On ne voit aux maisons
ni corniches, ni balustrades, ni porte cochère ; les rues
sont mal pavées, mais il y a dans toutes des trottoirs pour
les piétons...

Vous ne vous faites pas une idée des facilités que nous trouvons dans ce pays-ci pour remplir notre mission. Tous les Américains de toutes les classes semblent rivaliser entre eux à qui nous sera plus utile ou plus agréable. Les journaux, qui ici s'occupent de tout, ont annoncé notre arrivée et exprimé l'espoir que nous trouverions partout une active assistance. Il en résulte que toutes les portes nous sont ouvertes, et que partout nous recevons l'accueil le plus flatteur. Une grande difficulté que nous avons rencontrée dès notre sortie de France, et qui commence à être surmontée, c'est la langue. Nous nous figurions savoir l'anglais à Paris, semblables aux enfants qui se croient savants à la sortie du collége ; nous n'avons pas tardé à nous détromper : nous possédions seulement ce qu'il faut pour l'apprendre vite. Sur le vaisseau nous avions déjà fait des efforts incroyables ; il nous est arrivé de traduire de l'anglais au milieu d'une tempête qui nous permettait à peine d'écrire. Malheureusement nous avions sur le bâtiment trop de personnes parlant français. Mais arrivés ici, il a bien fallu renoncer tout à fait à notre langue : personne ne la parle. Nous ne nous exprimons donc qu'en anglais. C'est souvent une pitié de nous entendre ; mais enfin nous nous faisons comprendre et nous entendons tout. On nous assure que nous finirons par parler remarquablement bien. Ce sera alors une excellente acquisition que nous aurons faite ; l'utilité que nous en retirons déjà me fait sentir la folie de ceux qui voyagent, comme M. ***, chez des peuples auxquels ils ne peuvent parler ; autant vaudrait se promener dans sa chambre en fermant les volets de sa fenêtre.

Vous désirez sans doute, ma chère maman, savoir quel est notre genre de vie actuel? Le voici. Nous sommes établis dans un *boarding-house* de la rue la plus à la mode, qu'on appelle Broadway; nous nous levons entre cinq et six, et nous travaillons jusqu'à huit; à huit heures, la cloche annonce le déjeuner. Tout le monde s'y rend ponctuellement. Après quoi nous sortons pour visiter quelques établissements ou nous aboucher avec quelques hommes intéressants à entendre. Nous revenons dîner à trois heures; à cinq, nous rentrons ordinairement chez nous pour mettre nos notes en ordre jusqu'à sept, heure à laquelle nous allons dans le monde prendre le thé. Ce genre de vie est fort agréable, et je le crois très-sain; mais il confond toutes nos habitudes. Ainsi nous avons été tout étonnés, le premier jour, de voir les femmes venir déjeuner, à huit heures du matin, avec une mise très-soignée qu'elles gardent jusqu'au soir. On fait très-convenablement visite à une dame à neuf heures du matin. L'absence de vin dans nos repas nous a paru dans le commencement fort incommode, et nous ne pouvons encore concevoir la multitude de choses qu'on parvient à se fourrer ici dans l'estomac. Vous savez qu'indépendamment du déjeuner, du dîner, et du thé, avec lequel les Américains mangent du jambon, ils font encore un souper très-copieux et souvent un goûter.

Dimanche 15 mai..

Je reprends ma lettre, ma chère maman, au retour de
la grand'messe que nous venons d'entendre dans une
église catholique qui est située à cinq minutes de chez
nous. Je ne puis vous dire quelle singulière impression
on éprouve en retrouvant si loin de chez soi toutes les
cérémonies religieuses dont on a été le témoin depuis son
enfance. Je me suis cru si bien en France pendant un
moment, que j'adressais la parole en français à mes voisins; mais tous les assistants étaient Américains. L'église,
qui est grande, était comble, et le recueillement y était
plus profond que dans les églises de France. L'établissement des catholiques à New-York est considérable; ils y
ont cinq églises, et leur nombre dépasse vingt mille. Je
ne serais pas étonné que la religion catholique, tant
attaquée en Europe, ne fît dans ce pays-ci de grands progrès. La nécessité d'une doctrine religieuse est si bien
sentie de ce côté de l'Atlantique, que les protestants eux-
mêmes estiment peu les catholiques qui paraissent négliger leur culte.

Vous voyez que jusqu'à présent nous n'avons pas à
nous plaindre. Nous faisons le plus beau voyage qu'on
puisse imaginer, et avec un agrément que presque aucun
voyageur n'a rencontré. Nous travaillons beaucoup de
tête; nous prenons beaucoup d'exercice, et le temps
semble courir. Mais il y a un revers aux plus belles
choses de ce monde. Nous ne pouvons point nous replier
sur nous-mêmes sans éprouver les inquiétudes les plus

poignantes : près de deux mois, quinze cents lieues de mer nous séparent déjà de vous. Que vous est-il advenu à tous depuis mon départ? que faites-vous, où êtes-vous à l'heure où j'écris si tranquillement cette lettre et où je me félicite de mon sort? Dans quelle situation politique se trouve mon père? Comment le bon abbé soutient-il ses quatre-vingts ans? Que font mes frères, et Émilie et Alexandrine? Qu'arrive-t-il à la France? Voilà autant de questions que je me fais le jour, qui me reviennent la nuit et qui pèsent sur moi d'un poids insupportable.

Me voilà arrivé au terme de cette énorme lettre. J'aurais encore bien d'autres choses à vous dire, car nous sommes ici tout yeux et tout oreilles; mais j'en viendrai peu à peu à bout. Dites à mon père, à l'abbé, aux frères et sœurs que, bien qu'elle ne leur soit pas adressée, je pensais à eux en l'écrivant; que j'y pense sans cesse; que le plus grand bonheur de ma vie sera de vous embrasser tous de toutes mes forces.

### A M. L'ABBÉ LESUEUR[1]

New-York, 28 mai 1831.

Vous ne pouvez vous figurer, mon cher ami, quel bonheur nous avons éprouvé en recevant, il y a huit jours, le paquet de lettres qui nous a apporté de vos nouvelles

1. L'abbé Lesueur, auquel est adressée cette lettre, ainsi que deux autres que l'on trouvera un peu plus loin, était peut-être l'homme du monde pour lequel Tocqueville professait le plus d'affection et de respect. Doué

à tous. Nous ne rêvions plus que lettres : c'était notre idée fixe. Lors donc que nous avons appris qu'on signalait un paquebot du Havre, nous avons couru sur le port. C'était bien le *Charles Carroll* que nous avions visité en France. Mais il ne pouvait délivrer les lettres qu'à l'administration de la poste, et il nous a fallu nous contenter de demander des nouvelles politiques au capitaine. Ce diable d'homme confondant dans sa tête ce qu'il avait appris avant son départ des troubles de Paris et les conjectures qu'il avait pu en tirer, ne nous a-t-il pas annoncé qu'il y avait eu une révolution à Paris? Vous sentez que cette nouvelle, à laquelle, du reste, nous n'ajoutions pas grande foi, n'a pas diminué cependant notre désir d'obtenir ce bienheureux courrier. Une heure après, notre banquier, M. Prime, nous a fait parvenir notre paquet.

Lorsqu'on nous a donné nos lettres, il était six heures

d'une grande instruction, d'un excellent esprit, du caractère le plus aimable, et attaché toute sa vie aux Tocqueville, l'abbé Lesueur faisait, en quelque sorte, partie de la famille. Il aimait particulièrement Alexis, dont il était tendrement aimé. Chargé de son éducation première, il avait beaucoup contribué à former son intelligence et son cœur, et deviné de bonne heure sa supériorité. Il en était fier comme le serait un père. Arrivé à l'âge de quatre-vingts ans, il mourut, précisément pendant le séjour de Tocqueville en Amérique. Cet événement fut pour Tocqueville l'occasion d'une grande douleur ; la nouvelle lui en arriva à Boston, au mois de septembre 1831, et assombrit pour lui le reste du voyage.

Sur l'enveloppe d'un paquet où Tocqueville avait renfermé toutes les lettres qu'il avait reçues de l'abbé Lesueur, et qu'il conservait avec soin, je lis la note suivante, écrite de la main de Tocqueville :

« Lettres de l'abbé Lesueur, l'homme auquel je dois le plus de reconnaissance, et dont le souvenir m'est resté le plus cher et le plus respectable. » (*Note de l'éditeur.*)

du soir; et vous allez voir comment elles nous ont fait faire la plus charmante promenade qu'on puisse imaginer. Après en avoir lu les premières lignes, l'idée nous est venue de rendre le plaisir le plus complet possible, et pour cela d'aller tranquillement achever la lecture dans quelque joli endroit de la campagne. Nous avons donc serré le précieux paquet, et nous nous sommes acheminés par la voie la plus courte vers les dernières maisons de la ville. Nous avons traversé la rivière de l'Est, et passant sur *Long-Island*, nous avons fini par découvrir un charmant vallon dont l'entrée s'ouvrait sur le port de New-York. Là, après avoir ôté notre chapeau, notre cravate, nous être placés à l'ombre, bien assis, encore mieux accotés, nous avons commencé à parcourir lentement notre correspondance : c'était une vraie scène d'*épicuriens*.

Je ne puis vous exprimer, mon cher ami, avec quelle émotion j'ai reconnu l'écriture de chacun. J'ai commencé toutes les lettres avant d'en achever aucune ; et puis je me suis mis à les lire tout doucement d'un bout à l'autre. Je ne saurais trop vous remercier tous de m'avoir envoyé un courrier général : cette preuve de souvenir de ceux qui me sont le plus chers m'a été extrêmement sensible. Nous sommes restés là une bonne heure, vivant plus avec vous qu'à New-York. Il était nuit close quand nous sommes rentrés chez nous ; et nous sommes tombés d'accord que depuis notre arrivée ici nous n'avions pas encore passé une soirée aussi agréable.

Je ne répondrai point aux détails de votre lettre, que

vous aurez sans doute oubliés quand vous recevrez celle-
ci. Si loin l'un de l'autre, on peut encore parler, mais on
ne peut plus causer. On ne se rappelle plus la question
quand la réponse arrive. Je vais, sans préambule, vous
parler d'une chose qui, j'en suis sûr, vous intéressera,
et j'ajoute sans façon que c'est de moi. Je vous disais, je
crois, dans ma dernière lettre, que nous avions fait un
bon voyage et que nous étions établis fort commodément
et fort agréablement à New-York. Notre satisfaction n'a
pas diminué, et si le souvenir de ce qui peut se passer
en Europe ne nous occupait pas autant, nous nous esti-
merions fort heureux. Il vous serait impossible de concevoir à quel point nous sommes bien reçus dans ce pays-
ci. Non-seulement tous les lieux publics nous sont
ouverts, tous les documents sont mis à notre portée,
mais les directeurs des établissements viennent pour
nous les faire voir. Hier, le maire de New-York et les
aldermen (comme qui dirait le maire et le conseil mu-
nicipal), au nombre de vingt-cinq ou trente, nous ont
conduits en grande cérémonie à toutes les prisons et
établissements de charité de la ville; après quoi on nous
a invités à un immense dîner, le premier de ce genre
auquel nous ayons assisté, et dont il serait trop long de
vous faire la description. Je vous avoue que pendant cette
superbe cérémonie, où tous les honneurs étaient pour
nous, je ne pouvais m'empêcher de rire dans ma barbe
en pensant à la différence que quinze cents lieues de mer
peuvent créer dans la position des hommes; je me rap-
pelais le rôle subalterne que je jouais en France, il y a

deux mois, et la situation comparativement élevée dans
laquelle je me trouve ici ; le peu de bruit que notre mission a fait en France et celui qu'elle fait en Amérique :
le tout à cause de ce petit bout de mer dont je parlais
tout à l'heure. Je vous déclare cependant que nous ne
tranchons pas du grand seigneur ; nous sommes au contraire les meilleurs princes du monde et sommes loin de
recevoir comme une dette les attentions qu'on a pour
nous. Mais les Américains, qui n'ont point de grands intérêts politiques à débattre, et ne voient rien qui mérite
plus l'attention du gouvernement que l'état des prisons
et la législation pénale, s'obstinent à nous regarder
comme des jeunes gens d'un grand mérite, chargés d'une
importante mission.

Nous allons demain matin à Sing-Sing, village éloigné de
dix lieues environ de New-York, et situé sur la rivière du
Nord. Nous resterons là une huitaine de jours, pour étudier la discipline d'un vaste pénitencier qui y a été con-
struit depuis peu. Indépendamment de l'objet spécial qui
nous attire vers ce lieu, nous nous faisons une joie d'y
aller, à cause du chemin qui doit nous y conduire. On
ne peut se figurer rien de plus beau que la rivière du
Nord ou l'Hudson. L'immense largeur du fleuve, l'admirable richesse de la rive septentrionale et les montagnes
escarpées qui bordent ses rives orientales en forment un
des plus admirables sites du monde. Cependant ce n'est
point encore là l'Amérique que je voudrais voir. Nous
envions tous les jours les premiers Européens qui, il y
a deux cents ans, découvrirent pour la première fois

l'embouchure de l'Hudson et remontèrent son courant, alors que ses deux rives étaient couvertes d'immenses forêts, et qu'on n'apercevait que la fumée des sauvages au-dessus du lieu où bourdonnent maintenant les deux cent mille habitants de New-York. Tant il y a que l'homme n'est jamais content !...


## A M. LE COMTE DE TOCQUEVILLE[1]

Sing-Sing, 3 juin 1831.

Vous ne devineriez jamais, mon cher père, dans quel lieu je suis placé pour vous écrire. Je veux commencer ma lettre par vous en faire la description. J'occupe le sommet d'une colline assez élevée qui borde le cours de l'Hudson. A cent pas de moi, une maison de campagne où nous logeons, forme le premier plan du paysage. Aux pieds de la colline, coule le fleuve, qui est large de cinq quarts de lieue et couvert de voiles. Il s'enfonce vers le Nord et disparaît au milieu de hautes montagnes bleues. Rien n'est plus délicieux que le spectacle offert par ses rives. Il y règne un air de prospérité, d'activité et d'industrie qui réjouit la vue. Le tout est illuminé par un soleil admirable qui, dardant ses rayons au milieu de l'atmosphère humide de ce pays-ci, jette sur tous les

---

1. Le père d'Alexis de Tocqueville, ancien préfet de Versailles, ancien pair de France, auteur de plusieurs ouvrages remarquables, entre autres d'une Histoire du règne de Louis XV. Il a laissé des Mémoires dont la publication sera un jour d'un grand intérêt. (*Note de l'éditeur.*)

objets une teinte douce et transparente. Vous pouvez
juger par la longueur de la description que celui qui la
fait est placé commodément pour observer le paysage.
En effet, au haut de la colline la plus élevée on trouve
un énorme platane; je me suis perché dans ses branches
pour éviter la chaleur, et c'est de là que je vous écris.
Beaumont, qui est au pied, dessine ce que j'essaye de décrire. Nous faisons, comme vous voyez, un ensemble
complet. Maintenant il s'agit de vous dire où nous sommes,
pourquoi et comment nous y sommes. Sing-Sing, ainsi
nommé d'un chef indien qui l'habitait il y a soixante ans,
mais dont la tribu s'est depuis retirée dans les terres, est
situé sur l'Hudson à onze lieues au nord de New-York.
C'est un bourg peuplé de 1000 à 1,200 âmes, que sa
prison a rendu célèbre. Ce dernier établissement, qui est
le plus vaste des États-Unis, contient 900 détenus, et le
système pénitentiaire y est en vigueur. Nous sommes
venus ici dans le but de l'examiner à fond; voilà déjà
huit jours que nous y sommes, et nous y éprouvons un
bien-être que vous ne pouvez concevoir. L'extrême agitation dans laquelle nous étions obligés de vivre à New-
York, le nombre de visites qu'il fallait faire et recevoir
chaque jour commençait à nous fatiguer un peu. Ici nous
menons l'existence tout à la fois la mieux remplie et la
plus paisible. Nous habitons avec une honnête famille
américaine qui a pour nous mille égards. Nous avons fait
connaissance dans le village avec quelques personnes
que nous allons voir, quand nous en avons la liberté. Le
reste du temps se passe à visiter la prison, à prendre et

rédiger des notes et à recueillir toutes les notions pratiques que le système pénitentiaire peut fournir. Ce
travail est rendu facile par l'empressement que mettent
tous les agents du gouvernement à nous fournir les documents de toute espèce dont nous pouvons avoir besoin.
Malheureusement il y en a un certain nombre qui n'existent point. En général ce pays-ci me paraît, quant à
l'administration, tombé précisément dans l'excès opposé
à la France. Chez nous le gouvernement se mêle de tout ;
il n'y a point, ou du moins il n'apparaît point de gouvernement. Tout ce qu'il y a de bon dans la centralisation semble être aussi inconnu que ce qu'elle a de mauvais ; aucune idée centrale ne paraît régler le mouvement
de la machine. Il y a donc une foule de résultats généraux qu'il est impossible de constater. Au premier rang
et en faisant application de ce que je viens de dire au
système pénitentiaire, il est impossible de se procurer le
chiffre des récidives d'une manière complétement satis-
faisante. Vous savez cependant de quelle nécessité absolue il est pour nous de le connaître. Il y en aurait bien
long à dire sur l'impression qu'a produite sur nous la
vue des prisons que nous avons visitées. Je ne veux pas
me lancer avec vous dans une pareille carrière. Vous
finiriez par croire que le système pénitentiaire est la
seule chose dont nous sommes occupés en Amérique. Il
n'en est rien, je vous assure ; au contraire, le temps a
ici, pour nous, mille sortes d'emplois différents ; c'est
pour cela, peut-être, qu'il semble nous glisser dans les
mains avec une rapidité effrayante. Je crois que, quand

même nous ne parviendrions pas à écrire quelque chose de
passable sur les États-Unis, nous n'aurions pas encore
perdu notre temps en nous livrant aux travaux qui nous occupent sans cesse. Nous n'avons, en vérité, qu'une seule
idée depuis que nous sommes ici : cette idée, c'est de connaître le pays que nous parcourons ; pour y parvenir,
nous sommes obligés de décomposer *a priori* la société,
de rechercher de quels éléments elle se forme chez nous,
pour pouvoir faire ici d'utiles questions et ne rien oublier. Cette étude très-difficile, mais pleine d'attraits,
nous fait apercevoir une foule de détails qui se perdent
dans la masse lorsqu'on n'a pas recours à l'analyse, et
nous suggère une foule de remarques et d'idées pratiques
auxquelles nous n'aurions jamais pensé. Le résultat de ce
travail a déjà été une série de questions auxquelles nous
sommes sans cesse occupés à répondre. Sachant précisément ce que nous voulons demander, les moindres
conversations sont instructives, et nous pouvons dire
qu'il n'y a pas d'homme, à quelque échelon qu'il se
trouve dans la société, qui ne puisse nous apprendre
quelque chose. Cette vie, mélange d'agitation intellectuelle et physique, nous rendrait parfaitement heureux,
n'était le fossé qui nous sépare de la France. Mais l'idée
de votre éloignement gâte tout. Je l'ai déjà dit sans
doute, mon cher père, et je sens encore le besoin de le
répéter, ce n'est vivre qu'à moitié que de vivre ainsi loin
de tous ceux qu'on aime. C'est une existence de tête
dans laquelle le cœur n'entre pour rien ; il en résulte
une aridité d'impressions qui désespère. Vous me de-

manderez peut-être, mon cher père, puisque nous
sommes maintenant des *machines à examen*, ce qui me
frappe le plus dans ce pays-ci. Mais il faudrait un volume pour vous dire tout ; et peut-être je ne le penserai
plus demain. Car je vous assure que nous ne sommes
pas gens à systèmes. Il y a cependant deux ou trois impressions qui me frappent et que je voudrais bien vous
faire partager. Je suis jusqu'à présent tout plein de
deux idées : la première, que ce peuple-ci est un des
plus heureux qu'il y ait au monde ; la seconde, qu'il
doit son immense prospérité bien moins à des vertus
qui lui soient propres, moins à une forme de gouvernement supérieure en elle-même aux autres, qu'à des conditions particulières dans lesquelles il se trouve, qui lui
sont spéciales et qui font que sa constitution politique
est parfaitement en rapport avec ses besoins et son état
social. Ceci est peut-être un peu métaphysique, mais
vous comprendrez très-bien ce que je veux dire, quand
vous saurez, par exemple, que la nature offre ici un aliment si immense à l'industrie humaine que la classe des
spéculateurs théoriques est absolument inconnue ici. Tout
le monde travaille, et la mine est encore si riche que
tous ceux qui travaillent parviennent à acquérir rapidement ce qui rend l'existence heureuse. Les esprits les
plus actifs, comme les caractères les plus tranquilles,
trouvent ici de quoi remplir leur vie, sans s'occuper à
troubler l'État. L'inquiétude de l'esprit qui travaille si
fort nos sociétés européennes, semble concourir à la
prospérité de celle-ci. Elle ne se dirige que vers la for-

tune, et trouve mille chemins qu'y l'y conduisent. Aussi la politique n'occupe-t-elle ici qu'un petit coin du tableau. Je ne doute pas qu'elle n'agite plus profondément l'État de l'Europe le plus paisible en apparence, que toute la confédération américaine. Il n'y a pas de journal, parmi ceux que nous lisons tous les jours, dans lequel le prix du coton ne tienne plus de place que les questions générales relatives au gouvernement. Le reste se passe en discussions d'intérêts locaux qui donnent un aliment à la curiosité publique, sans agiter le moins du monde la société. En résumé, plus je vois ce pays, et plus j'avoue que je me pénètre de cette vérité : qu'il n'y a rien d'absolu dans la valeur théorique des institutions politiques, et que leur efficacité dépend presque toujours des conditions premières et de l'état social du peuple auquel elles sont appliquées. Je vois réussir ici des institutions qui bouleverseraient infailliblement la France ; d'autres qui nous conviennent seraient évidemment malfaisantes en Amérique ; et cependant, ou je me trompe fort, ou l'homme n'est pas autre ou meilleur ici que chez nous. Seulement il est différemment placé. Je vous dirai une autre fois ce qui me frappe dans le caractère américain. Ne trouvez-vous pas que quant à présent, je ne ressemble pas mal à *maître corbeau sur un arbre perché?* Je vais finir par là mon oraison. Je suis si bien sur ma branche, *si confortablement* en tous points que je crains en vérité de m'endormir ; auquel cas il pourrait bien m'arriver, comme à mon ancien ami Robinson Crusoë, de m'écrier : « Mes chers pa-

rents! » et de me réveiller en bas. Je prends donc le
parti de redescendre. Je finirai ma lettre demain...


## A MADAME LA VICOMTESSE DE TOCQUEVILLE[1]

New-York, 9 juin 1831.

Je vous remercie de tout mon cœur, ma bonne petite
sœur, de deux lettres pleines d'amitié que vous m'avez
déjà adressées. Je vous assure que tout ce que vous me
dites d'aimable et de tendre m'a été tout droit au cœur,
et que je vous rends bien l'affection que vous me témoi-
gnez. Je ne sais pas quel est l'animal qui a pu dire que
l'éloignement affaiblissait tous les sentiments. Rien n'est
plus faux, je vous assure; du moins l'éprouvais-je tous
les jours. Je crois en vérité que je vous aime tous encore
davantage, depuis que je suis séparé de vous, que lorsque nous vivions sous le même toit. Le monde d'indifférents et d'étrangers au milieu duquel je vis me fait, à
chaque instant, ressouvenir de ce qu'on trouve de bonheur dans l'intérieur de sa famille. L'intimité du coin
du feu, le sans-gêne et la liberté qui l'accompagne, l'intérêt réel qui s'attache à vos paroles et à vos moindres
actions, le souvenir de tout cela, chère sœur, me suit
partout, souvent en dépit de moi-même et détruit une
partie des plaisirs du voyage; et franchement c'est dommage : car, n'était le souvenir de la France, qui sans

1. Depuis la comtesse Hippolyte de Tocqueville.

cesse vient nous troubler, nous serions ici fort heureux
du travail d'esprit qui nous occupe assez pour intéresser,
trop peu pour fatiguer, du mouvement matériel qui s'y
mêle, de la société dont on prend ce qu'on veut et à laquelle on échappe quand on en a assez : des affaires, des
plaisirs, de la variété surtout ; un monde nouveau qui
semble passer devant nous comme une lanterne magique :
voilà notre vie. Vous connaissez assez celui qui a l'avantage de vous écrire en ce moment pour savoir qu'elle
convient à son caractère ; ajoutez à cela un temps magnifique (un peu chaud pourtant) et un pays admirable ;
à propos de pays, je ne sais si on vous a dit que les maisons de campagne des environs de New-York m'ont fait
penser à votre *baronie de Nacqueville*. Il n'y a pas de
châteaux dans ce pays-ci ; les fortunes sont trop bornées ;
la division qui s'en fait à la mort du père est trop grande
pour qu'on songe à rien constituer de très-vaste ni de
très-durable. Au lieu de cela, les Américains établissent
à peu de frais des maisons dont la forme et la disposition
est extrêmement pittoresque et élégante. Ils les placent
dans l'endroit le plus favorable de leurs terres, en vue
de la mer, lorsque la chose est possible. Rien n'est plus
gracieux ni plus frais que ces habitations ; et dans mon
goût, une maison de cette espèce, établie à Nacqueville,
rendrait pour vous ce lieu charmant à habiter. Le difficile est de vous faire connaître exactement ce dont je
veux parler. Beaumont ne dessine pas mal, et je tâcherai
de lui faire *croquer* les plus jolies maisons de campagne
des environs de New-York. Toutes les familles riches de

ce pays en ont une, où elles passent l'été. Comme nous sommes déjà invités chez plusieurs personnes, la chose ne nous sera pas très-difficile.

Nous vivons, chère sœur, dans le plus singulier pays du monde. Vous avez bien entendu dire qu'en Angleterre les femmes menaient une vie sédentaire, et que les jeunes personnes, avaient, au contraire, une grande liberté : eh bien, imaginez-vous, qu'ici, on est sur ce point aussi en avant de l'Angleterre que l'Angleterre l'est de nous. Quand une femme se marie, c'est comme si elle entrait au couvent, excepté, cependant, qu'on ne trouve pas mauvais qu'elle ait des enfants, et même beaucoup. Du reste, c'est une vie de nonne ; plus de bals, presque plus de société ; un mari à la vérité très-estimable pour toute compagnie, et cela jusqu'à la vie éternelle. Je me suis hasardé à demander, l'autre jour, à l'une de ces charmantes recluses, à quoi, en définitive, une femme pouvait passer son temps en Amérique : elle m'a répondu avec un grand sang-froid : à *admirer* son mari. Je suis bien fâché, mais c'est la traduction littérale de l'anglais : *to admire*. Je vous dis ceci pour que, s'il arrivait jamais à quelqu'une de vos amies de s'ennuyer à la maison, elle sache ce qu'elle aurait à faire.

Voilà pour les femmes mariées : vous concevrez encore moins les jeunes personnes. Figurez-vous les filles des premières familles, lestes et élégantes, dès une heure après midi, trottant menu dans toutes les rues de New-York, parcourant les boutiques, montant à cheval, sans père ni mère, oncle ni tante, pas même un domestique.

Vous n'êtes pas au bout; un jeune homme, et ceci nous est déjà arrivé plusieurs fois, rencontre sur son chemin une de ces voyageuses. Si on se connaît déjà, on s'arrête, on cause tout amicalement pendant un quart d'heure, au coin d'une borne, et à la fin de la conversation la jeune personne vous invite à venir la voir et vous indique l'heure à laquelle on la trouvera chez elle; à l'heure dite, en effet, on va demander *mademoiselle* une *telle*, et on la trouve souvent seule dans le salon de son père, dont elle vous fait les honneurs. Tout le monde nous dit que cet ordre de choses n'a aucun des inconvénients qu'on pourrait prévoir. Nous voyons souvent dans le monde de ce qu'on appelle des *accordés*. C'est un jeune homme et une jeune personne qui doivent se marier dans quelques mois et qui sont sans cesse ensemble en attendant, se faisant la cour le plus respectueusement du monde. Le fait est, qu'il ne s'agit point ici de papillonner; peste! on se brûlerait bien vite à la chandelle. Les Américains ont le sens très-droit; ils prennent les mots dans leur signification la plus littérale : et si l'on ne retournait pas sa langue sept fois avant de parler, comme le conseille le sage, on pourrait se trouver fort embarrassé.

Vous voyez que je me laisse aller à bavarder; le fait est que j'en dirais bien plus encore, si la poste ne me pressait pas tant; mais ce sera pour un autre courrier. Adieu donc pour cette fois; je vous embrasse du meilleur de mon cœur et vous prie de ne pas m'oublier tout à fait, et de me le prouver quelquefois.

## A MADAME LA BARONNE DE TOCQUEVILLE[1]

New-York, 20 juin 1831.

Je ne comptais pas, chère sœur, vous écrire aujour-
d'hui, ou plutôt je ne croyais pas le pouvoir, car la volonté y est toujours; mais il me reste une demi-heure
après la lettre écrite à ma mère, et j'en profite pour
causer avec vous. Vous m'occupez sans cesse, ma bonne
sœur; ceci n'est point une façon de parler. Je suis sûr
qu'il ne s'écoule pas un jour sans que Édouard, vous ou
votre petite-fille, vienne se présenter à mon esprit; le
premier qui paraît appelle les autres. Je me demande
comment vous allez tous les trois, où vous êtes, ce que
vous faites? J'aime à espérer que le soleil d'Amérique
brille aussi un peu sur vous; qu'il chasse l'irritation que
le froid avait causée. Je vous vois sous les beaux om-
brages de Vaumorin; j'aperçois d'ici votre établissement:
la petite est tranquillement dans son berceau près de
vous; vous lisez; Édouard dessine. Mais tout cela n'existe
peut-être que dans mon imagination, et cette idée me
serre le cœur. Je crois (pour philosopher un moment),
chère sœur, qu'il se mêle dans l'amitié fraternelle quelque chose d'égoïste, et qu'on finit par confondre si bien
son propre intérêt et celui de ses frères, qu'on a ensuite
toutes les peines du monde à s'y reconnaître. Je vous
assure que je sens souvent cet embarras-là, quand je

1. Depuis la vicomtesse Édouard de Tocqueville.

songe à Édouard et à vous. J'ai des amis fort intimes ; ce qui leur arrive d'heureux me fait assurément grand plaisir ; mais je me surprends désirant ce qui peut vous être utile et agréable, absolument comme s'il s'agissait de moi-même. Effet singulier, que nous autres philoso- phes n'expliquons que de la manière savante que j'ai in- diquée plus haut...

Nous menons toujours la même vie : l'étude et la so- ciété. Nous avons des journées remplies et de longues nuits. Vous voyez qu'il ne faut pas s'inquiéter sur nous. L'autre jour, nous avons été pour la première fois à quelque chose qui ressemblait à un bal. On a ici une bonne habitude : quelques jours après qu'une jeune per- sonne est mariée, elle fait dire qu'elle veut voir toutes ses connaissances et qu'elle sera chez elle ou chez ses parents tel jour. Cela étant connu, tout ce qui a quelque rapport avec la famille accourt, et toutes les visites de noces se trouvent faites d'un seul coup. C'est à une assemblée de cette sorte que nous avons été. Le lieu de la réunion est à deux lieues de New-York, dans une charmante maison de campagne, située sur les bords de la mer. La soirée était magnifique, la brise de mer rafraîchissait l'air ; la pelouse sur laquelle la maison était placée descendait jusqu'au rivage ; de grands arbres l'environnaient de tous côtés. On a dans ce pays-ci des mouches qui rendent au- tant de lumière que les vers luisants (fire-flies) ; les bois étaient remplis de ces petits insectes ; on eût dit un mil- lion d'étincelles qui voltigeaient dans l'air. C'était, en vérité, une scène très-extraordinaire. Il n'y avait de trop

que la musique : ne me prenez pas pour un barbare.
Les Américains, si bien doués d'ailleurs, sont, pour ce
qui touche à l'harmonie, le peuple le plus malheureusement organisé qu'on puisse imaginer. Nous passons notre vie à entendre des *accords* dont on n'a pas l'idée dans
l'ancien monde, si ce n'est peut-être en Angleterre chez
les aïeux des Américains. Ce qu'affectionnent le plus
les demoiselles qui tirent de leur gosier cette singulière
*mélodie* (au demeurant, de ravissantes jeunes filles,
presque toutes d'une beauté remarquable), ce sont les
passages difficiles ; et je vous réponds que si leur but est
de produire des sons heurtés, on ne saurait mieux
réussir. Notez qu'on n'est jamais sûr que l'air soit fini;
il se termine toujours comme un livre dont on a arraché
la dernière page. Dans le premier moment, je croyais
que la chanteuse restait court, et j'écoutais toujours au
lieu d'applaudir. Vous devez trouver que je parle de ce
sujet avec une sorte d'*indignation;* c'est qu'il m'est arrivé l'autre jour une aventure qui, en me mettant en apparence dans mon tort, m'autorise un peu, je pense, à
récriminer. Nous étions chez une très-jolie femme qui
se mit à chanter un air national dont la musique et les
paroles sont très-drôles. Après le premier couplet, on rit,
et moi avec tout le monde : c'était une manière d'applaudir.
Le second couplet commence; et je me mets à penser à
autre chose, mais si profondément que bientôt je deviens
absolument étranger à ce qui m'entoure. Au milieu de mon
voyage aérien j'entends l'air qui finit; je me rappelle
qu'il faut rire et je ris, assez haut même. A cette explo-

sion de gaieté tout le monde me regarde, et je reste
confus en apprenant que la chanson bouffonne dont
j'avais entendu le commencement était finie depuis cinq
minutes, et que celle qui venait de me mettre en si
grande joie était la romance la plus plaintive, la plus
larmoyante, la plus *chromatique* en un mot de tout le
répertoire américain. Ai-je été coupable d'une distraction, ou le suis-je en ce moment d'une critique injuste?
Je vous en laisse juge, chère sœur, et là-dessus je vous
quitte. Adieu. Je vous aime et vous embrasse du fond de
mon cœur; ne m'oubliez pas auprès de Denyse.

## A MADAME LA COMTESSE DE TOCQUEVILLE

Auburn, 17 juillet 1831.

Me voilà encore à quatre-vingts lieues plus loin de vous
que je ne l'étais il y a quinze jours, ma chère maman:
je m'en afflige en pensant que les lettres mettent trois
jours de plus à nous parvenir. Nos lettres font une partie
de notre existence maintenant; et le moindre retard
qu'elles éprouvent nous est extrêmement sensible. Croiriez-vous que nous n'avons pas encore reçu le courrier
du 1er juin? Voilà donc plus de trois semaines que nous
n'avons vu de votre écriture à tous; je vous assure que
nous sommes bien loin de nous accoutumer à ce silence.

Nous sommes partis de New-York le 28 juin. Le commencement de notre voyage a été marqué par une assez
vive contrariété : nous nous embarquons le soir sur un

bateau à vapeur qui devait nous conduire à West-Point sur la rivière du Nord. West-Point est un lieu très-célèbre dans la guerre d'Amérique : c'est, de plus, un des sites les plus pittoresques du pays. Nous comptions y arriver la nuit et y passer un jour ; mais au milieu du chemin nous apprenons que notre bateau ne s'arrêtera pas à West-Point et ira d'une traite à Albany. Nous étions dans la position d'un homme qui, s'étant trompé de diligence, irait à Rouen au lieu de Compiègne : avec cette différence qu'on peut descendre d'une diligence, mais non d'un bateau à vapeur. Il a donc fallu nous résigner à notre sort ; non-seulement nous n'avons pas été à West-Point ; mais nous avons remonté toute la rivière du Nord, le lieu le plus pittoresque du monde, en pleine nuit, et nous sommes arrivés fraîchement à cinq heures du matin, dans la cité d'Albany.

Là, nos infortunes ont pris fin, et nous avons commencé à faire un voyage très-agréable. Nous sommes restés trois ou quatre jours à Albany, particulièrement pour recueillir, auprès du gouvernement central de l'État de New-York, les documents statistiques dont nous avions besoin. Je crois qu'il nous faudra toute une caisse pour rapporter en France les notes, livres, et brochures qui nous arrivent en foule. Nous avons assisté, à Albany, à la cérémonie du 4 juillet. Le 4 juillet est l'anniversaire de la déclaration d'indépendance ; et les Américains font, ce jour-là, une procession et une cérémonie religieuse, en souvenir de l'événement. Vous ferai-je le récit de cette procession, que nous avons suivie, exposés pen-

dant deux heures au plus beau soleil du monde? Je
trouve plus piquant de vous raconter la visite que nous
avons faite aux *Quakers-Shakers*.

Les *Shakers* forment une espèce de communauté religieuse d'hommes et de femmes qui cultivent, en commun,
une certaine étendue de terre, font vœu de virginité et
n'ont de propriété que ce qui appartient à la masse. Un
de leurs établissements se trouve au milieu des bois à
trois lieues d'Albany. Nous sommes allés là le dimanche
vers dix heures, et nous nous sommes immédiatement
rendus au temple, qui n'est autre qu'une grande salle,
très-propre, sans autel ni rien qui rappelle l'idée d'un
culte. Au bout d'une demi-heure, deux bandes de *Shakers*, mâles et femelles, sont entrées dans la salle par
des portes différentes. Les hommes se sont rangés à un
bout; les femmes à un autre. Les hommes étaient ha-
billés à peu près comme le sont nos paysans sur le
théâtre : chemise blanche à grandes manches, feutre
gris à larges bords, grands gilets à poches; excepté la chemise, tout était violet et presque neuf. Les femmes
étaient toutes en blanc. Il y en avait, parmi elles, de
très-vieilles et de très-jeunes, de fort laides et de jolies ;
mais les vieilles étaient en avant et les jeunes en serre-
file. Le même ordre était observé pour les hommes.
Les deux troupes restèrent environ cinq minutes en présence dans le plus profond silence *pour attendre l'inspiration;* l'un des hommes, la sentant venir, se leva, et
fit un long discours décousu sur les obligations religieuses et morales des Shakers. Après quoi, les deux

troupes se mirent à entonner de la voix la plus haute le chant le plus criard que j'aie jamais entendu de ma vie. Les plus fervents marquaient la mesure avec la tête, ce qui leur donnait un peu l'air des Chinois de porcelaine dont nos grand'mères ornaient leurs cheminées. Jusque-là, cependant, la cérémonie n'avait rien de plus extraordinaire que le sabbat des juifs. Mais le chant étant fini, les deux troupes se rangèrent sur la même ligne; cinq hommes, et autant de femmes, s'adossèrent au mur de la salle et commencèrent un chant dont la mesure était vive et pressée; à ce signal, hommes et femmes, jeunes et vieux, se mettent à cabrioler à perdre haleine. C'était une chose non pas drôle, mais pitoyable à voir, que des vieillards à cheveux blancs, exténués de chaleur et de fatigue, et n'en sautant pas moins à cœur joie. De temps en temps, les danseurs et les danseuses frappaient dans leurs mains. Rien ne peut mieux donner l'idée d'une pareille danse que le *carillon de Dunkerque*. Lorsque la danse s'interrompait, un membre de la congrégation prenait la parole, et improvisait tant bien que mal un petit discours religieux; puis on se remettait en mouvement pour reprêcher encore. Comme chez les autres quakers, il n'y a pas de sacerdoce. Chacun peut dire ce qui lui semble convenable. Au bout de près de deux heures, passées dans ce terrible exercice, ils se sont placés deux à deux et en rond, de manière que les hommes et les femmes ne fissent plus qu'un même cercle. Ils rapprochèrent ensuite les coudes du corps, allongèrent les avant-bras et laissèrent pendre les mains ; ce qui leur donnait l'air de ces chiens savants qu'on force de marcher sur leurs pattes de derrière. Étant ainsi préparés, ils entonnèrent un air plus lamentable que tous les autres et commencèrent à tourner autour de la chambre, exercice qu'ils continuèrent pendant un bon quart d'heure. Après quoi, l'un d'eux nous fit un petit discours pour nous assurer que la secte des Shakers était la seule voie ouverte au salut, et nous engager à nous convertir ; puis la communauté se retira dans le plus grand ordre et en silence. J'imagine que les pauvres diables avaient besoin de repos. Mais, concevez-vous, ma chère maman, dans quelles aberrations l'esprit humain peut tomber, quand il est abandonné à lui-même ? Nous avions avec nous un jeune Américain protestant qui nous dit en sortant : « Encore deux spectacles comme celui-là, et je me fais catholique. »

Nous sommes partis d'Albany dans les diligences de ce pays-ci, qu'on nomme *stages*. Ce sont des voitures suspendues seulement sur du cuir, et traînées au grand trot dans des routes aussi détestables que les routes de la Basse-Bretagne. Aussi est-on rompu au bout de quelques milles ; mais nous ne pensions pas à nous plaindre, étant livrés tout entiers à la curiosité du spectacle nouveau qui frappait nos yeux. C'était la première fois que nous nous enfoncions dans les terres ; jusqu'ici nous n'avions vu que les rivages de la mer, ou les bords de l'Hudson. Tout ici était différent. Je crois que dans une de mes lettres, je me suis plaint de ce qu'on ne trouvait presque plus de bois en Amérique ; je dois faire ici amende honorable. Non-seulement on trouve du bois et des bois en Amérique; mais même le pays tout entier n'est encore qu'une vaste forêt, au milieu de laquelle on a pratiqué des éclaircies. Quand on monte sur un clocher, on n'aperçoit encore à perte de vue que le sommet des arbres que le vent agite comme les flots de la mer; tout atteste un pays nouveau. Ce qu'on appelle *défricher*, dans ce pays-ci, c'est couper un arbre à trois pieds de terre. Cette opération faite, on laboure à côté et l'on sème. Il arrive de là, qu'au milieu des plus belles récoltes, on aperçoit par centaines les troncs morts des anciens arbres qui garnissaient le sol. Ce n'est pas tout : vous sentez bien qu'un terrain défriché de cette manière contient encore le germe de mille plantes sauvages; il en résulte, que dans le même enclos, on voit de jeunes pousses, de longues herbes, des plantes grimpantes, et du blé. Tout cela vient pêle-mêle; c'est une espèce de fouillis où tout végète avec vigueur; une sorte de lutte entre l'homme et la forêt, dans laquelle le premier ne remporte pas toujours la victoire. Mais si le pays est neuf, on s'aperçoit à chaque pas que c'est un vieux peuple qui est venu l'habiter. Quand, par une route affreuse et à travers une espèce de désert, vous êtes parvenu à une habitation, vous êtes étonné de rencontrer une civilisation plus avancée que dans aucun de nos villages. La mise du propriétaire est soignée; son logis est parfaitement propre; ordinairement il a à côté de lui son journal, et son premier soin est de vous parler politique. Je ne saurais dire dans quel recoin obscur et inconnu de l'univers on nous a demandé comment nous avions laissé la France; quelle y était la force mutuelle des partis, etc., etc. Que sais-je? mille questions auxquelles j'avais peine à répondre sans rire, quand je pensais à ceux qui nous les faisaient et au lieu où nous les entendions. Tout le terrain que nous venons de parcourir était jadis occupé par la fameuse confédération des Iroquois, qui a fait tant de bruit dans le monde. Nous avons rencontré les derniers d'entre eux sur notre chemin; ils demandent l'aumône et sont aussi inoffensifs que leurs pères étaient redoutables.

Nous sommes ici à Auburn, dans un hôtel magnifique, placé au milieu d'une petite ville de deux mille âmes, dont toutes les maisons ont des boutiques bien fournies. Auburn est aujourd'hui le centre d'un commerce immense; il y a vingt ans on y chassait le chevreuil et les ours tout à son aise. Je commence à m'habituer à cette végétation si rapide de la société; je me surprends déjà à trouver cela tout simple, et à dire comme les Américains, qu'un établissement est très-ancien quand il compte trente ans d'existence.

Adieu, ma chère maman, je vous embrasse du meilleur et du plus profond de mon cœur. Embrassez de même mon père et notre bon abbé pour moi. Communiquez cette lettre au ménage Édouard, et dites-leur que je leur écrirai bientôt. Donnez de nos nouvelles aux Hippolyte. Nous menons ici une vie si agitée, si remplie d'occupations forcées, qu'il est bien difficile d'écrire plus d'une longue lettre à la fois.

## A MADAME LA BARONNE DE TOCQUEVILLE

Batavia, 25 juillet 1831.

Je me sens aujourd'hui en humeur si excessivement sentimentale, chère sœur, que pour un rien je vous enverrais une idylle. Rassurez-vous cependant, je n'en ferai rien; mais je veux, du moins, vous raconter la visite que nous avons faite l'autre jour au lac Onéida[1]. Si vous n'en rêvez pas pendant huit jours, je dis rêver tout éveillée, je ne vous reconnais plus.

Vous saurez donc (car il faut prendre les choses par leur commencement) qu'il y a quarante ans environ, un Français dont on n'a pu me dire le nom, mais qui appartenait à une famille noble et riche, aborda en Amérique, après avoir été forcé de quitter son pays en révolution. Notre émigré était jeune, bien portant; il ne souffrait jamais de l'estomac (notez ce point-ci); il avait de plus une femme qu'il aimait de tout son cœur. Du reste, il manquait du premier sou pour vivre. Un ami auquel il s'adressa lui offrit de lui prêter quelque argent, au moyen duquel il pourrait se procurer les choses les plus nécessaires à la vie et s'établir dans quelque coin où la terre ne serait pas chère. Dans ce temps-là l'ouest

1. Quoique le récit que l'on va lire fasse le fond d'un petit morceau placé dans le tome V sous le titre de *Course au lac Onéida*, nous avons pensé que le lecteur ne verrait point un double emploi dans la publication de cette lettre qui, en reproduisant les mêmes faits, y ajoute les vives impressions du moment et l'abandon plein de grâces d'une correspondance intime.

de l'État de New-York était encore inculte; les bois qui le couvraient n'étaient encore habités que par les tribus indiennes de la confédération des Iroquois. L'émigré pensa qu'il trouverait là son affaire. Il fit part de son projet à sa jeune femme qui eut le courage de vouloir le suivre dans le désert.

Voilà nos jeunes gens partis et cheminant de si bon cœur qu'enfin ils arrivèrent sur les bords du lac Onéida. Pour un peu de poudre et de plomb, ils achetèrent des Indiens l'île qui se trouve au milieu de ses eaux. Jamais Européen ni peut-être humain n'avait imaginé d'en faire sa demeure. Il fallut couper des arbres centenaires, défricher à la bêche un terrain embarrassé de ronces et de racines, bâtir enfin une cabane et lutter contre tous les besoins de la vie. Les premiers temps furent difficiles à passer, surtout pour des gens habitués, comme le Français et sa femme, à toutes les recherches des sociétés policées. La seconde année, la tâche leur devint plus facile; peu à peu ils s'habituèrent si parfaitement à leur sort que, s'il en faut croire l'histoire, ils ne s'étaient jamais trouvés plus contents l'un de l'autre, ni plus complétement heureux.

Le livre qui m'a appris ces détails n'en disait pas davantage sur leur sort, et je n'en aurais jamais su plus, sans doute, si notre route ne nous avait pas conduits à quatre pas du lac Onéida. C'était, si je ne me trompe, le 9 juillet. Nous montâmes à cheval pour aller à la recherche de nos Français; nous traversâmes pendant plusieurs heures une de ces profondes forêts de l'Amérique

que j'espère vous décrire quelque jour, et nous nous trouvâmes enfin, sans nous en douter, à la porte d'une cabane de pêcheur qui est située sur le bord même du lac.

Imaginez-vous une surface de plusieurs lieues d'étendue, une eau transparente et immobile, environnée de toutes parts de bois épais dont elle vient baigner les racines ; pas une voile sur le lac ; pas une maison sur ses rives ; point de fumée au-dessus de ces forêts ; un calme parfait, une tranquillité aussi complète qu'elle devait l'être au commencement du monde. A un mille du bord, nous découvrîmes notre île ; elle ne formait qu'un bosquet confus où il était impossible d'apercevoir la moindre trace d'un défrichement. Je commençais à craindre que le voyageur qui nous avait précédés ne se fût amusé à faire un roman, lorsque nous rencontrâmes la femme du pêcheur à la maison duquel nous venions d'arriver. Nous lui demandâmes comment s'appelait l'île qui était devant nous. Elle nous répondit qu'on la nommait dans les environs l'île du Français. Nous voulûmes savoir pourquoi, et elle nous raconta qu'il y avait bien des années un Français et sa femme étaient venus s'établir dans cette île. « Mauvaise spéculation, ajouta-t-elle, car ils se trouvaient alors trop loin d'un marché pour y porter leurs denrées. Quoi qu'il en soit, ils s'y fixèrent, et ils y étaient encore lorsque nous vînmes nous-mêmes, il y a maintenant vingt-deux ans, habiter ce lieu. Cette année-là la femme du Français vint à mourir. Depuis lors son mari a disparu, et personne ne sait comment il a passé

le lac ni où il a été. Environ dans ce temps, j'eus envie
d'aller voir l'île du Français. Je me rappelle encore leur
petite cabane; elle était bâtie à l'une des extrémités de
l'île, sous les branches d'un grand pommier. Les Français l'avaient entourée d'un cep de vigne et avaient semé
tout autour, je ne sais trop pour quel usage, une multitude de fleurs. C'était une pitié de voir comme les
champs étaient déjà en désordre et combien de mauvaises
herbes commençaient à y croître. Je n'y suis jamais re-
tournée depuis. »

Vous me croirez facilement, chère sœur, lorsque je
vous dirai que, malgré le récit de la bonne femme, nous
voulûmes aller visiter l'île; mais il fut plus difficile de
lui faire comprendre que tel était notre désir. Elle ou-
vrit autant que possible ses petits yeux, et nous assura
de nouveau que si nous voulions nous établir dans cette
île, nous ferions une mauvaise affaire, attendu qu'elle
était encore très-loin du marché. Lorsqu'elle nous vit décidés, elle nous indiqua cependant la barque de son mari
(alors absent), et nous permit de nous en servir. Nous
nous mîmes donc à ramer comme des diables; et nous
ne nous eûmes pas plutôt fait une demi-douzaine d'am-
poules à chaque main, que la petite pirogue qui nous
portait toucha l'île. Mais y entrer n'était pas chose facile;
car notre Français, pour en gêner l'abord et se cacher
plus complétement au monde, avait eu soin de ne rien
défricher sur le rivage. Il fallut donc percer une en-
ceinte à travers laquelle un sanglier ne se serait pas fait
jour facilement. Cela fait, nous eûmes un curieux, mais

un triste spectacle : tout le centre de l'île portait évidemment la trace profonde du travail de l'homme. On
apercevait au premier abord que les arbres y avaient
été arrachés avec soin ; mais le temps avait déjà presque effacé ces vestiges d'une civilisation incomplète. La
forêt environnante avait poussé rapidement ses rejetons
jusqu'au milieu des champs du Français ; des plantes
grimpantes et parasites s'étaient déjà emparées du sol
et commençaient à lier les uns aux autres les nouveaux
arbres qui s'élevaient de toutes parts. C'est au milieu de
cette espèce de chaos que nous cherchâmes inutilement
pendant deux heures la maison de notre homme ; on
n'en trouvait pas plus de traces que de ses gazons et
de ses fleurs. Nous allions nous en aller, lorsque Beaumont aperçut le pommier dont nous avait parlé notre
vieille hôtesse. A côté de lui, un énorme cep de vigne,
que nous prîmes d'abord pour une liane, s'entortillait
jusqu'au haut des arbres. Nous reconnûmes alors que
nous nous trouvions sur l'emplacement de la maison, et,
ayant écarté les plantes qui couvraient la terre jusqu'à
cet endroit, nous en retrouvâmes en effet les vestiges.

Vous autres, chère sœur, vous vous figurez que parce
qu'on porte un bonnet carré et qu'on envoie son homme
aux galères, on n'est qu'une machine raisonnante, une
espèce de syllogisme incarné. Je suis bien aise de vous
apprendre que vous êtes dans l'erreur, et que quand un
magistrat se met à penser à autre chose qu'au droit, on
ne sait pas trop jusqu'où cela peut aller. Tant il y a que
nous quittâmes l'île du Français le cœur tout serré et

nous attendrissant à qui mieux mieux sur le sort de cet homme que nous n'avions jamais vu et dont nous ignorions le nom. Est-il, en effet, une destinée pareille à celle de ce pauvre diable? Les hommes le chassent de leur société comme un lépreux; il prend son parti, se fait un monde pour lui tout seul; l'y voilà tranquille, heureux; il y reste tout juste assez de temps pour être complétement oublié de ses amis d'Europe; alors sa femme meurt, et le laisse seul au milieu d'un désert, aussi incapable de mener la vie d'un sauvage que celle d'un homme civilisé; et malgré tout, je vous le dis entre nous et tout bas, afin que les grands parents, gens excessivement raisonnables de leur nature, ne nous traitent pas de fous, n'y a-t-il pas quelque chose qui séduit l'imagination dans la vie cachée et séparée du monde entier que ces deux êtres ont menée pendant tant d'années? Malheureusement il n'y a pas de médecins au désert, et il faut avoir une santé de rustre ou ne pas se mêler d'y aller.

Au sortir du lac Onéida, nous nous sommes rendus dans la prison d'Auburn. Voilà ce que j'appelle une chute; mais les contrastes, dit-on, font le charme du voyage. Après nous être plongés dans le système pénitentiaire, nous sommes allés à Canandagua, dans la maison de campagne d'un membre de la législature, nommé M. Spencer. Je vous avoue, chère sœur, que nous avons passé là la semaine la plus agréable. Canandagua est situé sur le bord d'un lac; — encore un lac, allez-vous dire; — celui-là n'avait rien de sauvage, tout ce qui l'entoure, au contraire, rappelle l'idée des agré-

ments de la vie civilisée. Notre hôte est un homme plein
d'esprit avec lequel nous passions les matinées les plus
intéressantes ; et indépendamment d'une très-belle bibliothèque, il avait encore deux charmantes filles avec lesquelles nous *cordions* très-bien, comme disent en France
les gens du peuple. Quoiqu'elles ne sussent pas le plus
petit mot de français, elles avaient, entre autres charmes,
quatre yeux bleus (non pas la même, mais deux chacune), comme je suis bien sûr que vous n'en avez jamais
vus de l'autre côté de l'eau. Je vous en ferais la description si je ne craignais de tomber dans la fadeur. Qu'il
vous suffise de savoir que nous les regardions encore
plus volontiers que les livres du père. Nous étant fait,
Beaumont et moi, part de la découverte, nous résolûmes,
avec toute la sagesse qui nous caractérise, de nous remettre en route au plus tôt ; résolution que nous exécu-
tâmes le lendemain matin en traversant le lac, non pas
à la nage, comme auraient pu le faire Mentor et Télé-
maque, mais en bateau à vapeur, ce qui est plus sûr et
plus commode. Nous voilà aujourd'hui à Batavia, tout
*choses* de n'être plus à Canandagua, et, en somme, contents d'en être partis.

Vous voyez, chère sœur, que je vous tiens parole. Je
vous fais du sentiment depuis la date jusqu'à la signature.
Embrassez chacun de nos parents pour moi, et dites-vous
bien que malgré les fleuves, les bois, les lacs et même
les yeux bleus de miss Spencer, je ne pense qu'au bonheur de me retrouver près de vous et que déjà les pieds
m'en grillent.

## A M. L'ABBÉ LE SUEUR

Détroit (Michigan), 3 août 1831.

Vous vous étonnerez peut-être, mon bon ami, de recevoir une lettre, datée de Détroit. Plusieurs raisons nous ont déterminés à venir dans cette ville. Nous désirions vivement de voir un pays qui fût une conquête toute récente de l'homme sur le désert. Arrivés à Buffaloe, nous avons appris que le territoire du Michigan pouvait nous présenter ce spectacle. Enfin, nous avons trouvé un bateau à vapeur qui va tous les jours de Buffaloe à Détroit, et fait généralement le trajet en deux jours et une nuit, bien qu'il y ait environ cent lieues de France entre ces deux villes. Nous avons donc pris le parti de voir une fois ce que c'était que la civilisation dans son point le plus extrême, et nous nous sommes embarqués pour Détroit, au lieu d'aller tout de suite à la chute du Niagara, comme c'était notre intention. Nous avons traversé tout le lac Érié, qui ressemble parfaitement à l'Océan, à tel point que j'y ai eu un peu le mal de mer pendant le premier jour. Le lendemain de notre arrivée à Détroit, nous avons loué des chevaux, et nous avons pris le chemin d'un lieu appelé Pontiac, situé à vingt-cinq milles au-dessus de Détroit, dans le nord-ouest. . . . . . . . . . . . . . . . . . . . . . . [1]

1. La suite de cette lettre, qui est très-longue, contient les détails du voyage de Tocqueville, de Détroit à Saginaw, dont il a fait le récit dans le

Mon papier qui finit, et que je ne veux point allonger de peur de nous ruiner, me force d'abréger. Nous sommes revenus de Saginaw sans malencontre. Demain nous partons pour Buffaloe, où j'espère enfin recevoir nos lettres. Je meurs du désir de revoir de votre écriture à tous. J'espère avoir le temps de faire la relation de ce petit voyage, et je vous la lirai à mon retour. Il aurait été complétement agréable sans les moustiques. Mais vous ne pouvez vous figurer quels tourments ces maudits animaux font éprouver au fond des bois. C'est au delà de toute description. Adieu. Il faut finir, je vous embrasse du meilleur de mon cœur, comme je vous aime.

### A M. LE COMTE DE TOCQUEVILLE

Sur le lac Huron, 14 août 1831.

Dans la dernière lettre que j'écrivais à la maison, mon cher père, je vous disais que j'allais partir pour Buffaloe, et de là me diriger vers Boston par le Canada. C'était, en effet, notre intention. Mais il était écrit, à ce qu'il paraît, que nous n'accomplirions pas nos projets. En allant porter nos lettres à la poste, nous avons appris qu'il venait d'arriver un grand vaisseau à vapeur, dont la destination était d'explorer rapidement tous les grands lacs,

morceau intitulé *Quinze jours au désert*, voy. tome V. C'est pour éviter les répétitions que nous supprimons ces détails; et si nous donnons le commencement et la fin de la lettre, c'est seulement pour que le lecteur ne perde pas le fil des marches du voyageur.

et de revenir ensuite à Buffaloe : le tout bien commodément et en douze jours. Nous nous laissâmes tenter. Au lieu donc de partir le lendemain matin de Buffaloe, comme nous le voulions, nous nous sommes embarqués pour le lac Supérieur : c'est-à-dire que nous avons ajouté à peu près quinze cents milles ou cinq cents lieues de France à notre plan originaire. . . . . . . .

. . . . . . . . . . . . . .

Nous avons remonté rapidement le lac Saint-Clair et la rivière du même nom, et après avoir été arrêtés un jour à l'entrée du lac Huron par les vents contraires et le manque de bois, nous sommes entrés enfin dans cet immense lac, qui ressemble en tout à la mer, sinon que ses eaux sont d'une limpidité merveilleuse et laissent voir les objets à trente pieds de leur surface. Nous marchâmes deux jours et une nuit sur le lac Huron, faisant nos trois lieues à l'heure et ne pouvant en trouver la fin. Le matin du troisième jour nous découvrîmes pour la première fois un lieu habité par les blancs. C'est le Saut-Sainte-Marie, situé sur la rivière du même nom, qui joint le lac Supérieur au lac Huron. Là nous jetâmes l'ancre et descendîmes à terre. L'immense étendue de côtes que nous venions de parcourir ne présente pas de points de vue remarquables. Ce sont des plaines couvertes de forêts. L'ensemble, cependant, produit une impression profonde et durable. Ce lac sans voiles, cette côte qui ne porte encore aucun vestige du passage de l'homme, cette éternelle forêt qui la borde : tout cela, je vous assure, n'est pas seulement grand en poésie. C'est le plus extraordinaire spectacle que j'aie vu dans ma vie. Ces lieux, qui ne forment encore qu'un immense désert, deviendront un des pays les plus riches et les plus puissants du monde. On peut l'affirmer sans être prophète. La nature a tout fait ici ; une terre fertile, des débouchés comme il n'y en a pas d'autres dans le monde. Rien ne manque que l'homme civilisé : et il est à la porte.

Je reviens au Saut-Sainte-Marie. En cet endroit, la rivière n'est plus navigable. Notre vaisseau s'arrêta : mais non pas nous. Les Indiens ont appris aux Européens à faire des canots d'écorce, que deux hommes portent sur leurs épaules. Je rapporte un peu de l'écorce avec laquelle ces embarcations sont faites. Vous penserez comme moi que celui qui le premier s'est embarqué là dedans était un hardi compère. Les sauvages font un canot de cette espèce en cinq jours de temps. C'est une chose effrayante à voir qu'une pareille coquille de noix lancée au milieu des récifs de la rivière Sainte-Marie et descendant les *Rapides* avec la vitesse d'une flèche. Le fait est cependant qu'il n'y a aucun danger, et je m'y suis trouvé plus d'une fois déjà avec des dames, sans que personne témoignât la moindre crainte. Dans la circonstance actuelle on mit les canots sur le dos des bateliers, et ayant gagné le dessus des Rapides, nous lançâmes nos embarcations et nous nous couchâmes au fond. Toute la population de Sainte-Marie est française. Ce sont de vieux Français gais et en train comme leurs pères et comme nous ne le sommes plus. Tout en conduisant nos canots, ils nous chantaient de vieux airs qui sont presque oubliés maintenant chez nous. Nous avons retrouvé ici le Français d'il y a un siècle, conservé comme une momie pour l'instruction de la génération actuelle.

Ayant remonté pendant près de trois lieues la rivière Sainte-Marie, nous nous fîmes descendre sur un promontoire qu'on nomme le cap aux Chênes. De là nous eûmes enfin le spectacle du lac Supérieur, se développant à perte de vue. Il n'existe encore aucun établissement sur ses rives, et les *Rapides* empêchent qu'aucun vaisseau ne l'ait encore traversé; ensuite... Mais si je raconte les choses en détail, je n'en finirai jamais; il faudrait vous écrire un volume, et le temps me presse. Après avoir conversé longtemps avec les Indiens qui habitent ce lieu, nous revînmes à notre bateau. De Sainte-Marie nous descendîmes à Michillimachinac, île située à l'entrée du lac Michigan. De là nous sommes allés à Green-Bay, qui est à soixante lieues plus bas dans le lac Michigan. Après avoir fait quelques excursions dans Fox-River (ou rivière du Renard) et tué quelque gibier, nous nous sommes remis en route et nous voici. Je ne crois pas qu'il existe en France une seule personne qui ait fait le même voyage. Les Canadiens nous ont assuré n'avoir jamais vu de Français. Si je pouvais jamais faire comprendre ce que j'ai vu et éprouvé dans le cours de cette rapide excursion, ce tableau pourrait avoir de l'intérêt. J'ai essayé de le faire et suis découragé. Les impressions se succèdent trop vite. Je n'aimerais à raconter ce que j'ai vu qu'au coin du feu...

17 août.

J'arrive à Buffaloe. On m'assure qu'il y a encore des chances pour que ma lettre parte pour New-York et y arrive à temps pour le paquebot. Je me hâte donc de la fermer, mais non sans vous embrasser bien fort.

Nous sommes bien près de votre fête, mon cher père. Soyez sûr qu'au moment où on vous la souhaitera, je serai de cœur avec vous.

## A MADAME LA COMTESSE DE TOCQUEVILLE

21 août 1831, sur le lac Ontario.

J'ai écrit sur le lac Érié une lettre à mon père, ma chère maman, qui a dû vous faire connaître le voyage non prémédité que nous avons entrepris et achevé dans la première quinzaine de ce mois. Nous avons trouvé à Buffaloe vos lettres du 27 mai dernier, qui, malgré leur date bien vieille, nous ont fait un plaisir inexprimable. J'étais privé depuis si longtemps du bonheur de voir de votre écriture à tous! Je ne puis vous dire combien je suis touché, ma chère maman, de recevoir ainsi chaque courrier une lettre de vous. Je sais qu'écrire vous fatigue, et vos lettres me sont doublement chères quand je pense à ce qu'elles vous ont coûté. Remerciez aussi toute la maison de ma part...

Nous ne sommes restés qu'une heure à Buffaloe, et

nous nous sommes aussitôt dirigés vers Niagara. A deux
lieues, le bruit de la chute ressemblait déjà à un orage.
Niagara en indien veut dire *Tonnerre des eaux*. On ne
pouvait trouver une expression plus magnifique ni plus
juste. Les langues indiennes sont pleines de ces sortes
d'images, et bien autrement poétiques que les nôtres.
Mais pour en revenir au Niagara, nous avancions donc au
bruit, sans pouvoir concevoir que nous fussions si près
de la chute.

Rien, en effet, ne l'annonce aux yeux. Un grand
fleuve (qui n'est autre chose que l'écoulement du lac
Érié) coule lentement au milieu d'une plaine. On n'ap-
perçoit à l'horizon ni rocher, ni montagne. Il en est ainsi
jusqu'à l'endroit même de la cataracte. Il faisait nuit
close lorsque nous y sommes arrivés; et nous avons remis
au lendemain notre première visite.

Le lendemain matin, 18 août, nous nous y sommes
rendus par le plus admirable temps du monde...

Je ferais nécessairement du *pathos*, ma chère maman,
si j'entreprenais la description du spectacle que nous
eûmes alors sous les yeux. La chute du Niagara est, à
mon avis, supérieure à tout ce qu'on en a dit et écrit en
Europe, ainsi qu'à toutes les idées que l'imagination s'en
forme d'avance. Le fleuve se divise en deux lorsqu'il arrive près du gouffre qui est ouvert devant lui et forme
deux chutes qui se trouvent séparées par une petite île. La
plus large forme un fer à cheval qui a un quart de lieue de
développement, c'est-à-dire plus de deux fois la largeur
de la Seine. Le fleuve, arrivé là, se précipite d'un seul

jet à 149 pieds de profondeur. La vapeur qui s'en élève ressemble à un nuage, sur lequel repose un immense arc-en-ciel. On parvient très-facilement jusqu'à une pointe de rocher presque entièrement environnée d'eau, et qui s'avance sur le gouffre. Rien n'égale la sublimité du coup d'œil dont on jouit en cet endroit, surtout la nuit (comme nous l'avons vu), lorsqu'on n'aperçoit plus le fond de l'abîme, et que la lune jette un arc-en-ciel sur le nuage. Je n'avais jamais vu d'arc-en-ciel nocturne. Il a la même forme que celui du jour, mais est parfaitement blanc. Je l'ai vu passant d'un bord à l'autre, par-dessus le gouffre. Une entreprise qu'on croirait difficile au premier abord et dont cependant l'exécution est aisée, c'est de pénétrer environ cent pas sous la nappe d'eau. Parvenu là, une saillie du rocher empêche d'aller plus loin. Il règne en cet endroit une obscurité profonde et terrible, qui, par moment, vient à s'éclaircir ; et alors on aperçoit le fleuve tout entier qui semble descendre sur votre tête. Il est difficile de rendre l'impression produite par ce rayon de lumière, lorsque, après vous avoir laissé entrevoir, pour un instant, le vaste chaos qui vous environne, il vous abandonne de nouveau au milieu des ténèbres et du fracas de la cataracte. Nous sommes restés un jour franc à Niagara. Hier nous nous sommes embarqués sur le lac Ontario...

D'après cette description et l'admiration que nous avons ressentie à Niagara, vous croyez peut-être, ma chère maman, que nous nous trouvons dans un état d'esprit fort tranquille et fort heureux. Il n'en est rien, je vous jure. Jamais, au contraire, je ne me suis senti en proie à une mélancolie plus profonde. J'ai trouvé à Buffaloe beaucoup de journaux qui parlent de l'état de l'Europe et de la France. En rapprochant toutes les petites circonstances qu'ils relatent, je suis demeuré convaincu qu'une crise chez nous était imminente et que la guerre civile était prochaine, traînant à sa suite tant de périls pour ceux même qui me sont les plus chers... Ces images viennent se placer entre moi et tous les objets, et je ne puis me voir, sans une profonde tristesse et une sorte de honte, occupé à admirer des cascades en Amérique, tandis que la destinée de tant de personnes que j'aime est peut-être, en cet instant même, compromise.

### A M. L'ABBÉ LESUEUR

Albany, 7 septembre 1831.

Jugez du plaisir que j'ai éprouvé en arrivant ici, mon bon ami, lorsque j'ai trouvé un paquet de lettres contenant la correspondance du 20 et du 30 juin. J'étais extrêmement inquiet des affaires publiques et de vous. Les lettres m'ont appris, en effet, que vous aviez été très-souffrant et que vous l'étiez encore un peu au départ du courrier. Je grille maintenant de lire les lettres du 10 et du 20 juillet. Je sais qu'elles sont en Amérique. Mais on me les a envoyées à Boston, où nous serons dans deux jours. Ce n'est qu'arrivé là que je pourrai avoir les bulletins ultérieurs de votre santé.

Il me tarde bien, je vous assure, de les connaître. Je
ne puis vous dire, mon bon ami, quel plaisir j'éprouve à
me trouver enfin en communication réelle avec vous.
Jusqu'à présent il n'y avait que l'un de nous deux qui
parlait. Nous causons maintenant. Tous les détails qu'on
me donne sur la manière dont a été reçue ma dernière
lettre me font un plaisir extrême. Donnez-moi toujours
beaucoup de particularités ; ne craignez pas les petits
riens. Ce sont de grandes choses à deux mille lieues...

Nous venons de faire une immense tournée dans
l'ouest et le nord de l'Amérique. La dernière quinzaine a
été consacrée à visiter le Canada. Lors de ma précédente
lettre, je ne croyais pas faire ce voyage. Le manque de
nouvelles politiques nous était devenu si insupportable,
que nous comptions gagner Albany en droiture. Heureusement nous avons appris en route des nouvelles de
France, et nous avons cru pouvoir disposer encore de huit
jours pour descendre le Saint-Laurent. Nous nous félicitons beaucoup maintenant d'avoir entrepris ce voyage.
Le pays que nous venons de parcourir est, par lui-même,
très-pittoresque. Le Saint-Laurent est le plus vaste fleuve
qui existe au monde. A Québec il est déjà très-large : un
peu plus bas, il a sept lieues d'un bord à l'autre, et il
conserve la même largeur pendant cinquante lieues encore. Il prend alors quinze, vingt, trente lieues, et se
perd enfin dans l'Océan. C'est comme qui dirait la
Manche roulant dans l'intérieur des terres. Cet immense
volume d'eau n'a rien du reste qui surprenne, lorsqu'on
songe que le Saint-Laurent sert seul d'écoulement à tous

les grands lacs, depuis le Supérieur jusqu'au lac Ontario. Ils se tiennent tous comme une grappe de raisin, et aboutissent enfin à la vallée du Canada.

Mais ce qui nous a intéressés le plus vivement au Canada, ce sont ses habitants. Je m'étonne que ce pays soit si inconnu en France. Il n'y a pas six mois, je croyais, comme tout le monde, que le Canada était devenu complétement anglais. J'en étais toujours resté au relevé de 1765, qui n'en portait la population française qu'à 60,000 personnes. Mais depuis ce temps, le mouvement d'accroissement a été là aussi rapide qu'aux États-Unis, et aujourd'hui il y a dans la seule province du Bas-Canada 600,000 descendants de Français. Je vous réponds qu'on ne peut leur contester leur origine. Ils sont aussi Français que vous et moi. Ils nous ressemblent même bien plus que les Américains des États-Unis ne ressemblent aux Anglais. Je ne puis vous exprimer quel plaisir nous avons éprouvé à nous retrouver au milieu de cette population. Nous nous sentions comme chez nous, et partout on nous recevait comme des compatriotes, enfants de la *vieille France*, comme ils l'appellent. A mon avis, l'épithète est mal choisie. La vieille France est au Canada ; la nouvelle est chez nous. Nous avons retrouvé là, surtout dans les villages éloignés des villes, les anciennes habitudes, les anciennes mœurs françaises. Autour d'une église, surmontée du coq et de la croix fleurdelisée, se trouvent groupées les maisons du village : car le propriétaire canadien n'aime point à s'isoler sur sa terre comme l'Anglais ou l'Américain des États-Unis. Ces maisons sont bien bâties, solides au dehors, propres et soignées au dedans. Le paysan est riche et ne paye pas un denier d'impôt. Là se réunit quatre fois par jour, autour d'une table ronde, une famille composée de parents vigoureux et d'enfants gros et réjouis. On chante après souper quelque vieille chanson française, ou bien on raconte quelque vieille prouesse des premiers Français du Canada ; quelques grands coups d'épée donnés du temps de Montcalm et des guerres avec les Anglais. Le dimanche on joue, on danse après les offices. Le curé lui-même prend part à la joie commune tant qu'elle ne dégénère pas en licence. Il est l'oracle du lieu, l'ami, le conseil de la population. Loin d'être accusé ici d'être le partisan du pouvoir, les Anglais le traitent de *démagogue*. Le fait est qu'il est le premier à résister à l'oppression, et le peuple voit en lui son plus constant appui. Aussi les Canadiens sont-ils religieux par principe et par passion politique. Le clergé forme là la haute classe, non parce que les lois, mais parce que l'opinion et les mœurs le placent à la tête de la société. J'ai vu plusieurs de ces ecclésiastiques : et je suis resté convaincu que ce sont, en effet, les gens les plus distingués du pays. Ils ressemblent beaucoup à nos vieux curés français. Ce sont, en général, des hommes gais, aimables et bien élevés.

Ne serait-on pas vraiment tenté de croire que le caractère national d'un peuple dépend plus du sang dont il est sorti que des institutions politiques ou de la nature du pays ? Voilà des Français mêlés depuis quatre-vingts ans à une population anglaise ; soumis aux lois de l'Angle-

terre, plus séparés de la mère patrie que s'ils habitaient
aux antipodes. Eh bien! Ce sont encore des Français
trait pour trait; non pas seulement les vieux, mais tous,
jusqu'au bambin qui fait tourner sa toupie. Comme nous,
ils sont vifs, alertes, intelligents, railleurs, emportés,
grands parleurs et fort difficiles à conduire quand leurs
passions sont allumées. Ils sont guerriers par excellence
et aiment le bruit plus que l'argent. A côté, et nés comme
eux dans le pays, se trouvent des Anglais flegmatiques
et logiciens comme aux bords de la Tamise; hommes à
précédents, qui veulent qu'on établisse la *majeure* avant
de songer à passer à la *mineure*; gens sages qui pensent
que la guerre est le plus grand fléau de la race humaine,
mais qui la feraient cependant aussi bien que d'autres,
parce qu'ils ont calculé qu'il y a des choses plus difficiles
à supporter que la mort.

Adieu, mon bon ami, je vous aime et vous embrasse
du fond de mon cœur·

A M. LE BARON E. DE TOCQUEVILLE

Boston, 10 septembre 1831.

C'est hier au soir, mon cher Édouard, que j'ai trouvé le
fatal paquet qui m'annonçait la mort de notre pauvre
ami[1]. J'étais déjà inquiet; le dernier courrier ne m'avait
pas apporté de lettre de lui. Connaissant son exactitude

1. L'abbé Lesueur, auquel est adressé la lettre précédente qu'il ne reçut
jamais.

et sa tendresse, je me doutais que la maladie était plus grave que vous ne me le disiez; et bien des fois, dans la route, j'ai répété à Beaumont que je tremblais d'apprendre un grand malheur en arrivant à Boston. Hier, bien qu'il fût tard, je me suis fait donner mes lettres à la poste. En ouvrant le paquet et en ne voyant pas son écriture, j'ai connu la cruelle vérité. J'ai éprouvé en ce moment, mon cher Édouard, la plus vive et la plus poignante douleur que j'aie jamais ressentie dans ma vie. C'est un de ces chagrins que les mots ne peuvent rendre. J'aimais notre bon vieil ami comme notre père; il en avait toujours partagé les soins, les inquiétudes, la tendresse, et cependant il ne tenait à nous que par le fait seul de sa volonté. Il nous a quittés pour toujours, et je n'ai pu recevoir sa dernière bénédiction! On a beau dire, mon cher ami, qu'on doit s'accoutumer d'avance à l'idée de se séparer d'un vieillard de quatre-vingts ans; non, on ne s'habitue point à l'idée de voir disparaître tout à coup le soutien de son enfance, l'ami, et quel ami! de toute sa vie. J'espère parvenir à me roidir enfin contre ce malheur affreux; mais il n'en restera pas moins au fond de mon âme l'idée poignante, parce qu'elle est vraie, que nous avons perdu ce que ni le temps, ni l'amitié, ni l'avenir, quel qu'il soit, ne peut nous rendre, ce qui n'est donné qu'à peu de personnes de trouver dans ce monde : un être dont toutes les pensées, toutes les affections se rapportaient à nous seuls; qui ne semblait vivre que pour nous. Je n'ai jamais vu ni entendu parler d'un pareil dévouement. Oh! si tu savais, mon pauvre Édouard, quelle fête je me faisais de le revoir ! avec quel bonheur je me représentais sa joie en me serrant de nouveau dans ses bras ! Dans mon avant-dernière lettre je m'adressais à lui comme s'il avait encore pu m'entendre ; je lui peignais ma joie au retour. Au lieu de cela, je verrai sa chambre déserte ; je ne vous embrasserai tous qu'avec de l'amertume au fond du cœur ! Non, je ne puis encore me figurer que je sois séparé de lui pour toujours. La nuit dernière, il me semblait encore le voir devant moi avec ce regard de bonté et de tendresse qu'il avait toujours en nous regardant. Mais je n'entendrai plus jamais sa voix ; il ne me reste plus de lui que ses conseils et son exemple. Oh ! mon pauvre ami, je voulais t'écrire tranquillement ; mais ces cruelles idées sont plus fortes que ma volonté, et je vois à peine ce que j'écris. La pensée de cette séparation éternelle pèse comme un poids insupportable sur mon âme. Je la retrouve partout ; elle semble s'attacher à tous les objets. Ne craignez pas cependant pour ma santé. Je vous le dis en vérité ; elle est bonne, et la nécessité absolue où je suis de m'occuper m'aidera, j'espère, à supporter cette cruelle épreuve. Au milieu de ma douleur, il y a une idée qui me soutient : il est peut-être heureux d'avoir cessé de vivre dans les circonstances où nous vivons. Il est parti pour un monde meilleur, nous laissant tous sinon heureux, du moins encore tranquilles. Qui sait le sort qui attend sa famille adoptive à l'entrée d'une époque de révolutions comme celle où nous sommes ? Peut-être eût-il été réservé à des épreuves qu'il lui eût été impossible de supporter ?

Et puis, mon cher ami, jamais je n'ai été sûr du bonheur éternel de personne comme du sien. J'ai lu beaucoup de choses dans ma vie sur l'immortalité de l'âme, et
je n'en ai jamais été aussi complétement convaincu qu'aujourd'hui. Que celui qui, comme notre bon ami, n'a vécu
que pour bien faire, subisse le même sort que les plus
grands criminels, voilà contre quoi ma raison et mon
cœur se soulèvent avec une violence que je n'avais jamais sentie. Hier au soir, je l'ai prié comme un saint;
j'espère qu'il a entendu ma voix et qu'il a vu que ses
bienfaits n'avaient point été tout à fait perdus. Ma plus
grande consolation dans ce moment, mon cher Édouard,
est de penser que nous ne lui avons jamais causé pour
notre part un chagrin véritable. Il n'y a pas un moment
de sa vie où il n'ait pu voir à quel point nous lui étions
attachés. Il me l'a dit cent fois. C'était là le seul charme
de sa vieillesse, et c'était à nous qu'il le devait; et cependant que nous étions loin de nous être acquittés envers lui! Ce pauvre vieil ami! avec quel désintéressement
il sacrifiait toujours son bonheur au nôtre! Je suis sûr
qu'en me quittant il était poursuivi des plus tristes pres-
sentiments. Eh bien! pour rendre la séparation moins
pénible, il m'assurait presque avec gaieté qu'il avait la
ferme espérance de me revoir. Il me l'écrivait encore dernièrement, pour diminuer l'amertume de l'absence. J'avais
presque fini par me laisser aller à le croire moi-même;
mais nous nous trompions l'un et l'autre : je ne le reverrai jamais. Remercie mon père et ma mère pour les
tendres soins qu'ils lui ont donnés; ma mère surtout,

qui a si besoin elle-même de soutiens. Puisque le malheur a voulu qu'aucun de nous ne fût là pour recevoir
son dernier soupir, ce m'est du moins une consolation
que ses derniers moments aient été entourés d'attentions
et de preuves d'amitié. Il les aura senties, j'en suis sûr ;
son cœur ne perdait rien.

12 septembre.

Voilà déjà deux jours que je suis arrivé ici. Je commence à reprendre le cours de mes occupations et à pouvoir, de temps en temps, me tirer de moi-même ; mais
il faut bien y rentrer quelquefois, et alors je ne puis te
rendre quelle impression déchirante j'éprouve. Chacun
a sa manière de sentir. Il y a des chagrins qui sont com-
municatifs. Moi, je voudrais pouvoir fuir le monde entier... et cependant j'éprouve de la consolation à t'écrire.
C'est un triste bonheur ; mais c'est un bonheur cependant
de décharger son cœur et d'exprimer une douleur qu'on
sait partagée. Je sais que tu comprends tout ce que
j'éprouve, parce que tu l'as éprouvé toi-même. Les liens
qui nous attachaient à notre pauvre ami n'étaient-ils
point les mêmes ? Comme moi, combien de preuves d'une
amitié sans bornes n'as-tu pas reçues de lui ? qui a jamais pris plus d'intérêt que lui à ce qui t'arrivait d'heureux ou de malheureux ! et quand tu étais malade, que
de soins il avait de toi ? C'était la même chose pour chacun de nous. Je me souviens que quand j'étais malade,
c'était sur son visage que je cherchais à lire ce qu'il fal-

lait espérer ou craindre. Sur ce point je le croyais plus que moi-même. Te rappelles-tu, mon cher Édouard, quand nous sommes revenus d'Italie, quel bonheur il a eu de notre retour? Je crois encore le voir! Il avait les larmes aux yeux, et ne savait comment exprimer sa joie. Une des plus grandes satisfactions qui eût pu m'arriver dans ce monde eût été de lui redonner un pareil moment de plaisir; mais Dieu ne l'a pas voulu.

Je commence, mon cher ami, à ne plus penser sans cesse à la perte que nous venons de faire; mais il me semble que chaque fois que ma pensée se porte sur cet objet, et elle le fait mille fois par jour, j'éprouve toujours la même angoisse que le premier moment. Je crois qu'il en sera toujours ainsi; ma raison est d'accord en cela avec mon cœur. J'ai perdu un des plus grands biens de ce monde. Dix ans n'empêcheront pas que cela ne soit aussi vrai qu'aujourd'hui. Plus je compare l'amitié qu'il avait pour nous à tout ce que je connais du même genre, plus je trouve qu'elle ne ressemblait à rien; et cependant elle n'est plus maintenant pour nous qu'un souvenir.

Je pense que ce doit être pour vous une cruelle chose de recevoir maintenant les lettres que je lui écrivais. Moi-même je sens que mon cœur se brise en pensant à tout ce que je lui mandais de gai ou de rassurant. Il y a quelque chose d'horrible pour moi dans la pensée qu'au moment même où j'exprimais de pareilles idées, il n'existait déjà plus. Enfin, mon bon ami, que te dirai-je? Il y a au fond de mon cœur une amertume affreuse, une douleur profonde qui m'ôte le courage d'entreprendre quoi que ce soit et fait que je me livre aux travaux qui m'intéressent le plus, comme un condamné à sa tâche. Il me semble que je vois tous les objets sous une couleur sombre, et que tout ce qui m'entoure est changé comme moi-même.

Je ne veux point cependant terminer cette lettre sans te parler de toi et d'Alexandrine. Embrasse-la bien de ma part. Il me semble que ce malheur vous rend tous encore plus chers pour moi. Jamais je n'ai senti plus vivement qu'aujourd'hui que tout le bonheur de ce monde se trouve dans les affections de famille.


### A MADAME LA COMTESSE DE TOCQUEVILLE

Boston, 27 septembre 1831.

J'ai reçu, à trois jours de distance, ma chère maman, les courriers du 30 juillet et du 10 août. Je vous remercie vivement du soin que vous avez de m'écrire; je n'aurais jamais osé compter sur le plaisir de voir si souvent de votre écriture; et quand je pense à l'effort que vous coûte une lettre, les vôtres deviennent bien précieuses pour moi, je vous assure. Je vous avoue cependant que le moment où j'ouvre le gros paquet qui m'arrive de France, sans voir l'écriture de notre bon ami, est bien pénible. C'est une impression à laquelle je ne puis m'habituer. J'étais si certain, autrefois, de trouver dans chaque paquet un témoignage de sa tendresse, une de ces lettres qu'on aurait conservées avec soin, eût-elle été adressée à un autre, tant il savait répandre de charmes sur les moindres choses ! l'absence de cette lettre me glace le cœur, et y laisse pendant longtemps une amertume inconcevable. Je vous ai déjà fait remercier, ma chère maman, mais je veux vous remercier moi-même de tous les soins que vous lui avez donnés dans sa dernière maladie ; il me semble que j'en suis plus touché que si je les avais reçus moi-même. Notre vieil ami aura vu combien il nous était cher ; et ses derniers moments en auront été adoucis. C'eût été pour moi la plus grande de toutes les consolations, de pouvoir me trouver alors près de lui et de recevoir sa dernière bénédiction. Ce bonheur m'a été refusé ; et au lieu de cela, je suis entraîné, chaque jour, dans des travaux qui éloignent mon esprit de la perte que nous avons faite et m'empêche de me livrer, comme je le voudrais, comme je le devrais peut-être, au souvenir de sa tendresse et de ses exemples. J'espère cependant que si, comme je n'en doute pas, il voit ce qui se passe dans nos cœurs, il aperçoit que je ne suis pas ingrat et qu'il occupe au fond de mon âme une place qui sera toujours la sienne, tant que je vivrai.

J'ai peur, ma chère maman, que vous et les autres membres de la famille, vous ne vous exagériez les avantages que je dois retirer de ce voyage-ci. Le résultat le plus clair que je lui vois est de me donner de l'expérience et de me fournir, sur la plupart des questions qui nous agitent en France, des idées qui pourront m'être un jour d'une utilité pratique. Mais écrirai-je jamais rien sur ce pays? C'est ce que j'ignore, en vérité, complétement. Tout ce que je vois, tout ce que j'entends, tout ce que j'aperçois encore à distance, forme une masse confuse dans mon esprit que je n'aurai peut-être jamais le temps ni le pouvoir de débrouiller. Ce serait un travail immense, que de présenter le tableau d'une société aussi vaste et aussi peu homogène que celle-ci. Je continue à recueillir avec ardeur toute sorte de documents.

Nous partons aujourd'hui pour Hartford, dans le Connecticut; nous serons à Philadelphie vers le 6 octobre.

Adieu, ma chère maman, je pense à vous tous sans cesse. Je vous embrasse de tout mon cœur, ainsi que mon père, mes frères et mes sœurs. Elles m'ont écrit toutes les deux les lettres les plus tendres. Je vous envoie une lettre pour mon oncle Rosambo.

## A M. LE VICOMTE ERNEST DE BLOSSEVILLE[1]

New-York, 10 octobre 1831.

Il faut que je compte beaucoup sur votre bienveillance, monsieur, pour vous demander un service dont l'exécution, bien que facile pour vous, ne peut manquer cependant de vous déranger de vos nombreuses occupations.

---

1. Aujourd'hui le marquis de Blosseville, membre du Corps législatif. Pendant son séjour à Versailles avant 1830, Tocqueville l'avait connu conseiller de préfecture de Seine-et-Oise, et il avait, depuis cette époque, commencé avec lui des relations dont le caractère intime et affectueux ne

Voici ce dont il s'agit : vous savez qu'indépendamment des prisons, tout ce qui tient aux institutions judiciaires excite ici, de notre part, une attention particulière. Après avoir examiné les tribunaux ordinaires, nous nous sommés occupés des tribunaux d'exception ; nulle part, jusqu'à présent, nous n'avons trouvé la trace de juges administratifs qui ressemblassent, le moins du monde, à ce que sont, chez nous, les conseils de préfecture et le conseil d'État. Il y a cependant des matières administratives ; mais par qui sont-elles jugées ? Comment parvient-on à se passer de tribunaux administratifs proprement dits ? Quelles sont les conséquences politiques de cet ordre de choses ? Ce sont là des questions dont la solution n'est pas claire pour nous.

Ce qui m'empêche le plus, je vous l'avoue, de savoir ce qui se fait sur ces différents points en Amérique, c'est d'ignorer, à peu près complétement, ce qui existe en France. Vous savez que, chez nous, le droit administratif et le droit civil forment comme deux mondes séparés, qui ne vivent point toujours en paix, mais qui ne sont ni assez amis ni assez ennemis pour se bien connaître. J'ai toujours vécu dans l'un et suis fort ignorant de ce qui se passe dans l'autre. En même temps que j'ai senti le besoin d'acquérir les notions générales qui me

s'est jamais démenti. On sait que M. de Blosseville, publiciste distingué, est l'auteur d'un excellent ouvrage intitulé : *Histoire des colonies pénales de l'Australie.* Il a fait paraître aussi : *Les Mémoires de John Tanner*, tableau peint d'après nature des mœurs sauvages des Indiens de l'Amérique du Nord, traduits de l'anglais sur le texte original écrit par Tanner lui-même, rapporté d'Amérique par Tocqueville.

manquent à cet égard, j'ai pensé que je ne pouvais mieux faire que de m'adresser à vous.

N'est-ce point commettre une indiscrétion, que de vous demander de me tracer, en peu de mots, la constitution des tribunaux administratifs chez nous et les principales règles de leur compétence? j'avoue que ce n'est point encore tout : ce à quoi je tiens particulièrement, c'est à obtenir vos idées sur l'utilité que peuvent avoir ces tribunaux, sur l'influence politique qu'ils peuvent exercer. En un mot, je vous demande quelques-uns de ces renseignements qui ne se trouvent point dans les livres, et dont le plus grand mérite consiste à être fournis par une personne, sur le jugement et l'étendue d'esprit de laquelle on sait qu'on doit compter.

Je n'ai pas besoin d'ajouter que si vous sentiez la curiosité d'avoir quelques documents *positifs* sur l'Amérique, je serais heureux de mon côté de pouvoir vous les fournir; j'y travaillerai, du moins, de mon mieux. Quant à présent, permettez-moi de ne rien vous dire des États-Unis. Nous avons vu, depuis que nous sommes dans ce pays, tant d'hommes et tant de choses, que lorsque nous voulons parler d'Amérique, il se présente sur-le-champ à notre esprit une masse confuse d'idées et de souvenirs parmi lesquels il nous est souvent difficile de faire un choix.

Agréez, monsieur, l'expression de ma considération la plus distinguée. Beaumont m'a bien chargé de ne pas l'oublier auprès de vous.

## A MADAME LA COMTESSE DE GRANCEY[1]

New-York, 10 octobre 1831.

Je ne puis vous exprimer, ma chère cousine, combien j'ai été touché en recevant votre lettre et celle de votre mère. C'est surtout quand le cœur est en proie à un vif chagrin que des paroles d'amitié font du bien à entendre. En toute autre circonstance j'aurais été presque honteux de m'être laissé prévenir par vous; mais j'avoue que ce bon sentiment s'est complétement perdu dans le plaisir de voir de votre écriture et dans la reconnaissance que j'ai ressentie en lisant tout ce que vous me dites d'aimable. Je vous remercie, ma chère cousine, de la part que vous avez prise au malheur qui nous a frappés; vous connaissez assez notre intérieur pour en apprécier toute l'étendue. Bien des gens croient que nous n'avons fait qu'une perte ordinaire; mais vous savez que c'est presque un père que nous pleurons. Il en partageait la tendresse comme les soins. C'est sur ses genoux que nous avons appris à discerner le bien du mal; c'est lui qui a commencé pour nous cette première éducation de l'enfance dont on se ressent toute sa vie, et qui a fait de nous, sinon des hommes distingués, du moins d'honnêtes gens.

1. Eugénie de Cordoue, comtesse de Grancey. Sa mère, la marquise de Cordoue, née Monthoissier, était petite-fille de M. de Malesherbes, et par là cousine-germaine de mademoiselle de Rosambo, comtesse de Tocqueville, mère d'Alexis de Tocqueville.

Je vous avoue que ce malheur a singulièrement diminué pour moi l'intérêt journalier que je prenais dans ce voyage. Les objets qui m'entourent sont bien encore les mêmes, mais il me semble que je les vois sous un autre jour. Il y a bien des moments où je voudrais me retrouver en Europe; et cependant je vous avoue que l'idée du retour n'est pas sans amertume.

Vous savez déjà en gros sans doute, ma chère cousine, les détails de notre voyage. Nous avons été parfaitement reçus dans ce pays-ci, et si bien que nous nous trouvons quelquefois dans la même position que cette duchesse (de la fabrique de Napoléon) qui, s'entendant annoncer à la porte d'un salon, croyait qu'il s'agissait d'une autre, et se retirait de côté pour se laisser passer. Le fait est qu'il faut une loupe pour nous apercevoir en France; mais, en Amérique, on nous considère avec un télescope : l'illusion dure encore, bien que nous continuions à être polis comme de pauvres diables et que nous n'ayons pu encore nous habituer au sans-gêne et aux manières impertinentes des *gens de conséquence*. Je dois, au reste, vous dire, pour l'explication du fait, que nous profitons d'une erreur très-naturelle dans laquelle tombent tous les Américains. Aux États-Unis, on n'a ni guerre, ni peste, ni littérature, ni éloquence, ni beaux-arts, peu de grands crimes, rien de ce qui réveille l'attention en Europe; on jouit ici du plus pâle bonheur qu'on puisse imaginer. La vie politique s'y passe à discuter s'il faut raccommoder un chemin ou bâtir un pont. Aux États-Unis, donc, on regarde l'exécution d'une belle prison

comme la pyramide de Chéops, ni plus ni moins; et par
contre-coup, nous qui passons en quelque sorte pour le
système pénitentiaire fait homme, quand on nous place
à côté de la pyramide nous sommes des espèces de géants.
Vous sentez bien que pour que le gouvernement français
nous ait chargés de visiter les prisons d'Amérique, il faut
que nous soyons des hommes de la première volée; car
quoi de plus grand qu'une prison? Si nous disions aux
Américains qu'il n'y a pas cent personnes en France qui
sachent au juste ce que c'est que le système pénitentiaire, et que le gouvernement français est tellement in-
nocent des grandes vues qu'on lui suppose, qu'à l'heure
qu'il est il ignore probablement qu'il a des commissaires
en Amérique, ils seraient bien étonnés sans doute. Mais
vous savez que la véracité consiste à ne pas dire ce qui
est faux, et non à dire ce qui est vrai. Je vous avouerai,
du reste, que *la gloire* a son mauvais côté; le système
pénitentiaire étant notre industrie, il nous faut, bon gré,
mal gré, l'exploiter tous les jours. En vain cherchons-
nous à nous en défendre; chacun trouve moyen de nous
glisser une petite phrase aimable sur les prisons. Dans
toutes les sociétés où nous allons, la maîtresse de la maison ou sa fille, à côté de laquelle on a bien soin de placer l'un de nous, croirait manquer au savoir-vivre si elle
ne commençait par nous parler de pendus et de verroux.
Ce n'est qu'après avoir épuisé un sujet qu'on sait nous
être agréable et sur lequel on présume que nous aurons
quelque chose à dire, qu'on essaye de diriger la conversation vers des objets plus vulgaires.

Vous ne pouvez vous figurer, ma chère cousine, dans quel tourbillon nous nous sommes trouvés lancés dès le premier jour de notre arrivée; c'est à ne pas avoir le temps de se reconnaître. Les idées, les impressions, les visages se succèdent avec une inexprimable rapidité. Nous sommes entraînés par un courant au milieu duquel il est impossible de se fixer un seul instant. Pour un homme aussi distrait que je le suis, cette manière d'observer en courant ne vaut souvent rien. Le plus ordinairement il m'arrive de ne me souvenir de ce que j'avais à demander à une personne qu'à l'instant où je viens de la quitter pour ne la revoir jamais; et cependant je vous confesserai que cette espèce d'état fébrile a ses charmes. La monotonie de Versailles me tuait; d'ailleurs, le grand point dans cette vie n'est-il pas d'oublier le plus possible qu'on existe? Or, je défie d'imaginer une existence (celle de ministre exceptée) qui vous tire plus complétement que la nôtre un homme de lui-même. A propos de ministres, j'imagine que souvent on les calomnie quand on dit qu'ils meurent d'ambition après avoir quitté leur place; par exemple, M. *** qui, dit-on, est devenu tout vert après avoir perdu les sceaux. Je suis plus charitable, et je crois que ce qui les tue, c'est qu'après avoir été longtemps étrangers à eux-mêmes, ils ne peuvent plus ensuite s'habituer à vivre toujours dans leur compagnie.

Il me semble que me voilà bien loin de l'Amérique. J'en suis resté, je crois, à notre arrivée à New-York. Après six semaines de séjour dans cette ville, nous avons

senti le besoin de parler d'autres choses que de prisons,
et nous nous sommes résolus à nous esquiver pour aller
faire un tour dans l'Ouest. Nous voulions voir des *déserts*
et des *Indiens;* mais vous ne vous figurez pas la peine
qu'on a à trouver maintenant ces deux choses en Amérique. Nous avons marché pendant plus de cent lieues
dans l'État de New-York, suivant toujours la piste des
tribus sauvages et ne pouvant jamais les rencontrer. Les
Indiens, nous disait-on, étaient là il y a dix ans, huit ans,
six ans, deux ans; mais la civilisation européenne marche comme un incendie et les chasse devant elle. Nous
sommes enfin arrivés à Buffaloe, sur le bord des grands
lacs, sans en avoir vu un seul. Le moyen de revenir en
France sans rapporter dans sa tête son sauvage et sa forêt vierge! Il ne fallait point y songer. Le bonheur a
voulu que précisément à cette époque un vaisseau à vapeur partît de Buffaloe pour aller explorer l'entrée du
lac *Supérieur* et les bords du lac *Michigan.* Nous nous
sommes déterminés à saisir l'occasion; et nous voilà
ajoutant un crochet de cinq cents lieues à notre voyage.
Cette fois, du reste, nous avons été complétement satis-
faits; nous avons parcouru des côtes immenses où les
Blancs n'ont point encore abattu un seul arbre; et nous
avons visité un grand nombre de nations indiennes. J'espère un jour pouvoir vous raconter bien des épisodes de
ce long voyage; mais aujourd'hui il faut me borner.

Ce sont de singuliers personnages que ces Indiens! Ils
s'imaginent que quand un homme a une couverture pour
se couvrir, des armes pour tuer du gibier et un beau

ciel sur la tête, il n'a rien à demander de plus à la fortune. Tout ce qui tient aux recherches de notre civilisation, ils le méprisent profondément. Il est absolument impossible de les plier aux moindres de nos usages. Ce sont les êtres les plus orgueilleux de la création : ils sourient de pitié en voyant le soin que nous prenons de nous garantir de la fatigue et du mauvais temps ; et il n'y en a pas un seul d'entre eux qui, roulé dans sa couverture au pied d'un arbre, ne se croie supérieur au président des États-Unis et au gouverneur du Canada. De tout mon attirail européen ils n'enviaient que mon fusil à deux coups ; mais cette arme faisait sur leur esprit le même effet que le système pénitentiaire sur celui des Américains. Je me rappelle entre autres un vieux chef que nous rencontrâmes sur les bords du lac Supérieur, assis près de son feu dans l'immobilité qui convient à un homme de son rang. Je m'établis à côté de lui, et nous causâmes amicalement à l'aide d'un Canadien français qui nous servait d'interprète. Il examina mon fusil, et remarqua qu'il n'était pas fait comme le sien. Je lui dis alors que mon fusil ne craignait pas la pluie et pouvait partir dans l'eau ; il refusa de me croire ; mais je le tirai devant lui après l'avoir trempé dans un ruisseau qui était près de là. A cette vue, l'Indien témoigna l'admiration la plus profonde ; il examina de nouveau l'arme, et me la rendit en disant avec emphase : « Les pères des Canadiens sont de grands guerriers ! » Comme nous nous séparions, j'observai qu'il portait sur sa tête deux longues plumes d'épervier. Je lui demandai ce que signifiait cet ornement. A cette question il se mit à sourire très-agréablement, montrant en même temps deux rangées de dents qui auraient fait honneur à un loup, et me répondit qu'il avait tué deux Sioux (c'est le nom d'une tribu ennemie de la sienne), et qu'il portait ces plumes en signe de sa double victoire. « Consentiriez-vous à m'en céder une, lui dis-je; je la porterais dans mon pays, et je dirais que je la tiens d'un grand chef. » Il paraît que j'avais touché la corde sensible; car mon homme se leva alors, et détachant une des plumes avec une majesté qui avait son côté comique, il me la remit; puis il sortit de dessous sa couverture son bras nu, et me tendit une grande main osseuse d'où j'eus bien de la peine ensuite à retirer la mienne après qu'il l'eut serrée.

Quant aux Indiennes, je ne vous en dirai autre chose, sinon qu'il faut lire *Atala* avant de venir en Amérique. Pour qu'une femme indienne soit réputée parfaite, il faut qu'elle soit couleur chocolat; qu'elle ait de petits yeux qui ressemblent à ceux d'un chat sauvage, et une bouche raisonnablement fendue d'une oreille à l'autre. Voilà pour la nature : mais l'art vient encore à son aide. Une Indienne, pour peu qu'elle ait de coquetterie, et je vous assure qu'elles n'en manquent point, a soin non de se mettre du rouge, comme en Europe, mais de se dessiner sur chaque joue des lignes bleues, noires et blanches, ce qui est bien plus compliqué. Au reste, ce sont là les sentiers battus de la mode. J'ai vu de plus ici, comme en France, de grands génies qui innovent; ainsi je me rappelle avoir rencontré une jeune Indienne dont le visage était peint en noir jusqu'à la ligne des yeux, et peint en rouge sur l'autre moitié; mais je pense que c'était là un essai qui peut-être n'aura pas été heureux. Vous savez que, quelle que soit l'influence que certaines personnes exercent sur la mode, elles ne réussissent pas toujours à faire adopter les singularités qu'elles inventent. Ce qui est plus général, on pourrait dire plus classique, dans la toilette des Indiennes, c'est de se passer un grand anneau dans la cloison du nez. Je trouve cela abominable; et cependant je vous demande très-humblement de m'expliquer en quoi il est plus naturel de se percer les oreilles que le nez. Il y a enfin un dernier point sur lequel les belles du lac Supérieur diffèrent des nôtres. Vous savez que chez nous on se met les pieds à la torture pour les forcer d'aller en dehors; croiriez-vous que les Indiennes ont le mauvais goût de se donner exactement la même peine pour les forcer d'aller en dedans? Décidément ce sont de misérables sauvages.

Quoi qu'il en soit, j'ai trouvé l'occasion d'acheter d'elles une espèce de soulier qu'elles portent dans les grandes occasions et nomment des mocassins. Si ces objets excitent le moins du monde votre curiosité, ce sera un véritable bonheur pour moi de vous les offrir. Il entrerait dans chacun de ces mocassins, si j'ai bonne mémoire, deux pieds comme les vôtres. Aussi ma prétention n'est-elle pas que vous les consacriez à votre usage.

C'est à moi de vous demander pardon, ma chère cousine, de l'énormité de ma lettre. Vous voyez que je ne

sais jamais faire les choses à point; j'ai le premier tort
de ne pas écrire, et ensuite celui d'écrire trop. J'espère
cependant que vous me pardonnerez le premier en faveur
du système pénitentiaire; et le second en considération
du plaisir que j'ai eu à m'entretenir avec vous après un
si long silence. C'est vous prendre, j'espère, par les sentiments généreux... Permettez-moi de vous réitérer l'assurance de ma bien vive et bien sincère amitié.

## A M. BOUCHITTÉ [1]

New-York, 11 octobre 1851.

Vous m'avez, mon cher ami, dans la dernière lettre
que j'ai reçue de vous, demandé des renseignements
sur l'instruction publique aux États-Unis. Avant de vous
répondre, je vous rappellerai encore que quand je parle
de l'Amérique il ne faut jamais me croire qu'à moitié.
Il y a dans l'Union vingt-quatre états, que leurs différentes positions et surtout leur vanité portent à différen-
cier singulièrement leur législation. Je ne vous parle
donc jamais que de ceux que j'ai vus. Mais ce sont les
plus puissants et les plus éclairés.

Le principe général, en matière d'instruction publi-

1. Ancien professeur d'histoire au collége de Versailles, inspecteur de
l'Académie de Paris et recteur des Académies d'Eure-et-Loir et de Seine-
et-Oise, auteur de plusieurs écrits remarquables sur la philosophie et sur
les beaux-arts dans leurs rapports avec la morale et la religion. Sa liaison
avec Alexis de Tocqueville commença à Versailles en 1824 ou 1825, et se
continua jusqu'à sa mort, arrivée en 1857,

que, c'est que chacun est libre d'instituer une école et de
la diriger sous son bon plaisir. C'est une industrie comme
une autre, dont les *consommateurs* sont les juges, et
dont l'État ne se mêle en aucune façon. Vous me demandez si cette liberté illimitée produit de mauvais
effets. Je crois qu'elle n'en produit que de bons. Mais
remarquez qu'il ne règne ici aucune des passions anti-
religieuses qui nous tourmentent. Le plus grand danger
que nous pouvons trouver en France, à la liberté de
l'enseignement, n'existe donc point ici. Livrés à eux-
mêmes et à leur pente naturelle, les hommes préfèrent
toujours les écoles morales et religieuses à toutes les
autres. Un fait singulier, c'est que dans cette Amérique,
où ne règne point de religion d'État, l'éducation est
presque exclusivement dans les mains du clergé, ou plutôt des *clergés* : ils dominent absolument et dirigent
l'instruction de la jeunesse.

Je vous ai dit que le principe général était la liberté
complète de l'enseignement; mais on fait au principe
une exception, quand il s'agit d'écoles fondées par l'État
lui-même; ou plutôt, dans ce cas, l'État rentre dans le
droit commun des particuliers, celui de diriger et de
mener à sa guise les écoles qu'il fonde. Ceci a une très-
grande portée, comme vous allez en juger : dans toute
la Nouvelle-Angleterre et dans l'État de New-York, par
exemple, la loi oblige chaque commune (leur commune,
*township*, forme une agrégation de trois à quatre mille
âmes), à entretenir une école gratuite ou presque gratuite; de plus, l'État a un fonds (*a school fund*) des-

tiné à encourager et à aider les communes à remplir leur
obligation. Si elles se refusent à créer l'école, on les
condamne à l'amende. Il y aurait bien des observations
à faire sur ce système; ce que je veux remarquer seulement, c'est que l'État exerce, soit directement, soit indirectement, un droit de surveillance et de direction sur
ces écoles. Dans l'État de New-York, il existe un officier
central, chargé, chaque année, d'inspecter toutes les
écoles, d'examiner les maîtres, les écoliers et les livres
de chacun, et de faire son rapport à la législature. Cela
a paru trop gouvernemental aux États de la Nouvelle-
Angleterre; ils ont remis ces pouvoirs à des comités
locaux, élus chaque année. Leurs rapports sont publiés;
mais il n'y a point d'unité dans la direction imprimée
à l'instruction publique. Voilà le système américain tout
entier, tel que j'ai eu occasion de l'examiner. Par le fait,
l'État a la plus grande part dans la direction de l'instruction publique. Mais ce sont ses propres établissements
qu'il surveille; il n'a pas de droit général.

L'effort qu'on fait dans ce pays pour répandre l'instruction est vraiment prodigieux. La foi universelle et
sincère qu'on professe ici dans l'efficacité des lumières,
me paraît un des points les plus remarquables de l'Amérique; d'autant plus que j'avoue, que, pour moi, la question
ne me paraît pas encore entièrement tranchée. Mais elle
l'est absolument dans l'esprit des Américains, quelles que
soient leurs opinions politiques ou religieuses. Le catholique, lui-même, sur ce point donne la main à l'unitaire et
au déiste. Il en résulte un de ces puissants efforts, fran-

quilles, mais irrésistibles, que font quelquefois les nations quand elles marchent vers un but par une impulsion commune et universelle; il n'y a jamais eu sous le
soleil un peuple aussi éclairé que celui du nord des
États-Unis. Il en est plus fort, plus habile, plus capable
de se conduire et de supporter la liberté; cela est incontestable. Mais sa moralité y a-t-elle gagné? je n'en suis
pas encore bien sûr. Mais entamer cette question, serait n'en pas finir, et le temps me presse, adieu.

### A M. CHARLES ***

Philadelphie, 22 octobre 1831.

Voilà bien longtemps, mon cher Charles, que je désire vous écrire; mais je suis entraîné dans un courant
d'affaires qui, sans m'empêcher de penser à de bons
amis comme vous, m'ôte le loisir de le leur dire. Je
voudrais bien, pourtant, que ma négligence à répondre
ne vous fît pas interrompre la correspondance; vos
lettres me font toujours un grand plaisir; et, en vérité,
vous n'avez pas la même excuse que moi pour ne pas
écrire.

Je vois par la teneur de votre dernière lettre que
votre esprit était triste, abattu, en proie à mille doutes.
Cette disposition mélancolique est sans doute disparue
au moment où j'écris cette lettre. Cependant, je veux
vous en parler, parce que je sais que la tournure de vos
idées vous porte très-souvent vers cet état pénible de

l'âme, dont je puis parler d'autant mieux que je l'ai éprouvé bien des fois.

Vous vivez, mon cher ami, si je ne me trompe, dans un monde de chimères : je ne vous en fais pas un crime ; j'y ai vécu longtemps moi-même ; et en dépit de tous mes efforts je m'y trouve encore ramené bien des fois. Lorsqu'on entre dans la première période de la jeunesse, on aperçoit devant soi la vie entière, comme un ensemble complet de malheurs ou d'infortunes, qui peut devenir votre partage. Je crois qu'il n'en est point ainsi ; on espère ou on craint trop. Il n'y a presque pas d'hommes qui aient été continuellement malheureux ; il n'y en a pas qui soient continuellement heureux. La vie n'est donc ni une excellente ni une très-mauvaise chose, mais, passez-moi l'expression, une chose *médiocre* participant des deux. Il ne faut ni trop en attendre, ni trop en craindre, mais tâcher de la voir telle qu'elle est sans dégoût ni enthousiasme, comme un fait inévitable, qu'on n'a pas produit, qu'on ne fera pas cesser, et qu'il s'agit surtout de rendre supportable. Ne croyez pas que je sois arrivé sans de grands combats intérieurs à considérer l'existence sous ce point de vue, ni que je m'y tienne toujours. Comme vous, comme tous les hommes, je sens en dedans de moi une passion ardente qui m'entraîne vers un bonheur sans limite, et me fait considérer l'absence de ce bonheur comme la plus grande infortune... Mais c'est là, soyez-en sûr, une passion folle qu'il faut combattre. Ce sentiment-là n'est point viril et ne saurait rien produire qui le soit. La vie n'est

ni un plaisir ni une douleur, c'est une affaire grave
dont nous sommes chargés, et dont notre devoir est de
nous acquitter le mieux possible. Je vous assure, mon
cher ami, que toutes les fois que je suis parvenu à l'envisager de cette manière, j'ai puisé une grande force
intérieure dans cette pensée. Je me suis trouvé plus de
tranquillité pour l'avenir, plus de courage pour supporter les peines, les ennuis, la monotonie, la vulgarité
du présent, moins de désirs immodérés pour quoi que
ce soit. J'ai senti que j'étais moins porté à me décourager
et que n'attendant pas trop, j'étais bien plus facilement
satisfait de la réalité.

Il y a encore une des chimères de la première jeunesse
contre laquelle il est bien important de se prémunir.
Quand j'ai commencé à réfléchir, j'ai cru que le monde
était plein de vérités démontrées; qu'il ne s'agissait que
de bien regarder pour les voir. Mais lorsque j'ai voulu
m'appliquer à considérer les objets, je n'ai plus aperçu
que doutes inextricables. Je ne puis vous exprimer, mon
cher Charles, dans quelle horrible situation cette découverte m'a mis. C'est le temps le plus malheureux de ma
vie; je ne puis me comparer qu'à un homme qui, saisi
d'un vertige, croit sentir le plancher trembler sous ses
pas et voir remuer les murs qui l'entourent; même
aujourd'hui, c'est avec un sentiment d'horreur que je
me rappelle cette époque. Je puis dire qu'alors j'ai com-
battu avec le doute corps à corps, et qu'il est rare de le
faire avec plus de désespoir. Eh bien! j'ai fini par me
convaincre que la recherche de la vérité absolue, *démon-*

*trable*, comme la recherche du bonheur parfait, était un
effort vers l'impossible. Ce n'est pas qu'il n'y ait quelques vérités qui méritent la conviction entière de
l'homme; mais soyez assuré qu'elles sont en très-petit
nombre. Pour l'immense majorité des points qu'il nous
importe de connaître, nous n'avons que des vraisem-
blances, des à peu près. Se désespérer qu'il en soit ainsi,
c'est se désespérer d'être homme; car c'est là une des
plus inflexibles lois de notre nature. S'ensuit-il que
l'homme ne doit jamais agir parce qu'il n'est jamais sûr
de rien? Certes ce n'est pas là ma doctrine. Lorsque j'ai
une détermination à prendre, je pèse avec grand soin
le pour et le contre, et au lieu de me désespérer de ne
pas pouvoir arriver à une conviction complète, je marche vers le but qui me paraît le plus probable, et j'y
marche comme si je ne doutais point. J'agis ainsi,
parce que l'expérience m'a appris qu'à tout prendre il
vaut mieux risquer d'entrer vite et avec vigueur dans
une mauvaise voie, que de demeurer dans l'incertitude
ou d'agir faiblement.

Il faut donc prendre son parti, de n'arriver que très-
rarement à la vérité démontrée. Mais, quoi qu'on fasse,
me direz-vous, le doute sur lequel on se risque est toujours un état pénible. Sans doute : je considère ce doute
comme une des plus grandes misères de notre nature;
je le place immédiatement après les maladies et la mort.
mais c'est parce que j'ai cette opinion-là de lui, que je
ne conçois pas que tant d'hommes se l'imposent gratui-
tement et sans utilité. C'est pour cela que j'ai toujours

considéré la métaphysique et toutes les sciences purement théoriques, qui ne servent de rien dans la réalité
de la vie, comme un tourment volontaire que l'homme
consentait à s'infliger... Je suis au bout de mon papier,
il faut finir. J'espère que vous ne m'en voudrez pas de
vous envoyer une homélie, au lieu d'une description
d'Amérique. Adieu.

## A MADAME LA COMTESSE DE TOCQUEVILLE

Philadelphie, 24 octobre 1831.

Je n'ai rien de nouveau à vous mander sur moi, ma
chère maman. Alexandrine vous aura, sans doute, lu ma
dernière lettre. Il n'y a rien eu de changé depuis dans
ma position. Des prisons, des sociétés savantes et des
réunions de salon pour le soir, voilà notre vie. Je continue
à me porter très-bien : c'est là un point que vous aimerez
à trouver fixé. L'automne, ici, est admirable : le ciel
pur et étincelant comme dans les beaux jours de l'été.
Les bois ont un feuillage beaucoup plus varié qu'en
Europe, à la même époque de l'année. Toutes les nuances
du rouge et du vert s'y mêlent : c'est vraiment le moment
où l'Amérique paraît dans toute sa gloire.

De grâce, ne croyez pas la moitié de ce que S... vous
a dit de défavorable sur ce pays-ci. Il ne le connaît pas
par lui-même, et ce qu'il en sait, il le tient d'une certaine
classe de Français qu'il a vus ici exclusivement, et qui,
en Amérique comme ailleurs, semblent les représentants

de tous les défauts propres à l'esprit de nos compatriotes. Avec l'Angleterre, ce pays-ci est le plus curieux et le plus instructif qu'on puisse visiter; et de plus que l'Angleterre, il a le privilége unique d'être en même temps dans la virilité et dans l'enfance : ce qui lui donne l'aspect le plus extraordinaire du monde.

Mon père me dit, dans sa dernière lettre, que vous vous ferez tous un plaisir d'entendre ce que j'ai écrit sur ce pays. Tout ce que j'ai écrit ou plutôt griffonné, vous passera certainement sous les yeux. Mais vous verrez que cela se réduit à fort peu de chose. Si je fais jamais quelque chose sur l'Amérique, ce sera en France, et avec les documents que je rapporte, que je chercherai à l'entreprendre.

Je partirai de l'Amérique en état de comprendre les documents que je n'ai pas pu encore étudier : voilà le résultat le plus clair du voyage. Du reste, je n'ai sur ce pays-ci que des notes sans ordre ni suite : des idées détachées dont moi seul ai la clef, des faits isolés qui m'en rappellent une foule d'autres. Ce que je rapporte de plus curieux, ce sont deux petits cahiers où j'ai écrit mot pour mot les conversations que j'ai eues avec les hommes les plus remarquables de ce pays-ci. Ce chiffon de papier a pour moi un prix inestimable, mais pour moi seul, qui ai pu sentir la valeur des demandes et des réponses. Les seules idées un peu générales que j'aie, jusqu'à présent, exprimées sur l'Amérique, se trouvent dans quelques lettres adressées à ma famille et à quelques autres personnes en France. Encore est-ce écrit en courant, sur les bateaux à vapeur ou dans quelque trou où il fallait me servir de mes genoux pour table. Publierai-je jamais rien sur ce pays? en vérité, je l'ignore; il me semble que j'ai quelques bonnes idées; mais je ne sais encore dans quel cadre les placer, et la publicité m'effraye.

Adieu, ma chère maman, le vent souffle de l'est, et j'espère d'ici à deux jours recevoir de vos nouvelles. Je n'aurais jamais cru que je pusse en venir à aimer la pluie. C'est cependant ce qui arrive depuis que je suis dans ce pays. La pluie ici c'est le vent d'est, et le vent d'est c'est le paquebot de France.

### A M. LE VICOMTE DE TOCQUEVILLE (HIPPOLYTE)

A bord du *Fourth of July*, 26 novembre 1831.

Je commence cette lettre, mon bon ami, dans le bateau à vapeur qui nous conduit de Pittsburg à Cincinnati. Je ne la finirai et ne la daterai que dans quelques jours, quand je serai arrivé dans cette dernière ville. Nous naviguons en ce moment sur l'Ohio, qui, en cet endroit, est déjà large comme la Seine à Paris, et qui cependant, comme tu pourras le voir sur la carte, est encore bien loin de sa jonction avec le Mississipi.

Il roule en ce moment à travers les plus belles montagnes du monde. Le mal est qu'elles sont couvertes de neige. L'hiver nous a enfin atteints. Nous l'avons trouvé au milieu des Alléghanys, et il ne nous quitte plus. Mais nous le fuyons, et dans huit jours nous n'aurons plus rien à en craindre. Pittsburg est l'ancien fort Duquesne des Français, l'une des causes de la guerre de 1745. Les Français ont donné, en Amérique, la preuve d'un génie extraordinaire dans la manière dont ils avaient disposé leurs postes militaires. Alors que l'intérieur du continent de l'Amérique septentrionale était encore entièrement inconnu aux Européens, les Français ont établi, au milieu des déserts, depuis le Canada jusqu'à la Louisiane, une suite de petits forts qui, depuis que le pays est parfaitement exploré, ont été reconnus pour les meilleurs emplacements qu'on pût destiner à la fondation des villes les plus florissantes et les situations les plus heureuses pour attirer le commerce et commander la navigation des fleuves. Ici, comme en bien d'autres circonstances, nous avons travaillé pour les Anglais, et ceux-ci ont profité d'un vaste plan qu'ils n'avaient pas conçu. Si nous avions réussi, les colonies anglaises étaient enveloppées par un arc immense, dont Québec et la Nouvelle-Orléans formaient les deux extrémités. Pressés sur leurs derrières par les Français et leurs alliés les Indiens, les Américains des États-Unis ne se seraient pas révoltés contre la mère-patrie. Ils le reconnaissent tous. Il n'y aurait pas eu de révolution d'Amérique, peut-être pas de révolution française, du moins dans les conditions où elle s'est accomplie.

Les Français d'Amérique avaient en eux tout ce qu'il fallait pour faire un grand peuple. Ils forment encore le plus beau rejeton de la famille européenne dans le nouveau monde. Mais, accablés par le nombre, ils devaient finir par succomber. Leur abandon est une des plus grandes ignominies de l'ignominieux règne de Louis XV.

Je viens de voir dans le Canada un million de Français braves, intelligents, faits pour former un jour une grande nation française en Amérique, qui vivent en quelque sorte en étrangers dans leur pays. Le peuple conquérant tient le commerce, les emplois, la richesse, le pouvoir. Il forme les hautes classes et domine la société entière. Le peuple conquis, partout où il n'a pas l'immense supériorité numérique, perd peu à peu ses mœurs, sa langue, son caractère national.

Aujourd'hui le sort en est jeté, toute l'Amérique du Nord parlera anglais. Mais n'es-tu pas frappé de l'impossibilité où sont les hommes de sentir la portée qu'aura un événement présent dans l'avenir, et le danger dans lequel ils sont toujours de s'affliger ou de se réjouir sans discernement? Lorsque la bataille des plaines d'Abraham, la mort de Montcalm et le honteux traité de 1763, mirent l'Angleterre en possession du Canada et d'un pays plus grand que l'Europe entière, et qui auparavant appartenait à la France, les Anglais se livrèrent à une joie presque extravagante. La nation, ni ses plus grands hommes, ne se doutaient guère alors que, par l'effet de cette conquête, les colonies n'ayant plus besoin de l'appui de la mère patrie, commenceraient à aspirer à l'indépendance : que, vingt ans après, cette indépendance serait signée, l'Angleterre entraînée dans une guerre désastreuse qui donnerait un énorme accroissement à sa dette; et que de cette manière se créerait sur le continent de l'Amérique une immense nation, son ennemie naturelle tout en parlant sa langue, et qui est certainement appelée à lui enlever l'empire de la mer.

30 novembre.

Nous arrivons à Cincinnati après un voyage que la neige et le froid ont rendu assez pénible.

## A MADAME LA COMTESSE DE TOCQUEVILLE

Louisville, 6 décembre 1831.

Nous sommes arrivés ici ce matin, ma chère maman, et nous tâcherons d'en repartir aujourd'hui même pour la Nouvelle-Orléans; il nous tarde de gagner les latitudes tempérées. C'est une chose incroyable que la différence qui existe, sous le rapport du froid, entre ce continent-ci et celui de l'Europe. Nous sommes ici, je pense, sous la latitude de la Sicile, et cependant il y gèle à plusieurs degrés; la terre est couverte de neige, les rivières de glaçons; on y a l'hiver du nord de la France. Le voyage devient pénible et triste par un pareil temps; heureusement, dans huit jours, nous aurons gagné le climat des tropiques. Je ne sais si, lorsque j'ai écrit ma dernière lettre, nous avions déjà pris la résolution de passer par la Louisiane. Ce qui nous a déterminés, c'est ce que nous avons appris à Cincinnati : le passage à travers le Kentucky, dans cette saison, a été reconnu impraticable; de telle

sorte qu'il se trouve plus court de descendre le Mississipi
et tous ses détours, que de couper tout droit à travers
les terres. Nous ne ferons que toucher la Nouvelle-Orléans, afin de réserver tout notre temps pour Charleston
et Washington.

Nous sommes fort contents du séjour que nous venons
de faire à Cincinnati ; il a été plein d'intérêt pour nous.
Nous ne nous faisions pas une idée des États de l'Ouest.
On peut les juger rapidement quand on a vu les autres ;
mais on ne pourrait se les figurer sans les avoir vus.
Tout ce qu'il y a de bien et de mal dans la société américaine s'y trouve tellement en relief, qu'on dirait un de
ces livres imprimés en gros caractères pour apprendre à
lire aux enfants ; tout y est heurté, outré ; rien n'y a
encore pris sa place définitive : la société y croît plus vite
que l'homme. Le lieu où est situé Cincinnati était encore
couvert de forêts il y a trente ans. Le spectacle que présente aujourd'hui cette ville ne ressemble à rien que je connaisse ; tout y ressent la précipitation de l'accroissement :
de belles maisons et des chaumières, des rues à peine pavées, imparfaitement alignées, encombrées de matériaux
en construction ; des places sans nom, des maisons sans
numéros, en un mot une ébauche de ville plutôt qu'une
ville. Mais au milieu de ces édifices imparfaits, un bruit de
vie, une population dont l'activité a quelque chose de fébrile : voilà Cincinnati aujourd'hui. Peut-être ne sera-t-il
plus ainsi demain ; car chaque jour le rend méconnais-
sable à ses propres habitants. Les Européens, en venant
en Amérique, ont laissé derrière eux, en grande partie,

les traditions du passé, les institutions et les mœurs de leur patrie. Ils ont bâti une société qui a de l'analogie avec celle d'Europe, mais qui au fond est radicalement différente. Depuis quarante ans, du sein de cette société nouvelle est sorti un autre essaim d'émigrants qui marchent vers l'Ouest, comme leurs pères vers les côtes de la Nouvelle-Angleterre et du Maryland. Abandonnant comme eux les idées de leur patrie avec le sol qui les a vus naître, ils fondent dans les vallées du Mississipi une société nouvelle qui n'a plus aucune analogie avec le passé et ne tient plus à l'Europe que par la langue. C'est vraiment ici qu'il faut venir pour juger le plus singulier état de choses qui ait sans doute existé sous le soleil. Un peuple absolument sans précédents, sans traditions, sans habitudes, sans même d'idées dominantes, s'ouvrant sans hésitation une voie nouvelle dans sa législation civile, politique, criminelle; ne jetant jamais les yeux autour de soi pour interroger la sagesse des autres peuples et la mémoire du passé; mais taillant ses institutions, comme ses routes, au milieu des forêts qu'il vient habiter et où il est sûr de ne rencontrer ni bornes ni obstacles; une société qui n'a encore ni lien politique, ni lien hiérarchique, social ou religieux; où chaque individu est soi, parce qu'il lui plaît d'être tel sans s'occuper de son voisin; une démocratie sans limites ni mesure. Dans les autres États de l'Union il n'y a presque point de patronage de fortune ni de naissance; mais il y a des influences personnelles. Dans l'Ouest, nul n'a pu se faire connaître, ni eu le temps d'asseoir son crédit. Aussi, privée de cette dernière barrière, la démocratie s'y montre-t-elle avec tous ses attributs distinctifs, sa légèreté, ses passions violentes, son instabilité et son caractère inquiet. Ces gens-ci habitent le pays le plus fertile du monde; ils ne sont qu'un million dans un État qui en renfermerait dix : vous les croyez fixés? — Point : ils sont de nouveau en marche; ils passent par milliers chaque année sur la rive droite du Mississipi et vont s'emparer de nouveaux déserts. Il y a surtout en Amérique une race d'hommes connus sous le nom de *Pionniers*, et qui pousse le goût de cette vie aventureuse jusqu'à la passion. Les pionniers marchent en avant de la race blanche dans les déserts de l'Amérique, comme une sorte d'avant-garde chargée de pousser devant elle les Indiens en détruisant le gibier, de sonder les forêts, d'ouvrir enfin la route à la civilisation qui la suit.

Les familles nomades des pionniers vont s'établir au milieu des plus profondes solitudes. Ils y vivent quelques années dans une liberté presque sauvage. Quand la population sédentaire commence à les gagner, ils se remettent en mouvement et s'enfoncent plus loin dans l'Ouest avec leurs femmes et leurs enfants. On dirait que les périls et les misères de l'existence ont pris pour eux un charme inexprimable. La solitude leur est devenue nécessaire comme la société aux autres hommes. Il leur faut travailler un sol neuf, arracher des racines, couper des arbres, lutter contre les bêtes sauvages et les Indiens; ils trouvent à cela leur plaisir comme d'autres à toucher de gros revenus et à vivre entre quatre murailles.

Je me suis laissé tellement entraîner par ma description qu'il ne me reste plus maintenant qu'à vous embrasser; non cependant sans vous remercier de nouveau du soin que vous avez de m'écrire. Je voudrais que vous pussiez voir le plaisir que me font vos lettres; j'espère que vous ne regretteriez pas la fatigue qu'elles vous coûtent.

### A M. LE COMTE DE TOCQUEVILLE

Memphis, 20 décembre 1831.

Le lieu d'où je vous écris, mon cher père, ne se trouve peut-être pas sur la carte. Memphis est une très-petite ville située sur les bords du Mississipi, à l'extrême frontière sud-ouest de l'État de Tennessee. Par quel hasard sommes-nous à Memphis, au lieu de nous trouver à la Nouvelle-Orléans depuis plusieurs jours? C'est là une longue et pitoyable histoire que je vais tâcher de vous raconter le plus brièvement que je pourrai. Lors de ma dernière lettre, je descendais l'Ohio et j'allais arriver à Louisville; je comptais trouver là un bateau à vapeur prêt à partir pour la Nouvelle-Orléans, dont le voyage se fait en six ou sept jours, lorsque, dans la nuit du 4 au 5 décembre, le temps, qui était déjà froid, tourna tout à coup à la gelée avec une telle furie que l'Ohio, malgré son courant et sa largeur, prit subitement, et nous nous trouvâmes enfermés dans la glace. Il faut vous dire que Louisville est sur la latitude de la Sicile. Il n'y gèle souvent point du tout; et de mémoire d'homme on n'y a vu le froid commencer avant la fin de janvier. C'est ce que j'appelle *jouer de bonheur!* Quoi qu'il en soit, nous parvînmes à gagner le rivage; et là nous apprîmes que nous étions à neuf lieues de Louisville. Un grand gaillard de pionnier des environs offrit de conduire nos malles à Louisville dans sa charrette. Nos compagnons de voyage, au nombre de dix, prirent le même parti; et nous voilà tous en marche, à pied, au milieu des bois et des montagnes du Kentucky, lieux où jamais chariot chargé n'était passé depuis le commencement du monde. Il y passa cependant, grâce à de bons coups d'épaules et à l'humeur audacieuse de notre conducteur; mais nous marchions dans la neige, dont nous avions jusqu'aux genoux. Cette manière de voyager finit par devenir si fatigante, que nos compagnons commencèrent à nous abandonner les uns après les autres. Pour nous, nous suivîmes notre pointe, et nous arrivâmes enfin à Louisville, vers neuf heures du soir. Le lendemain nous apprîmes que l'Ohio était pris au-dessous comme au-dessus du point où nous nous trouvions, et qu'il fallait établir ses quartiers d'hiver à Louisville, si on n'aimait mieux retourner sur ses pas. Il existait cependant un troisième parti à prendre. Sur les bords du Mississipi, dans l'État de Tennessee, se trouvait, dit-on, une petite ville, appelée Memphis, où tous les bateaux à vapeur qui descendent et remontent le fleuve s'arrêtent pour prendre du bois. Si nous pouvions gagner ce lieu, nous serions sûrs de reprendre notre navigation, le Mississipi ne gelant jamais. Ce renseignement nous ayant été donné par les gens les plus dignes de confiance, nous n'hésitâmes pas et partîmes de Louisville pour Memphis. Cent cinquante lieues, à peu près, séparent ces deux villes ; il fallut faire cette route par les plus abominables chemins, les plus infernales voitures et surtout le plus incroyable froid qu'on puisse se figurer : l'ordre de la nature semble avoir été bouleversé tout exprès pour nous. Le Tennessee est presque sous la latitude du désert de Sahara en Afrique. On y cultive le coton et toutes les plantes exotiques, et quand nous le traversions, il y gelait à 15° ; on n'avait jamais rien vu de pareil[1]. En arrivant enfin hier à Memphis, nous avons appris qu'à quelques milles au-dessus le Mississipi lui-même était arrêté, plusieurs bateaux à vapeur étaient pris dans ses glaces ; on les voyait, mais ils étaient aussi immobiles que des rochers. Il s'agit maintenant de savoir ce que nous allons faire. Notre intention est d'attendre ici quelques jours, pour voir si ce froid contre nature ne viendra pas à cesser. Dans le cas où notre attente serait trompée, nous renonçons au voyage du Sud et nous allons tout droit à Washington par le plus court chemin possible. Si ce n'était la contrariété que nous-éprouvons de voir nos projets à peu près avortés (sans qu'il y ait eu cependant aucune faute de notre part), nous ne regretterions pas la

---

1. C'est au milieu de ce parcours de Louisville à Memphis, dans un endroit appelé Sandy-Bridge, que Tocqueville, saisi d'abord par le froid et pris ensuite par la fièvre, fut obligé de s'arrêter. (Voir notice, t. V, chap. II.) Il ne dit rien de cette aventure à aucun de ses parents, qu'elle eût inquiétés, et c'est par le même motif qu'il se tait entièrement sur le naufrage essuyé par lui et son compagnon quelques jours auparavant sur l'Ohio, entre Pittsburg et Cincinnati. (*Note de l'Éditeur.*)

course que nous venons de faire dans les forêts du Kentucky et du Tennessee. Nous avons fait connaissance là avec une espèce d'hommes et un genre de mœurs dont nous n'avions pas d'idée. Cette partie des États-Unis n'est peuplée que par une seule espèce d'hommes, les Virginiens. Ils ont conservé une configuration physique et morale qui leur est propre; ils forment un peuple à part, qui a ses préjugés nationaux et son caractère distinctif. Nous avons eu, pour la première fois, l'occasion d'examiner là l'effet que produit l'esclavage sur la société. Sur la rive droite de l'Ohio, tout est activité, industrie; le travail est en honneur; il n'y a pas d'esclaves. Passez sur la rive gauche, la scène change si subitement que vous vous croyez de l'autre côté du monde, l'esprit d'entreprise cesse tout à coup. Là, le travail n'est pas seulement une peine : c'est une honte, et on se dégrade en s'y soumettant. Monter à cheval, chasser, fumer comme un Turc aux rayons du soleil, voilà la destinée d'un blanc : se livrer à tout autre travail manuel, c'est agir en esclave. Les blancs, au sud de l'Ohio, forment une véritable aristocratie qui, comme les autres, à beaucoup de préjugés joint des sentiments et des instincts élevés. On dit, et je suis très-porté à le croire, que ces hommes-ci ont, en matière d'honneur, des recherches et des délicatesses inconnues dans le Nord. Ils sont francs, hospitaliers et mettent beaucoup de choses avant l'argent. Ils finiront cependant par être dominés par le Nord. Chaque jour celui-ci s'enrichit et se peuple, tandis que le Sud est stationnaire ou s'appauvrit. La population du Kentucky et

du Tennessee est dispersée dans de vastes forêts et dans
des vallées profondes. C'est là qu'après une longue journée
nous découvrîmes, le soir, une cabane en bois dont tous
les côtés mal joints laissaient apercevoir un grand feu qui
pétillait à l'intérieur. Nous frappons : deux grands coquins de chiens, hauts comme les ânes, se présentent
d'abord à la porte : leur maître les suit de près, nous
secoue rudement la main et nous invite à entrer. Une
cheminée large comme la moitié de l'appartement et
dans laquelle brûlait un arbre tout entier, un lit, quelques chaises, une carabine longue de six pieds, contre
les parois de l'appartement quelques fourniments de chasseur que le vent faisait danser à son aise, complètent le
tableau. Auprès du feu était assise la maîtresse du logis,
avec l'air tranquille et modeste qui distingue les femmes
américaines, tandis que quatre ou cinq gros enfants se
roulaient sur le plancher, aussi légèrement vêtus qu'au
mois de juillet. Sous le manteau de la cheminée, deux ou
trois nègres accroupis semblaient encore trouver qu'il faisait moins chaud là qu'en Afrique. Au milieu de cet ensemble de misère, mon gentilhomme ne faisait pas les
honneurs de chez lui avec moins d'aisance et de courtoisie.
Ce n'est pas qu'il se donnât lui-même aucun mouvement;
mais les pauvres noirs s'apercevant bientôt qu'il était
entré un étranger dans la maison, l'un par les ordres du
maître nous présentait un verre de wiskey; un autre, un
gâteau de maïs ou un plat de venaison; on envoyait un
troisième chercher du bois. La première fois que je vis
donner cet ordre, je crus qu'il s'agissait d'aller à la cave

ou au bûcher; mais les coups de hache que j'entendis retentir dans le bois m'apprirent bientôt qu'on coupait l'arbre dont nous avions besoin : c'est ainsi qu'on procède toujours. Pendant que les esclaves étaient ainsi occupés, le maître, tranquillement assis devant un feu qui aurait rôti un bœuf jusqu'à la moelle des os, s'enveloppait majestueusement d'un nuage de fumée, et entre chaque bouffée racontait à ses hôtes, pour leur rendre le temps moins long, tous les hauts faits que sa mémoire de chasseur pouvait lui fournir.

Il faut que je vous raconte encore une petite anecdote qui vous fera juger du prix qu'on attache ici à la vie d'un homme, quand il a le malheur d'avoir la peau noire. Il y a huit jours, à peu près, nous avons eu à traverser la rivière Tennessee. Nous n'avions, pour passer sur l'autre bord, qu'un bateau *à roues* que manœuvraient un cheval et deux esclaves. Nous passâmes bien de nos personnes; mais comme la rivière charriait beaucoup, le maître du bateau craignait de se charger du passage de la voiture. « Soyez sans inquiétude, lui dit un de nos compagnons de voyage, nous répondons du prix du cheval et des esclaves. » Cet argument leva toute objection : la voiture fut embarquée et passa.

## A MADAME LA COMTESSE DE TOCQUEVILLE

25 décembre, sur le Mississipi.

Enfin, enfin, ma chère maman, le signal est donné ; et nous voici descendant le Mississipi avec toute la rapidité que la vapeur et le courant réunis peuvent imprimer à un vaisseau. Nous commencions à désespérer de jamais sortir du désert où nous nous trouvions renfermés. Si vous voulez vous donner la peine d'examiner la carte, vous verrez que notre position n'était pas gaie. Devant nous, le Mississipi à moitié gelé et point de bateau pour le descendre ; sur nos têtes, un ciel de Russie pur et glacé. — On pouvait revenir sur ses pas, direz-vous. — Cette dernière ressource nous échappait. Pendant notre séjour à Memphis, le Tennessee avait gelé ; de telle sorte que les voitures ne le passaient plus. Ainsi nous nous trouvions au milieu d'un triangle formé par le Mississipi, le Tennessee, et d'impénétrables déserts au midi, aussi isolés que sur un rocher de l'Océan, vivant dans un petit monde fait exprès pour nous, sans journaux, sans nouvelles du reste des hommes, avec la perspective d'un long hiver. C'est ainsi que nous avons passé huit jours. A l'inquiétude près, ces jours, cependant, ont passé d'une manière assez douce. Nous habitions avec de bonnes gens, qui faisaient leur possible pour nous être agréables. A vingt pas de notre maison, commençait la plus admirable forêt, le lieu le

plus sublime et le plus pittoresque du monde, même
sous la neige. Nous avions des fusils, de la poudre et du
plomb à discrétion. A quelques milles du village, habitait une nation indienne (les Chikesaws); une fois sur
leurs terres, nous en trouvions toujours quelques-uns
qui ne demandaient pas mieux que de chasser avec nous.
La chasse et la guerre sont les seules occupations comme
les seuls plaisirs des Indiens. Il eût fallu aller trop loin
pour trouver en quantité le vrai gibier. Mais nous tuions,
en revanche, une foule de jolis oiseaux inconnus en
France : ce qui ne nous élevait guère dans l'estime de
nos alliés, mais avait le mérite de nous amuser parfaitement. C'est ainsi que j'ai tué des oiseaux rouges, bleus,
jaunes, sans oublier les plus brillants perroquets que
j'aie jamais vus. C'est ainsi que notre temps passait, légèrement quant au présent ; mais l'avenir ne nous laissait
pas tranquilles. Enfin, un beau jour, on aperçut une
petite fumée sur le Mississipi, aux bornes de l'horizon ;
le nuage s'est rapproché peu à peu, et il en est sorti,
non pas un géant ni un nain comme dans les contes des
fées, mais un gros bateau à vapeur, venant de la Nouvelle-Orléans, et qui, après avoir paradé pendant un
quart d'heure devant nous, comme pour nous laisser
dans l'incertitude sur le point de savoir s'il s'arrêterait
ou continuerait sa route ; après avoir soufflé comme une
baleine, se dirigea enfin vers nous, brisa la glace avec
sa grosse charpente et s'accrocha au rivage. Toute la population de notre univers se rendit sur le bord du fleuve,
qui, comme vous savez, formait alors l'une des extrê-

mes frontières de notre empire. La cité de Memphis tout
entière fut en émoi ; on ne sonna pas les cloches parce
qu'il n'y a pas de cloches, mais on cria hourrah! et les
nouveaux-venus descendirent sur la grève en manière de
Christophes Colombs. Nous n'étions pas sauvés encore,
cependant ; la destination du bateau était de remonter le
Mississipi jusqu'à Louisville, et notre affaire, à nous,
était d'aller à la Nouvelle-Orléans. Nous avions heureusement une quinzaine de compagnons d'infortune qui ne
désiraient pas plus que nous de prendre leur quartier
d'hiver à Memphis. On fit donc une *poussée* générale
sur le capitaine. Qu'allait-il faire au haut du Mississipi?
Il allait infailliblement se trouver arrêté par les glaces.
Le Tennessee, le Missouri, l'Ohio étaient pris. Il n'y
avait pas un de nous qui n'affirmât s'en être assuré par
ses propres yeux. Il serait infailliblement arrêté, endom-
magé, brisé peut-être par les glaces. Pour nous, nous
ne parlions que dans son intérêt. Cela va sans dire :
dans son intérêt bien entendu... L'amour du prochain
donne tant de chaleur aux discours, qu'enfin nous com-
mençâmes à ébranler notre homme. J'ai cependant la
conviction qu'il ne serait pas retourné sur ses pas, sans
un événement heureux, auquel nous devons de n'être pas
devenus citoyens de Memphis. Comme on parlementait
ainsi sur le rivage, on entendit une musique infernale
retentir dans la forêt ; c'était un bruit de tambour, de
hennissements de chevaux, d'aboiements de chiens. On
vit enfin paraître une grande troupe d'Indiens, vieillards,
femmes, enfants, bagages, le tout conduit par un Euro-

péen et se dirigeant vers la capitale de notre triangle.
Ces Indiens étaient des Chactas (ou Tchactaws), suivant
la prononciation indienne; à propos de cela, je vous
dirai que M. de Chateaubriand a fait un peu comme le
singe de la Fontaine ; il n'a pas pris le nom d'un port
pour un nom d'homme : mais il a donné à un homme
le nom d'une puissante nation du sud de l'Amérique.
Quoi qu'il en soit, vous voulez sans doute savoir pourquoi
ces Indiens étaient arrivés là, et en quoi ils pouvaient
nous servir ; patience, je vous prie, aujourd'hui que j'ai
du temps et du papier, je ne veux point me presser. Vous
saurez donc que les Américains des États-Unis, gens rai-
sonneurs et sans préjugés, de plus, grands philanthropes,
se sont imaginés, comme les Espagnols, que Dieu leur
avait donné le nouveau monde et ses habitants en pleine
propriété.

Ils ont découvert, en outre, que, comme il était prouvé
(écoutez bien ceci) qu'un mille carré pouvait nourrir
dix fois plus d'hommes civilisés que d'hommes sauvages,
la raison indiquait que partout où les hommes civilisés
pouvaient s'établir, il fallait que les sauvages cédassent la
place. Voyez la belle chose que la logique. Conséquem-
ment, lorsque les Indiens commencent à se trouver un
peu trop près de leurs frères les blancs, le président
des États-Unis leur envoie un messager, lequel leur représente que dans leur intérêt, bien entendu, il serait
bon de reculer un tant soit peu vers l'Ouest. Les terres
qu'ils habitent depuis des siècles leur appartiennent, sans
doute : personne ne leur refuse ce droit incontestable ;

mais ces terres, après tout, ce sont des déserts incultes, des bois, des marais, pauvre propriété vraiment. De l'autre côté du Mississipi, au contraire, se trouvent de magnifiques contrées, où le gibier n'a jamais été troublé par le bruit de la hache du *pionnier;* où les Européens ne parviendront *jamais.* Ils en sont séparés par plus de cent lieues. Ajoutez à cela des présents d'un prix inestimable, prêts à payer leur complaisance : des barriques d'eau-de-vie, des colliers de verre, des pendants d'oreilles et des miroirs ; le tout appuyé de l'insinuation que s'ils refusent, on se verra peut-être contraint de les y forcer. Que faire ? Les pauvres Indiens prennent leurs vieux parents dans leurs bras ; les femmes chargent leurs enfants sur leurs épaules ; la nation se met enfin en marche, emportant avec elle ses plus grandes richesses. Elle abandonne pour toujours le sol sur lequel, depuis mille ans peut-être, ont vécu ses pères, pour aller s'établir dans un désert où les blancs ne la laisseront pas dix ans en paix. Remarquez-vous les résultats d'une haute civilisation ? Les Espagnols, en vrais brutaux, lâchent leurs chiens sur les Indiens comme sur des bêtes féroces ; ils tuent, brûlent, massacrent, pillent le nouveau monde comme une ville prise d'assaut, sans pitié comme sans discernement. Mais on ne peut pas tout détruire ; la fureur a un terme. Le reste des populations indiennes finit par se mêler à ses vainqueurs, à prendre leurs mœurs, leur religion ; elle règne aujourd'hui dans plusieurs provinces sur ceux qui l'ont conquise jadis. Les Américains des États-Unis, plus humains, plus modérés, plus respectueux du droit et de la légalité, jamais sanguinaires, sont plus profondément destructeurs et il est impossible de douter qu'avant cent ans il ne restera pas dans l'Amérique du Nord, non pas une seule nation, mais un seul homme appartenant à la plus remarquable des races indiennes...

Mais je ne sais plus du tout où j'en suis de mon histoire. Il s'agissait, je crois, des Chactas. Les Chactas formaient une nation puissante qui habitait la frontière de l'État d'Alabama et celle de la Géorgie. Après de longues négociations on est enfin parvenu, cette année, à leur persuader de quitter leur pays et d'émigrer sur la rive droite du Mississipi. Six à sept mille Indiens ont déjà passé le grand fleuve ; ceux qui arrivaient à Memphis, y venaient dans le dessein de suivre leurs compatriotes. L'agent du gouvernement américain qui les accompagnait et était chargé de payer leur passage, sachant qu'un bateau à vapeur venait d'arriver, accourut au rivage. Le prix qu'il offrit pour transporter les Indiens soixante lieues plus bas, acheva de fixer l'esprit ébranlé du capitaine ; on donna le signal du départ. La proue fut tournée du côté du sud et nous montâmes gaiement l'échelle que redescendaient tristement de pauvres passagers qui, au lieu d'aller à Louisville, se voyaient forcés d'attendre le dégel à Memphis. Ainsi va le monde.

Mais nous n'étions pas encore partis ; il s'agissait d'embarquer notre tribu exilée, ses chevaux et ses chiens. Ici commença une scène qui, en vérité, avait quelque chose de lamentable. Les Indiens s'avancèrent d'un air

morne vers le rivage : on fit d'abord passer les chevaux,
dont plusieurs, peu accoutumés aux formes de la vie
civilisée, prirent peur et s'élancèrent dans le Mississipi,
d'où on ne put les retirer qu'avec peine. Puis vinrent les
hommes, qui, suivant la coutume ordinaire, ne portaient
rien que leurs armes ; puis les femmes, portant leurs enfants attachés sur leur dos ou entortillés dans les couver-
tures qui les couvraient ; elles étaient, en outre, surchar-
gées de fardeaux qui contenaient toute leur richesse. On
conduisit enfin les vieillards. Il se trouvait là une femme
âgée de cent dix ans. Je n'ai jamais vu plus effrayante
figure. Elle était nue, à l'exception d'une couverture qui
laissait voir, en mille endroits, le corps le plus décharné
dont on puisse se faire idée. Elle était escortée de deux
ou trois générations de petits-enfants. Quitter son pays
à cet âge pour aller chercher fortune sur une terre étrangère, quelle misère ! Il y avait, au milieu des vieillards,
une jeune fille qui s'était cassé le bras huit jours auparavant ; faute de soins, le bras avait gelé au-dessous de
la fracture. Il fallait cependant qu'elle suivît la marche
commune. Quand tout fut passé, les chiens s'approchè-
rent du rivage ; mais ils refusèrent d'entrer dans le bateau et se mirent à pousser des hurlements affreux. Il
fallut que leurs maîtres les amenassent de force.

Il y avait, dans l'ensemble de ce spectacle, un air de
ruine et de destruction, quelque chose qui sentait un
adieu final et sans retour ; on ne pouvait y assister sans
avoir le cœur serré ; les Indiens étaient tranquilles, mais
sombres et taciturnes. Il y en avait un qui savait l'an-

glais et auquel je demandai pourquoi les Chactas quit-
taient leur pays. — Pour être libres, me répondit-il. —
Je ne pus jamais en tirer autre chose. Nous les dépo-
serons demain dans les solitudes de l'Arkansas. Il faut
avouer que c'est un singulier hasard, que celui qui nous
a fait arriver à Memphis pour assister à l'expulsion, on
peut dire à la dissolution de l'une des plus célèbres et
plus anciennes nations américaines.

Mais en voilà assez sur les sauvages. Il serait bien
temps d'en revenir aux gens civilisés. Un mot seulement
encore sur le Mississipi, qui, en vérité, ne mérite guère
qu'on s'occupe de lui. C'est un grand fleuve, jaune, roulant assez doucement dans les plus profondes solitudes,
au milieu de forêts qu'il inonde au printemps et fé-
conde par son limon. On ne voit pas une colline à l'horizon, mais des bois, puis des bois, et encore des bois :
des roseaux, des lianes ; un silence parfait ; nul vestige
de l'homme, pas même la fumée d'un camp indien.

# ANNÉE 1832

A MADAME LA BARONNE DE TOCQUEVILLE

Baie de Chesapeak, 16 janvier 1832.

Nous venons, chère sœur, de faire un voyage très-long, fort curieux et très-fatigant. Après être restés un peu plus longtemps que nous ne l'avions résolu à la Nouvelle-Orléans, dont le séjour nous plaisait on ne saurait davantage, nous nous sommes aperçus qu'il nous restait bien peu de temps pour gagner Washington. Tout considéré, nous nous sommes alors déterminés à abandonner le projet d'aller à Charleston. Nous n'aurions pu y passer que très-peu de jours ; et presque tous les hommes distingués que nous tenions à y voir sont maintenant absents pour le Congrès, où nous allons les retrouver. Nous avons donc laissé Charleston sur notre droite, et passant successivement à travers les États du Mississipi, d'Alabama, de Géorgie et des deux Carolines, nous sommes enfin arrivés à Norfolk hier ; ce matin nous nous sommes embarqués sur la Chesapeak pour gagner Washington, où nous arriverons demain, et resterons au moins trois semaines. Le voyage de la Nouvelle-Orléans à Norfolk a été, comme je le disais plus haut, très-intéressant, mais très-rude : plusieurs portions des pays que nous parcourions étant encore sauvages. Cependant, voyez la bizarrerie : depuis cinq ou six ans, je ne me suis pas aussi parfaitement porté que durant le dernier mois qui vient de s'écouler. Je suis en ce moment le *fort* de la bande, mais je m'attends bien que Beaumont reprendra ses avantages à notre retour en Europe. Si jamais j'écris un livre de médecine, je vous réponds qu'il ne ressemblera pas à ceux qu'on publie tous les jours. Je soutiendrai et prouverai que, pour se bien porter, il faut d'abord manger du maïs et du cochon, dîner peu, beaucoup, point du tout suivant l'occasion, coucher sur le plancher et dormir tout habillé ; passer, en huit jours, de la glace à la chaleur et de la chaleur à la glace ; pousser à la roue, ou se réveiller dans un fossé ; ne point *penser* surtout, c'est là le point capital ; s'enfoncer dans la matière le plus possible ; ressembler, si faire se peut, à une huître. Je crois que c'est Rousseau qui a dit que l'homme qui pensait était un animal dépravé ; moi j'aurais dit à sa place, que l'homme qui pense est un animal qui ne digère pas. Ne pensons donc pas, ma chère sœur, croyez-moi ; ou si nous le faisons, que ce ne soit qu'à notre dîner (*futur* s'entend).

Je vous laisse réfléchir sur ma dernière phrase, qui

est pleine de profondeur, et je vous quitte pour aller me coucher. Mon père recevra probablement une longue lettre de moi par le courrier du 1er février. Adieu, ma chère sœur, je vous embrasse du meilleur de mon cœur.


## A M. LE COMTE DE TOCQUEVILLE

Washington, 24 janvier 1852.

Cette lettre, mon cher père, sera peut-être la dernière que je vous écrirai d'Amérique. Dieu en soit loué ; nous comptons nous embarquer le 10 ou le 20 février de New-York ; et trente jours étant la durée moyenne des traversées, nous arriverons en France vers le 10 ou le 20 mars.

En ce moment, je roule beaucoup d'idées sur l'Amérique. Plusieurs sont encore dans mon cerveau ; un assez grand nombre sont jetées en germe et sans aucun ordre sur le papier, ou sont répandues dans des conversations écrites le soir en rentrant chez moi. Toutes ces préparations vous passeront sous les yeux ; vous n'y trouverez rien d'intéressant en soi-même ; mais vous jugerez si on peut en tirer parti. Pendant les six dernières semaines du voyage, où mon corps a été plus fatigué et mon esprit plus tranquille qu'il ne s'était trouvé depuis longtemps, j'ai beaucoup songé à ce qu'on pourrait écrire sur l'Amérique. Vouloir présenter un tableau complet de l'Union serait une entreprise absolument impraticable pour un homme qui n'a passé qu'un an dans cet immense pays. Je crois, d'ailleurs, qu'un pareil ouvrage serait aussi ennuyeux qu'instructif. On pourrait, au contraire, en choisissant les matières, ne présenter que des sujets qui eussent des rapports plus ou moins directs avec notre état social et politique. L'ouvrage, de cette manière, pourrait avoir, tout à la fois, un intérêt permanent et un intérêt du moment. Voilà le cadre; mais aurai-je jamais le temps et me trouverai-je la capacité nécessaire pour le remplir? C'est là la question. Il y a d'ailleurs une considération que j'ai toujours présente à l'esprit; je n'écrirai rien, ou j'écrirai ce que je pense, et toute vérité n'est pas bonne à dire. Dans deux mois, j'espère, au plus tard, nous pourrons causer de tout cela à notre aise.

Nous sommes ici depuis huit jours : nous y resterons jusqu'au 6 février; le séjour que nous y faisons est utile et agréable. Washington contient en ce moment les hommes les plus saillants de toute l'Union. Il ne s'agit plus, pour nous, d'obtenir d'eux des notions sur des choses que nous ne connaissons pas : mais nous repassons, dans leurs conversations, tout ce que nous savions déjà à peu près. Nous fixons des points douteux. C'est une espèce de contre-enquête qui est très-utile. Nous sommes toujours traités avec beaucoup d'égards et de distinction. Hier, le ministre de France nous a présentés au Président, que nous avons appelé *monsieur* tout à notre aise et qui nous a secoué la main comme à ses compères. Il en fait exactement autant pour tout le monde....

Si l'on veut avoir une idée de la puissance que possèdent les hommes pour calculer les événements à venir, il faut visiter Washington. Il y a quarante ans, quand il s'est agi de bâtir une capitale pour l'Union, on a cherché, comme de raison, l'emplacement le plus favorable. Sur les bords du Potomack, se trouvait une verte plaine, dont on fit choix. La large et profonde rivière, qui se trouvait à l'extrémité, devait amener dans la nouvelle cité les productions de l'Europe ; les fertiles districts qui se trouvaient en arrière, approvisionneraient le marché et l'environneraient d'une population nombreuse. Washington devait se trouver, en vingt ans, à la tête du commerce intérieur et extérieur de l'Union. On lui promettait un million d'habitants qui devaient arriver sous peu. En conséquence on commença des édifices publics qui pussent répondre à une si vaste population ; on traça des rues d'une largeur énorme ; on se hâta surtout d'abattre, à perte de vue, les arbres qui auraient pu gêner la construction des maisons. Tout cela n'était en grand que l'histoire du pot au lait :

> Il était quand je l'eus de grosseur raisonnable.
> J'aurai...

La laitière et le Congrès raisonnèrent de la même manière. La population ne vint point ; les vaisseaux ne remontèrent point le Potomack. Aujourd'hui, Washington offre l'image d'une plaine aride et brûlée par le soleil, sur laquelle se trouvent dispersés deux ou trois somptueux édifices et cinq ou six villages qui composent la ville. A moins d'être Alexandre ou Pierre le Grand, il ne faut pas se mêler de créer la capitale d'un empire.

Je me suis laissé acculer par le temps de telle façon, que je ne peux plus vous parler comme je comptais le faire du mémoire que vous m'avez envoyé[1]. Mais j'espère vous arriver huit ou dix jours après ma lettre, et alors je m'expliquerai mieux. Dès aujourd'hui cependant, je veux vous remercier, mon cher père; votre ouvrage m'a été d'une grande utilité pour saisir les nuances qui peuvent faire comprendre l'administration de ce pays-ci. L'esprit, comme vous savez, ne s'éclaire que par comparaison. Votre mémoire a déjà été pour moi la base d'une foule de questions fort utiles. Vous me dites dans une de vos lettres, mon cher père, que vous comptez sur moi pour faire quelque chose de bien dans ce monde; je désire justifier votre attente encore plus pour vous, je vous jure, que pour moi-même. Embrassez pour moi, maman et mes frères et sœurs; que Dieu vous conserve tous! Je songe avec bonheur que bientôt je ne ferai point un seul pas qui ne me rapproche de vous.

## A MADAME LA COMTESSE DE GRANCEY

Saint-Germain-en-Laye, 5 mai 1852.

Je sais, ma chère cousine, que ce n'est pas l'habitude d'écrire à l'accouchée elle-même pour la féliciter de l'heureux événement où, assurément, elle a joué le rôle prin-

---

1. Le comte de Tocqueville, ancien préfet de Versailles, avait envoyé à Alexis de Tocqueville un mémoire sur l'administration en France.

cipal. Elle a, à vrai dire, bien d'autres choses à faire qu'à écouter des compliments. Si, dans cette circonstance, je passe par-dessus l'usage, ne m'en veuillez pas, je vous prie; mais n'accusez que votre cher époux que je trouve beaucoup plus heureux qu'il ne le mérite. Voilà au moins dix jours que l'événement est arrivé. C'est ce que nous apprend un billet du 25 avril, et que nous recevons à l'instant. En vérité, me voilà fort avancé de lire en caractères imprimés que la mère et l'enfant se portaient bien.... *il y a dix jours!* Puisque M. de Grancey tarde à nous instruire de ce qui lui arrive d'heureux, il ne trouvera pas mauvais que ce soit à vous et non à lui que j'écrive, puisque au moment où cette lettre vous arrivera, vous serez tout aussi en état que lui de recevoir l'expression de la joie de vos amis. Vous voyez que j'écris *ab irato.* Je vous charge, en effet, très-expressément, de commencer par gronder votre mari d'abord; vous le féliciterez ensuite de ma part, s'il reçoit le sermon avec quelque humilité.

Pour cesser de plaisanter, je vous dirai, ma chère cousine, que je suis enchanté de *deux choses* (style de procureur); la première, que vous ayez eu des couches heureuses; la seconde, que vous ayez mis au monde un garçon. Ne vous croyez pas au bout de *mes formules;* j'ai aussi *deux motifs* pour préférer le garçon à la fille : le premier, c'est que vous souhaitiez un garçon, et que je me sens fort porté à me réjouir quand je vois arriver quelque chose qui vous fait plaisir à tort ou à raison; le second... Ah! mon Dieu! j'ai oublié mon second mo-

tif!... M'y voici : le second, c'est que vous aviez raison
de désirer un garçon. Le beau temps de demoiselles, en
effet, que celui où nous vivons! Croyez-m'en, ma chère
cousine, laissez à d'autres le soin d'introduire dans le
monde de pauvres petites filles qui seront mortes de
peur avant d'arriver à l'âge d'être mariées[1]. Donnez-
nous, au lieu de cela, des cousins bien constitués, bien
portants, qui aient un bon estomac pour ne pas craindre
la peste, et des nerfs assez forts pour ne redouter ni la
guerre étrangère, ni la guerre civile, ni les révolutions,
ni les émeutes, ni aucune des diableries qui nous entourent. En un mot, faites-nous une collection de *gail-
lards*, tels qu'il en faut pour vivre dans le siècle où nous
sommes. Sur ce point vous ne sauriez mieux faire que
de prendre pour modèle l'*aîné* de *messieurs vos fils*.
Voilà ce que j'appelle un homme comme il nous en faut.
Je réponds que celui-là mènera sans peur sa barque au
milieu du courant qui nous entraîne. Vous auriez tort,
en vérité, de vous arrêter en si beau chemin. Vous trouverez peut-être que j'en parle là bien à mon aise : ceci
renouvelle toute mon indignation en me rappelant que
je ne sais si vos couches ont été pénibles, ni si la convalescence a été rapide, ni enfin si, à l'heure qu'il est,
vous êtes à peu près rétablie. Ne voulant pas cependant recommencer à dire des injures à M. de Grancey,
je trouve plus prudent de finir là ma lettre, non sans

---

1. C'était le moment où le choléra sévissait à Paris avec le plus de violence.

vous assurer toutefois de toute ma joie et de mon
bien sincère attachement. Soyez, je vous prie, assez
bonne pour exprimer les mêmes sentiments à ma cousine[1].

1. La marquise de Cordoue.

# ANNÉE 1855

A \*\*\*[1]

Warwick, 26 août 1833.

..... Je suis sorti du château de Warwick dans un état d'excitation intellectuelle; et quoiqu'il commençât à faire nuit, ne sachant que faire dans le moderne Warwick, séjour tout à fait prosaïque et indigne de moi dans un tel moment (remarquez que j'avais dîné), je louai un cheval au grand ébahissement de mon hôte, lequel finit cependant par me livrer sa monture avec toute la défé-

---

1. Cette lettre est l'unique fragment que nous possédions de la plus charmante de toutes les correspondances d'Alexis de Tocqueville, celle qui, à elle seule, remplit toute sa vie, et qui surpasse de beaucoup l'intérêt de toutes les autres par la vivacité des sentiments qui y sont exprimés, le style passionné dont elle est empreinte et la variété infinie des idées qui y abondent. Malheureusement, celle qui serait, à notre avis, la plus intéressée à publier cette correspondance, et qui seule est compétente pour le faire, ne l'a point autorisée, quant à présent, et ne nous fait de grâce que pour cette lettre, dont une copie était, par hasard, tombée dans nos mains. (*Note de l'Éditeur, novembre 1861.*)

rence et tout le respect qu'on montre en Angleterre à
ceux qui paraissent avoir le moyen de faire des folies. Je
montai donc à cheval, et me dirigeai vers les ruines du
château de Kenilworth, qui se trouvent à six ou sept milles
de Warwick. Imaginez-vous une nuit d'Italie : pas une
haleine de vent; un ciel sans un nuage, la lune dans son
plein ; ajoutez à cela un cheval ardent et léger entre les
jambes, tous les siècles de la chevalerie dans la tête et quelque peu du feu de la jeunesse circulant encore dans les vei-
nes; et vous concevrez que je ne touchais pour ainsi dire pas
la terre. J'arrivai au village de Kenilworth que déjà tout le
monde était couché; mais je criai si fort à la porte d'une
des dernières cabanes, qu'une jeune femme (fort jolie,
autant que la lune et mes yeux purent me permettre d'en
juger) mit enfin la tête à la fenêtre. Le difficile était
de lui faire comprendre que je voulusse aller aux ruines
du château à cette heure indue. Les ruines sont dans les
champs, à un mille du village. Elle me comprit enfin,
cependant, et m'indiqua la route avec une bonne volonté
qui prouvait peut-être le désir qu'elle avait *to get rid of
me*[1], mais dont je ne la remerciai pas moins. Me voilà
donc dans les champs, ouvrant les barrières, sautant les
fossés et en quête du château de Dudley. Au bout d'une
demi-heure je le découvris enfin sur le haut d'une colline, et je fus bientôt dans ses murs; là je mis pied à
terre, j'attachai mon cheval à une barrière et je pénétrai
parmi les ruines : c'était, en vérité, un grand et solen-

1. De se débarrasser de moi.

nel spectacle. Il régnait au milieu de ce désert un silence et un air de désolation inexprimables. J'entrai dans
les salles de ce magnifique manoir. Les étages étaient
détruits, j'apercevais le ciel au-dessus de ma tête; mais
les murs existaient encore; et la lune, en pénétrant de
toutes parts à travers les fenêtres gothiques qui les gar-
nissent, y jetait une lueur sépulcrale d'accord avec l'ensemble des objets. N'étais-je pas là, en effet, dans les
domaines de la Mort? Après avoir visité les ruines dans
tous les sens et fait résonner sous mes pas des échos qui
probablement sont muets depuis bien des années, je revins au centre; là je m'assis sur une pierre et je tombai
dans une espèce de somnambulisme, pendant lequel il
me sembla que mon âme était entraînée vers le passé
avec une force inexprimable. Mais devinez un peu, je
vous prie, sur quel point des siècles sans nombre qui se
sont écoulés mon imagination allait se percher? Je faisais de vains efforts pour replacer dans ces murailles
couvertes de lierre et tombant en ruine la plupart des
grands personnages que le seizième siècle y avait vus,
alors qu'Élisabeth y amenait sa brillante cour. Ce n'étaient
ni Raleigh, ni Cécil, ni aucune des grandes figures historiques de cette époque que les tours détruites de Kenilworth avaient la puissance de faire revivre à mes yeux;
mais Amy Robsart, cette délicieuse créature du génie de
Walter-Scott. L'image de cette femme si charmante et si
malheureuse me paraissait attachée à chacune des pierres
de l'immense édifice; et par moments il me semblait entendre retentir du haut des murs ce dernier cri qu'elle

jeta en tombant dans le précipice préparé pour elle. Je crois que je serais resté là toute la nuit, si mon cheval, en frappant du pied la barrière, ne m'eût rappelé le retour. Je partis et revins au pas. Je jouissais du calme profond qui m'environnait de toutes parts; j'admirais le singulier pouvoir qu'a le génie de donner à ses fictions même plus de réalité que le réel. Pourquoi s'en étonner après tout? Celui qui ne vit plus a-t-il quelque avantage appréciable sur celui qui n'a jamais été? Ils n'existent tous deux que par la volonté de ceux qui s'en occupent. Si l'être fictif est plus attachant que l'être réel, pourquoi occuperait-il moins la pensée? Tout en philosophant ainsi, je me retrouvai à Warwick, après une des soirées les plus pleines de souvenirs que j'aie eues dans ma vie. Cette impression ne fut pas de longue durée; la fumée de charbon de terre que je sentis en m'éveillant, et la pluie qui ne tarda pas à tomber, m'eurent bientôt rappelé au monde réel, et je m'aperçus encore une fois que la poésie ne se rencontre que par hasard dans cette vie; mais que le fond de l'existence n'est que de la vile prose.

# ANNÉE 1854

## A M. LE COMTE DE BEAUMONT

Paris, 18 septembre 1854.

Je n'ai aucune nouvelle à vous apprendre, Monsieur, et cependant je sens le besoin de vous écrire. Je veux vous remercier de votre bon accueil et vous dire combien j'y ai été sensible. Ceci n'est point, je vous assure, un compliment; mais l'expression d'un sentiment très-réel. Pendant trois semaines j'ai trouvé dans votre famille non pas seulement les attentions d'hôtes aimables, mais la confiance et l'amitié que je ne croyais devoir rencontrer que dans la mienne; aussi ai-je éprouvé en quittant votre demeure quelque chose qui ressemblait au vide qu'on ressent au sortir de la maison paternelle. Il me semblait que je venais de passer mes vacances à Beaumont, et que je retournais au collége.

Je vous déclare donc, monsieur, quoique cela soit

très-mal à dire, que je ne puis regretter l'embarras que je vous ai causé. Loin de me repentir, je forme déjà, pour l'année prochaine, la résolution de revenir prendre votre salon pour chambre à coucher, votre cabinet pour salle d'étude, et je me sens déterminé à manger sans pitié les poulets et les confitures de madame de Beaumont. Voilà, Monsieur, ce que l'on gagne à bien traiter les gens.

Je ne sais si Gustave vous aura mandé comme quoi n'ayant point trouvé de places dans la diligence de Vendôme, il nous a fallu en prendre par contrebande sur l'impériale, où, roulés parmi les paquets, nous avons passé la nuit la plus agitée et la plus fraîche qu'on puisse imaginer. Je n'ai jamais mieux senti les avantages de ma petite taille. On ne se fait pas, je vous assure, une juste idée de tout ce qu'on gagne à être petit. Tandis que Gustave, avec ses longues jambes et ses grands bras, ressemblait à un télégraphe en mouvement, je parvins à me blottir dans un petit trou où je dormirais peut-être encore sans un panier de volaille qui vint tout à coup interrompre le rêve le plus agréable, en me tombant sur le nez. Je me mis à crier, comme vous pouvez croire; mais deux ou trois coqs, que renfermait ledit panier, s'étant mis à crier de leur côté, je pris le parti prudent de me taire, dans l'espérance que cette modération serait imitée par eux. C'est ainsi qu'après mille aventures dans lesquelles brillèrent tour à tour notre courage et notre vertu, nous parvînmes enfin dans Paris.

Je n'ai pas eu besoin de représenter à mon père et à

ma belle-sœur tout le tort qu'ils m'avaient fait en me rappelant si vite. Ils étaient déjà honteux l'un et l'autre de leur mauvais procédé; et je n'ai pas voulu augmenter leurs regrets en leur racontant trop en détail toutes les raisons que j'avais de désirer de rester quelque temps de plus à Beaumont-la-Chartre.

Adieu, Monsieur; j'espère que vous me permettrez, en terminant, de vous embrasser et d'offrir à madame de Beaumont l'hommage de mon respectueux attache-ment. Madame de Sarcé ne me défendra pas non plus de me rappeler à son aimable souvenir. Quant à made-moiselle Clémence[1], *I must say in english that I hope she will some times remember her teachers, who felt much grieved to be obliged to interrupt their lessons.*

---

1. La comtesse de Ruillé.

# ANNÉE 1855

---

Hampstead, 22 mai 1855.

Je reçois à l'instant, ma chère petite sœur, une lettre de vous, telle que vous savez si bien *les* écrire : c'est-à-dire pleine de cette véritable amabilité de cœur qui fait qu'après avoir lu avec bien du plaisir la lettre, on rêve pendant longtemps à l'écrivain. Vous savez que j'ai toujours eu pour vous, depuis que je vous connais, une bien vive et bien sincère amitié. Ce sentiment s'est encore augmenté dernièrement par tout ce qui s'est passé entre nous. Je ne puis mieux reconnaître la tendresse toute fraternelle que vous m'avez témoignée, qu'en ayant toujours pour vous la confiance entière que j'ai en ce moment. Mon père vous a, sans doute, dit quel petit mal physique insupportable était venu attrister mon esprit, déjà peu disposé à la gaieté. Dieu merci ! Je crois être guéri : mais ça n'a pas été sans peine. Voilà près de quinze jours que j'ai quitté Londres pour venir habiter une petite maison dans un charmant village qu'on nomme Hampstead. J'ai vécu là dans une solitude presque complète. J'avais exigé que Beaumont restât à Londres; l'idée de lui faire perdre le fruit de son voyage m'était insupportable. Il venait seulement, tous les deux jours, déjeuner avec moi. Je ne voyais donc personne, à l'exception d'un jeune homme très-distingué qui traduit mon ouvrage en anglais, et qui habite Hampstead avec sa mère. Ces aimables gens m'ont comblé de soins, et je suis sûr qu'ils me mettent maintenant au nombre de leurs amis, comme moi je les compte au nombre des miens. On me défendait de marcher, mais non de prendre l'air. Ma petite maison est entourée d'arbustes en fleurs. Au bout de l'horizon, on aperçoit Londres et sa fumée. Tout l'espace intermédiaire est rempli par une campagne délicieuse que le printemps couvre de toutes ses jolies couleurs.

Je vous dis tout cela pour vous faire comprendre comment ces douze jours de solitude, au lieu de laisser une trace fâcheuse dans mon esprit, sont au contraire, jusqu'à présent, le temps le plus agréable que j'aie passé en Angleterre. Je me suffisais à moi-même avec une facilité qui m'étonne. J'écrivais, je lisais, je rêvais surtout, assis dans ce que j'appelais pompeusement mon jardin (un petit bosquet pas plus grand que votre boudoir). Souvent je me trouvais plongé pendant une heure dans un de ces états d'équilibre parfait, physique

et moral, pendant lesquels on songe à mille objets à la
fois, qui tous vous apparaissent à travers un nuage ; une
sorte de demi-sommeil du corps et de l'âme qui m'a
toujours semblé plein de charme. Le soir venait et la
journée avait glissé dans l'éternité sans effort et sans
bruit. Ce serait presque avec regret que je quitterais ce
lieu, si je ne sentais que je ne suis pas venu en Angleterre pour rêver, mais pour penser et pour voir. J'ai
pris hier au soir congé de mes bons amis de Hampstead. Ils m'ont bien prié de venir les revoir, ce que
je ferai sans doute. Dans une heure je retourne à
Londres.

## A MADAME LA COMTESSE DE GRANCEY

Kilkenny, 26 juillet 1855.

Je vous prie, ma chère cousine, de vouloir bien étendre devant vous une carte d'Irlande, et d'y rechercher
un certain lieu appelé Kilkenny. C'est une petite ville du
sud de l'Irlande. Ce lieu, presque imperceptible sur la
carte, a dans ce moment l'avantage de me posséder. Mais
sa gloire sous ce rapport sera très-passagère, car je m'en
vais demain. Je suis venu ici attiré par les *assises*. Ne
pouvant plus juger moi-même ni condamner personne,
j'ai voulu avoir le plaisir de voir faire ces choses par
d'autres.

Cela ne vous rappelle-t-il pas la fable de la chatte qui
avait été métamorphosée en femme, et qui se surprenait

encore courant après les rats? Pour un philosophe comme
moi, il n'y a rien, du reste, de plus curieux que les
assises. Ces gens-ci commettent les plus singuliers crimes
du monde. Quand on veut faire un bon marché avec son
voisin, devinez, par exemple, comment on s'y prend?
On l'attend la nuit, au coin d'un bois, avec la Bible
d'une main et un pistolet de l'autre, et on lui fait jurer
qu'il vendra sa denrée à moitié prix. Si le lendemain
matin il omet de le faire, on le tue. Vous sentez bien
qu'un homme qui viole un serment fait sur la Bible, ne
mérite aucun pardon. Le grand point est de ne pas jurer.
Car la chose faite, de gré ou de force, on est un homme
ruiné ou mort. Nous serions peut-être restés plus longtemps à Kilkenny, si les avocats qui suivent les assises,
n'avaient imaginé de vouloir nous donner, à mon compagnon et à moi, en qualité de confrères, un grand dîner.
La perspective d'un repas de quatre-vingts personnes, durant six heures, arrosé de vingt-cinq toasts au moins, et
accompagné de deux ou trois grands discours, enfin d'un
véritable festin anglais, nous a effrayés et nous a déterminés à fuir.

Ce pays-ci est divisé de la manière la plus violente
entre deux partis qui sont tout à la fois religieux et politiques. En arrivant à Dublin, chacun de ces deux partis
a voulu s'emparer de nous et nous faire voir les objets à
travers sa *lunette*. Nous nous sommes laissés faire en
vrais Normands, sans jamais dire ni oui ni non. On
nous a donc bourrés de lettres de recommandation pour
l'intérieur du pays, et nous sommes partis. A la première

auberge nous avons examiné nos lettres, et nous avons découvert qu'on ne nous avait guère adressés qu'à des prêtres ; rien que des *Révérends*, mais des Révérends de différentes espèces. Il aurait été dangereux de s'y tromper. Les uns étaient catholiques et les autres protestants. Nous avons continué notre chemin, et à chaque endroit nous allons voir nos deux curés, qui eux-mêmes ne se voient jamais entre eux. Nous comparons le soir ce qu'ils nous ont dit. Le ministre protestant est en général un saint homme, que Dieu n'a point accablé de travaux ; il a une vingtaine de mille livres de rente, quarante paroissiens et une petite église gothique, qui fait fabrique au bout du parc. Celui-là trouve que tout est dans l'ordre, et il cherche en vain comment les choses pourraient aller d'une autre manière. Le curé catholique a une petite maison, un plus petit dîner, cinq à six mille paroissiens qui meurent de faim, et partagent avec lui leur dernier sou ; et il se figure que cet état de choses n'est pas le meilleur possible. Il pense que si le ministre protestant avait un peu moins et la pauvre population catholique un peu plus, la société y gagnerait, et il s'étonne que cinq mille catholiques soient obligés de payer vingt mille livres de rente pour défrayer le culte de quarante protestants. Mais c'est là un langage tout à fait révolutionnaire, et qu'on ne saurait souffrir.

Je vous défie, ma chère cousine, quelques efforts d'imagination que vous fassiez, de vous figurer la misère de la population de ce pays. Nous entrons tous les jours dans des maisons de boue, couvertes en chaume, qui ne contiennent pas un seul meuble, sinon une marmite pour cuire les pommes de terre. Je me croirais revenu dans les huttes de mes amis, les Iroquois, si je voyais un trou préparé pour laisser passer la fumée. Ici la fumée sort par la porte, ce qui donne un avantage décidé, selon mes faibles lumières, à l'architecture iroquoise. Mais je confesse que ce qui me choquait le plus dans le commencement, était de trouver un cochon établi au milieu de la famille. Je respecte infiniment les cochons, mais je ne puis croire que les vues de la Providence aient été d'en faire les compagnons habituels de l'homme. Du reste, je vous dirai que de cette société résulte un progrès sensible dans la civilisation du cochon.

Le cochon irlandais se prête aux jeux innocents de la famille de son hôte avec une aménité parfaite. Il n'est pas rare de voir les enfants de la maison pendre à son cou. Loin de s'en indigner, il témoigne sa satisfaction par des grognements pleins de douceur; c'est un spectacle charmant, un tableau très-touchant du bonheur champêtre.

Mais quand on n'y est pas habitué il vous choque, comme je le disais tout à l'heure. Ce sont les riches en Irlande qui sont en état de coucher avec un cochon. Quand il se vautre complaisamment au milieu de la chambre, le propriétaire de la maison le considère avec orgueil, et je suis si bien entré dans ce sentiment, que lorsque je veux chercher un abri contre la pluie, j'ai bien soin de choisir un appartement où se trouve un cochon. Quand je n'aperçois que des hommes, je vais ailleurs.

Me voici au bout de ma lettre, ma chère cousine, et je n'ai point encore parlé de ce qui m'intéresse, qui est ce que j'ai laissé en France.

La dernière lettre de mon père me parlait de vous, et me donnait de bonnes nouvelles de votre santé. Malheureusement il n'en était pas ainsi de celle de Marie de Mac-Mahon[1]. Celle-là m'inquiète et me désole. Je crains bien que mon pauvre oncle ne soit encore frappé dans ce qu'il a de plus cher.

Adieu, ma chère cousine; pensez quelquefois, je vous prie, au voyageur, et gardez-lui un peu de votre amitié. Il y tient beaucoup. Mille souvenirs à M. de Grancey. Si vous voulez me répondre, je serai à Dublin du 10 au 15 août, et en m'y adressant vers le 7 une lettre, poste restante, vous êtes sûre qu'elle me parviendra.

Adieu encore une fois, ma chère cousine.


## AU COMTE LOUIS DE KERGORLAY

Dublin, juillet 1835.

…. Une des choses qui me frappent le plus en Irlande, c'est de voir combien le sentiment religieux y conserve de puissance, sans devenir absorbant et destructeur de tout autre mobile des actions humaines. Rien ne ressemble moins à ce qu'on voit dans tant d'autres pays catholiques, où le grand nombre ne pense point à la reli-

---

[1] Madame de Mac-Mahon, née Marie de Rosambo. Son mari, le marquis de Mac-Mahon, frère aîné du maréchal duc de Magenta.

gion, et le petit ne pense qu'à elle. J'ai toujours cru qu'il
y avait du danger même dans les passions les meilleures
quand elles deviennent ardentes et exclusives. Je n'excepte pas la passion religieuse... Je la mettrais même en
tête, parce que, poussée à un certain point, elle fait, pour
ainsi dire, et plus qu'aucune autre, disparaître tout ce qui
n'est pas elle, et crée les citoyens les plus inutiles ou les
plus dangereux au nom de la morale et du devoir. Je te
confesse que j'ai toujours (*in petto*) considéré certains ouvrages ascétiques, quand on voit en eux autre chose
qu'un enseignement destiné à la vie claustrale, comme
souverainement dangereux. Il n'est pas sain de se détacher
de la terre, de ses intérêts, de ses affaires, même de ses
plaisirs, quand ils sont honnêtes, au point que ces ouvrages l'enseignent ; et ceux qui vivent de la lecture de
semblables livres ne peuvent guère, en acquérant des
vertus privées, manquer de perdre tout ce qui fait les
vertus publiques. Une certaine préoccupation vive des
vérités religieuses, et n'allant pas jusqu'à l'absorption
de la pensée dans l'autre monde, m'a donc toujours paru
l'état le plus conforme à la moralité humaine sous toutes
ses formes. C'est ce milieu dans lequel on reste plus
souvent, ce me semble, en ce pays que chez aucun autre
peuple que je connaisse.

## A MADAME LA COMTESSE DE GRANCEY

Paris, 7 août 1835.

En arrivant l'autre jour à Paris, ma chère cousine, j'ai appris une nouvelle qui m'a fort contrarié : mon père m'a appris que vous m'aviez écrit à Dublin. Or, je n'ai pas reçu votre lettre : grande cause de désappointement.

Maintenant il s'agit d'expliquer pourquoi j'ai perdu cette lettre ; car, enfin, il ne faut calomnier personne, pas même le gouvernement qui se charge de nous faire correspondre. Ce qui fait que j'ai perdu votre lettre, c'est que je suis parti de Dublin avant l'époque fixée. Et pourquoi cela? je ne sais si j'oserai l'avouer à la haute et puissante châtelaine de Grancey. Je manquais d'argent ; rien que cela. J'avais en perspective le mont-de-piété, et il m'a fallu revenir comme un trait, afin d'éviter d'y avoir recours. Avoir passé sa vie pendant quatre mois chez des lords ou de riches Révérends, et retourner dans sa patrie sans culotte! Morbleu! c'eût été dur. C'est ce qui me serait pourtant arrivé, ma très-chère cousine, si je n'avais trouvé à Southampton un bateau à vapeur qui a consenti à me mener à Guernesey pour cinq francs.

Soixante lieues pour cinq francs; ce n'est pas cher ! mais aussi je n'étais pas logé comme un prince. J'avais des compagnons de voyage fort malpropres, et plusieurs fois je me suis écrié avec douleur : O mes chers cochons

irlandais, où êtes-vous? Je suis arrivé enfin à Guernesey.
Il me restait un petit écu. Tout en philosophant sur le
port, j'entends quelqu'un qui me dit : Comment vous
portez-vous, monsieur le comte? Je me retourne et j'aperçois un Bas-Normand fort gros et très court, que je reconnais pour le capitaine d'un bateau pêcheur de Cherbourg. Je le regarde avec une satisfaction inexprimable.
Vous sentez que c'est toujours agréable de s'entendre
appeler monsieur le comte, surtout quand on n'y est pas
habitué. Et puis! vous imaginez bien qu'on ne fait
point payer à un comte son passage d'avance. C'était le
point, et je l'aperçus du premier coup d'œil. Mais je
n'en montrai rien, et je dis d'un air de condescendance :
Mon ami, des affaires de la plus haute importance, des
affaires conséquentes, en un mot, me font désirer de
quitter Guernesey dans le plus bref délai. La barque de
mon homme était déjà sous voiles et semblait n'attendre
que moi. J'y monte. Six heures après j'étais à Cherbourg.
Je grimpe sur le quai, et je m'écrie en parlant à l'équi-
page : Mes amis, je vais tout à l'heure envoyer mon
homme d'affaires régler mon passage, mais en attendant,
je donne vingt francs de pourboire aux matelots. On
crie : Hurrah! et c'est ainsi que je suis rentré en France
couvert de gloire et sans le sou.

Je ne sais pourquoi, ma chère cousine, je ne puis
vous écrire sans vous raconter quelques folies. Ce n'est
pas pourtant qu'aujourd'hui je sois gai le moins du
monde. Tout ce que j'ai vu en rentrant dans Paris, ne
m'a pas, je vous assure, porté à la joie. Mais il n'y a rien

de plus triste que ceux qui rient bien fort. J'ai fait cette remarque depuis longtemps. J'ai trouvé ma mère très-souffrante, plus que je ne l'ai encore vue; et Marie, vous savez son état; c'est une lampe qui s'éteint.

Mais je ne veux pas vous en dire davantage, ma chère cousine; sans cela la fin de ma lettre ne ressemblerait guère au commencement, et je tiens à ne pas trop vous attrister, s'il est possible.

Permettez-moi donc de terminer en vous assurant de ma bien vive affection, ce qui est la plus grande vérité que contienne cette véridique épître.

Rappelez-moi, je vous prie, au bon souvenir de votre mari.

## A M. LE COMTE MOLÉ

Paris, août 1835.

Monsieur,

Je me suis présenté, il y a deux jours, à votre porte, et j'ai appris avec un vif regret que vous veniez de partir pour la campagne. Je me suis également présenté chez madame d'Aguesseau, qu'on m'a dit être aussi absente de Paris. Je ne suis moi-même que pour deux jours dans cette ville, comptant faire incessamment un petit voyage dans le Nivernais; mais je ne veux point partir sans vous avoir exprimé toute la reconnaissance que m'a fait éprouver la lettre que j'ai reçue de vous en Angleterre, et le regret que je ressens de n'avoir pu profiter, comme je le désirais, de la permission que vous me donniez de vous écrire encore. J'étais en Irlande au moment où votre lettre est arrivée à Londres; elle a fait beaucoup de chemin avant de me rencontrer, et ne m'a trouvé enfin qu'au moment où j'allais m'embarquer pour la France. C'est à cette circonstance fortuite que je dois attribuer d'avoir laissé languir une correspondance, à laquelle j'attache, comme vous pouvez croire, infiniment de prix.

Je viens de relire votre lettre, monsieur; et je trouve que je vous sais encore moins de gré de toutes les choses aimables et souvent beaucoup trop flatteuses qu'elle contient, que du conseil plein de sagesse, et, je ne crains pas de le dire, d'amitié que vous m'y donnez, de ne point me presser d'écrire encore. Dans les premières, j'ai reconnu votre obligeance et votre politesse; j'ai vu dans le second, votre amitié; et j'en ai été vivement touché. Je pense comme vous, monsieur, qu'après un livre qui a eu quelque succès, il ne faut point se hâter de reprendre la plume. Aussi je n'ai jamais eu pour objet, en allant en Angleterre (quoi qu'en ait dit, à mon insu, mon libraire dans le *Journal des Débats*), de réunir les éléments d'un nouvel ouvrage.

En entreprenant ce voyage, j'avais pour but unique de rétablir ma santé, un peu ébranlée, et de me procurer en même temps le plaisir rationnel que donne la vue d'un grand peuple s'agitant au milieu d'une grande révolution. Tel a été l'objet de mon voyage, et tel en sera aussi le résultat. Je crois avoir recueilli en Angle-

terre un certain nombre d'idées nouvelles (pour moi),
qui pourront m'être utiles un jour; mais je n'ai jamais
eu l'intention d'écrire sur le pays que je parcourais. J'a-
joute que si j'avais eu cette pensée en partant, je ne
l'aurais point rapportée au retour. Il faudrait être doué
d'une grande fatuité philosophique pour imaginer pouvoir juger l'Angleterre en six mois. Un an m'a toujours
paru un espace trop court pour pouvoir apprécier conve-
nablement les États-Unis ; et il est infiniment plus facile
d'acquérir des idées claires et des notions précises sur
l'Union américaine que sur la Grande-Bretagne. En
Amérique, toutes les lois sortent en quelque sorte de la
même pensée. Toute la société, pour ainsi dire, est fondée
sur un seul fait ; tout découle d'un principe unique. On
pourrait comparer l'Amérique à une grande forêt percée
d'une multitude de routes droites qui aboutissent au
même endroit. Il ne s'agit que rencontrer le rond-point,
et tout se découvre d'un seul coup d'œil. Mais en Angleterre les chemins se croisent, et ce n'est qu'en suivant chacun d'eux qu'on peut se faire une idée nette de
l'ensemble.

Puisque vous voulez bien, monsieur, vous intéresser à
mes travaux, je vous dirai que mon seul projet, dans ce
moment, serait de donner à mon ouvrage sur la Démocratie le dernier développement que j'ai toujours eu
l'intention de lui donner, si le livre réussissait, et dont
j'ai eu soin, en quelque sorte, de déposer d'avance le
germe à la fin de l'Introduction.

Dans la portion du livre qui est déjà connue du public,

j'ai essayé de montrer quelle influence l'égalité des conditions avait obtenue sur les lois et les institutions politiques du pays ; dans la seconde, je voudrais faire
connaître la puissance exercée par le même fait sur
l'organisation de la société civile, sur les idées et sur les
mœurs des Américains. Je ne sais si je réussirai à peindre ce que j'ai cru voir : mais je suis assuré du moins
que le sujet est digne d'être examiné ; et qu'un habile
écrivain pourrait en tirer la matière d'un volume.

Vous voyez, monsieur, que je compte sur l'intérêt que
vous avez bien voulu me témoigner, puisque je vous en-
tretiens si longuement de moi. J'espère, la première fois
que j'aurai l'honneur de vous voir, trouver l'occasion de
vous dire des choses plus intéressantes en vous parlant
de l'Angleterre et surtout de l'Irlande, que je viens de
parcourir avec détail, et qui m'a paru un des pays les plus
curieux du globe.

Agréez, etc.

P. S. M. de Beaumont, qui m'a quitté à Dublin pour
visiter l'Écosse, n'est point encore de retour à Paris.

## A MADAME LA COMTESSE DE GRANCEY

Paris, ce 22 septembre 1835.

J'attendais, pour vous écrire, ma chère cousine, que
j'eusse, non pas de bonnes nouvelles, nous n'en espérions
guère, malheureusement, mais de moins mauvaises à

vous apprendre. Les événements fâcheux n'ont pas besoin qu'on se charge de les faire connaître. Ils courent tout seuls. Je puis vous mander aujourd'hui des choses un peu moins déplorables que ce que j'aurais été obligé de vous apprendre il y a cinq ou six jours. Marie, depuis quarante-huit heures, va un peu mieux. Les digestions se font bien ; le sommeil est tranquille et le pouls est relevé ; mais la faiblesse est effrayante. On dit, car je ne l'ai pas vue, qu'elle ne peut plus remuer son bras tout seul ni s'aider elle-même en quoi que ce soit. Cette faiblesse, sans autre maladie, serait déjà fort dangereuse ; mais, malheureusement, la maladie principale n'est pas détruite...

Excepté ces pauvres Rosambo, il n'y a personne à Paris : ainsi n'attendez pas que je vous parle du prochain ; pour moi, si je pouvais faire revenir ou aller voir cinq ou six personnes de ma connaissance, que j'aime beaucoup à rencontrer, je prendrais très-facilement mon parti de l'absence de toutes les autres. Je deviens de plus en plus ours. J'ai peur de finir par marcher à quatre pattes, comme Nabuchodonosor ; j'espère cependant que cela ne m'arrivera pas en punition de mes péchés. Quelle que soit ma position dans le monde, horizontale ou verticale, je n'en conserverai pas moins une très-vive amitié pour vous ; et je vous prie, très-chère cousine d'en agréer encore cette fois ci l'hommage.

A G. DE BEAUMONT

Baugy, 15 novembre 1855.

Mon cher ami, je passe mon temps très-agréablement ;
mais je ne fais absolument rien, ce qui commence à me
peser. Cependant, ma paresse actuelle est à la rigueur
excusable, tandis que celle dans laquelle je suis sûr que
vous êtes plongé ne peut qu'exciter l'indignation. Vous
avez tout le temps de travailler et je parie que vous ne
faites rien. Je ne crains pourtant pas de vous dire, quelque hardi que cela soit, que nous sommes arrivés, aujour-
d'hui, au 15 novembre, époque à laquelle les animaux à
sang-froid s'endorment, mais où l'homme se réveille et
s'enflamme d'une nouvelle ardeur. Pensez à cela et écrivez-moi...

L'autre jour, causant avec ***, il m'arriva d'exprimer
une idée qui me revient en ce moment et que je veux
vous faire connaître. Je ne suis pas sûr qu'elle soit nouvelle, mais je la crois juste. Ce qui se passe en ce moment en Angleterre, lui disais-je, présente un spectacle
singulièrement curieux. Les précédentes révolutions
qu'ont subies les Anglais étaient essentiellement anglaises, pour le fond et pour la *forme*. Les idées qui les
faisaient naître n'avaient cours qu'en Angleterre ; la
forme dont ces idées se revêtaient était inconnue sur
le continent ; les moyens qu'on mettait en usage pour les
faire triompher étaient le produit de mœurs, d'habi-

tudes, de lois, d'usages différents ou contraires aux mœurs, aux habitudes et aux lois du reste de l'Europe. (Tout cela à un certain point et dans une certaine mesure.) Les précédentes révolutions de l'Angleterre présentent donc un objet de curiosité très-grand aux philosophes; mais il était difficile qu'elles donnassent lieu à un livre populaire parmi nous. Il n'en est plus de même aujour-d'hui : c'est la révolution européenne qui se continue chez les Anglais, mais elle s'y continue en prenant des formes toutes anglaises : double raison qui doit faire naître la curiosité. Si les idées qui agitent l'Angleterre n'avaient rien de commun avec celles qui nous troublent, ce qu'on dirait sur l'Angleterre ne nous intéresserait guère plus que ce qu'on nous raconte de la Chine. Si les révolutionnaires anglais ne faisaient qu'imiter servile-ment les nôtres, comme l'ont fait tous les voisins conti-nentaux de la France, l'intérêt existerait, mais serait faible; on ne s'intéresse vivement qu'à ce qui, d'une part, vous touche, et de l'autre est nouveau et original par quelques points. Or les Anglais nous ont bien pris nos idées, mais ils les ont, en quelque sorte, coulées dans leur propre moule, et ils cherchent à les faire triompher et à les appliquer à leur manière. Ils sont Européens par le fond, seulement Anglais par la forme.

Voilà ce que je disais à *** qui m'écoutait en attachant sur moi son œil de poisson, dans lequel il m'était impos-sible de découvrir la moindre réflexion de mon idée, ce qui m'a fait craindre que ce ne fût là du vieux que je rhabillais à neuf, sans m'en douter. Quoi qu'il en soit, *comme vous travaillez dans la partie de l'Angleterre,* j'ai voulu vous raconter cette *conversation.*

## A MADAME LA COMTESSE DE GRANCEY

Paris, ce 4 octobre 1835.

Je n'ai pas cru devoir vous mander la mort de notre pauvre Marie, ma chère cousine ; il y a toujours tant de gens prêts à apprendre les mauvaises nouvelles, qu'on est sûr que la concurrence ne manquera jamais. Les intéressés venant à manquer, au besoin les indifférents se chargeraient de les remplacer.

Marie est morte le 29 septembre, à sept heures un quart du soir. L'étouffement, qui est le dernier symptôme de cette affreuse maladie, a commencé à se manifester à trois heures du matin ; il a toujours été ensuite en augmentant ; c'était un spectacle terrible pour les assistants et pour la malade elle-même, qui connaissait parfaitement son état. Le poumon se remplissait graduellement ; c'était comme la mer qu'on voit monter peu à peu jusqu'à ce qu'elle couvre enfin la dernière pointe de rocher sur laquelle vous avez cherché un asile. Marie, comme je vous le disais, connaissait parfaitement son état ; sa tête était plus libre qu'elle ne l'a jamais été en santé, et son courage ne pouvait se comparer qu'à sa résignation : l'un et l'autre était la chose la plus surprenante pour un mécréant comme moi. Elle disait de temps en temps : « J'espère que Dieu voudra bien abréger ces terribles moments et permettra que la mort arrive bientôt. A midi, elle a eu la première faiblesse et a cru qu'elle était parvenue à sa fin. Elle a fait venir ses domestiques et leur a demandé pardon des mauvais exemples qu'elle avait pu leur donner. La pauvre femme ! elle ne savait point qu'au lieu de donner de mauvais exemples, elle avait été un modèle pour tout ce qui l'avait entouré ! Elle s'est adressée ensuite à son mari : elle l'a remercié des douze ans de bonheur qu'il lui avait donnés dans ce monde : « C'est une grâce dont je remercierai toujours Dieu, » a-t-elle ajouté. Comme il se retirait en pleurant, elle l'a rappelé et lui a donné des instructions pour les pauvres de Sully. Mon oncle alors lui a dit : « Est-ce que tu ne veux point voir ton enfant ? » Elle a répondu : « Non, ce spectacle lui ferait trop de peine. » Je crois qu'elle se craignait elle-même. « Mais la bénédiction de sa mère, a dit mon oncle, serait précieuse pour lui. » Cette idée a saisi aussitôt l'imagination de la mourante : « Amenez-le bien vite, » a-t-elle répondu avec vivacité. L'enfant venait de sortir avec son gouverneur ; nous avons tous couru pour le trouver. Pendant deux heures, tous nos efforts ont été inutiles. Durant ce temps la malade le demandait sans cesse ; vous savez que les mourants ne voient plus dans le monde qu'un seul point à la fois, et s'y attachent presque jusqu'au délire. Marie sentait la mort qui s'avançait, ses pieds et ses mains étaient déjà froids, et son fils n'arrivait pas ; enfin il est venu, elle lui a donné sa bénédiction ; j'espère que ce moment solennel ne sortira jamais de la mémoire de l'enfant, et qu'il ne s'en ressouviendra jamais sans désirer imiter sa mère. Depuis ce moment elle a été très-calme ; quand l'étouffement devenait moins fort, elle parlait avec amitié à ceux qui l'entouraient et souriait paisiblement à ceux qui entraient dans sa chambre. Je n'y ai point pénétré moi-même, mais tous ceux qui y étaient me l'ont dit. Elle tenait dans ses mains un crucifix ; son œil reposait alternativement sur lui et sur son père. Vous ne pouvez vous imaginer, ma chère cousine, quelle sorte de communication magnétique s'était établie entre ces deux âmes ; mon oncle et Marie s'entendaient, se voyaient jusqu'au fond du cœur, sans se parler, j'en suis certain. Je ne puis vous peindre toute l'admiration que m'a fait éprouver mon oncle durant ces terribles heures ; près de sa fille il était à la fois un père et un confesseur ; il se servait en même temps de sa tendresse et de sa piété pour adoucir à sa malheureuse enfant le passage de la vie à la mort ; il puisait alternativement à ces deux sources, les plus puissantes de toutes les consolations ; toujours maître de lui-même, au milieu de la consternation universelle, il songeait à tout ; hors de la présence de Marie, il fondait en larmes ; près d'elle il ne pleurait point, une force surnaturelle semblait le soutenir. A six heures du soir, une crise est survenue, on a cru que la malade passaït ; elle l'a cru elle-même, car elle a dit : «C'est fini ; je meurs.» Elle est revenue encore cependant à la vie, quoiqu'à regret. Une heure après elle s'est éteinte.

Voilà, ma chère cousine, ce dont j'ai été à peu près

témoin. Ce spectacle m'a vivement ému et m'a fait réfléchir ; j'ai pensé que si le courage humain faisait aisément braver la mort, il n'y a, après tout, que la religion qui apprenne à mourir.

Je vous demande pardon de vous écrire une lettre si lugubre ; mais que dire, dans l'état de pénible tristesse où nous sommes tous ? Ma mère a supporté cet événement mieux que nous n'espérions, elle ne va pas mal ; mais la solitude dans laquelle elle va se trouver est très-grande. Tous les Rosambo se sont éparpillés, aussitôt après l'événement. Édouard et Alexandrine vont aller à Beaujy. Hippolyte et sa femme reviennent ici vers le 15.

Adieu, ma chère cousine, je n'ai pas le courage d'en dire davantage aujourd'hui. J'aurai cependant plusieurs autres choses encore à vous dire, mais je vous récrirai bientôt ; vous avez bien raison de croire que ma sauvagerie ne s'étend pas jusqu'à vous ; vous m'avez toujours témoigné une amitié que je vous rends bien, je vous assure. Rappelez-moi au souvenir de votre mari et croyez à ma bien sincère affection.

# ANNÉE 1856

A MADAME LA COMTESSE DE GRANCEY

Paris, 11 janvier 1856.

Je ne veux pas que ce soit un autre que moi, ma bonne cousine, qui vous apprenne le malheur qui vient de nous frapper. Personne ne sait aussi bien que moi combien vous prendrez part à notre douleur et êtes en état de la comprendre. Avant-hier au soir, ma pauvre mère nous a quittés pour aller dans un monde où elle ne rencontrera pas les maux et les chagrins qu'elle a trouvés dans celui-ci. Le mois qui a précédé sa mort a été bien cruel; mais son dernier jour a été plus doux que nous n'osions l'espérer. Elle est tombée le matin, après avoir communié, dans une espèce de léthargie tranquille qui a duré jusqu'à huit heures et demie du soir; elle a semblé alors se réveiller tout à coup et nous a demandés. Nous étions autour de son lit; elle nous a bénis; et l'instant d'après, elle n'existait plus. Elle avait paru se rendormir.

Depuis bien longtemps je m'attendais au malheur qui nous frappe; depuis plusieurs mois il s'approchait visiblement chaque jour. Mais combien il y a loin, ma chère cousine, de la réalité d'un semblable événement à sa vraisemblance! Mieux que personne vous savez cela, vous qui avez vu votre mère presque mourante pendant des années, et qui en avez si vivement ressenti la perte! Aussi j'aurais été heureux de vous trouver ici; vous seule auriez pu me comprendre. Au milieu de notre chagrin, c'était une véritable consolation pour nous de voir notre bon oncle Rosambo; car il était là, vous n'en doutez pas. Il était là ce qu'il est toujours, sentant toutes choses et pensant à tout comme si rien ne le préoccupait. Quelle triste destinée que celle de sa famille, ma chère cousine! Quelle race frappée par la Providence! Ses parents meurent sur l'échafaud; de ses trois sœurs, l'une a le même sort, l'autre meurt dans toute la force de la jeunesse, la troisième succombe après vingt ans de misères; et lui, le seul qui ne soit pas frappé dans sa personne, voit ceux qui lui sont le plus chers tomber de toutes parts autour de lui. Je ne puis vous en dire plus aujourd'hui, ma bonne cousine; ne m'oubliez pas auprès de M. de Grancey.

## A M. BOUCHITTÉ

Paris, 15 janvier 1836.

J'ai été bien fâché, mon cher ami, de ne m'être pas trouvé chez moi, dimanche, à l'heure où vous vous êtes présenté : une affaire indispensable m'avait obligé de sortir de très-bonne heure, et je n'ai pu revenir à temps pour vous voir. J'aurais désiré vous remercier de vive voix de la lettre pleine d'amitié que vous m'avez écrite. Je sais, du reste, depuis longtemps, que je dois compter sur votre intérêt dans toutes les circonstances tristes ou heureuses qui peuvent me survenir; mais ce sont des choses dont la preuve ne semble jamais surabondante.

Comme vous le dites, mon cher Bouchitté, il existe un instinct non pas contraire, mais plus fort que la raison, qui nous entraîne à croire que ce que nous appelons la mort n'est point la fin de la vie, mais plutôt une modification de la vie, et qui nous persuade, avec vérité je crois, que ceux que nous regrettons dans ce monde n'ont pas à regretter pour eux-mêmes d'en être sortis. Concevez-vous qu'il y ait des êtres assez bizarrement organisés pour lutter volontairement contre cette tendance du cœur humain, et pour appliquer leur raison à créer un système qui, s'il était établi, serait de nature à la faire perdre à tous les malheureux. Par bonheur, nous ne sommes ni l'un ni l'autre de ces hommes-là ; et tous deux nous puisons dans des sentiments et dans des doctrines contraires les seules consolations qu'on puisse trouver dans de pareils malheurs.

J'espère, mon cher ami, que vous ne serez plus aussi longtemps sans venir à Paris, ou du moins sans nous faire profiter des voyages que vous y faites. Ma femme a un grand désir de vous connaître; et moi j'aimerais à vous montrer une des choses les plus rares de ce monde, un ménage simple et uni, où les goûts et les idées se confondent aussi naturellement que les affections. Mais ne venez pas nous chercher à des heures où il est rare de rencontrer les gens; venez nous demander sans façon à déjeuner ou à dîner : vous serez toujours le bienvenu.


A W. N. SENIOR, ESQ.

Paris, 27 janvier 1836.

Mon cher monsieur Senior,

Je n'ai reçu qu'il y a huit ou dix jours la lettre que vous m'avez écrite le 20 novembre, M. Burley ne me l'ayant remise qu'à cette époque.

.... Je vous remercie beaucoup des détails que vous me donnez sur votre situation intérieure. Il me semble que, chez vous, la révolution (en prenant ce mot dans un sens progressif et tranquille) marche toujours; ou plutôt la révolution me paraît avoir été faite le jour où vous avez introduit la classe la plus démocratique de la nation dans le corps électoral. Tout le reste n'est plus qu'une conséquence.

Chez nous, pour le moment du moins, tout semble rentré dans l'ordre habituel des choses. Excepté l'agriculture qui souffre un peu, tout le reste prospère d'une manière surprenante ; l'idée de la stabilité pénètre pour la première fois depuis cinq ans dans les esprits, et avec elle le goût des entreprises. L'activité presque fébrile, qui nous caractérisa en tout temps, quitte la politique pour se porter vers le bien-être matériel. Ou je me trompe fort, ou nous allons voir d'ici à peu d'années d'immenses progrès dans ce sens. Cependant le gouvernement aurait bien tort de s'exagérer les conséquences de cet heureux état de choses ; la nation a été horriblement tourmentée ; elle jouit avec délices du repos qui lui est enfin donné ; mais l'expérience de tous les temps nous fait connaître que ce repos même peut devenir funeste à ceux qui la gouvernent. A mesure que la fatigue des dernières années cessera de se faire sentir, on verra les passions politiques renaître : et si, pendant le temps où il est fort, le gouvernement n'a pas redoublé de prudence et ménagé avec grand soin toutes les susceptibilités de la nation, on sera tout surpris de voir quel orage se soulèvera tout à coup contre lui. Mais comprendra-t-il cela ? J'en doute.

Agréez, etc.

## A M. BOUCHITTÉ

Baugy, 26 mai 1836.

Je vous envoie ci-jointe, mon cher Bouchitté, la lettre que vous m'avez demandée. Le retard que j'ai mis à vous la transmettre vient du détour qu'a fait la vôtre en allant me chercher rue de Bourgogne, où je n'étais plus...

Je suis ici depuis une dizaine de jours, ne faisant absolument que trois choses : dormir, manger et travailler. J'ai déjà plus écrit que je ne l'aurais fait à Paris en un mois. Mais ce que j'écris vaut-il quelque chose? C'est là une autre affaire. Il y a des moments où il me prend des sortes de terreurs paniques. Dans la première partie de mon ouvrage je me retenais aux lois, qui étaient des points fixes et visibles. Ici, il me semble que parfois je suis en l'air, et que je vais dégringoler infailliblement sans pouvoir m'arrêter, dans le commun, l'absurde ou l'ennuyeux. Ce sont des hallucinations littéraires bien désagréables. Heureux mille fois ceux qui sont pleins de suffisance; ils sont insupportables aux autres, il est vrai; mais ils jouissent délicieusement d'eux-mêmes.

Adieu, mon cher ami, je vous embrasse; on vous fait ici mille amitiés. Ne m'oubliez pas auprès de Balzac et de votre sœur.

## A JOHN STUART MILL, ESQ.

Château de Baugy, 5 juin 1836.

Vous devez être surpris, mon cher Mill, de n'avoir pas reçu de mes nouvelles depuis la lettre que vous m'avez écrite au commencement du mois dernier. Je ne vous ai point encore répondu, parce que j'aurais voulu pouvoir en même temps vous apprendre que votre désir allait être satisfait relativement à l'ouvrage de M. Bulwer[1]; malheureusement, je crains de ne pouvoir vous satisfaire sur ce point, et je ne veux pas ajouter à ce tort celui de laisser languir plus longtemps notre correspondance. Voici ce qui est arrivé : je me suis plongé depuis trois mois si avant dans mon grand ouvrage sur la démocratie américaine, qu'il me serait bien difficile de m'en arracher maintenant pour une cause quelconque; mais j'espérais en Beaumont. Je lui ai donc parlé de votre affaire. Il l'a goûtée et s'est mis à l'ouvrage. Tout allait bien, lorsque son mariage est arrivé à la traverse. Il se marie à la fin de ce mois; il épouse, pour le dire en passant, mademoiselle de Lafayette, la petite-fille du général. Il serait donc imprudent, d'ici à deux mois, de compter le moins du monde sur lui; et j'en suis réduit à vous proposer ceci : si vous voulez, je vais lire l'ouvrage de Bulwer, ce que je n'ai pas encore fait, et puis je vous écrirai

---

[1] *La France sociale, politique et littéraire*, par Henri Bulwer, aujourd'hui ambassadeur d'Angleterre à Constantinople.

une lettre un peu longue pour vous en donner mon avis, qui pourra servir de texte à celui que vous chargerez de rendre compte du livre, si cet expédient, tout incomplet qu'il est, vous convient.

Lorsque je vous ai écrit la dernière fois, mon cher Mill, je n'avais pas encore reçu le numéro de la revue qui contient mon article. J'ai lu votre traduction avec madame de Tocqueville, et j'ai été tellement **frappé de** la manière fidèle, simple et énergique dont j'avais été rendu, que j'ai dit aussitôt à ma femme que le traducteur était probablement vous, ou tout au moins un homme écrivant sous votre direction. Votre lettre m'a appris ensuite que je ne m'étais pas trompé. Je vous remercie beaucoup de vous être mêlé de cette petite affaire; il n'y a rien qui cause un chagrin plus sensible à un auteur que de se voir dans un miroir infidèle. Reeve me mande qu'il s'occupe d'une seconde édition anglaise de la *Démocratie*. Cette nouvelle m'a fait grand plaisir; car, à mes yeux, mes véritables juges sont autant en Angleterre qu'en France.

L'état de votre santé m'afflige. Qu'avez-vous donc? Vous me paraissiez jouir d'une santé vigoureuse quand je vous ai quitté, il y a moins d'un an; ne serait-ce pas le cas de changer d'air? Songez à cela et pensez à la France et aux amis que vous y avez. Je serai, pour mon compte, fort heureux de vous revoir.

# ANNÉE 1857

---

A M. LE BARON DE TOCQUEVILLE

Tocqueville, 13 juin 1837.

C'est à toi que je veux écrire aujourd'hui, mon bon ami ; je ne puis faire un emploi qui me soit plus agréable de la santé qui revient. Tu sais que j'ai été cruellement éprouvé à mon arrivée ici. J'ai eu une crise comme toutes les autres à peu près, suivie d'un redoublement qui ne ressemblait en rien à ce qui a précédé. Dieu merci ! tout cela est maintenant en souvenir.

J'espère, car il faut toujours espérer, me garantir, pour longtemps au moins, de pareils accidents. Ce lieu-ci me plaît. J'y vais mener une vie extrêmement réglée et tranquille, qui sera suivie d'un séjour à Baugy, le plus long que je pourrai. Voilà de bonnes provisions de santé pour l'hiver prochain...

J'ai vu inopinément dans le *Moniteur*, l'autre jour,

ma nomination à la croix. J'ai été contrarié de cet événement. Toi qui connais bien ma manière de voir et de sentir, tu me comprendras sans peine. Je suis triste de penser que bien des gens s'imaginent peut-être que j'ai demandé ce bout de ruban, qui si souvent a été le prix de honteuses complaisances. J'aurais refusé si j'avais pu. Mais la difficulté est de trouver un moyen honnête et modeste de le faire.

Je n'ai pas encore pu me remettre au travail. Le temps passe d'une manière effrayante. Mais que veux-tu! Avant tout il faut vivre, ne fût-ce que pour avoir la force d'achever ce grand ouvrage. Si le résultat de mon travail est réellement bon, il se fera jour, quelle que soit l'époque de la publication; s'il est mauvais ou médiocre, qu'importent les chances plus ou moins grandes d'un succès passager? Voilà ce que je me dis sans cesse pour calmer l'agitation intérieure qui me presse, lorsque je considère tout ce qui me reste à faire pour finir.

Je t'ai dit que ce lieu me plaisait. Il y règne, en effet, un calme plus profond que je n'en ai jamais trouvé ailleurs. Rien ne ressemble moins à ce qu'on appelle la campagne aux environs de Paris : ce sont les *champs* dans l'ancienne acception du mot. Rien ne doit être plus affreux l'hiver. Mais à ce moment de l'année, ces longs chemins tout verts qui s'ouvrent à chaque pas présentent des objets de promenade très-agréables. J'ai fait venir la petite jument d'Émilie, et j'ai une autre petite bête fort douce que va monter Marie, de sorte que bientôt nous allons sortir du rayon des promenades à pied.

J'ai déjà eu l'occasion de voir quelques personnes. On s'accorde à croire que je serais très-probablement nommé député si M. de Briqueville se retirait; mais je doute fort qu'il se retire. Du reste, je t'assure que je ne désire pas la députation dans ce moment avec une ardeur excessive. De longues conversations que j'ai eues avec M. Royer-Collard, avant mon départ de Paris, m'ont prouvé, ce que du reste j'étais déjà porté à penser, que la députation, dans le moment présent, est une chose qu'il ne fallait ni refuser ni poursuivre avec ardeur. Le résultat est trop douteux.

M. ROYER-COLLARD[1] A A. DE TOCQUEVILLE

Châteauvieux, 24 juillet 1857.

Votre lettre, monsieur, m'est arrivée presque à la veille de mon départ. J'aurais voulu vous répondre sur-le-champ; je ne l'ai pas pu, embarrassé de mille soins.

---

[1] On voit par la lettre qui précède, que M. Royer-Collard s'appliquait à modérer le désir qu'éprouvait Tocqueville d'entrer à la Chambre des députés. Les trois lettres qu'on donne ici de Royer-Collard à Tocqueville, écrites à l'occasion des élections de 1857, font voir dans quels termes remarquables ces conseils étaient donnés.

La publication de lettres de l'un des correspondants de Tocqueville est une exception à la règle que nous nous sommes prescrite, et dont nous ne nous sommes écartés qu'une seule fois en publiant quelques lettres de M. le comte Molé. Le nom de M. Royer-Collard, qui, comme M. Molé du reste, n'est plus, justifiera sans doute, aux yeux du lecteur, cette dérogation à notre principe. Les fragments que M. de Barante a publiés de cette correspondance (*Vie et Œuvres de Royer-Collard*, 2 vol. in-8) ont suffi déjà pour en montrer tout l'intérêt. Nous aurions voulu pouvoir

Quoique ma route ne soit pas longue, cinquante et quelques lieues, elle m'a fatigué, parce que j'étais mal disposé. Il y a quinze jours que je suis ici, libre de soins d'affaires et presque de pensées. Je goûte le repos, le loisir, le silence après le tumulte des derniers jours de Paris. Je prends votre lettre, je la lis et la relis. Elle achève l'idée que j'avais de vous...

Quand j'ai quitté Paris, la dissolution était certaine, malgré les apparences contraires, ou tout à l'heure, ou au mois d'octobre. Il est donc à propos que vous pensiez sérieusement aux élections. Il n'y a rien de plus sage que ce que vous écrivez là-dessus et ce que vous pratiquez; laissez faire. Agir serait une imprudence à tous égards; c'est beaucoup et peut-être trop de désirer même faiblement.

Dans un temps d'instabilité, il n'est pas bon d'entrer très-jeune dans les affaires publiques; si j'avais eu ce malheur, j'aurais été incapable de la conduite que j'ai eue sous la Restauration, et tout ce que j'ai de vie publique est là. *La grande réputation* que vous estimez *le plus précieux bien de ce monde* est plus assurée aujour-

donner ici, en même temps que toutes les autres lettres de Royer-Collard que nous avons, celles de Tocqueville que nous ne possédons pas, et qui sont entre les mains de madame Andral. Celle-ci, bien digne dépositaire de tout ce qui intéresse la mémoire de son illustre père, aurait sans doute eu la bonté de mettre ces lettres à la disposition de madame de Tocqueville et de l'autoriser à les publier, si de tristes circonstances, dont s'affligent profondément tous ses amis, ne lui eussent jusqu'à présent interdit le travail de recherches et d'examen qui serait nécessaire pour préparer les éléments de cette publication. (*Note de l'Éditeur.*)

d'hui par des livres tels que les vôtres, qu'elle ne peut l'être par la tribune. Vous vous êtes éprouvé comme penseur et comme écrivain ; vous vous ignorez comme orateur, et il faut à l'orateur bien autre chose que du talent.

Il a besoin de circonstances favorables, d'un certain état du gouvernement et d'une certaine disposition des esprits. Le succès a toutes sortes de conditions qui lui sont en quelque sorte étrangères. Non, je ne vous crois pas un *orgueilleux*, un *ambitieux*; je mets, il est vrai, moins de prix que vous à l'opinion, c'est-à-dire à l'opinion du grand nombre ; car l'opinion du petit nombre, c'est-à-dire des juges éclairés, est ce qu'il y a de plus digne d'être ambitionné ; c'est la vraie gloire. Mais je ne parle que pour moi à qui dans mes rêves d'amour-propre la distinction et la considération suffisent. Il y a, je le sais, de plus hautes vocations, et la vôtre est de ce nombre ; je les reconnais ; je les honore, je les admire, en leur adressant toutefois ce conseil dont Bossuet fait honneur au grand Condé : qu'il faut songer d'abord à bien faire, et laisser venir la gloire après.

Vous m'écrirez quelquefois, n'est ce pas ? J'aime à vous lire, et je prends plaisir aussi à causer librement avec vous.

J'ai repris mes habitudes studieuses et solitaires. Valençay est mon seul voisinage, à six lieues. M. de Talleyrand est venu le premier, tant il a besoin de changer de place. J'ai rendu cette visite. Madame la duchesse de Dino ne se porte pas bien. Elle a été sensible à votre sou-

venir. Elle espère vous acquérir. Nous remercions cor-
dialement madame de Tocqueville du souvenir qu'elle
veut bien garder de nous. Je vous prie de lui faire agréer
mon hommage spécial. Adieu, monsieur, vous savez ce
que vous m'êtes.

ROYER-COLLARD.

## M. ROYER-COLLARD A A. DE TOCQUEVILLE

Châteauvieux, 28 septembre 1837.

Oui, monsieur, *je vous gronde* puisque vous m'en
donnez la permission. Oui, *vous avez tort*, lorsque
votre impatience dévore le temps. Mais ne vous en décou-
ragez pas. Vous avez en vous-même le remède de cette
maladie dans le besoin de bien faire. Ç'a été, vous le savez, le besoin de tous les esprits supérieurs, et nous lui
devons la perfection de leurs œuvres. Ainsi, je suis avec
vous lorsque vous vous imposez de ne pas laisser aller
une idée, avant que vous l'ayez mise dans tout son lustre,
et ce lustre c'est la clarté, la simplicité, la concision, la
pureté et la plénitude de l'expression ; ce qui fait enfin
que ce qu'on dit, c'est précisément ce qu'on a voulu
dire. A cette lutte, vous deviendrez athlète et vous vain-
crez dans les jeux olympiques. Tout dégradé qu'est ce
temps-ci, il est encore plus capable d'admiration qu'il
ne l'est d'un vrai respect. Je comptais attendre l'ordonnance pour vous écrire, mais je trouve le temps trop
long, et je la préviens. Elle ne vous apprendra rien. Elle

m'apprendra, à moi, combien de temps j'ai encore à passer ici. Je ne m'en irai pas sans vous en donner avis, car je veux que vous sachiez où me prendre. Vous êtes dans la raison, laissez faire sans trop vous produire et sans vous dérober. Vous appartenez à la Providence. Résignez-vous donc à ce qui arrivera. Vous aurez lieu de vous consoler, quel que soit l'événement. L'état de notre société vous est connu comme si vous étiez vieux. Ni l'ordre social, ni le gouvernement ne sont assis. Tout s'écroulerait au premier choc. Il est vrai qu'on ne voit pas dans les natures actuelles de main capable de l'imprimer. Mais il n'est pas toujours besoin de marteau contre des édifices mal construits; un coup de vent peut suffire. Sans m'occuper aucunement de mon élection, je reviendrai à la Chambre, si d'eux-mêmes les électeurs qui m'y ont envoyé neuf fois m'y renvoient encore. J'y reviendrai, non pour prendre part aux affaires courantes, mais dans cette confiance présomptueuse, qu'il y aura peut-être telle circonstance, tel jour où il me serait permis de devancer les hommes de ce temps-ci et d'oser ce qu'ils n'oseraient pas.

Ce qui surabonde en vous, monsieur, me manque. Je n'ai point d'entreprise. C'est en grande partie la faute du temps où je suis né et que j'ai traversé.

Je retourne à mes vieilles études philosophiques et littéraires. Il s'en faut bien que dans le cours de ma longue vie j'aie épuisé les classiques anciens et modernes. Plus avant on pénètre dans cette mine et plus on y découvre. Loin donc que mon loisir me pèse, il ne me suffit pas.

Mes mauvaises distractions sont beaucoup de lettres à écrire et de sollicitations à repousser. La seule bonne est Valençay : mais elle est rare; à la distance de six lieues, avec de mauvais chemins. Je puis vous assurer que vous n'y êtes point oublié.

Adieu, monsieur. J'ai à cœur que vous me rappeliez à M. de Beaumont, et avant tout à madame de Tocqueville, à qui je garde un souvenir respectueux. Pensez quelquefois à moi, qui penserai beaucoup à vous toute ma vie.

ROYER-COLLARD.

## M. ROYER-COLLARD A A. DE TOCQUEVILLE

Châteauvieux, 21 novembre 1837.

Je reçois à mon retour de Champagne la lettre que vous avez pensé à m'écrire en quittant Tocqueville. Je vous en remercie. J'ai lu avec un vif intérêt cette campagne électorale que vous venez de faire, vos chagrins, vos joies, vos espérances ; je rajeunis de quarante ans en vous lisant. Je ne tiens pas absolument à ce que vous ayez échoué; cependant je le préfère. Vous me demandez pourquoi et quand donc il sera temps. Il me semble que nous nous sommes déjà expliqués là-dessus. Vous êtes jeune et destiné à traverser bien des événements; il n'est pas avantageux de s'être engagé de si bonne heure, au risque d'être jeté violemment hors de sa route, et si violemment qu'on n'y peut plus rentrer. Votre caractère est

complet et votre esprit très-près de ce qu'il sera jamais;
mais votre autorité n'est pas ce qu'elle sera plus tard; et
il vous importe, il nous importe encore plus qu'à vous,
qu'elle soit établie et autant inattaquable qu'il est possible
quand elle se produira dans les affaires publiques. Ne
vous ai-je pas dit que vous appartenez à la Providence?
Laissez-la vous appeler quand votre moment sera venu.
Il viendra et peut-être encore trop tôt. Mais à quels signes
pourrez-vous reconnaître qu'il est venu? Je vous demande
pardon d'oser vous répondre et suivre avec vous une telle
controverse; mais puisque vous le voulez, je vous dirai
que le moment sera venu quand vous aurez terminé
votre grande entreprise, et mis par là le sceau à votre
réputation. Car vous serez plus fort, plus puissant, plus
imposant; et cette considération a d'autant plus de poids
que vous ne terminerez peut-être pas si vous êtes jeté dès
à présent dans le mouvement des affaires. La vie du député, aujourd'hui, est une vie vulgaire, si même elle
n'est pas abrutissante pour le grand nombre. Ce n'est
pas là qu'il faut chercher la gloire, il faut l'y apporter.
Achevez donc d'abord votre livre; ce sera là un signe
providentiel.

Il n'est pas besoin que je m'explique davantage. Vous
faites plus que me comprendre; vous m'achevez. J'ai fait
près de deux cent cinquante lieues, non pour assurer
mon élection, qui n'était pas douteuse, mais pour revoir
des lieux que j'ai longtemps habités et des personnes qui
me sont chères. C'est un adieu aux vivants et à ceux qui
ne sont plus. Le discours que vous louez trop n'est point

adressé au temps ni à ceux qui l'ont entendu. J'ai parlé
pour moi : je me suis satisfait. S'il a un mérite, c'est
d'être les seules paroles que j'aie pu et dû prononcer
dans la circonstance. Vous en ferez de meilleurs et de
plus retentissants.

Une lettre de vous que je ne dois pas demander dans
les courts moments que vous passerez à Paris, me trouverait ici jusqu'au 5 décembre; passé le 8, je serai à
Paris. Adieu, monsieur; je suis heureux des sentiments
que vous m'accordez. Nommez-moi, je vous prie, à madame de Tocqueville.

### A M. LÉON-FAUCHER

Tocqueville, 21 juillet 1837.

Je commençais, mon cher ami, à être inquiet de vous.
Je savais que votre amitié ne laisserait point passer l'événement qui vous intéressait si fort sans m'avertir; et ce
long retard me faisait craindre pour le succès de vos désirs[1]. Dieu merci, ma peur n'était pas fondée; à l'heure
qu'il est vous êtes marié. Je vous fais de cœur mon compliment bien sincère. Plus j'avance dans la vie, et plus
je me sens convaincu que le bon choix d'une compagne
importe non-seulement au bonheur intérieur et à la tranquillité de l'existence, mais influe encore singulièrement

1. Il s'agissait du mariage, qui s'est accompli, de Léon Faucher avec
mademoiselle Alexandra Wolowska (sœur de M. Wolowski, membre de
l'Institut, ancien député et ancien représentant).

sur toutes les actions de l'homme extérieur. Quand tous les jours, en rentrant chez soi, on y retrouve l'élévation de cœur, la sincérité des sentiments, la pureté des motifs et l'énergie du bien, la santé de l'âme se fortifie chaque jour dans cette atmosphère domestique; et l'on se trouve toujours plus fort, quand il faut aller se mêler à toutes les petites et mauvaises passions du monde. Vous avez raison de vous réjouir d'avoir rencontré ce que la raison, aussi bien que le cœur, indique comme la chose la plus précieuse de ce monde. Soyez heureux, mon cher ami; vous êtes fait pour l'être. Ma femme, qui, comme vous savez, avait pris un bien vif intérêt à la réussite de vos désirs, se joint à moi pour vous féliciter; elle désire vivement faire connaissance avec madame Faucher. Mille amitiés bien sincères.

# ANNÉE 1838

## A M. ROYER-COLLARD

Baugy, 4 avril 1838.

Je vous écris, monsieur, pour mériter une réponse qui me donne de vos nouvelles. Quant à moi, la monotonie de ma vie me laisse bien peu de choses à dire. Je suis parti de Paris le lendemain du jour où nous nous sommes rencontrés en si nombreuse compagnie[1] ; j'ai emporté le regret de n'avoir pu vous aller voir ; bien que je sois toujours fort aise de vous rencontrer, j'aime mieux aller chez vous et vous prendre pour moi tout seul que de vous partager avec tant d'autres. J'aurai bien peu joui de ce plaisir cet hiver, et je m'en afflige, car c'est là un plaisir vrai et grand et qui laisse après lui sa trace.

J'ai beaucoup travaillé, monsieur, depuis que je vous ai quitté, et je continue avec une ténacité qui devrait me

1. Chez le prince de Talleyrand.

mériter de réussir. Je travaille souvent avec passion, mais bien rarement avec plaisir. Le sentiment de l'imperfection de mon œuvre m'accable ; j'ai devant les yeux sans cesse un idéal que je ne puis atteindre ; et quand je me suis bien fatigué à m'en approcher, je m'arrête et reviens sur mes pas, plein de découragement et de dégoût. Mon sujet est bien plus grand que moi, et je m'en afflige en voyant le peu d'usage que je fais d'idées que je crois bonnes. Il y a une autre maladie intellectuelle qui me travaille sans cesse : c'est une passion effrénée et déraisonnable pour la certitude. L'expérience me montre chaque jour que ce monde n'est plein que de probabilités et d'à-peu-près, et cependant je sens croître indéfiniment au fond de mon âme le goût du certain et du complet. Je m'acharne à la poursuite d'une ombre vaine qui m'échappe tous les jours, et que je ne puis me consoler de ne pas saisir. Tous ces sentiments divers rendent mon travail agité, pénible, inégal, plein de retours fâcheux sur moi-même, d'exaltation momentanée et de refroidissements subits ; mais il faut oublier ces misères du chemin et marcher fermement, les yeux attachés sur le but.

Je ne vous parlerai guère de la politique, que je n'aperçois qu'à travers un nuage, et à laquelle mon âme est trop occupée ailleurs pour s'attacher. Je vous étonnerai peut-être en vous disant que parmi tant de projets de lois qu'on a entassés sur le bureau de la Chambre, il n'y en a qu'un qui m'intéresse vivement et qui me paraisse avoir une grande portée sur l'avenir, et que cette loi est celle

des sociétés en commandite. Le monde tourne à l'industrie, parce qu'il court au bien-être. Il me semble, quoi
qu'on fasse, que les passions industrielles vont devenir les
plus fortes de toutes. Dans un siècle comme le nôtre, livrer
à l'arbitraire du gouvernement la direction de l'industrie,
c'est remettre dans ses mains un pouvoir immense et que
l'avenir accroîtra sans cesse ; c'est lui donner le contrôle
sur ce qui va, suivant moi, devenir les passions les plus
vives et les plus intimes du cœur humain ; ou plutôt
c'est lui livrer le cœur même des générations prochaines.
Je crois qu'il est possible d'atténuer beaucoup, sinon de
détruire par des moyens répressifs, le mal très-réel dont
on se plaint en ce moment ; mais je ne vois qu'avec une
grande crainte les moyens préventifs qui ont été inventés
jusqu'à présent ; et le projet du gouvernement, qui peut
momentanément faire du bien, me paraît de nature à
produire un mal durable : c'est un grand bout de plus
ajouté à la longue chaîne qui déjà enveloppe et serre de
tous côtés l'existence individuelle.

Mais en voilà assez long sur la politique ; je retourne
à mon œuvre que je n'interromps de temps en temps,
quand je suis fatigué, que pour relire Plutarque. C'est
un livre triste à lire de nos jours, mais singulièrement
attachant. Ces hommes de Plutarque, surtout les Grecs,
sont principalement remarquables par le côté qui nous
manque. Nous sommes souvent aussi honnêtes, plus savants, plus humains et plus puissants qu'eux. Mais au
milieu de leurs faiblesses, le sentiment et le goût de la
beauté et de la grandeur morale de l'homme ne les aban-

donnent jamais. Lors même que leurs vices les font tomber au-dessous de l'humanité, on voit qu'ils aperçoivent encore quelque chose au-dessus d'elle...

Vous voyez, monsieur, que je retombe toujours, en vous écrivant, dans les mêmes idées. Cela vient surtout, je pense, de ce que je ne sais comment les confier à d'autres. Il ne me convient en aucune façon de m'ériger en censeur de mon temps; c'est un rôle que je n'ai nullement le droit de prendre, et que mon âge rendrait aussi déplacé que ridicule. Ce n'est qu'après avoir fait de grandes choses qu'on peut être reçu à se plaindre que les contemporains n'en font pas.

## AU BARON ÉDOUARD DE TOCQUEVILLE

Tocqueville, 10 juillet 1838.

Il ne faut pas m'en vouloir, mon cher ami, si je ne t'écris pas plus souvent : c'est le temps et non la volonté qui me manque. Tu sais que toutes les fois que je puis communiquer avec toi je ne laisse pas ces occasions se perdre. Je suis donc sûr que tu m'excuses.

Je te dirai d'abord, pour te parler sur-le-champ de ma grande affaire, que je me suis remis au travail et que je suis enfin en train de nouveau depuis une huitaine de jours; ma résolution est de ne plus lâcher prise jusqu'à ce que les derniers chapitres soient finis. J'ai déjà ébauché le plan; le voici : tu me comprendras, quoique je ne dise que quelques mots, parce que tu es au courant de toutes mes idées. L'idée-mère du premier des deux chapitres qui me restent à faire (car j'ai senti la nécessité d'en faire deux) est de *l'influence générale qu'exercent les idées et les sentiments démocratiques que le livre vient d'exposer sur la forme du gouvernement.* Je commence par montrer comment, *théoriquement*, ces idées et ces sentiments doivent faciliter la construction de tous les pouvoirs. J'indique ensuite quelles circonstances spéciales et accidentelles peuvent hâter ou retarder cette tendance ; ce qui m'amène à montrer que la plupart de ces circonstances n'existent pas en Amérique et existent en Europe. J'arrive ainsi à parler de l'Europe, et à montrer par les *faits* comment les gouvernements européens centralisent tous et sans cesse ; comment la force de l'État s'accroît toujours et celle des individus diminue toujours. Cela me conduit à définir l'espèce de despotisme démocratique qui pourrait arriver en Europe, et enfin à examiner d'une manière générale quelles doivent être les tendances de la législation pour lutter contre cette tendance de l'état social. Voilà l'avant-dernier chapitre, au milieu duquel je me trouve en ce moment. J'espère que tu y trouveras, comme moi, de la fécondité et de la grandeur.

Le dernier chapitre qui, dans mon plan, doit être très-court, sera un résumé *oratoire* des tendances diverses de l'égalité, de la nécessité de ne pas vouloir lutter contre cette même égalité, mais d'en tirer parti. Ce sera quelque chose qui reliera la fin du livre à son introduction. Tout cela a de la hauteur ; et je m'excite en le regardant. Mais la difficulté est immense, et les jours s'écoulent de manière à me désespérer. Par bonheur, ma santé est excellente depuis quelque temps et ma vie douce et heureuse : ce qui facilite la liberté d'esprit qui m'est indispensable.

Nos travaux sont suspendus, faute de bois sec pour faire des boiseries et des planchers. Tu nous manques bien pour toutes ces choses; et, en général, nous sentons sans cesse et de toutes les manières combien nous sommes loin de vous et le malheur de cet état de choses : c'est le vilain et très-vilain côté d'un agréable tableau.

## M. ROYER-COLLARD A A. DE TOCQUEVILLE

Châteauvieux, 21 juillet 1838.

J'ai reçu à Paris, monsieur, la lettre que vous m'y avez adressée. Je l'ai ici depuis quinze jours révolus, et je ne comprends pas que je ne vous aie pas encore écrit. Qu'ai-je donc fait? Je ne puis pas dire que je me suis reposé. De quoi, en effet? Deux jours de route par le plus beau temps du monde ne sont pas une fatigue; quelques conversations ministérielles que j'avais eues avant mon départ ne m'avaient point agité; mon imagination ne s'y était point passionnée. Il y a cependant un repos que j'ai véritablement goûté : celui de me détourner du spectacle que j'avais eu pendant plusieurs mois, d'en vider mes yeux et mon esprit, et de rentrer en moi-même libre, désoccupé, délivré d'un vain bruit. Je retrouve dans la parfaite solitude où je vis, et j'en suis heureux, les goûts et les pensées de toute ma vie, aussi vives que si le terme n'en était pas proche. Loin de m'attrister·de ce qu'il n'y a point d'avenir pour moi, je m'attache avec complaisance à cette idée comme à une espérance. Je ne suis pas venu au monde pour en changer la face; le très-peu de part que j'ai eu aux affaires de mon temps a suffi à ce que j'avais d'activité ou, si vous voulez, d'ambition. Il n'était pas dans ma vocation d'entreprendre davantage. Vous, monsieur, il vous est donné de marquer autrement votre passage sur la terre et d'y tracer votre sillon. Vous l'avez commencé; vous le suivrez, sans l'achever jamais : car aucun homme n'a jamais rien fini. Les pensées que vous aurez produites à la sueur de votre front ne seront bien comprises qu'après vous, et elles ne porteront point tout leur fruit. Cependant vous seriez infidèle à la Providence si vous vous arrêtiez : le prix n'en sera pas dans le retentissement de votre nom (*vanitas vanitatum*), il sera tout entier dans l'action que vous exercerez sur de nobles esprits....

Vous avez de l'humeur contre le pays que vous habitez; mais vos *Normands!* c'est la France, c'est le monde; cet égoïsme prudent et intelligent, c'est les *honnêtes gens* de notre temps, trait pour trait; ils ne valent pas mieux ni.moins. Aussi n'est-ce pas devant cette idole qu'il faut brûler l'encens : désintéressez-vous d'eux, mais ne vous désintéressez pas de vous-même; là sont vos meilleures et plus vives jouissances. Pensez, écrivez comme si vous étiez seul, uniquement occupé de bien faire.

Adieu, monsieur, je pense beaucoup à vous... avec
quel intérêt et quelle affection, vous le savez. Je demande
à madame de Tocqueville la permission de lui dire que
je pense aussi beaucoup à elle. Elle a une grande bonté
pour moi ; j'en suis touché et reconnaissant.

# ANNÉE 1859

———

Tocqueville, 1ᵉʳ septembre 1859.

Vous êtes bien aimable, mon cher ami, de vous être inquiété de nous en lisant l'article de journal dont vous parlez[1]. Votre lettre nous a fait grand plaisir et nous vous en remercions. Il est vrai que le tonnerre nous a fait visite ; et, suivant son habitude, il s'est introduit très-brutalement chez nous en perçant nos toits et faisant voler en éclats nos croisées. Heureusement, tout le mal qu'il a fait est réparable et déjà à peu près réparé. Notre surprise a été grande ; mais nous n'avons pas eu le temps d'avoir peur. Ma femme, du moins, a fait très-bonne contenance et elle s'est conduite comme un véritable César. Il y a deux ou trois autres femmes dans la

———

1. Le *Journal des Débats*, qui avait annoncé que le tonnerre était tombé sur le château de Tocqueville.

maison qui, malheureusement, n'ont pas suivi ce noble exemple, et qui ont manqué nous rendre sourds par leurs clameurs bien longtemps après que toute espèce de péril était passé.

Ce qui nous incommode bien plus que le tonnerre, c'est l'état dans lequel les ouvriers mettent notre demeure, nous pourchassant si bien de chambre en chambre, qu'à l'heure qu'il est nous ne savons pas trop où pouvoir nous coucher à l'abri du vent.

J'ai vu avec surprise et je dois ajouter avec satisfaction que les *Débats* aient entamé la question de la pairie. Cela fournira de grandes armes à ceux qui, comme moi, pensent qu'un des périls de l'état présent est dans la constitution de la Chambre des pairs. Quant aux changements à y introduire, la question me paraît immense, et j'avoue que je n'ai pas encore de parti pris. Il n'y a qu'un point très-fixe dans mon esprit : c'est que l'hérédité n'est plus possible, et qu'il faut chercher ailleurs l'élément de force dont, dans l'intérêt même de la liberté, cette branche de la législature a besoin.

Je n'aborderai pas non plus en détail, mon cher ami, toutes les autres questions que soulève votre lettre ; elles ne sont pas de nature à être traitées en courant, et je suis trop absorbé par mon livre pour pouvoir réfléchir suffisamment sur de pareils sujets. Quant au salaire des députés, tout ce que je dirai, c'est que je pense que, dans l'état des esprits en France et de nos mœurs, une pareille mesure aurait pour effet d'abaisser encore dans l'opinion publique la Chambre des députés qui n'est pas déjà trop haut. Si elle venait surtout à se combiner avec le système des petits arrondissements, elle ferait de la députation l'objet de calculs et d'intrigues d'argent : ce qui achèverait de porter un coup fatal à la considération des députés et à la morale politique. Je n'ai pas contre le salaire d'objections éternelles ; mais je suis profondément convaincu que son résultat présent serait très-fâcheux, et que c'est une mesure qu'il faut ajourner. Voilà ce que je puis dire en courant. J'aurais, vous comprenez bien, d'autres raisons ; mais je n'ai pas le temps de les énoncer et surtout de les exposer en détail. Je me tais donc, en vous priant d'offrir à madame Faucher mes hommages respectueux, ainsi que le souvenir plein d'amitié de ma femme.

## A HENRY REEVE, ESQ.

12 septembre 1859.

Votre lettre, mon cher Reeve, m'a été renvoyée, il y a quelques jours, de Paris où vous me l'aviez envoyée. Elle m'a trouvé au milieu du travail forcé qu'exige la fin de mon livre. Je veux absolument le finir avant la session prochaine ; ce qui aura lieu si, comme je l'espère, la session ne s'ouvre que vers la fin de décembre. Il me faut trois mois : les aurai-je? Dieu seul le sait. Nous vivons dans un temps et dans un pays qui dégoûtent de la prévoyance ; c'est le siècle et la contrée de l'imprévu. Je fais de mon mieux ; advienne ensuite que pourra.

J'ai été très-retardé par des *suites* de session dont je n'ai pu me débarrasser que depuis quelques jours seulement. Il est fort question, comme vous le savez peut-être, d'abolir l'esclavage dans nos colonies. Une proposition a été faite à cet effet à la Chambre; on a nommé une commission qui m'a élu son rapporteur. Ceci se passait dans les derniers moments de la session. Quand je suis venu à m'occuper de mon *Rapport*, je me suis aperçu que j'avais une montagne de documents à examiner, et qu'il s'agissait d'un véritable livre à faire : cela m'a coûté un travail immense et fait perdre un temps énorme. Je viens seulement de reconquérir ma liberté; encore ne suis-je pas bien sûr que mon rapport soit bon. Il paraîtra d'ici à huit jours.

Je ne puis rien vous dire de la politique, parce que j'aurais trop à en dire et que le temps me manque. L'horizon politique est terriblement embrouillé et chargé en ce moment; je ne crois pas pourtant à un grand ni surtout à un très-prochain orage. La plupart des puissances me paraissent incapables de vouloir ou de pouvoir rien d'énergique. Notre gouvernement nous endort tout en nous donnant de temps à autre le cauchemar; et de son côté, le vôtre, je vous en demande pardon, me paraît faire une assez triste figure. Il accrédite de plus en plus en Europe cette opinion que l'Angleterre peut bien encore menacer, mais qu'elle ne peut plus frapper, tant ses embarras intérieurs et extérieurs sont grands et sa politique vacillante. Le gouvernement anglais n'apparaît plus que comme une ombre de la grande machine de guerre qui a été si longtemps dressée contre Napoléon.

Adieu, mon cher ami; comptez que dès que j'approcherai de *la fin*, je vous avertirai. Veuillez me rappeler au bon souvenir de madame votre mère et croire à mon amitié bien sincère.


## A M. GUSTAVE DE BEAUMONT

Tocqueville, 8 octobre 1839.

Mon cher ami, je suis indigné contre le *Journal des Débats* qui n'a pas encore parlé de votre livre. A propos du même livre, il faut que je vous transcrive le passage d'une lettre de M. Molé : cet article m'a fait le plus grand plaisir; car M. Molé sait que vous n'êtes pas son ami politique; et il est excellent juge, un de ces juges qui, prononçant en connaissance de cause, entraînent la foule à se prononcer avec eux sans savoir pourquoi...

Mon travail avance rapidement, quoique misérablement contrarié à chaque instant par de petits devoirs insipides qui viennent me saisir malgré moi et m'entraînent. Cependant, comme je vous le disais, il avance. Je ne puis vous dire quel désir j'éprouve de voir ce manuscrit terminé, afin qu'il vous passe sous les yeux; il m'importe de vous le remettre tout à la fois dans les mains. Le vice de l'ouvrage n'est pas dans tel chapitre en particulier; il est dans la monotonie du sujet et le peu d'art qui m'a empêché de combattre cette monotonie naturelle : on ne peut juger un semblable défaut qu'en lisant le livre d'une haleine. C'est ce que je vous demanderai de faire. Je suis déjà sûr d'être grave, et j'ai une peur abominable d'être ennuyeux.

C'est décidément un rude et détestable métier que celui d'auteur quand on le prend comme nous. Dussiez-vous m'accuser de faire un serment de buveur, je vous affirmerai que mon intention, après cet ouvrage, est d'étudier, mais de ne plus écrire, ou, du moins, de ne rien faire de longue haleine. Cette idée fixe qui me poursuit depuis bientôt quatre ans m'est devenue tellement pénible, que je soupire après le moment où je pourrai penser à autre chose. J'éprouve le même engourdissement douloureux que ressentirait un homme qui se serait tenu pendant toute une journée sur une seule jambe.

Vous savez que la mort de M. Michaud vient d'ouvrir une place à l'Académie française... Qu'en dites-vous? Votre avis est-il qu'il faille risquer une candidature? J'aurais cette fois pour moi tous les hommes politiques de l'Académie et Villemain, ministre. Mais, d'autre part, s'il faut revenir à Paris pour cela et quitter mon livre, j'aime mieux donner l'Académie à tous les diables; car, voyez-vous, il faut à tout prix que j'achève ce livre; entre lui et moi c'est un duel à mort; il faut que je le tue ou qu'il me tue : je ne peux plus vivre ainsi que je fais depuis que je l'ai entrepris.

A HENRY REEVE, ESQ.

15 novembre 1859.

Mon cher Reeve, je suis arrivé hier à Paris avec mon manuscrit complet. Mon livre est enfin terminé, terminé définitivement, *alleluia!* Je pense que je commencerai l'impression dans la première semaine du mois prochain. Faites-moi donc savoir sans retard si vous êtes en état ou disposé à entreprendre la traduction immédiatement.

Je suis fâché que vos affaires ou vos instincts anti-aquatiques ne vous aient pas permis de venir nous voir à Tocqueville, afin de pouvoir causer longuement et pai-siblement de ce livre, de son esprit et de la manière dont je comprends qu'on doit le traduire : cela aurait fa-cilité votre travail. Mes observations préliminaires se borneront en ce moment à une seule. Cet ouvrage est, en définitive, écrit principalement pour la France, ou, si vous aimez mieux en jargon moderne, au point de vue français. J'écris dans un pays et pour un pays où la cause de l'égalité est désormais gagnée, sans retour possible vers l'aristocratie. Dans cet état de choses, j'ai senti que mon devoir était de m'appesantir particulièrement sur les mauvaises tendances que l'égalité peut faire naître, afin de tâcher d'empêcher mes contemporains de s'y livrer. C'est la seule tâche honorable pour ceux qui écrivent dans un pays où la lutte est finie. Je dis donc des vérités, sou-vent fort dures, à la société française de nos jours et aux

sociétés démocratiques en général ; mais je les dis en ami
et non en censeur. Il faut que votre traduction me conserve ce caractère : je ne le demande pas seulement au
traducteur, mais à l'homme. Il m'a paru que dans la traduction du dernier livre vous aviez, sans le vouloir et en
suivant l'instinct de vos opinions, coloré très-vivement
ce qui était contraire à la démocratie, et plutôt éteint
ce qui pouvait faire tort à l'aristocratie. Je vous prie très-
instamment de lutter contre vous-même sur ce point, et
de conserver à mon livre son caractère qui est une im-
partialité véritable dans le jugement théorique des deux
sociétés, l'ancienne et la nouvelle, et de plus un désir
sincère de voir la nouvelle se fonder.

Voilà, mon cher ami, ce que j'ai le temps de vous dire
aujourd'hui. Veuillez présenter mes hommages à madame votre mère et croire à ma sincère affection.

# ANNÉE 1840

---

## A M. GUSTAVE DE BEAUMONT

Tocqueville, 9 août 1840.

Mon cher ami, je ne sais si les derniers événements ne vous feront pas désirer comme à moi de voir un peu plus clair sur l'horizon avant de nous lancer dans notre entreprise[1]. Si les choses se brouillent jusqu'à un certain point, il faudra bien convoquer les Chambres, et il serait fâcheux d'être obligé de revenir d'Afrique presque aussitôt après y être arrivé. Je crois que d'ici à un mois nous saurons à quoi nous en tenir sur cette chance et pourrons agir en conséquence. En attendant, j'étudie les gros livres bleus que le gouvernement fait distribuer aux Chambres depuis trois ans sur l'Algérie. Je m'abstiens

1. Il s'agissait d'un projet de voyage commun en Algérie, arrangé pour l'année 1840, mais qui, à raison des circonstances politiques, ne fut exécuté que l'année suivante.

de lire aucune polémique qui m'embrouillerait l'esprit;
j'ai mis de côté, pour cette raison, les livres de Desjobert
et compagnie. Après avoir fini l'étude dont je vous parle,
j'entreprendrai de jeter un coup d'œil sur la suite des
actes coloniaux depuis 1830.

Je ne vous parle point des affaires publiques; il y aurait trop à en dire; d'ailleurs, vous êtes à la source de
la vie politique. Je crois que le ministère a fait, dans
cette circonstance, ce qu'il fallait faire et qu'il faut le
soutenir (l'affaire d'Orient). Mais je n'approuve point le
langage de la presse officielle; ces airs de matamores ne
signifient rien. Ne saurait-on être fermes, forts et préparés à tout sans jactance et sans menace? Il faut faire
assurément la guerre dans telle conjoncture, aisée à prévoir; mais une pareille guerre ne doit pas être désirée
ni provoquée, car nous ne saurions en commencer une
avec plus de chances contre nous. Dans l'état actuel de
la civilisation, la nation européenne qui a contre soi
toutes les autres, quelle qu'elle soit, doit à la longue
succomber; c'est là ce qu'on ne doit jamais dire à la
nation, mais ne jamais oublier. Voilà de sages réflexions
qui ne m'empêchent pas, au fond de moi-même, de voir
avec une certaine satisfaction toute cette crise. Vous savez
quel goût j'ai pour les grands événements et combien je
suis las de notre petit pot-au-feu démocratique et bour-
geois. Là-dessus, je vous quitte, non sans vous avoir embrassé de tout mon cœur.

A M. HENRY REEVE, ESQ.

Tocqueville, 7 novembre 1840.

Comment avez-vous pu croire, mon cher ami, que M. Guizot dût être renversé du premier choc? Je n'ai jamais eu cette idée un seul instant. Je lui donnais seulement 30 à 40 voix de majorité; il en a eu hier 50. Ce n'est pas de prendre le pouvoir qui lui sera difficile; ce sera de le garder. Je savais très-bien qu'en face de l'Europe coalisée tout entière contre nous, après les fautes du dernier cabinet, en face des passions démagogiques, la majorité d'une chambre représentant uniquement les classes moyennes n'hésiterait pas. Mais ce n'est là qu'un bien petit côté de la question; car au-dessus et surtout au-dessous de cette classe moyenne (qui est elle-même très-divisée sur la question) se trouve une nation plus irritée qu'effrayée; irritée contre le prince qui la gouverne; se croyant, à tort ou à raison, profondément humiliée et déchue du rang qu'elle doit tenir en Europe, et tout près de ces résolutions désespérées que de pareilles impressions font naître chez un peuple orgueilleux, inquiet et irritable comme le nôtre. Là est le péril, le péril unique. Ce n'est pas la guerre pour le gouvernement qui est à craindre; c'est d'abord le renversement du gouvernement et, après, la guerre. Si le but de l'Angleterre est d'amener ce résultat, il ne tient qu'à elle. Qu'elle use des avantage de sa situation actuelle; qu'elle fasse de plus en plus sentir à la France les conséquences de l'isolement; qu'elle triomphe, en un mot, par ses paroles et par ses actes; je ne crois pas qu'elle ait à craindre que le gouvernement français réagisse. Mais je vous prédis que ce gouvernement ne tardera pas à être renversé, et qu'à sa place vous verrez une administration révolutionnaire demander et obtenir du pays un effort désespéré qui amènera peut-être sa ruine, mais après avoir mis le feu à toute l'Europe. Jamais, depuis 1830, ce danger, suivant moi, n'a été plus grand. Ce ne sont pas les seules passions anarchiques qui renversent les trônes : cela ne s'est jamais vu; ce sont ces mauvais sentiments s'appuyant sur de bons instincts. Jamais le parti révolutionnaire n'eût renversé la branche aînée, si celle-ci n'eût fini par armer contre elle le parti libéral. Ce même danger reparaît aujourd'hui sous une autre forme. Le radicalisme s'appuie momentanément sur l'orgueil national blessé : cela lui donne une force qu'il n'avait point eue.

Je ne vote point avec le ministère actuel. Cependant je suis étranger à l'esprit de parti, et surtout je ne sacrifierai jamais à cet esprit ce que je croirai les intérêts permanents de mon pays. Je désirerais donc vivement que les passions que ce ministère fait naître devinssent moins vives et qu'elles ne nous menassent pas jusqu'à mettre en péril avec lui l'ordre social. Pour cela, il n'y a qu'un moyen : il n'est pas dans nos mains, mais peut-être dans les vôtres. Si la France aperçoit que le ton que l'Angleterre a pris avec nous s'adressait plutôt au ministère qui n'est plus qu'à la nation elle-même, si elle voit un changement de conduite et un désir véritable d'arriver à une transaction, et de calmer des susceptibilités exagérées peut-être dans leurs développements, mais justes à leur origine, la chute du ministère n'entraînera pas celle de la monarchie. S'il en est autrement, le sort du monde est livré aux passions aveugles des hommes.

Je vous disais que j'étais dans l'opposition, non dans une opposition démagogique, mais cependant très-ferme. Plusieurs raisons très-puissantes m'ont porté à agir ainsi, entre autres celle-ci : on n'a quelque chance de maîtriser les mauvaises passions du peuple, qu'en partageant celles qui sont bonnes. Adieu, mon cher ami ; le temps me manque pour vous en dire davantage. Mille amitiés.

# ANNÉE 1841

---

## A JOHN STUART MILL, ESQ.

Paris, 28 mars 1841.

Je remets sans cesse à vous écrire, mon cher Mill, afin de pouvoir le faire plus longuement. Je commence à comprendre que si j'attends ainsi qu'il me vienne du temps, je finirai par ne pas vous écrire, et qu'il vaut mieux le faire d'une manière brève que de ne le pas faire du tout.

Je vous dirai d'abord que j'entends encore très-souvent parler de votre article sur mon livre. M. Royer-Collard qui, comme vous savez, est un grand juge, me disait encore l'autre jour qu'il venait de relire pour la seconde fois votre article, et qu'il le considérait non pas seulement comme une bonne revue, mais comme un ouvrage original d'une grande profondeur et d'une valeur considérable. J'ai voulu vous faire connaître ce jugement, parce que dans ces matières M. Royer-Collard rend des oracles. Vous vous souvenez du rôle qu'a joué l'homme sous la Restauration. Il a été un moment maître du pays, et il exerce encore un grand pouvoir dans le monde philosophique.

Les chances de guerre s'éloignent de plus en plus; mais les chances d'une nouvelle et sincère alliance entre la France et l'Angleterre ne deviennent pas plus grandes. Chaque jour me montre de plus en plus le mal irréparable de ce qui s'est passé. Les gouvernements peuvent bien dire que tout est oublié, les nations leur donnent un démenti au fond du cœur, et à ce mal les protocoles et les notes diplomatiques ne sont point un remède. L'irritation violente que le traité du 15 juillet avait produite est entièrement apaisée. Mais il reste pire qu'elle : c'est le sentiment tranquille et profond qu'il n'y a ni sécurité ni avenir dans une alliance avec l'Angleterre; que la rivalité des intérêts est un fait qu'on ne peut plus nier, et qu'on ne peut faire cesser; qu'une pareille alliance n'est qu'un pis aller; qu'au besoin elle nous manquera toujours, et que dès qu'on pourra trouver de notre côté un point d'appui hors d'elle, il faudra en saisir l'occasion. La nation est triste et humiliée. Ces sentiments semblent devenir plus profonds à mesure qu'ils deviennent moins vifs; quoi que disent ou fassent les gouvernements, ces sentiments-là se tournent chaque jour davantage en amertume contre l'alliance anglaise. C'est là un grand mal, auquel je ne connais qu'un remède : peu d'affaires communes, de bons procédés et le temps.

Tout ce qui s'est passé dans notre politique extérieure depuis six mois m'a donné, je vous le confesse, mon cher Mill, beaucoup de trouble d'esprit et d'embarras. Les dangers étaient grands de tous les côtés. Les circonstances récentes ont fait apparaître dans notre parlement, en matière d'affaires étrangères, deux partis extrêmes, également dangereux : l'un qui rêve de conquêtes et aime la guerre, soit pour elle-même, soit pour les révolutions qu'elle peut faire naître ; l'autre qui a pour la paix un amour que je ne craindrai pas d'appeler déshonnête, car il a pour unique principe non l'intérêt public, mais le goût du bien-être matériel et la mollesse du cœur. Ce parti-là sacrifierait tout à la paix. Le gros de la nation est entre ces deux extrêmes ; mais il a peu de représentants éminents dans le Parlement. Placés entre ces deux partis exclusifs, la position des hommes comme moi a été très-difficile et très-perplexe. Je ne pouvais approuver le langage révolutionnaire et propagandiste de la plupart des partisans de la guerre ; mais abonder dans le sens de ceux qui demandaient à grands cris et à tout prix la paix, était plus périlleux encore. Ce n'est pas à vous, mon cher Mill, que j'ai besoin de dire que la plus grande maladie qui menace un peuple organisé comme le nôtre, c'est l'anéantissement graduel des mœurs, l'abaissement de l'esprit, la médiocrité des goûts. C'est de ce côté que sont les grands dangers de l'avenir. Ce n'est pas à une nation démocratiquement constituée comme la nôtre, et chez laquelle les vices naturels de la race ont une malheureuse coïncidence avec les vices naturels de l'état so-

cial, ce n'est pas à cette nation qu'on peut laisser prendre
aisément l'habitude de sacrifier ce qu'elle croit sa grandeur à son repos, les grandes affaires aux petites; ce
n'est pas à une pareille nation qu'il est sain de laisser
croire que sa place dans le monde est plus petite, qu'elle
est déchue du rang où l'avaient mis ses pères, mais qu'il
faut s'en consoler en faisant des chemins de fer et en faisant prospérer au sein de la paix, à quelque condition
que cette paix soit obtenue, le bien-être de chaque particulier. Il faut que ceux qui marchent à la tête d'une
pareille nation y gardent toujours une attitude fière, s'ils
ne veulent laisser tomber très-bas le niveau des mœurs
nationales. La nation s'était crue humiliée; elle l'était en
effet, sinon par les actes, au moins par le langage de nos
ministres. Son gouvernement le lui avait dit; il avait fait
en son nom des menaces; et dès que ces menaces im-
prudentes et folles avaient amené le danger, ce même
gouvernement, ce même prince, qui s'étaient montrés si
susceptibles et si fiers, déclaraient qu'il fallait reculer.
A ce signal, une grande partie de la classe moyenne donnait l'exemple de la faiblesse.; elle demandait à grands
cris qu'on pliât, qu'on évitât la guerre à tout prix. Le
sauve-qui-peut était général, parce que l'exemple était
parti de la tête. Croyez-vous que de pareilles circonstances
puissent se renouveler sans user un peuple? Est-ce là
l'hygiène qui nous convient? et n'était-il pas nécessaire
que des voix fermes et indépendantes s'élevassent pour
protester au nom de la masse de la nation contre cette
faiblesse; que des hommes qu'aucun lien de parti n'en-

chaîne encore, qui bien évidemment n'ont ni tendances napoléoniennes ni goûts révolutionnaires, que de pareils hommes vinssent tenir un langage qui relevât et soutînt le cœur de la nation et cherchassent à la retenir dans cette pente énervante qui l'entraîne chaque jour davantage vers les jouissances matérielles et les petits plaisirs. Si nous cessions d'avoir l'orgueil de nous-mêmes, mon cher Mill, nous aurions fait une perte irréparable.

Je ne voulais vous écrire qu'un mot, me voilà à la fin d'une longue lettre, bien confuse, écrite bien à la hâte, d'où il ne ressortira peut-être pour vous rien de clair, mais où vous trouverez, j'espère, une nouvelle preuve de l'estime et de l'amitié que je professe et que j'ai pour vous.

*P. S.* —Venez donc nous voir cet été à Tocqueville. De Southampton, le bateau à vapeur vous y mène en huit heures.

A M. LÉON FAUCHER

Tocqueville, 5 juillet 1841.

J'ai vivement regretté, mon cher ami, de n'avoir pu vous voir à Paris. Pendant le peu de jours que j'y suis resté, je formais chaque matin le projet de vous aller chercher à Saint-Cloud, et mon temps se trouvait si bien pris que le soir arrivait sans que je pusse réaliser mon projet. Ainsi je suis parti sans vous voir et même sans

vous écrire, parce que tous les jours je croyais toucher
au moment de vous rencontrer. J'aurais cependant bien
désiré avoir une longue conversation *africaine* avec vous.
Quoique j'aie bien manqué laisser mes os en Afrique, je
ne garde pas rancune à ce beau pays; et il ne dépendra
pas de moi, je vous le promets, que la France s'en assure
la conquête. Il faut avouer que nous n'en prenons guère
le chemin. Tout ce qu'on fait en Algérie, non pas depuis hier, mais depuis dix ans, est bien pénible à voir
et même pénible à dire. La question de colonisation, la
plus importante de toutes, puisqu'il est bien prouvé maintenant qu'une population européenne est nécessaire, cette
question est, quant à présent, plus loin de sa solution
que jamais; et, pour mon compte, ce qui m'étonne, ce
n'est pas qu'on ne vienne pas en Algérie : c'est que quelqu'un y reste. En s'y prenant de cette manière, je tiens
pour certain qu'on ne coloniserait pas le plus fertile can-
ton de notre Europe. Soyez assuré, d'une autre part, que
cette grande question de la colonisation ne saurait plus
désormais être ajournée. Il faut l'aborder conjointement
avec celle de la guerre; elles se tiennent. Les séparer,
c'est s'exposer à la chance presque certaine de les résoudre mal toutes les deux. D'ailleurs, n'espérez pas une fin
prompte, éclatante, honorable de la guerre; c'est une
chimère dont huit jours passés en Afrique vous guéri-
raient radicalement si vous en étiez possédé. Tenez pour
constant que la paix sera une tromperie, ou que la guerre
sera longue; elle ne peut être efficace qu'à cette condition. Demander à nos généraux de grands résultats

prompts, c'est leur demander l'impossible. Or, la question de colonisation ne peut attendre la solution de la question de guerre; elle n'est pas même stationnaire; elle recule. Il faut, coûte que coûte, la résoudre sous peu, et la résoudre heureusement, ou il sera trop tard. Le mal est que les éléments d'une bonne solution sont maintenant bien difficiles à trouver et ensuite à faire adopter. Ceci m'amène de plus en plus à regretter que nous n'ayons pas pu nous voir; car ce sujet est trop vaste pour se renfermer dans une lettre. Mais comment nous voir maintenant? Au diable les importuns et les affaires qui m'ont pris un temps que j'aurais si bien passé près de vous!...

Ma santé se remet, mais lentement. J'avais été souffrant tout l'hiver dernier, et la violente maladie qui a raccourci mon voyage a achevé d'ébranler ma constitution. Je compte sur la tranquillité et le bon air de la campagne pour me rétablir. *On vient maintenant ici en vingt-quatre heures.* Je vous prie, mon cher ami, de méditer sur cette vérité et d'en profiter, si jamais vous vous trouvez devant vous quelques jours dont vous ne sachiez que faire. Adieu.

# ANNÉE 1842

---

À M. J. J. AMPÈRE

Paris, janvier 1842.

Mon très-cher ami, je ne vous ai pas envoyé hier de billet pour la chambre parce que je savais que je ne parlerais pas. Je vous en avais réservé un pour aujourd'hui, ayant oublié votre cours ou plutôt le jour où il a lieu. Je vais donc donner mon billet à un autre; du reste, pour vous dire la vérité, je ne suis pas très-fâché que vous ne soyez pas là; je suis du nombre de ceux qu'une figure amie trouble plus en parlant que la vue de toute une assemblée. De plus, je suis fort inquiet du résultat de ce discours. Je crains que par ses défauts, et même, j'ose le dire, ses qualités, il ait très-peu d'effet sur l'assemblée. Ma thèse est de montrer que la cause principale du mal qui nous énerve et nous dévore n'est point dans une multitude d'incidents secondaires, où on la place d'ordinaire, mais dans les mœurs politiques de

la nation. Vous sentez qu'avec un pareil texte on est menacé d'un *fiasco*, et j'aime autant que vous n'en soyez
pas témoin.

Adieu, mille amitiés; dès que j'aurai un instant de
santé et de liberté, j'irai à l'Abbaye-aux-Bois. Ce sont
deux biens dont j'ai été peu pourvu ces derniers temps.

### A MADAME LA MARQUISE DE LEUSSE.

Tocqueville, 29 août 1842.

Vous allez peut-être me prendre pour un Gascon, ma
chère cousine; je vous dirai cependant que j'ai vivement
regretté que vous ne m'ayez pas indiqué un moyen de
vous rencontrer à Paris pendant le court séjour que vous
y avez fait. J'aurais relevé ma réputation un peu compromise auprès de vous en vous allant voir aussitôt. Mais
vous n'avez pas voulu me donner l'occasion de réparer
mes faute passées, et cela est très-mal.

J'aurais d'autant plus désiré de causer avec vous, que
je vous aurais expliqué plus aisément de vive voix la raison qui m'empêche de faire en ce moment une démarche
en faveur de votre protégé. Cette raison du reste se comprend d'elle-même. Je suis en ce moment en guerre ouverte avec le ministère. Vous jugez que ma recommandation a peu de poids; et même je n'ai pas bonne grâce
à la donner. J'ai voté contre la dernière loi; j'ai parlé
contre. Je suis le plus grand coquin du monde aux yeux
du gouvernement. On ne ferait pas de moi un directeur

de poste, à plus forte raison ne fera-t-on pas de directeurs de poste à ma recommandation. Il faut laisser passer cette grande colère; d'ici à six mois les choses seront peut-être changées, sinon les choses, au moins les hommes. J'agirai alors bien volontiers et avec tout le zèle que vous pourrez désirer en faveur de M. X. Mais à présent je ne pourrais le faire sans compromettre et votre protégé et moi-même.

Je suis charmé d'apprendre que les eaux de Vichy vous aient fait du bien. Qu'avez-vous fait de cette belle et brillante santé que nous admirions tant autrefois? Vous la retrouverez, j'espère, et personne n'en sera plus content que moi. Je vous plains de tout mon cœur d'être si souvent souffrante. Plus je vis et plus je m'aperçois qu'après les véritables affections, le premier bien de ce monde est tout grossièrement la santé. Pour moi, il y a des jours où je me sens prêt à troquer les académies, la Chambre, la gloriole littéraire et tout ce qui suit contre un bon estomac. Après ce vœu prosaïque je vous quitte, mais non sans vous prier de faire agréer à mon cousin et d'agréer vous-même l'expression de mon vif et sincère attachement.

## AU BARON ÉDOUARD DE TOCQUEVILLE

Tocqueville, 24 août 1842.

J'ai reçu dimanche, au moment où j'allais partir de Paris, mon bon ami, une lettre de toi qui m'a affligé. Tu

as attaché à mon silence, beaucoup trop prolongé, je l'a-
voue, une signification qu'il est assurément bien loin
d'avoir, et que tu ne devrais jamais lui donner. Le soir
même de l'élection, mon premier soin a été de t'écrire
le résultat de cette grande affaire. Toi et mon père, vous
tirer l'un et l'autre d'inquiétudes, vous faire partager ma
satisfaction : telles ont été mes premières pensées. Assurément le refroidissement que tu as l'air de supposer
n'était pas encore commencé à ce moment-là. Après l'é-
lection il m'a fallu courir le pays. J'avais dit que je ne
ferais pas de visites électorales avant la bataille, mais que
j'irais remercier mes amis après; c'est ce que j'ai fait.
J'étais de retour à Tocqueville deux jours avant mon
départ pour Paris. Je ne t'ai point écrit, parce que j'espérais pouvoir m'échapper et aller à Baugy. La Chambre,
en effet, a été cinq jours sans séance publique. Mais des
réunions de bureaux et diverses circonstances dont je
n'ai pas été le maître m'en ont empêché. Voilà toute mon
histoire : de la fatigue, des préoccupations, de l'agitation d'esprit, l'espérance de te voir bientôt. Imagine
tout cela, figure-toi mille autre choses encore si tu le
veux; mais, pour Dieu, ne va pas te jeter dans les rêves
pénibles que contient ta lettre. Tu sais que je t'aime de
tout mon cœur; que j'ai l'affection la plus vraie pour
ta femme et les enfants, que je regarde à bien des égards
comme les miens. Croire que le fond précieux de ces at-
tachements s'altère, est une folie! Et pourquoi s'alté-
rerait-il donc! La vie politique a dans ses jouissances
même, à plus forte raison dans ses nombreuses misères,

une sécheresse, une sorte d'aridité désespérante qui re-
jettent vivement l'âme vers les jouissances du cœur et
les plaisirs de la vie privée, et qui font attacher aux
vraies affections du cœur une valeur nouvelle; du moins
c'est ce que j'éprouve. Jamais ma femme et deux ou
trois amis, à la tête desquels assurément tu es, ne m'ont
paru un bien aussi précieux que maintenant. J'avoue cependant que nos communications sont plus rares, et souvent moins intimes, bien que la confiance et l'attachement ne soient pas moindres. D'où vient cela ? De deux
causes : d'une cause matérielle naissant des complications actuelles de ma vie. Je suis jeté sans cesse loin de
toi, soit pour les affaires à Paris, soit par la nécessité où
nous avons été ces dernières années de rester à Tocqueville l'été. Mais il faut reconnaître qu'il y a une cause
intellectuelle aussi. Jusqu'au moment où je suis entré
à la Chambre, nos deux esprits suivaient précisément la
même voie : ils s'occupaient plus ou moins, mais en
même temps, d'idées politiques générales, de philosophie
politique. Ils se rencontraient dans ce chemin-là tous les
jours. Le tien naturellement y est resté. Le mien est
entré dans la sphère de la politique pratique, sphère
toute différente. Il en résulte que, sans cesser d'être
d'accord sur les sentiments et les idées générales qui
doivent diriger la conduite, nous avons moins à nous
dire, parce que nous nous occupons de choses non pas
contraires, mais différentes. Mon esprit est obligé d'appliquer une partie de son temps et de sa force à l'étude
d'une multitude infinie de petits détails au courant des-

quels tu ne peux être ; qui, vus de loin, ne présentent aucun intérêt, qu'on ne peut bien comprendre que lorsqu'on a un besoin actuel et incessant de les étudier. Dans
cette voie mon intelligence n'a point de contact véritable
avec la tienne, et notre conversation sur ces objets serait
nécessairement aride et stérile. Je n'ai pas perdu le goût
du grand côté de la politique ; et quand je puis me retrouver assez de calme d'esprit pour m'y livrer, je le
fais avec bonheur. Mais je le pouvais tous les jours autrefois ; je ne le puis plus que de temps à autre maintenant. Voilà la différence. A cela tu réponds que j'ai tort
de me laisser autant absorber par le petit côté ! Qu'il n'a
jamais été plus petit que de notre temps... Tu en parles
bien à ton aise. Ces petits événements, conduits par des
hommes, pour la plupart fort petits, n'en exercent pas
moins une influence journalière sur toute l'existence de
celui qui s'est fourré au milieu d'eux. S'ils ne peuvent
lui apporter de bien grandes et de bien nobles émotions,
ils tourmentent, agitent, persécutent sa vie à chaque instant. Les événements et les hommes sont petits assurément ; mais crois-tu qu'il ne faille pas une attention sou-
tenue et pour ainsi dire passionnée pour se conserver libre
et intact au milieu de ce labyrinthe de misérables et vi-
laines passions, dans cette fourmilière d'intérêts microsco-
piques qui s'agitent en tous sens, qu'on ne peut classer,
qui n'aboutissent pas, comme cela devrait être, à de
grandes opinions communes ? Le monde politique de nos
jours, dans sa mobile petitesse, dans son désordre perpé-
tuel et sans grandeur, absorbe mille fois plus tous les ef-

forts de mon intelligence que s'il s'agissait d'une action
politique plus productive, plus vaste, mais une. Les accidents qu'on a à redouter ne sont que des coups d'épingle,
cela est vrai. Mais beaucoup de coups d'épingle suffiraient
pour troubler et agiter l'âme du plus grand philosophe du
monde, à plus forte raison la mienne, qui est malheureusement la moins philosophe que je connaisse. Je suis
presque honteux de te dire tout cela; car, en vérité, que
fait mon silence ou mes paroles, mon exactitude à écrire
ou ma paresse, au sentiment profond, ardent, aussi ancien que moi qui m'unit à toi? Je parlerais moins et je
n'écrirais pas davantage, qu'il serait encore peu raisonnable de croire que le fond de mes sentiments change.
Non, je te le répète, les misères de la vie politique peuvent bien nuire à l'expression des sentiments que j'ai
pour le très-petit nombre d'hommes que j'aime et que
j'estime, mais je sens tous les jours plus vivement que
ces affections extra-politiques me deviennent plus précieuses. La vie privée et ce qu'elle contient de bon gran-
dit à mes yeux à mesure que je vois de plus près la vie
publique. Ne me dis donc plus des choses semblables à
celles que contient ta lettre; elles ne sont pas vraies,
elles ne sont pas justes, et elles m'affligent profondément. Or, il ne faut pas affliger les meilleurs amis qu'on
ait dans ce monde.

Ce sujet m'a entraîné si loin qu'il me reste peu de
temps et de papier pour te parler de ce qui s'est passé
depuis six semaines.

Jusqu'à présent la vie politique n'a eu pour moi qu'un

seul côté vraiment satisfaisant, c'est le côté local. Ma position dans ce pays, telle que les élections dernières viennent encore de la révéler, est de nature à donner une satisfaction presque sans mélange. Durant cette tournée qui a suivi les élections, ma marche à travers le pays a été semée des émotions les plus agréables ; partout la confiance et l'affection des populations semblaient m'environner. Ce n'était point, en vérité, le triomphe d'un parti, mais celui de la portion la plus éclairée et la plus honnête du pays, abstraction faite de l'opinion politique...

Adieu, je t'embrasse du fond de mon cœur ainsi qu'Alexandrine et les enfants.

## A M. J.-J. AMPÈRE

Valognes, 26 septembre 1842.

Mon très-cher ami, je touche bientôt au terme de mes pèlerinages électoraux, et je me hâte de vous en instruire, espérant bien que vous n'oubliez pas votre promesse, et que dès que je serai de retour chez moi, vous nous ferez, à madame de Tocqueville et à moi, l'extrême plaisir d'y venir. Je reviendrai dans ma vieille maison le 2 au soir, après avoir affronté encore d'ici-là une demi-douzaine de dîners qui, par leur longueur, peuvent bien passer pour trente. A partir du 3, je vous attends ou plutôt nous vous attendons, nous, le billard, l'allemand, la tourelle et surtout beaucoup d'amitié et un immense désir de vous tenir longtemps dans nos épaisses murailles, à l'abri

des soucis, des agitations d'esprit, et j'espère aussi de
l'ennui au singulier, ce mal plus grand à lui seul que
toute l'innombrable famille des misères humaines. Venez
donc sans tarder, surtout sans manquer; mais ne venez
pas pour huit jours. Nous faisons déjà, ma femme et
moi, des plans à perte de vue sur des lectures à faire en
commun. Je vous renouvelle la prière que je vous ai déjà
adressée dans une de mes précédentes lettres. Si vous
connaissez quelque ouvrage instructif ou amusant sur
l'Asie et surtout sur l'Inde, faites-moi l'amitié de le demander pour moi à la Bibliothèque de l'Institut, et de me
l'apporter au fond de votre malle.

Je suis déterminé à ne pas vous en dire plus long aujour-
d'hui. Cela aurait l'air de croire que je ne vais pas vous
voir; quand on va se parler, il faut cesser d'écrire. Qu'y
a-t-il de plus digne de mépris qu'une lettre, quand on
va pouvoir causer? Je reviens donc seulement à mon re-
frain : nous vous attendons, nous avons un extrême désir
de vous voir; et si vous avez la moindre amitié pour
nous, vous ne tarderez pas. Adieu, ou plutôt à bientôt. Je
vous embrasse.

Tocqueville, 6 octobre 1842.

Je crois ne t'avoir pas écrit depuis les élections, mon
cher ami, bien que j'aie trouvé en revenant ici une lettre
de toi qui voulait une prompte réponse. Je n'ai pas eu

jusqu'à présent le temps ni même le goût de la faire.
Pour aimer à t'écrire, il me faut une certaine tranquillité d'esprit et un repos que je trouve bien rarement
maintenant. C'est ainsi qu'à peine revenu chez moi, il a
fallu en sortir pour parcourir mon arrondissement
électoral en tous sens. J'avais refusé d'aller faire des visites avant les élections, de peur qu'on ne crût que j'allais
demander des votes; j'ai pensé qu'il était de bon goût
d'en faire beaucoup après, afin de bien montrer quel
avait été mon motif en m'abstenant d'abord. Je sentais
de plus le besoin de témoigner à mes électeurs ma reconnaissance; ils m'ont montré dans les circonstances
dernières une bienveillance et un dévoûment qui m'ont
profondément touché : ce sont jusqu'à présent les seules
émotions douces et vraiment agréables de la politique.
Ces moments-là sont comme ces petits champs ombragés
et frais qu'on rencontre de loin en loin au milieu des
sables brûlants et arides de l'Afrique : on en jouit beaucoup, mais on ne peut s'y arrêter, et il faut bientôt s'aven-
turer de nouveau dans la poussière et le soleil. J'avais de
plus un but d'utilité en faisant toutes ces visites et en
faisant personnellement connaissance avec ces braves
gens. Dans ce temps d'incertitude, de tiédeur, d'indifférence et de versatilité politique où nous vivons, il n'y a
que les rapports personnels avec les électeurs qui puissent donner sur eux une véritable prise. Quelle que soit
la conduite politique, on n'est sûr de rien quand on n'a
pas établi une liaison directe avec ceux qui vous élisent;
on n'a presque rien à craindre, quelle que soit la con-

duite politique, quand cette liaison est une fois établie. Comme je veux être de plus en plus libre à la Chambre de mes paroles et de mes actes, j'ai besoin de m'établir de plus en plus solidement.

Je te remercie bien d'avoir pensé à moi pour la députation de la Moselle. J'aurais été cependant désespéré que tu eusses fait la tentative dont tu parles; tu y aurais mis tout ton avenir en jeu sans nécessité; car mon élection ici n'a jamais été douteuse, bien que nous ayons eu quelques inquiétudes. J'ai, de plus, failli être nommé à Rennes, où j'ai eu quatre-vingts voix, et où je l'aurais emporté sans un incident imprévu qu'il serait trop long de te raconter.

Un grand inconvénient d'être nommé à Metz, c'eût été d'ailleurs la nature du corps électoral que j'aurais eu à représenter. Il faut, autant que possible, être la représentation vraie de ses électeurs, ou, du moins, que votre figure politique apparaisse bien clairement à ceux qui votent pour vous, bien que vous ne pensiez pas comme eux. C'est ce qui m'arrive ici : j'ai sans doute reçu les votes des légitimistes et des hommes d'une opposition très-avancée; mais ceux-là même, en votant pour moi, savaient bien que j'appartenais à l'opposition la plus modérée, et il n'y avait rien de laissé dans l'ombre entre nous.

A M. LE BARON ÉDOUARD DE TOCQUEVILLE

Tocqueville, 22 octobre 1842.

J'ai reçu, mon cher ami, ta lettre et peu après ton imprimé; je te remercie beaucoup de l'un et de l'autre. Ton écrit sur les *Moutons* m'a paru très-remarquable. Je dis *paru*, parce que je ne suis pas assez versé dans la matière pour juger en dernier ressort le fond des idées; mais ce petit ouvrage est excellent quant à la forme : c'est là ce dont je puis répondre. C'est le vrai style des affaires et des discussions économiques. Tout ce que tu dis de particulier au sujet me semble avoir tous les caractères de la vérité; l'esprit général de l'écrit me paraît cependant être trop exclusivement *protecteur*. J'avoue que sans vouloir le moins du monde introduire dans toutes les industries la liberté du commerce, je suis porté à croire que cette théorie repose sur la vérité; et que cette liberté est un but vers lequel il est raisonnable de tendre, bien qu'avec des précautions et des gradations infinies. Je crois, de plus, qu'il y a des intérêts politiques en faveur desquels il est sage de sacrifier, dans une certaine mesure, les intérêts industriels. Je citerai, par exemple, l'union douanière avec la Belgique. Je n'ai pas assez étudié la question pour pouvoir répondre que cette union ne fût pas achetée par de trop grands sacrifices; mais je vois très-clairement que, politiquement parlant, pour la grandeur et la force de la France au dehors, cette union aurait de si importants résultats qu'il serait sage de l'acheter, même cher. Voilà mes impressions. Nous pourrons, du reste, nous en entretenir longuement et tranquillement au coin de ton feu. Mon père t'a sans doute mandé que nous avons fini par arranger nos affaires de manière à disposer du mois de décembre pour pouvoir le passer à Baugy. Je ne puis te dire, mon cher ami, avec quelle satisfaction je pense à cette réunion des deux ménages : la vie politique ne rend pas froid et indifférent pour les meilleurs amis, quoi que tu en dises.

Adieu.

## A M. ROYER-COLLARD

Tocqueville, octobre 1842.

Quand j'étais à Paris, monsieur, j'apprenais souvent, d'une manière indirecte, de vos nouvelles; mais depuis quinze jours que nous sommes ici, je n'en ai plus d'aucune sorte, et je m'en afflige. Vous savez la tendre et respectueuse affection que j'ai pour vous; et vous ne devez pas vous étonner si j'éprouve quelque anxiété pour une santé que vos amis voudraient voir plus ferme et plus sûre. Veuillez donc, je vous prie, me tirer d'inquiétude en m'écrivant bientôt vous-même comment vous vous trouvez.

Je ne parle pas seulement de l'état du corps, mais de celui de l'esprit. Vous me paraissiez, à Paris, péniblement préoccupé de quelques tracasseries électorales qui, j'espère, ont cessé depuis. Je voyais avec chagrin que vous fussiez ainsi poursuivi par ces petites affaires jusque dans le repos que vous venez de vous faire. Je suis, du reste, je vous l'avoue, de plus en plus d'avis que vous avez bien fait de quitter la scène de nos débats journaliers. Nous sommes malheureusement et nous devenons tous les jours si différents de vous, que votre place, au milieu de cette assemblée, était de plus en plus difficile à remplir. Vous représentez, monsieur, un autre temps que le nôtre, des sentiments plus hauts, des idées, une société plus grandes. Vos paroles n'eussent plus été bien comprises; et la prolongation indéfinie du silence avait des inconvénients graves à mes yeux. Il ne m'appartenait pas, assurément, de vous donner un conseil; mais la chose étant faite, vous me permettrez de m'en réjouir. Réjouir n'est pas le mot, puisque votre résolution diminue les occasions que j'avais de vous voir. Le mot dont il faudrait se servir est celui qui peindrait cette sorte de satisfaction grave qui accompagne un acte pénible, mais utile et honorable. Je sais qu'il y a de vos amis qui craignaient pour vous l'ennui et l'espèce de vide qu'éprouvent ceux qui quittent la vie active. Quant à moi, je n'ai jamais conçu ces inquiétudes; j'ai eu plus de confiance dans la force si entière de votre esprit. Et, d'ailleurs, je vous l'ai entendu dire à vous-même, depuis longtemps vous viviez déjà à part, vous étiez plus spectateur qu'acteur. A mon avis, votre carrière active a fini en 1830. A partir de cette époque, vous avez eu de grands jours; mais l'action continue a cessé. C'est par l'époque de la Restauration que vous marquerez dans notre histoire. L'idée simple (et les idées qui demeurent dans l'esprit des peuples sont toujours simples) qui restera de vous est celle de l'homme qui a le plus sincèrement et le plus énergiquement voulu rapprocher l'un de l'autre et retenir ensemble le principe de la liberté moderne et celui de l'hérédité antique. La Restauration n'est autre chose que l'histoire de cette entreprise. Quand toutes les idées secondaires auront disparu, celle-là seule restera, et vous en serez le représentant.

Vous êtes bien heureux d'avoir vécu dans un temps où il fût possible de se proposer un but et surtout un but haut placé. Rien de pareil ne saurait se présenter de notre temps : la vie publique manque d'objet. Quand on reproche, avec raison, à nos contemporains de ne songer qu'à leurs petits intérêts particuliers, ils seraient jusqu'à un certain point excusables de répondre que s'ils se renferment ainsi en eux-mêmes et semblent s'y murer, c'est qu'ils n'aperçoivent rien au dehors qui les attire et qui les fixe.

## M. ROYER-COLLARD A A. DE TOCQUEVILLE

Châteauvieux, 11 octobre 1842.

Vous vous êtes souvenu de moi, monsieur, et vous m'avez écrit. Je viens de relire votre lettre que j'avais déjà lue plus d'une fois. Vous n'avez pas seulement bien de l'esprit, mais votre esprit est aimable; il pare tout ce

qu'il vous plaît de dire. Vous me parez moi-même, mais
avec tant de bonne grâce que, sans accepter toutes vos
paroles, je n'ai cependant point à baisser les yeux. C'est
la vérité que j'ai voulu être ce que vous me dites que j'ai
été; l'entreprise hasardeuse dans laquelle j'ai échoué a
été le travail et l'effort de mes meilleures années. Ce sont
des fautes qu'il était permis de ne pas prévoir qui l'ont
réduite, comme on dirait aujourd'hui, à l'état de chimère...

# ANNÉE 1843

A M. GUSTAVE DE BEAUMONT

Tocqueville, 5 septembre 1843.

Je viens de recevoir votre lettre, mon cher ami. J'ai hâte de vous dire tout le plaisir qu'elle m'a causé. Quelle admirable résolution vous avez prise de fuir ces misérables bicoques du Midi, et de chercher la propreté et le comfort hors de France... Jamais vous n'aurez été mieux placé pour bien travailler, à côté du grand mouvement des affaires, sans en être troublé. Il y a certains moments où je suis si tourmenté et si peu maître de moi ici, que je rêve de m'en aller passer un ou deux mois en pays étranger, de même que quand je faisais mon droit, je louais une chambre, à l'approche des examens, dans le pays latin, pour y pouvoir étudier en liberté...

Vous êtes un homme inconcevable de vous être arrangé de manière à ce que nous ne puissions pas même

correspondre une seule fois depuis notre séparation jusqu'au jour où vous êtes parti pour le Midi. J'aurais eu,
du reste, peu de-choses à vous mander. A mon arrivée
ici il m'a fallu finir mon rapport sur les prisons. Le
rapport fini, je me suis jeté à corps perdu dans l'étude
des affaires départementales. J'y ai trouvé un vrai plaisir, je voyais surtout avec satisfaction que ce que j'apprenais m'éclairait beaucoup de détails législatifs et administratifs dont j'étais témoin à la Chambre sans les comprendre. Me trouvant ainsi tout frais émoulu comme au
sortir du collége, je me suis rendu au conseil-général, où
j'ai fait en vérité une belle entrée. J'avais l'avantage de
savoir les principes et les raisons des choses que la plupart
de mes collègues faisaient par routine. Cela m'a mis en
train, et j'ai mieux parlé que je n'ai jamais fait à la
Chambre. D'où vient cela? D'un détestable défaut. De ce
que me trouvant sur ce tout petit théâtre sans contes-
tation le premier, j'avais une immense confiance en
moi-même et ne m'inquiétais guère du succès. Je dis
que cela dénote un détestable et déplorable défaut que
je me connais, et qui est à la tête de tous les autres;
savoir, une incurable défiance de mes forces, qui fait que
je ne puis tirer complétement parti de moi que quand
cela n'est pas nécessaire.

Revenu du conseil-général depuis deux jours, je m'occupe à écrire pour le *Siècle* les articles sur l'abolition de
l'esclavage...

Rien de nouveau à ma connaissance dans le monde
politique. L'extérieur est couvert de voiles à travers les-

quels on ne voit encore rien. Au dedans calme *plat*. Jamais mot ne fut mis plus à propos: car la platitude générale augmente sensiblement. Mais ceci voudrait être traité autrement que dans les dernières lignes d'une lettre écrite à la hâte.

## A M. ODILON BARROT

Tocqueville, 26 septembre 1843.

Je vous adresse cette lettre à Paris, mon cher Barrot, sans savoir si elle vous y trouvera. J'ai vu, il y a quelque temps, dans les journaux, que vous avez quitté les eaux d'Ems pour revenir en France. Je désirais et je craignais tout à la fois pour vous ce retour. Il a dû être accompagné de bien doux souvenirs, mais aussi d'émotions bien cruelles. Que je vous plains, mon cher ami, et combien mon cœur se met aisément à la place du vôtre; quel vide dans votre maison en y rentrant seul[1], quelle amère solitude. C'est une vraie douleur pour vos amis d'être loin de vous dans de pareils moments. Ils voudraient choisir ces moments-là pour vous entourer des témoignages de leur affection : en vous sachant si malheureux, ils sentent qu'ils vous aiment davantage.

Veuillez présenter très-particulièrement mes respec-

1. M. Odilon Barrot avait, peu de temps auparavant, été atteint dans la plus chère de ses affections, par la perte de son unique enfant, charmante fille de seize ans, enlevée subitement par une fièvre typhoïde.

tueux hommages à madame Barrot, et croire à tous mes
sentiments de tendre affection.

A M. HENRY REEVE, ESQ.

Tocqueville, 14 novembre 1843.

Mon cher ami,

Ayant besoin d'écrire à M. Senior et ne sachant pas
s'il demeure toujours au même endroit, je prends le
parti de vous envoyer la lettre que je lui destine ; soyez
assez bon, je vous prie, pour la lui faire parvenir sans
retard.

Je vous écris de chez moi où j'attends sans impatience, je vous assure, l'ouverture de la prochaine session. Notre politique intérieure et extérieure présente
aujourd'hui si peu de questions intéressantes et pouvant mener à une solution importante, qu'il faut être
ministre pour pouvoir se plaire à s'en occuper. Le camp
de l'opposition est pour le moment en repos. Aussi je
viens de passer l'été dans des études qui ne se rapportent
que de fort loin aux affaires. J'ai examiné en détail et
avec un plaisir infini toute la grande question de votre
établissement dans l'Inde. Il y a longtemps que je n'a-
vais travaillé avec autant d'ardeur et de goût. Le sujet
est grand, singulier, mal connu même de la plupart des
Anglais, du moins dans son ensemble. En France on
n'en sait pas le premier mot, et on ignore également les
facilités et les difficultés réelles que vous avez trouvées

dans cette entreprise. Ce qu'il y a vraiment d'extraordinaire dans son succès, est ce qui, au contraire, le fait aisément comprendre. Je me suis facilement procuré les principaux documents dont j'avais besoin, quant aux époques anciennes. Mais quant à l'état actuel, je suis très-pauvre. L'ouvrage le plus récent que je possède est celui de Montgomery Martin, qui a été imprimé en 1836. Vous me rendriez un grand service de vous informer s'il n'existe pas de statistique plus récente. Il doit y en avoir de publiée, soit en Angleterre, soit dans l'Inde. Les derniers livres de quelque valeur que je possède sont ceux du major Macolm et de l'évêque Herbert ; ils ont au moins vingt ans de date. Est-ce qu'on ne fait aucune publication considérable sur l'Inde, depuis que ces deux ouvrages si remarquables, surtout le premier, ont été publiés? Enfin, je manque de notions exactes sur ce qui a amené la récente et peu raisonnable expédition du Caboul. Un si grand événement doit avoir donné naissance à quelque publication instructive. Il vous suffirait de me l'indiquer. Je me le procurerais par la bibliothèque de la Chambre. Peut-être ce qu'on peut lire de mieux sur ce sujet se trouve-t-il dans quelque grande discussion du Parlement ; dans ce cas il me serait bien précieux d'en avoir la date. Si vous pouviez par le *Board of Control* obtenir quelques renseignements sur les documents ou livres à consulter, et me faire connaître ce qu'on vous aura répondu, je vous serais très-obligé en vérité.

## A M. LE BARON E. DE TOCQUEVILLE

Tocqueville, 6 décembre 1843.

Mon cher ami, j'aborde la session tristement. L'état de la question religieuse me cause surtout une profonde douleur. Mon plus beau rêve en entrant dans la vie politique, était de contribuer à la réconciliation de l'esprit de liberté et de l'esprit de religion, de la société nouvelle et du clergé ! Cette réconciliation est ajournée pour des années ; la brèche qui se fermait est rouverte et sera bientôt presque aussi large qu'en 1828. Ce résultat est dû à la combinaison des plus tristes passions et du plus grand esprit d'aveuglement (à mon sens du moins) qui se puisse concevoir. Je n'ai pas besoin de te dire à quel point je suis affligé de la guerre que les journaux (je dis les *journaux*, car, sur ce point, ceux du gouvernement sont peut-être pires que ceux de l'opposition) font au clergé et à la religion même ; mais, d'une autre part, je me sens profondément irrité contre les folies qui ont donné naissance à cet orage. Quand je pense qu'il y a trois ans encore presque toute la presse était, ou favorable au retour des idées religieuses, ou du moins n'y était pas contraire ; que la jeunesse presque entière marchait dans ce sens ; que les conseils municipaux de presque toutes les villes ouvraient la porte aux corps religieux pour l'enseignement ; qu'enfin il se trouvait dans les Chambres une majorité immense et

toujours prête à voter de l'argent pour créer des suc-
cursales, augmenter le traitement des ecclésiastiques, et
qu'aujourd'hui *toute* la presse, à la seule exception des
journaux légitimistes (exception plus dangereuse quelquefois qu'utile), est dans un paroxysme de vraie fureur;
qu'on injurie le clergé dans les cours publics, que des
villes commencent à se montrer hostiles, et qu'enfin il
n'est pas douteux qu'une immense majorité dans la
Chambre ne fasse à la première occasion une querelle au
clergé; quand je vois ce déplorable tableau, je ne puis
m'empêcher de croire qu'il faut qu'on ait commis de
bien graves fautes pour avoir transformé en si peu de
temps une situation si bonne en une position si critique.
Et, en effet, les fautes ont été et continuent, suivant
moi, à être énormes. Le clergé soutenait la cause la plus
juste; celle de la liberté d'enseignement; il avait un terrain admirable, solide et constitutionnel, sur lequel il
suffisait de se tenir tranquille pour y attirer la majorité
de la nation et des Chambres, et y être irrésistible; c'é-
tait le terrain *du droit commun*. Réclamer la liberté
d'enseignement pour tout le monde, en vertu des principes de la constitution, c'est la voie dans laquelle il était
d'abord entré. Mais bientôt qu'est-ce qu'ont fait ceux qui
parlent en son nom? Ils ont réclamé la direction de l'é-
ducation, comme un droit inhérent à l'Église; par une
absurdité rare, ils ont fait redouter des actes d'autorité
auxquels, au fond, ils ne voulaient pas se livrer; ils ont
émis des principes en vertu desquels, non-seulement ils
auraient été libres d'enseigner, mais de contrôler l'en-

seignement qu'ils ne donnaient pas, principes qu'ils n'ont ni la volonté ni la possibilité d'appliquer dans la société de notre temps ; c'était vouloir réveiller toutes les vieilles passions philosophiques sans la moindre nécessité. Mais ce n'est pas tout : au lieu de se borner à réclamer leur part d'enseignement, ils ont voulu prouver que l'Université était indigne d'enseigner. Une multitude d'articles de journaux, de brochures et de très-gros livres ont été publiés dans le but d'attaquer nominativement une foule de professeurs et de prouver qu'ils ne méritaient pas la confiance des familles. Qu'ils eussent raison ou tort dans ces attaques, peu importe ; ce n'est pas là la question. Le tort était de prendre une marche qui ne pouvait manquer d'éloigner indéfiniment la liberté d'enseignement pour laquelle on combattait, soulèverait nécessairement contre le clergé et la religion une foule d'amours-propres exaspérés, et jetterait dans une guerre acharnée des milliers d'hommes influents et actifs, qui, bien qu'ils ne fussent pas ou qu'ils n'eussent pas toujours été orthodoxes et bons chrétiens, laissaient la réaction religieuse se faire sans y mettre obstacle. On ne peut comparer une conduite aussi insensée qu'à celle qui a renversé la restauration en 1830. Quand je remonte à l'origine du mal, je trouve que non pas l'unique, mais le principal auteur est X...; il y a deux ans que j'avertis sans cesse les hommes religieux qui ont de l'influence de ce qui aujourd'hui arrive... mais toujours en vain. J'ai cherché également à modérer***, mais aujourd'hui je n'y peux plus rien, et cette affaire-ci, comme tant d'autres grandes affaires de ce monde, est désormais dans les mains de l'imprévu. Si le gouvernement a le bon sens de se tenir absolument en dehors et de ne pas chercher à tirer parti des intérêts et des passions en présence, le mal n'arrivera jamais à l'excès où il a été en 1828; mais il sera toujours très-grand, et un accident peut lui faire dépasser toute limite.

Mais en voilà bien long sur ce triste sujet; ma main est fatiguée. Adieu, je t'embrasse du fond de mon cœur ainsi qu'Alexandrine, mon père et les enfants. Nous reviendrons à Paris probablement dès le 20.


## A M. GUSTAVE DE BEAUMONT

Paris, 27 décembre 1843.

Mon cher ami, je reçois à l'instant votre lettre d'Alger, du 18 décembre. Je vois que j'ai encore le temps de vous adresser quelques mots à Marseille; je me hâte de le faire.

J'ai approuvé hautement votre voyage en Afrique; seulement j'eusse bien désiré que vous le fissiez quinze jours plus tôt. Le mal ne sera cependant pas encore très-grand si vous arrivez en effet ici le 5 ou 6; mais vous avez un passage de mer, par conséquent un passage de longueur incertaine; je n'ose donc encore faire un grand fond sur votre exactitude.

Ce que vous me dites de l'Afrique me fait grand plaisir de toutes manières. Les nouvelles sont excellentes. De

plus, j'espère, d'après votre lettre, que ce voyage mettra
fin à la dissidence qui existait entre nos esprits sur la
question de la domination et de la guerre. J'ai une si
longue et si chère habitude d'être du même avis que
vous, que j'étais peiné et inquiet de me trouver en désaccord avec vous sur un point capital. C'est cette raison qui
m'avait empêché de parler l'année dernière. Ce que vous
me dites de la manière efficace dont l'armée prépare et
aide la colonisation, dépasse de beaucoup mes espérances.
La peinture que vous me faites de l'inertie et en même
temps de l'activité malfaisante des autorités civiles et
financières ne me surprend pas. Il y a longtemps, vous
savez, que je pense et que je dis qu'en Afrique la tyrannie
administrative est encore plus à redouter que la militaire, quoique celle-ci assurément, à la longue, dût l'être
beaucoup.

Je ne suis arrivé ici qu'il y a trois jours, parce que
j'ai voulu, en revenant de Tocqueville et malgré *décembre,* aller visiter le mont Saint-Michel. J'ai trouvé là une
ample moisson de *faits.* Ce voyage était indispensable : 
l'affaire des prisons est une assez grosse affaire pour le
gouvernement ; c'en est une énorme pour nous...

*Le Siècle* insère vos articles avec assez d'exactitude ;
il en a déjà paru quatre. J'approuve beaucoup les trois
premiers. J'avoue que j'aurais peut-être rédigé le quatrième d'une autre manière ; ou peut-être n'aurais-je pas
touché de loin cette brûlante question. Ce n'est pas que
je n'approuve vos conclusions, qui vont à blâmer l'importance qu'on donne à la lutte du clergé et de l'univer-

sité, et à vous maintenir sur le terrain de la liberté d'enseignement; mais le *ton* m'en a paru bien agressif[1]. Du reste, vous trouverez ici beaucoup de gens d'un avis contraire; car peu s'en faut que, dans le vide des esprits et des cœurs, cette question secondaire ne prenne la place des plus grandes questions de la politique. On en parle plus que du ministère. Quant à moi, voilà ma manière de voir sur ce point : les fautes du clergé sont trop grandes pour que je cherche à lutter contre le courant qui se dirige contre lui et, par contre, contre la religion même; mais je n'y entrerai point. Corne vient de publier un excellent livre sur l'enseignement. Ledru-Rollin, après avoir fait dans un premier article, dans *le National*, une violente diatribe contre le catholicisme, a fini par poser dans l'article qui suit des principes fort justes et fort libéraux en matière d'enseignement. Une loi sur cette matière va être présentée à la Chambre des pairs : ce sera une grosse affaire, quand elle arrivera à notre Chambre.

J'aurais mille autres choses à vous dire; mais à quoi bon? je vais vous voir. Vous me retrouverez un peu mieux portant, plein d'ardeur et avec la ferme résolution d'agir avec vous de toutes mes forces...

1. Les articles auxquels M. de Tocqueville fait ici allusion, et que le *Siècle* publia à la fin de 1843, contenaient un programme d'opposition constitutionnelle pour la session parlementaire qui allait s'ouvrir.

# ANNÉE 1844

---

Paris, 4 février 1844.

Mon cher ami, je reçois votre lettre et je profite d'un moment de liberté pour y répondre deux mots.

Je n'entrerai pas dans le détail de vos idées; je vous dirai seulement que je les partage en très-grande partie, et que votre lettre m'a paru on ne saurait plus intéressante et digne du plus sérieux examen. Je l'ai mise de côté pour la reprendre lors de la discussion de la loi présentée avant-hier à la Chambre des pairs. Ce dont je veux vous parler en ce moment, c'est de l'appréciation que vous faites et que vous avez entendu faire de mon discours[1]. Vous l'avez jugé précisément comme il convient de le juger, et les personnes dont vous me parlez ont prononcé sans connaître.

---

1. Prononcé à la Chambre des députés le 18 janvier 1844.

Je tiens pour constant que l'éducation laïque est la garantie de la liberté même de penser. Je crois fermement que l'Université doit rester le foyer principal des études, et que l'État doit conserver des droits de surveillance très-étendus sur les écoles mêmes qu'il ne dirige pas. Quand j'ai reproché au gouvernement de n'avoir pas introduit par avance dans l'éducation les perfectionnements qui pouvaient désarmer la critique, je n'ai fait qu'entrer dans une voie qu'avait ouverte Dubois lui-même dans son célèbre rapport du budget en 1857 ; mais je ne suis assurément pas un ennemi de l'établissement universitaire ; je le prouverai quand il s'agira de le fortifier en créant de nouveaux colléges et en augmentant les ressources de son budget. Je ne veux qu'une chose ; je ne m'en suis jamais caché : je veux qu'il puisse s'organiser à côté de l'Université une concurrence sérieuse. Je le veux, parce que tel est l'esprit général de toutes nos institutions ; je le veux encore, parce que je suis convaincu que l'instruction, comme toutes choses, a besoin pour se perfectionner, se vivifier, se régénérer au besoin, de l'aiguillon de la concurrence. Voilà ce que je veux, ni plus ni moins.

Vous avez donc eu raison, mon cher ami, de penser et vous avez raison de dire que le sens de mon discours n'était point anti-universitaire ; qu'il était encore moins clérical, car il m'a brouillé avec une partie des hommes religieux ; et qu'il indique l'état d'esprit d'un homme qui veut réglementer et limiter la liberté, non la détruire.

A M. HENRY REEVE, ESQ.

Paris, 16 juillet 1844.

Vous m'annoncez, mon cher ami, une excellente nouvelle en me faisant connaître que vous viendrez à Tocqueville vers la fin d'août. J'y serai à cette époque, et ce
sera avec un extrême plaisir que je vous recevrai chez
moi. Ayez seulement le soin de m'écrire quelques jours
à l'avance, pour que je sois sûr de l'époque exacte de
votre arrivée ; sans cela, je pourrais être absent pour
quelques jours. J'attache un grand prix à ce que nous
puissions passer un temps assez long à la campagne. Il
n'y a que de longues causeries non interrompues qui
mettent réellement deux esprits en contact et leur permettent de se toucher sur tous les points.

Je ne sais si madame Austin vous a dit l'intérêt que je
porte à l'un des grands journaux politiques de Paris, le
Commerce. Les propriétaires de ce journal m'ont proposé,
non de le diriger, mais d'exercer une sorte d'influence
habituelle et de patronage sur l'esprit de sa rédaction. J'y
ai consenti, parce que j'y ai vu une occasion de représenter dans la presse les idées particulières que j'apporte dans l'opposition. Maintenant, il s'agit de donner
au Commerce des mérites qu'il n'a pas encore eus. En
première ligne se trouverait une bonne et solide correspondance d'Angleterre, surtout politique, mais aussi, s'il
était possible, d'une autre nature. En fait, tout ce qui se
passe de considérable dans un genre quelconque chez vous

nous intéresse au plus haut point; et cependant nous en sommes fort mal instruits. Connaissez-vous quelqu'un qui pût ou voulût faire quelque chose de remarquable dans ce genre? Vous nous rendriez un immense service de me l'indiquer. Songez à cela : Il s'agit non-seulement de moi, mais d'intérêts et d'idées qui ont plus de valeur que moi.

Je finis par où j'aurais dû commencer, qui est de vous remercier de votre article[1]. Il m'a vivement intéressé. Je crois, comme vous, qu'il y a de l'exagération dans la brochure que vous réfutez[2]. Le fond pourtant est vrai : la marine à vapeur peut produire son effet à l'aide de beaucoup moins de marins (vrais gens de mer) que la marine à voiles ; cela est incontestable. Ses développements doivent donc finir par être particulièrement avantageux à la nation qui manque beaucoup plus de matelots que d'argent. C'est ainsi qu'on peut dire avec vérité que l'application générale de la vapeur à la guerre maritime nous sera plus utile comparativement qu'à vous, et rendra la disproportion des forces beaucoup moins grande dans l'avenir qu'elle ne l'est dans le présent. De ceci je suis convaincu, et je crois que le premier homme de génie qui gouvernera la France pendant une guerre maritime avec vous, démontrera bien mieux cela par des faits que je ne puis le faire par des raisonnements.

Mais j'espère que cette expérience ne se fera pas de si tôt. Adieu, mon cher ami; croyez à ma sincère amitié.

1. Article sur le mérite comparatif de la marine à vapeur et de la marine à voiles, publié dans la *Revue d'Édimbourg*.
2. Brochure attribuée à M. le prince de Joinville.

## A M. LE BARON E. DE TOCQUEVILLE

Tocqueville, 31 décembre 1844.

Quoique je sois terriblement pressé, mes chers amis, je ne veux pas cependant laisser partir la lettre de Marie, ce dernier jour de l'année, sans vous envoyer un mot de tendresse. Je ne viens pas vous dire que je vous souhaite tous les biens du monde; car, en vérité, je n'ai pas besoin de consulter l'almanach pour faire des vœux de cette espèce en songeant à vous. Mais je veux vous dire de nouveau aujourd'hui, puisque l'occasion s'en présente, que je vous considère comme les amis les plus tendres, les plus dévoués et les plus sûrs que j'aie dans ce monde; que je crois cela plus que jamais; que je le croirai toujours; et que vos enfants trouveront toujours en moi la vive tendresse que je vous porte à vous-même. Ceci dit du fond du cœur, je vous embrasse à deux bras et je vous quitte pour m'aller replonger dans la fournaise ardente de la politique, ardente par toutes les mauvaises passions qu'on y rencontre, mais bien froide pour toutes les bonnes et salutaires émotions du cœur.

# ANNÉE 1845

---

## A M. EUGÈNE STOFFELS

Tocqueville, 23 octobre 1845.

Je savais, mon bon ami, que tu avais été aux eaux cet été; mais j'espérais que ce voyage t'avait remis. Ce que tu me mandes m'afflige profondément en me montrant mon erreur. . . . . . . . . . . . . . . . .

. . . . . . . . . . . . . . . . . . .

Je jouis ici du repos que la turbulente et triste vie que je mène peut me laisser chaque année.

Nous avons eu trop de visites cette année : j'entends de ces visites d'indifférents qui troublent la solitude sans compensation; car pour les vrais amis c'est pour les recevoir que la campagne est faite. Nous nous rappelons toujours surtout avec un bien vif plaisir votre séjour ici : nous n'y avons pas nous-mêmes passé de meilleur temps. Je pensais à toi hier en voyant la porte de mon avenue, dont tu as aidé à fixer la place et dont tu as vu poser la première pierre : elle est déjà toute couverte de lierre. Il me semble cependant que ces petits événements sont arrivés d'hier. Avec quelle impétuosité la vie commence à s'écouler à nos âges ! J'avais entendu dire jadis qu'il en était ainsi : je ne pouvais le croire. Cela montre bien que les choses de ce monde ne sont que ce que nos sensations les font; car enfin les heures, dans ma jeunesse, n'avaient pas plus de soixante minutes comme à présent. D'où vient donc que le temps me paraissait avoir passé moins vite qu'aujourd'hui ? C'est que mes impressions étaient alors plus nombreuses, plus variées, plus vives, et laissaient dans la mémoire mille traces qui marquaient le passage du temps...

# ANNÉE 1846

Alger, 6 novembre 1846.

J'aurais voulu vous écrire plus tôt, mon cher collègue; mais mon voyage, pour arriver ici, a été beaucoup plus long que je ne pensais, une indisposition de madame de Tocqueville m'ayant forcé de rester quinze jours à Toulon. Je ne suis en Afrique que depuis moins d'une semaine. Je n'ai donc fait encore, comme vous pouvez croire, qu'entrevoir les objets; et mes impressions sont trop confuses pour que je sentisse le besoin de les faire connaître, si ce n'était le désir de vous consulter sur un ou deux points. Pour pouvoir le faire utilement de manière à avoir la réponse, il faut se hâter.

Je ne suis pas encore sorti d'Alger; mais dans Alger, j'ai déjà vu une multitude de personnes de toutes sortes, fonctionnaires et administrés. Voici ce qui résulte avec clarté de toutes ces conversations.

J'ai trouvé partout *sans exception*, cette idée que le maréchal[1] est hostile à tous les développements de la société civile, qu'il ne la comprend pas, qu'il ne la veut pas, que le plus qu'on pût attendre de lui serait qu'il ne s'en mêlât pas du tout et abandonnât entièrement à d'autres cette immense partie de sa tâche. Les fonctionnaires qui lui sont le plus dévoués me paraissent aussi pénétrés de cette opinion que tous les autres. D'une autre part, il est certain que ses grandes qualités militaires et ses défauts même lui donnent une irrésistible puissance sur l'armée. Il reflète toutes ses passions et tous ses intérêts, et possède en retour au plus haut point sa confiance et ses sympathies.

Quant à l'administration civile, l'opinion générale me paraît être, et mes observations sont parfaitement d'accord avec elle, qu'elle fonctionne très-mal ou plutôt ne fonctionne pas du tout. Il faudrait une longue lettre pour expliquer seulement les raisons de ce fait. Je les garde pour les conversations que nous aurons sur ce sujet à mon retour. Je me bornerai à vous dire ceci : les rouages sont si nombreux et si compliqués que, me faisant rendre compte du chemin que faisait une dépêche pour arriver de Paris à l'administration supérieure d'Alger, et de celle-ci dans les mains du fonctionnaire chargé d'agir, j'ai trouvé que la première était beaucoup moins longue que la seconde. La lettre du ministre qui contient un ordre relatif aux travaux publics, par exemple,

---

1. Le maréchal Bugeaud.

mettra six jours à arriver dans les mains du gouverneur-
général, et ensuite quinze pour parvenir jusqu'à l'ingé-
nieur en chef. Là où il n'y a qu'un intermédiaire en
France, il y en a quatre en Afrique, et, au rebours de
ce qui serait nécessaire, tout est arrangé de manière à
marcher beaucoup plus lentement dans la colonie que
dans la métropole. Mais c'est là le moindre mal : le plus
grand est la profonde anarchie qui règne et qui forme
le spectacle le plus déplorable à voir qu'on se puisse
imaginer. Tous les chefs de service se font la guerre
entre eux; aucun ne veut obéir : nulle part ne se manifeste une vue d'ensemble, une volonté prépondérante.
C'est, en vérité, pitoyable. J'ai constaté qu'on ne s'occupait même pas d'une façon régulière et active, des mesures préparatoires à toute colonisation, la levée des
plans, la reconnaissance de la propriété. Le directeur ***
m'a avoué qu'on ignorait absolument quelles étaient les
propriétés de l'État, non pas au delà de l'Atlas, mais à
Alger et dans les environs; qu'on donnait au hasard;
que les titres laissés par l'administration turque n'a-
vaient pas encore été traduits; qu'en un mot, on vivait
au jour le jour, comme le lendemain de la conquête,
suffisant à peine à la besogne courante.

Je m'arrête ici; les détails me mèneraient trop loin;
et, si j'entrais dans cette voie, je n'en finirais point : il
vaut mieux d'ailleurs attendre, pour causer avec vous sur
tous ces sujets, que je me sois rendu maître de tous
ces détails et que je sois plus sûr de l'exactitude de mes
paroles. Je travaille du matin au soir à acquérir des no-

tions justes sur les choses et sur les hommes. J'espère y
parvenir et rapporter quelques connaissances utiles.
Quant à présent, je vous écris en courant et d'une manière très-superficielle : ce sont de premières impressions que l'expérience me portera peut-être à modifier.
J'en viens à l'objet principal de ma lettre.

La dernière fois que nous nous sommes vus, vous
m'avez dit une chose qui m'a fort frappé; je crois l'a-
voir bien comprise. Le sens de vos paroles était, si je
ne me trompe, celui-ci : discerner nettement ce qui
constitue l'*état exceptionnel* du citoyen français en Algérie, examiner quelles sont les portions de notre droit
commun qui pourraient, sans inconvénient, lui être appliquées; telle était, suivant vous, l'étude la plus utile à
laquelle il convenait de se livrer ici. C'est à cette pensée
que je désirerais vous voir donner quelques développements pratiques; plusieurs questions de détail nettement
posées par vous me serviraient beaucoup pour discerner
le sens exact de votre pensée, et m'aideraient dans le
travail dont je sens, comme vous, l'utilité. J'ai, du reste,
commencé à m'y livrer avec ardeur. J'ai pris nos codes
et j'ai tâché (chose très-difficile dans un pays où le
hasard semble la loi suprême) de me faire expliquer ce
qu'on avait adopté. Ce n'est point le moment de vous
dire, en détail, ce que j'ai rencontré en suivant cette
voie. Je me bornerai à la seule observation générale que
voici : presque toutes les lois civiles et criminelles de
France sont appliquées ici. Les grandes différences qui
distinguent la position du Français à Alger de sa posi-

tion en France se rencontrent dans les lois politiques et administratives. Celles-ci sont non-seulement très-différentes, mais contraires à tous nos principes : ce qui souvent est nécessaire et quelquefois parfaitement inutile. La plus grande garantie, *la garantie-mère*, qui me paraît manquer à l'Algérie, et vers laquelle toute la population civile semble soupirer, c'est l'extension de *la loi* proprement dite aux principales affaires algériennes. Pensez à cela, je vous prie : quant à moi, j'avoue que, tout disposé que je suis à laisser une plus grande part à l'ordonnance ici qu'en France, je me persuade, de plus en plus, qu'il y aurait peu d'inconvénients et mille avantages à faire rentrer, dans toutes les choses principales, cette grande affaire sous le contrôle des Chambres.....

Pardonnez-moi, mon cher collègue, ce long griffonnage écrit bien à la hâte : répondez-moi le plus tôt possible à Alger, et croyez à tous mes sentiments de bien sincère amitié.

# ANNÉE 1847

Paris, 1847.

Mon cher ami, M. Guizot est venu hier à mon banc me demander si, lorsque le moment sera venu, vous consentirez à être présenté au roi[1]. J'ai répondu de vos sentiments monarchiques et même dynastiques, et j'ai affirmé que vous accepteriez avec respect cette occasion d'entrer en communication directe avec Sa Majesté. Quoique M. Guizot m'en croie certainement sur parole, il m'a prié de vous adresser la question et de lui faire connaître votre réponse. Écrivez-moi donc, ou venez me dire deux mots aujourd'hui à la Chambre.

Vous comprenez, du reste, que ceci n'est pas fait pour vous, dont les opinions politiques sont connues. C'est, sans doute, un précédent qu'on établit pour avoir plus

1. M. Ampère venait d'être élu membre de l'Académie française.

tard un prétexte de refuser la sanction royale aux ennemis du prince et de l'État. Tout à vous.


## À M. SENIOR

Tocqueville, 25 août 1847.

Je vous remercie beaucoup, mon cher M. Senior, de
m'avoir indiqué votre itinéraire : non pas que j'aie l'espérance de vous rencontrer hors de France; mais ce que
vous me dites me permet de m'arranger de manière à
vous voir à votre passage à Paris. Je compte être dans
cette ville du 1er au 15 octobre; par conséquent nous
pourrons nous y trouver. Veuillez donc, je vous prie,
dès votre arrivée, me faire connaître votre adresse;
j'irai aussitôt vous chercher. Je demeure à Paris, rue
de la Madeleine, nº 30 *bis*.

J'aurai un extrême plaisir à vous revoir après cette
longue absence et à causer avec vous de tout ce qui s'est
passé et se passe dans le monde. J'aurai malheureusement peu de temps à rester avec vous; je ne fais, à vrai
dire, que traverser Paris pour me rendre chez mon père,
qui habite près de Compiègne.

Vous trouverez la France tranquille et assez prospère,
mais cependant inquiète. Les esprits y éprouvent depuis
quelque temps un malaise singulier; et, au milieu d'un
calme plus grand que celui dont nous avons joui depuis
longtemps, l'idée de l'instabilité de l'état de choses actuel se présente à beaucoup d'esprits. Quant à moi, quoi-

que je voie ces symptômes avec quelque crainte, je ne m'en exagère pas la portée; je crois notre société solidement assise, par la raison surtout qu'on ne saurait, le voulût-on, la placer sur une autre base. Cependant cet aspect de l'état des esprits doit faire sérieusement réfléchir. Le système d'administration, pratiqué depuis dix-sept ans, a tellement perverti la classe moyenne, en faisant un constant appel aux cupidités individuelles de ses membres, que cette classe devient peu à peu, pour le reste de la nation, une petite aristocratie corrompue et vulgaire, par laquelle il paraît honteux de se laisser conduire. Si ce sentiment-là s'accroissait dans la masse, il pourrait amener plus tard de grands malheurs. Mais comment empêcher le gouvernement de corrompre, lorsque le régime électif lui donne naturellement tant de besoin de le faire, et la centralisation tant de moyens? Le fait est que nous tentons une expérience dont nous n'avons pas encore vu le dernier résultat; nous essayons de faire marcher ensemble deux choses qui n'ont jamais, à ma connaissance, été unies : une assemblée élective et un pouvoir exécutif très-centralisé. C'est là le plus grand problème du temps : il est posé, mais non résolu.

Il me tarde beaucoup de savoir ce que vous pensez de ce que vous venez de voir en Allemagne et de ce que vous voyez en ce moment en Italie.

Adieu.

# ANNÉE 1848

---

A M. SENIOR

Paris, 17 avril 1848.

Mon cher monsieur Senior, j'ai reçu avec grand plaisir les documents que vous m'avez envoyés ; ils sont très-précieux pour moi, comme tout ce qui vient de vous. Je n'ai pas encore pu aller voir M. Rogers : dans ces temps de troubles, on n'est pas maître de ses moments. C'est ainsi que pendant toute la journée d'hier j'ai eu à la main le fusil au lieu de la plume. La journée, du reste, a été excellente et serait décisive, si le parti modéré avait à sa tête un homme d'action. Le parti violent a tenté de faire une émeute. Les nouvelles qui arrivent des départements, annonçant le triomphe certain des modérés dans les élections, faisaient sentir la nécessité d'un *coup de main* dans Paris. On a donc essayé un mouvement hier pour renverser le gouvernement provisoire : trente ou quarante mille ouvriers se sont réunis au Champ de Mars ; aussitôt le tambour a battu dans Paris. En une demi-heure, cent mille gardes nationaux ont été sous les armes; les bataillons se sont formés en un clin d'œil et ont couru à l'Hôtel de Ville, aux cris de : Vive le gouvernement provisoire! à bas les communistes! Au bout d'une heure, Paris était dans leurs mains; et le rassemblement, après avoir vainement essayé de pénétrer à l'Hôtel de Ville, se dispersait. Voilà la première victoire bien nette remportée par le parti modéré depuis deux mois. Dieu veuille qu'il sache en tirer l'avantage qu'il pourrait en faire sortir!

J'ai appris avec une grande joie que vous aviez repris le projet de venir à Paris : c'est là que doivent venir ceux qui, comme vous, sont curieux des grands spectacles que présentent de loin en loin les choses humaines. Je vous serais très-obligé de vouloir bien m'apporter quelques documents qui me paraissent très-utiles en ce moment : 1° le premier est relatif au règlement de la Chambre des communes, c'est-à-dire à tous les procédés que suit cette Chambre pour mener les affaires. Nous aurons peut-être beaucoup à y apprendre pour notre assemblée.

2° Ce que je désirerais en second lieu, ce sont des documents de nature à faire connaître de quelle manière et suivant quels procédés fonctionne votre *income-tax*. Nous ne pouvons guère éviter une taxe de cette espèce, et nous avons un grand intérêt à savoir comment on l'établit et comment on la lève chez vous. Ainsi : je voudrais connaître qui l'établit; d'après quelles règles elle s'établit;

quels sont les frais de perception; ce qu'elle a produit le plus récemment; quels ont été ses effets économiques ou autres; quelles exceptions y sont apportées?...

Je ne vous en dis pas plus long, parce que je suis extrêmement pressé. Je quitte Paris aujourd'hui pour retourner en Normandie où les élections m'appellent; je serai de retour dans dix jours. Adieu, mon cher monsieur Senior; présentez mes hommages à ces dames et croyez à ma sincère amitié.

## A M. BOUCHITTÉ

Paris, 1er mai 1848.

Mon cher ami, j'ai reçu de vous ce matin une lettre dont je vous remercie. Comme vous le dites, il ne faut pas se hâter de féliciter ceux qui font partie de cette assemblée. Jamais il n'a été plus sage d'ajourner un compliment.....

Je ne vous parle point politique. Il y aurait trop long à en dire, et, d'ailleurs, l'obscurité qui enveloppe l'avenir le plus prochain est, quant à présent, impénétrable. La nation vient de se montrer bien digne de la liberté; mais où sont les hommes qui sont dignes de conduire une nation libre? Je mets sous bandes deux de mes discours et je vous les adresse. Vous avez raison de dire que vous craignez les intérêts matérialistes de la révolution qui vient de s'opérer. La révolution de 1789 est sortie du cerveau et du cœur de la nation; mais celle-ci a pris en partie naissance dans son estomac; et le goût des jouissances matérielles y a joué un rôle immense.

## A MADAME PHILLIMORE (ROSE MARG.)

Paris, 30 décembre 1848.

J'ai peine à comprendre, madame, comment il se fait que je n'aie pas encore répondu à la lettre que vous avez bien voulu m'adresser le 14 de ce mois. La chose me paraît inconcevable; et lorsque je me rappelle que j'ai eu tous les jours le désir et le projet arrêté de vous écrire, elle me semble plus incompréhensible encore. Ne cherchez l'explication et l'excuse de mon silence, je vous prie, que dans les circonstances politiques au milieu desquelles nous vivons. La nation ne sait pas trop ce qu'elle fait, et les particuliers l'imitent.

Vous avez sans doute appris que je n'ai pas eu le plaisir de me rencontrer avec M. Philipps. Il a bien voulu m'apporter sa carte peu de temps après son arrivée. Pendant deux jours, je n'ai pu, à mon très-grand regret, lui aller rendre sa visite. Le troisième jour, j'ai cru avoir trouvé une excellente occasion de lui être agréable. Je savais que, le lendemain, le président serait proclamé à l'improviste dans l'Assemblée nationale. Je me suis procuré des billets, et je les ai transmis à M. Philipps avec une lettre dans laquelle je l'engageais à se rendre à la séance. Je ne pouvais lui dire pourquoi, car c'était le secret du conseil. J'espère qu'il aura pu assister à ce spectacle unique et vraiment grand parce qu'il était simple. Le lendemain, m'étant rendu à l'hôtel de M. Philipps, j'ai appris que celui-ci avait quitté Paris le soir même de l'installation du président.

Je ne vous parle pas de nos affaires publiques; les journaux vous en apprennent autant que moi. J'ai été non étonné, mais affligé de l'échec du général Cavaignac, lequel a agi jusqu'au bout de manière à honorer ses amis. Le mouvement populaire qui l'a écarté du pouvoir ne s'adressait pas, du reste, à lui, mais aux républicains de la *veille*, dont le gouvernement, depuis février jusqu'à juin, a si fort compromis la cause de la république. L'élection du 10 décembre est, avant tout, une réaction aveugle, mais honnête, contre eux. Je ne les plains guère; car, je vous l'avoue, madame, je diffère un peu de vous quant au goût des couleurs en politique; je trouve le rose charmant, quand il se transforme en nom propre; j'aime infiniment à l'apercevoir sur une jolie figure comme la vôtre; mais en opinion, je vous le confesse, je le re-pousse. Continuez donc, madame, je vous prie, à être Rose de nom et rose de teint; mais ne le soyez pas en politique : on peut aimer la république sans cela. Je n'ai point été à Bruxelles, comme vous paraissez le croire, et même je n'irai pas. J'ai donné, dès que le résultat du vote sur la présidence a été connu, ma démission. C'est ce qu'a fait aussi mon ami Gustave de Beaumont, notre ambassadeur à Londres. Veuillez, madame, me rappeler au souvenir de M. Phillimore et agréer l'hommage de mon respectueux dévoûment.

# ANNÉE 1849

Paris, 9 mars 1849.

Ta lettre m'a causé un vrai plaisir, mon cher ami,
en m'apprenant que l'état si pénible dans lequel tu as
passé tout l'hiver commençait à s'améliorer. J'espère
que le beau temps, s'il ne te donne une forte santé, te
rendra du moins une vie extérieure et supportable.
Comme tu me le dis, le mauvais côté de la vie est celui-là... J'ai moi-même, de ce côté, souvent beaucoup
d'ennuis. Cependant avec l'âge ma santé se fortifie sensiblement, quoique je sois sujet à bien des incommo-
dités. C'est ainsi que, depuis deux mois, je ne sais quel
malaise mal défini me jette dans une sorte de torpeur
qui me réduit à une sorte de sommeil intellectuel. Il
semble que depuis que la propriété et la vie ne sont
plus en question, je ne puisse plus m'intéresser à rien.

C'est le mal des révolutions qui, comme le jeu, finissent par donner l'habitude des émotions et par les faire aimer pour elles-mêmes, indépendamment même du gain.

Ta lettre est pleine d'un sens profond et qui prouve que, si ton corps est malade, ton esprit gagne en vigueur; je ne dis pas en justesse; car il a toujours eu cette qualité-ci à un degré rare. Ce que tu me dis de l'état des esprits à Paris et en province est vrai. Les effets que tu attribues au vote universel sont les effets réels. Ne sommes-nous pas cependant bien heureux de l'avoir? Où trouver une autre *fabrique*, dans laquelle on puisse forger des pouvoirs? Or, ce dont cette société qui ne croit plus ni à un homme ni à une idée, où tout est mobile et faible, a besoin, c'est moins d'un pouvoir bien organisé et sage que d'un pouvoir quelconque : sans quoi elle tombe en dissolution. Le vote universel est quant à présent la seule source que je connaisse où l'on puisse aller puiser de la force gouvernementale : voilà son grand et pour ainsi dire, son seul mérite à mes yeux. Quant à ce qu'il fait en ce moment, il y a là beaucoup d'accidentel et de passager, et ceux qui croient y voir des signes de son caractère permanent sont des gens qui ont la vue bien courte. Comme tu le dis aussi avec un grand sens, au-dessous de ces volontés actuelles qui aspirent à un gouvernement fort et presque absolu, il y a des mœurs, des habitudes, des idées, des intérêts démocratiques et révolutionnaires qui se retrouveront tôt ou tard.    .    .    .

.    .    .    .    .    .    .    .    .    .    .    .    .    .    .    .

..... Du reste, un voile épais dérobe aux regards l'avenir le plus prochain. La nation n'a plus d'autre passion dominante que celle du bien-être : et, chez un peuple en cet état, TOUT est possible. Adieu.

A M. ODILON BARROT
PRÉSIDENT DU CONSEIL DES MINISTRES

Paris, 4 mai 1849.

Mon cher ami,

J'ai vu hier dans le *Moniteur* que vous m'aviez nommé d'une commission qui doit s'occuper de la question des prisons en l'envisageant surtout par son côté pénal. Je vous remercie d'avoir pensé à moi, et je me félicite surtout que nous devions travailler sous votre présidence ; car, vous le savez, personne n'a pour vous plus que moi d'estime, et, malgré les misérables petits tiraillements de la fin du dernier règne, plus de sincère et véritable affection. Nous étions tous les deux de la minorité dans la commission de Constitution, sur les deux capitales questions de la centralisation et des deux Chambres. J'espère, cette fois, que nous allons être ensemble de la majorité dans la commission des prisons et que nous y ferons de bonne besogne. J'aurais été causer avec vous un peu longuement, ce dont j'ai depuis longtemps grande envie, si je ne partais pour un petit voyage. Ma santé est tellement ébranlée par les agitations et les travaux de l'année qui vient de se passer, que quelques

jours de distraction et de repos me sont indispensable-
ment nécessaires.

## A M. HENRY REEVE, ESQ.

Paris, 30 juin 1849.

Mon cher ami, je vous remercie de votre dernière
lettre. Le temps me manque pour y répondre avec une
certaine étendue.

J'ai été très-sensible à l'impression qu'a paru produire mon discours[1] sur la presse britannique et dans
le public anglais. Vous savez quelle estime je professe
pour votre pays, et combien j'attache de prix à être
jugé comme je crois mériter de l'être par les honnêtes
gens et les gens de cœur. Ce sont ces mêmes sentiments qui me rendent très-pénible en ce moment l'espèce de violence et d'irritation générale que cause en
Angleterre l'expédition de Rome, bien que cette irritation ne puisse guère m'atteindre personnellement, puisque je ne suis entré aux affaires qu'au moment où le
siége était commencé et l'ordre d'attaquer envoyé depuis six jours. Cependant il ne m'est pas moins pénible
d'en être le témoin. Je conçois encore cependant que la
masse du public se livre, en cette matière, à des impressions aveugles; mais ce que je ne conçois pas et ce
que je déplore, c'est que des hommes politiques cher-

1. 26 juin 1849.

chent, comme cela me paraît avoir lieu maintenant presque tous les jours dans le Parlement, à envenimer les sentiments fâcheux qui existent déjà à ce propos dans la nation. Comment n'aperçoivent-ils pas par quelle suite de circonstances imprévues et déplorables nous avons été entraînés peu à peu, malgré notre profonde répugnance, à transformer en expédition guerrière ce qui n'était qu'une tentative pacifique et libérale? Comment ne voient-ils pas avec quelle extrême modération nous conduisons cette malheureuse guerre, exposant notre armée et le bon ordre en France par la prolongation de ce long siége, plutôt que de nous tirer d'affaire tout à coup par les moyens que la force met entre nos mains, et dont toutes les autres villes d'Italie ont fait l'épreuve? Comment n'aperçoivent-ils pas enfin tous les embarras, les gênes et peut-être les périls que l'état des esprits en France, au sujet de cette expédition, fait naître pour le gouvernement, et ne jugent-ils pas que tout ce qui peut renverser ou même énerver ce gouvernement met en péril la paix du monde et l'ordre social lui-même? Enfin, comment ne comprennent-ils pas que, malgré que nous ayons été contraints de prendre Rome d'assaut, nous sommes encore les seuls amis et les seuls garants de la liberté en Italie? Toutes ces choses peuvent passer inaperçues devant les yeux de la foule; mais que des hommes d'État pleins de modération et de lumière n'aperçoivent pas ces raisons et n'en soient pas touchés, voilà ce qui m'étonne profondément. Faites vos efforts, je vous prie, pour ramener les esprits aux points

de vue vrais de cette affaire. Mille assurances d'estime
et d'affection [1].

## A M. HENRY REEVE, ESQ.

Paris, 19 juillet 1849.

Mon cher ami, je ne serais pas sans quelques appré-
hensions du résultat de la séance de la Chambre des
lords qui doit avoir lieu demain vendredi, si l'orateur
du côté du ministère ne devait être le marquis de
Lansdowne, dont l'habileté et la modération me sont
connues. Je crois que quant aux intentions qu'a eues et
que continue à avoir le gouvernement français, dans la
conduite de l'affaire de Rome, le cabinet anglais doit
être suffisamment édifié. J'ai mis dans la main de
M. Drouyn de Lhuys des pièces qui prouvent avec la
dernière évidence que nous n'avons aucun but secret
dans cette entreprise, et que nous n'avons cessé de poursuivre, d'une part, le rétablissemen' de l'autorité tem-
porelle du pape que nous considérons comme la condition nécessaire de la liberté et de la paix des consciences
dans le monde catholique; de l'autre, la garantie pour
les États-Romains d'institutions libérales. Je suis convaincu d'avance que le gouvernement anglais nous rendra sur ce point pleine justice; mais néanmoins son

1. L'original de cette lettre porte écrite de la main de M. Reeve la
note suivante : *Showed this to lord Brougham who was much struk
by it.*

langage pourrait nous créer des embarras, s'il était de nature à faire croire qu'à ses yeux les résultats de notre intervention doivent être *nécessairement* le rétablissement complet de *toutes* les institutions qui avaient été imposées au pape dans les derniers temps, c'est-à-dire le *statut*. Nos adversaires, ici, tireraient certainement parti de ces déclarations pour nous pousser plus loin que nous ne voulons aller, ou du moins pour nous reprocher de n'avoir jamais été assez loin : or, il est impossible de savoir d'avance, dans la négociation épineuse dans laquelle nous sommes engagés, quel est le point précis où il faudra nous arrêter. Nous voulons obtenir des réformes libérales très-sérieuses, mais lesquelles? sous quelle forme? Nous n'avons pas à le dire en ce moment. Ce serait nous gêner beaucoup que de créer dès à présent une sorte d'idéal dont la réalité ne pourrait plus s'écarter. Or, l'intérêt du gouvernement anglais (indépendamment des bonnes relations qui existent entre les deux nations) n'est pas de nous rendre la tâche actuelle plus difficile. Je vous proteste que nous ne demandons pas mieux que de sortir de l'affaire de Rome, et d'évacuer le territoire romain dès que nous le pourrons faire avec honneur; mais il faut que cette condition se rencontre, ou nous resterons en Italie, quel que soit le risque et les complications politiques qui puissent en résulter; je vous en réponds, du moins tant que je serai ministre. Tout le monde doit donc aimer à nous faciliter une solution qui, tout en étant acceptable en Italie, le soit également en France. Il faut donc se garder de placer à l'avance le but à atteindre trop haut; car on peut être assuré qu'en ce genre nous sommes déterminés à faire tout ce qui est praticable et possible.

L'heure du courrier qui me presse m'empêche de vous en dire plus long en ce moment [1].

## A MADAME LA COMTESSE DE GRANCEY

Paris, 29 juillet 1849.

Vos recommandations, chère cousine, seront toujours bien reçues à l'hôtel des Capucines, tant que ce caravansérail m'aura pour habitant. M. *** me trouvera donc bien disposé à son égard. Le moyen le plus facile et le plus simple d'atteindre son but est de se faire agréer comme attaché par un chef de mission, ambassadeur ou ministre plénipotentiaire. Je le nommerai alors sans retard.

Vous me rappelez d'anciens souvenirs, mais non des souvenirs effacés, en me parlant de mon départ pour l'Amérique. C'était aussi un temps de révolution; mais j'avais alors toutes les illusions de la jeunesse! et l'Océan sur lequel je m'embarquais était moins dur et moins dangereux que celui sur lequel je navigue aujourd'hui.

Croyez, chère cousine, à ma vive et sincère affection.

1. En note sur l'original de cette lettre a été écrite par M. Reeve la mention suivante : *Letter received before the debate in the Lords on the Roman expedition and containing Tocqueville's declaration of his intentions in Italy. I sent it to lord Lansdowne, and lord Carlisle said the substance of it in his speech.*

A M. GUSTAVE DE BEAUMONT, A VIENNE

Paris, 5 octobre 1849. (Cabinet
particulier du ministre.)

Mon cher ami, la grande affaire du moment, quant à
la politique étrangère, je n'ai pas besoin de vous le
dire, c'est l'affaire d'Orient. Les pièces que je vous
transmets vous font connaître le langage violent tenu
par la Russie, les démarches et le langage des ambas-
sadeurs de France et d'Angleterre, enfin la détermination prise et déjà en partie exécutée par le gouvernement britannique. Tout cela a un aspect bien grave. Je
persiste à croire cependant que la guerre n'en sortira
pas, si nous mettons les formes de notre côté et que nous
n'engagions pas d'avance contre nous l'amour-propre de
nos adversaires. Vous avez là le premier rôle, et vous
ne pouviez débuter, à Vienne, par une affaire plus difficile et plus importante. J'ai d'abord à vous faire connaître l'état d'esprit dans lequel se trouve ici le cabinet.
Nous sommes tous d'accord qu'il faut marcher dans le
sens de notre ambassadeur à Constantinople : approuver
et aider le sultan. Mais quant au degré et à la mesure,
notre parti n'est pas encore pris. Un point qui est déjà
certain et convenu de part et d'autre, c'est d'engager
l'affaire ainsi que je vous le disais plus haut, très-dou-
cement. Nous avons, à Vienne, beaucoup de facilités
pour agir de cette manière. Le prince de Schwarzenberg

a déjà tenu un langage qui nous sert naturellement d'entrée. Nous sommes d'ailleurs, en ce moment, vis-à-vis de lui, dans d'assez bons rapports pour qu'il nous soit possible de traiter d'abord avec lui la question sur un pied d'amitié, pour lui représenter l'intérêt qu'a toute l'Europe à ne pas amener de grands conflits pour un si misérable motif. Nous pouvons lui parler du sentiment pénible que nous éprouvons, nous trouvant forcés de ne point approuver la conduite d'une puissance avec laquelle, sur tant d'autres points, nous sommes d'accord. Avec lui comme avec l'empereur de Russie, il faut reconnaître hautement le droit qu'ont les deux puissances d'exiger de la Turquie l'expulsion des Polonais et des Hongrois. Il ne faut attaquer que la demande d'extradition, demande dans laquelle les chrétiens semblent les barbares et les mahométans les hommes civilisés.

J'aurai probablement à vous écrire par un courrier extraordinaire d'ici à deux ou trois jours. Je supprime donc les détails sur notre situation parlementaire qui s'assombrit, *** a le diable au corps pour qu'on abandonne et l'Angleterre et la Turquie dans la question des réfugiés hongrois.

## A MADAME DE BLIC (DENISE DE TOCQUEVILLE)

Paris, 10 novembre 1849.

J'ai reçu avec un grand plaisir, ma chère enfant, ta petite lettre, et je t'en remercie. Ces témoignages de ton affection me sont chers. Tu sais que j'ai toujours mêlé un peu de tendresse paternelle dans l'amitié d'oncle que j'ai pour toi.

Ainsi que tu le dis, il est difficile de savoir si je dois me féliciter ou me plaindre de l'événement qui vient d'avoir lieu. Je n'hésiterais pas, pour mon compte, à en être très-satisfait (car j'ai échappé à un vrai péril) si je pouvais remplacer immédiatement une occupation par une autre. Malheureusement je n'ai pas l'art de substituer sur-le-champ une grande activité d'esprit nouvelle à celle qui finit. Il en résulte qu'un certain désœuvrement assez pénible a suivi l'agitation fébrile au milieu de laquelle j'ai vécu durant cinq mois; mais cette impression ne tardera pas à passer, et la politique viendra bientôt me tirer de moi-même.

Je suis heureux de ce que tu me dis de ton bonheur. Je crois que tu ne te trompes pas en pensant que tu as un bon mari. Il m'a paru avoir le cœur bien-placé et l'esprit droit : deux grandes conditions pour se faire aimer et se bien conduire. Je me réjouis de te voir entrer dans la vie avec un si précieux appui. Nous vivons dans un temps où d'un jour à l'autre les malheurs publics peuvent venir troubler les existences privées, et où l'on a souvent besoin de trouver en soi et à côté de soi des ressources d'esprit et de cœur dont la nécessité ne se serait pas fait sentir à des époques plus calmes et plus heureuses.

### A M. HENRY REEVE, ESQ.

15 Novembre 1849.

Mon cher ami, je n'ai pas répondu plus tôt à votre lettre, quoique n'étant plus ministre, parce que j'ai eu, en sortant du ministère, beaucoup de petites affaires à terminer, et surtout de devoirs de société à remplir ; tout mon temps s'est trouvé pris : notre chute nous a rendus fort populaires dans la majorité..... Je me suis donc trouvé plus de visites à recevoir et à rendre que je n'en avais eu durant mon ministère : de là ma paresse épistolaire.

Je vous remercie, du reste, de tout ce que vous me dites d'amical et de flatteur dans votre lettre. Je crois avoir fait tout ce qu'il y avait à faire dans le temps où j'étais au pouvoir ; j'ai fait, en tout cas, tout ce que j'ai pu : on ne peut rien demander de plus à un homme. Je crois avoir contribué à sauver l'ordre au 13 juin, à maintenir la paix générale et à rapprocher la France de l'Angleterre. Ce sont là des souvenirs qui me restent de ce court ministère : ils me suffisent pour me faire prendre aisément mon parti. Nous ne sommes pas tombés, du reste, devant un mouvement de l'opinion publique ou un effort parlementaire. Je n'ai pas besoin de vous dire, je pense, quelle a été la signification du changement de cabinet. Le président a voulu gouverner seul, et n'avoir dans son ministère que des agents et des créatures. Il a peut-être raison de vouloir cela ; je n'examine pas la question : mais nous ne pouvions consentir à le servir à ces conditions.

Je n'ai pas trouvé que la presse anglaise, et en particulier le *Times*, ait rendu justice au cabinet qui a succombé le 31 octobre : elle était plus aimable quand nous étions au pouvoir ; et il me semble notamment que ce n'était guère le moment de tomber sur M. Barrot, lorsqu'il se retirait des affaires, après y avoir fait d'admirables efforts pour rétablir l'ordre et sauver en même temps la liberté régulière dans ce pays et quand il succombait devant un caprice impérialiste. Si, dans la politique de M. Barrot avant la révolution de février, il y a eu des fautes, rien assurément n'était plus propre à les effacer que son ministère des dix derniers mois : il est fâcheux que de vieilles rancunes se soient fait sentir jusque de l'autre côté de la Manche pour lui refuser la justice qui lui était due.

Lord Lansdowne a bien voulu venir me chercher. J'ai été de mon côté le voir avec un grand empressement. Je l'ai retrouvé le même homme que j'avais connu : l'un des hommes d'État les plus éclairés, les plus sensés et les plus aimables qui se puissent rencontrer dans aucun temps et dans aucun pays. Il est venu passer hier une partie de la soirée avec nous et nous avons été charmés de lui.

## A MADAME LA MARQUISE DE LEUSSE

Paris, 22 décembre 1849.

Je ne veux pas, chère cousine, laisser partir la lettre de ma femme sans vous demander la permission d'y joindre un mot. J'ai grand besoin de me faire humble vis-à-vis de vous avant de vous écrire; car je me sens terriblement coupable à votre égard. Je viens de relire l'affectueux et gracieux billet que vous m'avez adressé aussitôt après ma sortie du ministère, et j'y ai vu avec remords la date du 2 novembre. Comment ai-je pu rester six semaines sans répondre à ce charmant témoignage de votre amitié? Je n'en sais rien moi-même, et au lieu de chercher des excuses qui seraient toujours très-insuffisantes sinon très-mauvaises, j'aime mieux vous crier miséricorde et vous prier de me pardonner.

Vous avez bien voulu regretter que je ne fusse plus ministre. Je crois que j'aurais tort de le regretter moi-même. Avant de se mêler de conduire les autres, il faut savoir où l'on va soi-même : or, qui le sait, en ce moment? L'avenir est comme une nuit de décembre, sans lune, et doublée de brouillards. Non-seulement on n'aperçoit pas l'horizon, mais on ne voit pas où l'on met le pied. Les gouvernants sont des aveugles qui conduisent au milieu de fondrières une société qui n'y voit goutte. Je voudrais que vous puissiez me dire, ma chère cousine, quand le jour viendra. Cè en quoi heureusement je vois plus clair que dans la politique, c'est dans les affections de famille. Je crois donc apercevoir que vous avez un peu d'amitié pour nous, et je suis *sûr* que nous vous aimons beaucoup vous et les vôtres.

# ANNÉE 1850

---

Tocqueville, 25 juin 1850.

J'ai appris par les journaux, mon cher ami, votre retour. à Paris ; mais je sens le besoin de savoir de vous-
même dans quelle disposition de corps et d'esprit vous
revenez de ce grand voyage[1] ; je veux enfin rentrer en
communication avec vous après ce long silence causé par
la maladie et l'absence. Écrivez-moi donc, je vous prie,
ce que vous faites et ce que vous pensez sur l'état des
affaires, sur votre famille et sur vous-même. Voilà bien
des questions, et pour mériter qu'on y réponde comme
je le souhaiterais, c'est-à-dire longuement, il faudrait
pouvoir de mon côté vous dire quelque chose. Mais que
voulez-vous qu'ait à dire un solitaire tel que moi ? Je n'ai

---

1. M. Dufaure, rapporteur de l'enquête sur la marine, revenait de
Toulon et de Marseille, dont il était allé visiter les ports.

de nouvelles à donner que des nouvelles de ma santé.
Celle-ci se rétablit bien lentement; les organes qui ont
été malades vont assez bien, mais les forces générales du
corps continuent à être comprimées par je ne sais quelle
cause intérieure que je ne puis découvrir. Cette cause
n'est autre peut-être que le nombre déjà assez élevé de
mes années. A quarante-cinq ans que je vais bientôt avoir,
les convalescences sont plus longues qu'à vingt. Il n'y a
que vous qui, à cinquante ans, soyez capable, si vous l'en-
trepreniez, de fatiguer toute l'armée d'Afrique. Je ne sais
si, parmi plusieurs choses que je vous envie, celle-ci n'est
pas la première. Votre santé n'est pas assurément votre
qualité la plus brillante; mais que faire des qualités qui
brillent dans un corps maladif? A tout prendre, j'aimerais encore mieux votre corps que votre esprit, quoiqu'à
vrai dire je m'arrangeasse très-bien des deux.

Vous savez que nous vivons dans un temps où de bien
grands événements sont amenés sans cesse par de bien
petites passions, de bien petites intrigues et, en somme,
de bien petits hommes. Dès qu'on est hors de ce petit
monde, on n'est plus en état de rien deviner ni de rien
prévoir. C'est ce qui m'arrive. J'ai quitté Paris depuis
trois semaines, et déjà je ne vois plus goutte dans les
affaires, si ce n'est que leur aspect général est triste et
sombre. Je ne sais quelles dispositions vous avez rencon-
trées dans la portion de la France que vous venez de
parcourir; quant au pays que j'habite, l'esprit des populations rurales au milieu desquelles je vis peut se
résumer ainsi : profonde indifférence pour le moment

présent; profonde incertitude sur l'avenir, ou plutôt tranquille croyance que la république n'a point d'avenir.

Quoique ce tableau ne soit pas réjouissant à voir, j'espère cependant et surtout je désire vivement que vous
veniez le considérer de près en passant quelques jours
sous mon toit. Faites, je vous prie, que vos campagnes
maritimes aient au moins cela de bon de vous faire visiter un de vos plus fidèles et plus zélés amis, que le hasard a placé auprès d'un grand port. C'est une petite
compensation que vous lui devez pour le consoler du chagrin que lui donnent ces longs voyages. Jamais, mon cher
ami, vous n'aurez été reçu par des gens plus heureux de
vous posséder. Venez donc et restez avec nous le plus
longtemps possible.

## A M. GUSTAVE DE BEAUMONT

Naples, 3 décembre 1850 [1].

Mon cher ami, j'ai décidément renoncé au voyage de
Sicile. Nous allons toutefois quitter Naples, mais pour
nous établir à Sorrente, délicieuse résidence en été et encore bien belle en hiver. Nous attendons Ampère aujour-
d'hui. Nous ne voulons prendre aucun parti définitif avant

---

1. Lors de la première édition de la *Correspondance* de Tocqueville,
on avait, à dessein, omis cette lettre, parce que le moment où avait lieu
la publication était aussi celui où le roi de Naples venait d'être renversé
de son trône. Le jugement sévère qu'elle contient sur ce prince eût été
alors peu opportun.

d'avoir son avis; mais je crois que Sorrente lui plaira tout autant que Palerme....

.... J'ai vécu depuis que je suis à Naples dans la retraite la plus absolue : notre ministre a été la seule personne que j'y aie vue. On m'avait suggéré la pensée de faire une visite au roi de Naples; j'ai cru devoir m'en abstenir. Il m'a paru qu'il y aurait une sorte d'inconvenance à me montrer dans des cours étrangères, lorsque je m'éloignais de mon pays et me dérobais aux devoirs de la vie publique en France par raison de santé. J'avoue de plus que l'inclination et le désir ne m'y portaient pas. Je ne trouve pas, dans tout le dictionnaire de la langue française, de mots qui expriment suffisamment la pitié et le mépris que m'inspirent ces misérables gouvernements de l'Italie qui ne savent même pas se servir de ce despotisme qu'ils adorent; qui n'emploient les ressources du pays qu'à se procurer des soldats, et leurs soldats qu'à comprimer stupidement les bonnes passions aussi bien que les mauvaises, les intérêts légitimes comme les désordres, et la civilisation comme la liberté. Ce qui serait plaisant, si les grands malheurs de l'humanité pouvaient jamais l'être, c'est la prétention de ce gouvernement-ci d'être singulièrement doux et clément parce qu'il ne tue personne, et se borne à laisser périr dans les prisons six ou sept mille prisonniers d'État. Je suis porté à croire, en effet, que le roi de Naples a de la douceur et de la bonté naturelle; mais il a peur, et la pire de toutes les tyrannies est celle des poltrons. Cette vérité est de tous les temps. . . . . . . . . . . .

## AU COMTE LOUIS DE KERGORLAY

Sorrente, 15 décembre 1850.

Je ne sais, mon cher ami, si tu as appris par mes parents et nos amis les nouvelles de notre voyage. Dans ce cas, on aura dû te dire que nous avons éprouvé beaucoup de fatigue et encore plus de contrariété. Marie a été si épuisée par la mer, qu'arrivée à Naples, elle sentait une extrême répugnance à se rembarquer pour aller en Sicile. J'ai cru devoir renoncer à cette partie du voyage, mais non pas à la manière de vivre que je comptais adopter en Sicile. Sous ce rapport nous n'avons rien changé à nos plans. Nous faisons, aux environs de Naples, dans un lieu charmant qu'on appelle Sorrente, ce que nous voulions faire à Palerme; c'est-à-dire que nous avons loué un appartement garni, où nous sommes établis avec nos domestiques et où nous vivons très-retirés. Le lieu, comme je te le disais, est charmant; la maison que nous habitons, très-bien placée, très-bien meublée et, en somme, infiniment agréable; le pays qui nous entoure est admirable, les promenades sans nombre, et, jusqu'à présent, le climat délicieux. Au milieu de toutes ces belles choses, cependant, je ne tarderais pas à m'ennuyer si je ne parvenais à me créer une forte occupation d'esprit. J'ai apporté ici des livres. J'ai l'intention de continuer ce que j'avais déjà commencé à Tocqueville cet été, avec beaucoup d'entrain et de plaisir, qui était un récit de ce que j'avais vu dans la révolution de 1848 et depuis, choses et hommes. Je n'ai pu encore me remettre dans le courant d'idées et de souvenirs qui peuvent me donner du goût pour ce travail; et, en attendant que l'inspiration revienne, je me suis borné à rêvasser à ce qui pourrait être pour moi le sujet d'un nouveau livre; car je n'ai pas besoin de te dire que les souvenirs de 1848 ne peuvent point paraître devant le public. Les libres jugements que j'y porte et sur mes contemporains et sur moi-même rendraient cette publication impraticable, quand même il serait dans mon goût de produire ma personne sur un théâtre littéraire quelconque, ce qui assurément n'est pas. Il y a longtemps déjà que je suis occupé, je pourrais dire troublé, par l'idée de tenter, de nouveau, un grand ouvrage. Il me semble que ma vraie valeur est surtout dans ces travaux de l'esprit; que je vaux mieux dans la pensée que dans l'action; et que, s'il reste jamais quelque chose de moi dans ce monde, ce sera bien plus la trace de ce que j'ai écrit que le souvenir de ce que j'aurai fait. Les dix dernières années, qui ont été assez stériles pour moi sous beaucoup de rapports, m'ont cependant donné des lumières plus vraies sur les choses humaines et un sens plus pratique des détails, sans me faire perdre l'habitude qu'avait prise mon intelligence de regarder les affaires des hommes par masses. Je me crois donc plus en état que je ne l'étais quand j'ai écrit la *Démocratie*, de bien traiter un grand sujet de littérature politique. Mais quel sujet prendre? Plus de la moitié des chances de succès sont là, non-seulement parce qu'il faut trouver un sujet qui

intéresse le public, mais surtout parce qu'il en faut découvrir un qui m'anime moi-même et fasse sortir de
moi tout ce que je puis donner. Je suis l'homme du
monde le moins propre à remonter avec quelque avantage
contre le courant de mon esprit et de mon goût; et je
tombe bien au-dessous du médiocre, du moment où je ne
trouve pas un plaisir passionné à ce que je fais. J'ai donc
souvent cherché depuis quelques années (toutes les fois
du moins qu'un peu de tranquillité me permettait de regarder autour de moi et de voir autre chose et plus loin
que la petite mêlée dans laquelle j'étais engagé), j'ai
cherché, dis-je, quel sujet je pourrais prendre; et jamais
je n'ai rien aperçu qui me plût complétement ou plutôt
qui me saisît. Cependant, voilà la jeunesse passée, et le
temps qui marche ou, pour mieux dire, qui court sur la
pente de l'âge mûr; les bornes de la vie se découvrent
plus clairement et de plus près, et le champ de l'action
se resserre. Toutes ces réflexions, je pourrais dire toutes
ces agitations d'esprit, m'ont naturellement porté, dans
la solitude où j'habite, à rechercher plus sérieusement et
plus profondément l'idée-mère d'un livre, et j'ai senti
le goût de te communiquer ce qui m'est venu dans l'imagination et de te demander ton avis. Je ne puis songer
qu'à un sujet contemporain. Il n'y a, au fond, que les
choses de notre temps qui intéressent le public et qui
m'intéressent moi-même. La grandeur et la singularité du
spectacle que présente le monde de nos jours absorbe
trop l'attention pour qu'on puisse attacher beaucoup de
prix à ces curiosités historiques qui suffisent aux sociétés

oisives et érudites. Mais quel sujet contemporain choisir? Ce qui aurait le plus d'originalité et ce qui conviendrait le mieux à la nature et aux habitudes de mon intelligence, serait un ensemble de réflexions et d'aperçus sur le temps actuel, un libre jugement sur nos sociétés modernes et la prévision de leur avenir probable. Mais quand je viens à chercher le nœud d'un pareil sujet, le point où toutes les idées qu'il fait naître se rencontrent et se lient, je ne le trouve pas. Je vois des parties d'un tel ouvrage, je n'aperçois pas d'ensemble; j'ai bien les fils, mais la trame me manque pour faire la toile. Il me faut trouver quelque part, pour mes idées, la base solide et continue des faits. Je ne puis rencontrer cela qu'en écrivant l'histoire; en m'attachant à une époque dont le récit me serve d'occasion pour peindre les hommes et les choses de notre siècle, et me permette de faire de toutes ces peintures détachées un tableau. Il n'y a que le long drame de la Révolution française qui puisse fournir cette époque. J'ai depuis longtemps la pensée, que je t'ai exprimée, je crois, de choisir dans cette grande étendue de temps qui va de 1789 jusqu'à nos jours, et que je continue à appeler la Révolution française, les dix ans de l'Empire, la naissance, le développement, la décadence et la chute de cette prodigieuse entreprise. Plus j'y réfléchis, et plus je crois que l'époque à peindre serait bien choisie. En elle-même, elle est non-seulement grande, mais singulière, unique même; et cependant, jusqu'à présent, du moins à mon avis, elle a été reproduite avec de fausses ou de vulgaires couleurs. Elle jette, de plus, une vive lumière sur l'épo-

que qui l'a précédée et sur celle qui la suit. C'est certainement un des actes de la Révolution française qui fait
le mieux juger toute la pièce, et permet le plus de dire
sur l'ensemble de celle-ci tout ce qu'on peut avoir à en
dire. Mon doute porte bien moins sur le choix du sujet
que sur la façon de le traiter. Ma première pensée
avait été de refaire à ma manière le livre de M. Thiers :
d'écrire l'action même de l'Empire, en évitant seulement
de m'étendre sur la partie militaire, que M. Thiers a reproduite, au contraire, avec tant de complaisance et de
talent. Mais, en y réfléchissant, il me vient de grandes hé-
sitations à traiter le sujet de cette manière. Ainsi envisagé,
l'ouvrage serait une entreprise de très-longue haleine.
De plus, le mérite principal de l'historien est de savoir
bien faire le tissu des faits, et j'ignore si cet art est à
ma portée. Ce à quoi j'ai le mieux réussi jusqu'à présent, c'est à juger les faits plutôt qu'à les raconter ; et,
dans une histoire proprement dite, cette faculté que je
me connais n'aurait à s'exercer que de loin en loin et
d'une façon secondaire, à moins de sortir du genre et
d'alourdir le récit. Enfin, il y a une certaine affectation
à reprendre le chemin que vient de suivre M. Thiers. Le
public vous sait rarement gré de ces tentatives ; et quand
deux écrivains prennent le même sujet, il est naturellement porté à croire que le dernier n'a plus rien à lui apprendre. Voilà mes doutes ; je te les expose pour avoir
ton avis.

A cette première manière d'envisager le sujet en a
succédé dans mon esprit une autre que voici : il ne s'agi-

rait plus d'un long ouvrage, mais d'un livre assez court,
un volume peut-être. Je ne ferais plus, à proprement parler, l'histoire de l'Empire, mais un ensemble de réflexions et de jugements sur cette histoire. J'indique-
rais les faits, sans doute, et j'en suivrais le fil; mais ma
principale affaire ne serait pas de les raconter. J'aurais,
surtout, à faire comprendre les principaux, à faire voir
les causes diverses qui en sont sorties; comment l'Empire
est venu; comment il a pu s'établir au milieu de la société créée par la Révolution; quels ont été les moyens
dont il s'est servi; quelle était la nature *vraie* de l'homme
qui l'a fondé; ce qui a fait son succès, ce qui a fait ses
revers; l'influence passagère et l'influence durable qu'il
a exercée sur les destinées du monde et en particulier sur
celles de la France. Il me semble qu'il se trouve là la matière d'un très-grand livre. Mais les difficultés sont immenses. L'une de celles qui me troublent le plus l'esprit
vient du mélange d'histoire proprement dite avec la philosophie historique. Je n'aperçois pas encore comment
mêler ces deux choses (et il faut pourtant qu'elles le soient,
car on pourrait dire que la première est la toile, et la
seconde la couleur, et qu'il est nécessaire d'avoir à la
fois les deux pour faire le tableau). Je crains que l'une
ne nuise à l'autre, et que je ne manque de l'art infini
qui serait nécessaire pour bien choisir les faits qui doivent
pour ainsi dire soutenir les idées; en raconter assez pour
que le lecteur soit conduit naturellement d'une réflexion
à une autre par l'intérêt du récit, et n'en pas trop dire
afin que le caractère de l'ouvrage demeure visible. Le

modèle inimitable de ce genre est dans le livre de Montesquieu sur la grandeur et la décadence des Romains. On y passe pour ainsi dire à travers l'histoire romaine sans s'arrêter; et cependant on aperçoit assez de cette histoire pour désirer les explications de l'auteur et pour les comprendre. Mais indépendamment de ce que de si grands modèles sont toujours fort au-dessus de toutes les copies, Montesquieu a trouvé dans son livre des facilités qu'il n'aurait pas eues dans celui dont je parle. S'occupant d'une époque très-vaste et très-éloignée, il pouvait ne choisir que de loin en loin les plus grands faits, et ne dire, à propos de ces faits, que des choses très-générales. S'il avait dû se renfermer dans un espace de dix ans et chercher son chemin à travers une multitude de faits détaillés et précis, la difficulté de l'œuvre eût été beaucoup plus grande assurément.

J'ai cherché dans tout ce qui précède à te faire bien comprendre l'état de mon esprit. Toutes les idées que je viens de t'exprimer l'ont mis fort en travail; mais il s'agite encore au milieu des ténèbres, ou du moins il n'aperçoit que des demi-clartés qui lui permettent seulement d'apercevoir la grandeur du sujet, sans le mettre en état de reconnaître ce qui se trouve dans ce vaste espace. Je voudrais bien que tu m'aidasses à y voir plus clair. J'ai l'orgueil de croire que je suis plus propre que personne à apporter dans un pareil sujet une grande liberté d'esprit, et à y parler sans passion et sans réticence des hommes et des choses. Car, quant aux hommes, quoiqu'ils aient vécu de notre temps, je suis sûr de n'avoir à leur égard ni amour ni haine; et quant aux formes des choses qu'on nomme des constitutions, des lois, des dynasties, des classes, elles n'ont pour ainsi dire, je ne dirai pas de valeur, mais d'existence à mes yeux, indépendamment des effets qu'elles produisent. Je n'ai pas de traditions, je n'ai pas de parti, je n'ai point de *cause*, si ce n'est celle de la liberté et de la dignité humaine; de cela, je suis sûr; et pour un travail de cette sorte, une disposition et un naturel de cette espèce sont aussi utiles qu'ils sont souvent nuisibles quand il s'agit non plus de parler sur les affaires humaines, mais de s'y mêler.

Adieu; j'attends bientôt de toi une longue lettre.

### A MADAME PHILLIMORE

Sorrente, 31 décembre 1850.

J'espère, madame, que vous avez assez bonne opinion de moi pour avoir jugé que, puisque je ne vous répondais point, il fallait que je n'eusse pas reçu votre lettre. Le lieu d'où je date celle-ci sera mon excuse. La maladie grave dont j'ai été atteint l'an dernier avait laissé des traces qui ont fait croire à mes médecins qu'il était plus prudent de m'abstenir quelques mois encore de prendre part aux travaux de notre assemblée et de venir passer l'hiver en Italie. Je leur ai obéi, bien qu'à regret; et c'est à eux, madame, et non à moi qu'il faut s'en prendre de mon silence. Je viens seulement de recevoir la lettre que vous m'avez écrite le 16 novembre, et qui est restée

quelque temps chez moi avant de m'être renvoyée. Je
n'ai pas besoin de vous dire que j'aurais été très-heureux
de pouvoir être agréable à un homme aussi distingué
que l'est sir Charles Lyell [1], et en même temps de faire
quelque chose qui vous plût.....

Je ne vous parlerai point politique, madame ; car je
vis dans un pays où l'on n'en fait point de peur d'être
pendu ; et je ne veux pas penser à celle qu'on peut faire
dans les pays où il est permis de s'en occuper sans redouter le même accident. Je suis venu ici pour l'oublier,
et je remplis mon programme à la lettre. Je passe mon
temps avec les gens qui vivaient dans les siècles passés,
et nullement avec ceux du nôtre. Mon oubli des affaires
ne s'étend pas pourtant aux personnes. Aussi, madame,
ai-je été très-sensible à votre souvenir. Je vous prie de
m'y conserver toujours une petite place, et de croire que
vous en conservez une fort grande dans le mien.

1. Géologue anglais et écrivain de beaucoup de mérite.

## A M. LANJUINAIS

Sorrente, 31 janvier 1851.

Mon cher ami, je reçois votre lettre du 20 janvier au moment où j'allais vous écrire. Je veux vous adresser à la hâte deux mots, en attendant mieux. Je vous écris dans cette grande presse, parce que dans un quart d'heure il faut envoyer ma lettre à Naples à un de mes amis qui part demain et qui doit la porter lui-même à Paris. Je ne veux pas perdre cette occasion de vous parler sans contrainte, ce qu'il est impossible de faire quand on sait que sa lettre passera sous les yeux de la poste de Naples ou séjournera au ministère des affaires étrangères avant de vous arriver. Je n'ai pas oublié l'histoire des correspondances du frère de ***

Comme le temps me manque, je me borne à vous dire que je m'identifie pleinement à la conduite que

vous avez tenue, au langage que vous avez fait entendre,
et aux votes que vous avez émis dans l'affaire de la mo-
tion Rémusat, parce que c'est un grand malheur que
les choses aient été poussées à cette extrémité, mais ce
n'est ni votre faute ni la mienne; et, puisqu'elles en
étaient arrivées là, il n'y avait nul doute qu'il fallait
résister ou périr. Du reste, après ce vote, comme avant,
la situation me paraît bien difficile et même bien péril-
leuse, non-seulement pour la république, mais encore
pour les institutions libres. J'espère qu'on s'efforce de
ramener ceux des membres de la minorité qui ne sont
pas irrévocablement engagés, et qu'on prend toutes
sortes de ménagements pour empêcher qu'il ne se forme
un parti napoléonien compacte. En somme, je suis bien
noir pour l'avenir. Je crois que nous luttons en vain, et
que la nation nous entraîne hors de la liberté. Adieu.
Écrivez-moi.

## AU BARON HUBERT DE TOCQUEVILLE [1]

Sorrente, 27 mars 1851.

J'ai reçu, mon cher enfant, ta lettre du 18 février,
et je m'étonne d'être resté si longtemps sans y répondre, car elle m'a fait grand plaisir. Je crois que ma pa-

---

1. Fils aîné du vicomte Édouard de Tocqueville, et neveu d'Alexis,
successivement attaché à l'ambassade de Vienne et à celle de Berlin. Une
mort prématurée l'a frappé en 1865. Alexis de Tocqueville l'avait en
quelque sorte adopté pour son fils et institué son héritier.

resse à écrire depuis un mois est venue de l'état languissant de ma santé. Rien ne porte plus à la paresse que le mal d'estomac; c'est une maladie qui donne toutes sortes de mauvaises habitudes et quelquefois de travers à l'esprit, entre autres la tristesse, qui est un grand travers, car elle ne remédie pas au mal qui arrive et gâte le peu de bien qui peut y être mêlé. Ce mois de mars m'a été très-contraire, non, il est vrai, à la poitrine (et c'est là l'important), mais à tout le reste : il a été cependant en général fort doux; mais je crois que c'est cette extrême douceur même, produite par un vent très-énervant qu'on nomme le sirocco, qui m'a dérangé. Ce misérable sirocco a soufflé presque constamment durant les trois dernières semaines, et je m'en suis senti fort affaibli. Je vais du reste beaucoup mieux maintenant, et si j'étais mal, il ne me serait pas permis de m'en prendre au temps; car nous avons maintenant tous les charmes du printemps, avec un air frais qui devrait empêcher d'en éprouver les mauvais effets. Ta tante ne va pas mal, et nous comptons toujours quitter Naples le 14 avril pour gagner Marseille, s'il n'arrive pas d'ici là quelques incidents de santé qui nous retiennent.

Je vois que tu es plongé dans les études préparatoires du baccalauréat. C'est une triste besogne; car le problème à résoudre est d'apprendre dans le moins de temps possible le plus de choses possible, c'est-à-dire sans rien savoir à fond ni d'une façon qui satisfasse : mais la faute en est aux pédants qui ont fait les pro-

grammes, et non aux bons écoliers comme toi qui s'efforcent consciencieusement de les remplir. Je suis sûr que
tu réussiras; car tu fais bien tout ce que tu entreprends,
et avec un zèle qui vaut encore mieux que le succès. Je
suis fâché que tu ne m'aies pas parlé un peu plus dans
ta lettre de tes études et de l'effet qu'elles produisent
sur toi; car je m'intéresse beaucoup à toi et à tout ce que
tu fais.


## A MADAME LA MARQUISE DE LEUSSE

Paris, 1er juin 1851.

Ma chère cousine, je me suis occupé au travers de
toutes mes affaires de l'affaire de votre fils, comme vous
pouvez croire. J'ai d'abord voulu voir ce jeune homme,
afin de bien comprendre ce qu'il demandait. J'ai été
très-content de lui, et j'en ai tiré le renseignement dont
j'avais besoin. Je me suis ensuite adressé aux bureaux
du ministère de la marine, et j'y ai appris qu'on n'ac-
cordait de faveurs de l'espèce de celle que nous sollici-
tons que pour *cause de maladie*. Votre pétition n'allé-
guant aucun motif semblable, je me suis permis de la
supprimer. Je ne vous en ai pas demandé une autre
rédigée dans le sens voulu, parce que j'ai craint qu'en
votre qualité de sainte femme, il ne vous parût difficile de faire le mensonge nécessaire. Moi, qui suis encore un mécréant, j'ai cru pouvoir me le permettre, vous
renvoyant toutefois la responsabilité du péché. J'ai donc

demandé la chose en mon nom, et en affirmant que votre fils était malade.

Je voulais, en effet, vous aller voir le vendredi dont vous a parlé Édouard : mais vous savez que les gens qui font le moins ce qu'ils veulent sont ceux qui ont la prétention de contribuer au gouvernement des autres. Je n'ai donc pu trouver l'heure dont j'avais besoin. Recevez l'expression de mes regrets, ma chère cousine.

### A M. SENIOR, ESQ.

Versailles, 27 juillet 1851.

Cher M. Senior,

J'ai été bien satisfait de l'effet général qu'a produit mon rapport[1] en France et charmé de l'opinion qui s'est manifestée à mon égard chez vous. Je tiens presque autant à ce qui se dit de moi sur un côté de la Manche que sur l'autre; et j'ai d'ailleurs tant de sentiments et d'idées qui me sont communs avec les Anglais, que l'Angleterre est devenue pour moi comme une seconde patrie intellectuelle.

Pourquoi mon plaidoyer en faveur de la révision ne vous a-t-il pas convaincu? Qu'y a-t-il de contradictoire entre ce que j'ai écrit à cette occasion et ce que je vous disais l'hiver dernier? L'élection inconstitutionnelle du président me paraissait un événement très-probable : je le crois encore, quoique Louis-Napoléon Bonaparte ait

1. Rapport du 8 juillet 1851 sur la révision de la Constitution.

achevé de s'aliéner les classes supérieures et presque tous les hommes politiques éminents; quoique, autant que j'en puis juger, sa popularité dans le peuple lui-même soit fort diminuée et diminue tous les jours. Cependant, je vous avoue que je persévère à regarder sa réélection comme à peu près inévitable, par l'absence de tout concurrent possible, et par suite de l'anxiété générale. Je crois que le courant bonapartiste, s'il est détourné, ne peut l'être que par un courant révolutionnaire dont le danger serait plus grand encore : enfin, je pense que Napoléon réélu inconstitutionnellement, tout devient possible, en fait d'entreprise contre la liberté. Je le croyais si bien, il y a six mois, comme aujourd'hui, que je me rappelle vous avoir dit alors que, probablement, la fin de tout ceci serait de me faire quitter la vie publique, afin de ne pas me mêler à un gouvernement qui tenterait de détruire en droit ou d'annuler en fait les institutions constitutionnelles, et peut-être y réussirait pour quelques années, grâce à la fatigue des esprits. Croyant peu à la possibilité de maintenir la République, qui eût été le gouvernement de mon choix s'il eût été possible, j'eusse vu sans peine Louis-Napoléon devenir notre chef permanent, si j'avais cru possible, d'une part, qu'il pût rallier autour de lui la tête de la société; de l'autre, qu'il pût et voulût être un prince constitutionnel. Mais je ne croyais pas cela possible, je vous l'ai dit; et tout ce que j'ai vu depuis mon retour m'a montré, de plus en plus, combien j'avais raison. Le président est aussi *imperméable* aux idées constitutionnelles que l'était Charles X lui-même. Il a sa légitimité à sa manière, et il croit aux constitutions de l'empire comme l'autre au droit divin. En outre, il est, de plus en plus, séparé de la presque totalité des hommes qui ont le talent ou l'habitude de mener les affaires, et réduit à chercher son point d'appui dans les instincts ou les passions du peuple proprement dit. Ainsi la réélection, surtout inconstitutionnelle, peut avoir les plus tristes conséquences, et cependant elle est presque inévitable, si l'on n'a recours aux passions révolutionnaires que je ne veux point réveiller dans la nation. Où mène tout ceci, sinon à désirer la révision dont l'effet serait ou de rendre la réélection du président impossible en changeant la nature et l'origine du pouvoir exécutif, ou moins dangereuse en la rendant légale?

Beaucoup de gens en France et même quelques personnes en Angleterre m'ont reproché de m'être tenu si énergiquement sur le terrain de la Constitution et d'avoir entraîné l'Assemblée à y adhérer d'avance par son vote même. On m'a reproché d'avoir prévu le cas où le président serait élu irrégulièrement et d'avoir engagé, dans ce cas, l'Assemblée à la résistance. C'est une erreur qu'il est facile de découvrir en relisant le rapport. Je n'ai pas prévu ni voulu prévoir ce que ferait, ou devrait faire l'Assemblée dans le cas d'une réélection inconstitutionnelle : cela dépendra en effet entièrement des circonstances et surtout du nombre des votes. Il est évident qu'il y a telle manifestation de la nation devant laquelle il serait prudent et patriotique de céder. Ce que j'ai dit et fait dire à l'Assemblée : c'est que d'ici là il ne fallait pas permettre que personne s'écartât de la légalité; qu'il fallait empêcher les partis et le gouvernement lui-même d'entraîner le peuple dans des candidatures inconstitutionnelles; qu'il fallait agir et engager tout le monde à agir de manière que la nation fût jusqu'au bout maîtresse d'elle-même, et influencée par ses seuls intérêts et ses seules pensées. J'ai dit cela avec autant de vigueur que je l'ai pu, d'abord parce que je croyais très-utile que cela fût dit, et ensuite parce qu'il me convenait de le dire. Il se peut qu'il arrive un moment tellement critique, que je sois moi-même d'avis qu'il faut laisser le peuple violer la Constitution; mais je laisserai faire cette triste besogne par d'autres. Je n'abattrai jamais de mes mains le drapeau de la loi dans mon pays. Un autre motif m'a porté à être net et explicite sur la question de légalité. Il y a deux choses dans la révision : un mouvement national respectable et une intrigue qui consiste à affaiblir la puissance morale de la Constitution à l'avance. Je voulais bien seconder le premier, mais non favoriser l'autre. En somme, notre situation est plus compliquée, plus inextricable et plus obscure qu'elle ne l'a jamais été. Nous sommes toujours dans une de ces positions étranges et terribles où rien n'est impossible et rien n'est à prévoir. Ce qu'il y a de moins invraisemblable, c'est l'élection du président, et en même temps celle d'une assemblée beaucoup moins présidentielle qu'on ne le suppose; de telle façon que si Louis-Napoléon ne profite pas de la première impulsion po-

pulaire pour mettre la main sur tous les pouvoirs, il
peut se retrouver de nouveau en face d'une assemblée
qui ne lui laisse pas ses coudées franches. En face de
cette situation sans exemple dans l'histoire, la nation
est parfaitement calme et même assez prospère. Sauf
l'agriculture qui souffre toujours, le mouvement in-
dustriel ne décroît pas; il s'est accru, au contraire, dans
ces derniers temps. Chacun, sans s'exposer à de grands
risques, poursuit avec activité et persévérance son né-
goce et s'occupe avec ardeur et avec profit de ses affaires, comme si tout n'était pas incertain pour demain.
On ne voit pas sans doute arriver 1852 sans une terreur très-grande et même, à ce que je crois, exagérée.
Mais nous avons tous reçu l'éducation des révolutions :
nous savons qu'il faut y vivre comme le soldat en campagne, que la chance d'être tué le lendemain n'empêche pas de songer la veille aux soucis de son dîner
et de son coucher, et même à l'occasion de se distraire.
Nous en sommes tous là ; et quand je vois l'attitude de
toute la nation, je ne puis m'empêcher de l'admirer.
Jusqu'au milieu de tous ses travers et de toutes ses faiblesses, c'est un grand peuple.

Ce que vous me dites, que le bill contre les titres
ecclésiastiques ne mènera à rien, me paraît vraisemblable, grâce aux mœurs du pays. Mais pourquoi faire
des lois pires que les mœurs? c'est le contraire qui devrait être. Je vous avoue que j'ai été de cœur et d'esprit avec ceux qui, comme lord Aberdeen et M. Glad-
stone, se sont opposés, au nom de la liberté et du principe

même de la réforme, à ces atteintes à la fois vaines et
dangereuses que le bill a portées, au moins en théorie,
à l'indépendance de la conscience. Où se réfugiera la
liberté religieuse, si on la chasse de l'Angleterre? Si ceux
qui partent des principes du libre examen et de la tolérance qui en découle nécessairement se mettent à être
intolérants, quel droit ont-ils, je vous prie, de reprocher rien, en fait d'intolérance, à la cour de Rome,
qui, si elle conteste les principes de la raison individuelle, ne viole pas du moins ses propres principes?
Je sais qu'il est fort imprudent de juger ce qui se passe
dans un pays étranger; toutefois je ne puis m'empêcher
de croire que, quand on verra de loin tout ce mouvement et toute cette agitation causés par ce qu'on nomme
*the papal aggression*, cela ressemblera beaucoup, quoique en petit, aux passions qui s'emparèrent de la nation il y a deux siècles, après la découverte du *popish
plot*. Le mouvement actuel paraîtra moins violent, mais
non pas plus raisonnable; et ceux qui y auront aidé seront plus surpris que nous ne le sommes nous-mêmes
en le regardant.

Je finis cette interminable lettre en vous priant de
croire à tous mes sentiments de sincère amitié.

A M. HENRY REEVE, ESQ.

Paris, 27 novembre 1851.

Je vous demande pardon, mon cher ami, de n'avoir pas encore répondu à votre lettre, et de n'y répondre aujourd'hui encore qu'en peu de mots. Je n'ai jamais été, je vous le confesse, moins qu'à présent en humeur écrivante. De quoi parler, si ce n'est de politique? et quel triste sujet de conversation que celui-là ! En vérité je n'ai point le courage d'entreprendre une pareille tâche. Que vous dirai-je d'ailleurs que vous n'ayez appris par les journaux? Le spectacle dont je suis le témoin, s'il m'était permis de m'y arracher, me ferait fuir dans la littérature : mais cela est encore défendu, et je ne puis encore que jouir en imagination du temps où, loin des affaires publiques, de ceux qui s'en occupent et même de ceux qui en parlent, sans conversations politiques, et, s'il se peut, sans journaux, je tâcherai de m'isoler de mon temps et de mon pays, pour vivre en moi-même et de moi-même. Je vous donne rendez-vous pour ce moment-là dans les vieux murs de Tocqueville où nous causerons de tout, excepté du présent. Jusque-là n'attendez rien de moi qui vaille la peine d'être dit, si ce n'est pourtant l'assurance de l'ancienne et bien sincère amitié que je vous porte.

# ANNÉE 1852

A G. DE BEAUMONT .

Paris, 18 février 1852.

Mon cher ami, je vois que vous transportez dans la solitude les mêmes agitations d'esprit que je rencontre au
milieu du monde. Il ne saurait en être autrement. Où
ne trouve-t-on pas aujourd'hui en France des objets qui
réveillent de tristes pensées? Et fût-on hors de France,
on ne serait point encore à l'abri : car la maladie est en
nous aussi bien que hors de nous. Lanjuinais, qui est
en Italie, mande que le souvenir de la France lui gâte la
vue des chefs-d'œuvre et du soleil.

Il faut bien cependant prendre son parti de ce qui se
passe et ne pas se dissimuler que ceci aura une assez
longue durée. Quant à moi, je ne retrouve le calme qui
me permet de m'occuper de mes études qu'en me dé-
montrant à moi-même que je suis hors des affaires pour

longtemps, et qu'il s'agit de prendre de nouvelles habitudes et de se créer en conséquence de nouveaux intérêts. Ce n'est pas la méthode de tout le monde. Je rencontre au contraire sans cesse des gens qui se font les illusions les plus ridicules, de vraies illusions d'émigrés, et qui supputent gravement le nombre de mois qui restent au gouvernement à vivre. Quant à moi, j'en reste à ma formule des premiers jours. Il ne fondera rien; mais il durera. Avec beaucoup plus de forces que le gouvernement républicain, il jouit comme lui de l'avantage d'être un terrain neutre où les deux partis monarchiques viennent chercher asile en attendant, et qu'ils préfèrent au camp de leurs anciens ennemis. Cela est vrai, surtout des légitimistes que non-seulement on laisse venir, mais qu'on attire par toutes sortes de petits stratagèmes dont le succès est rendu facile par l'envie qu'ont quelques-uns d'entre eux d'être pris pour dupes. C'est ainsi qu'on va leur disant à l'oreille que sur le fameux billet que doit laisser le président se trouve le comte de Chambord. C'est le cas de dire : « Le bon billet qu'a La Châtre ! » Dernièrement, lady Douglas disait à quelqu'un que le président détestait le mariage; qu'il n'aimait pas sa famille, et que sans doute, si on ne l'irritait pas, il laisserait le pouvoir à la légitimité. Toutes ces billevesées, la lassitude, la peur, l'ambition, la haine des d'Orléans aidant, font leur chemin. Ajoutez à tout cela les ambitions secondaires du parti, tous ceux qui ont souffert soit de ne pas être dans les assemblées, soit d'y être sans talent de parole et qui clabaudent maintenant contre ce qu'ils appellent le règne des avocats, et vous aurez une idée de la débandade.....

Le *Journal des faits* a reproduit la lettre où vous refusez toute candidature. Je n'ai pas l'ombre d'un doute que nous faisons bien de nous tenir à l'écart. Il n'y a rien à faire pour nous jusqu'à ce que l'esprit libéral renaisse en France. Jamais je n'ai eu de conviction plus ferme et plus tranquille que celle-là. Mon seul trouble vient de la crainte de ne pas trouver à bien occuper les loisirs forcés et probablement très-longs que cet avenir me laisse. Je ne puis saisir encore fortement ni même apercevoir très-nettement le sujet que j'ai choisi : cela me donne souvent des jours de grand abattement.

Les élections approchent sans que *la vie* électorale se montre nulle part. Le sentiment de l'insignifiance de la chose me paraît général. Je crois que l'administration fera passer presque partout ses candidats ; cependant pour peu qu'on s'entendît à Paris, je suis convaincu qu'on y battrait le gouvernement. Je viens de lire dans le *Moniteur* la loi sur la presse ou plutôt contre la presse. Tout ce qu'on peut imaginer en dehors de la censure est accumulé dans ce décret pour rendre toute discussion illusoire et même tout mouvement de la pensée impossible. Je vous recommande surtout l'article sur les fausses nouvelles où le fait seul est puni, à part de l'intention de mal faire. Eh bien ! malgré tout cela, le jour où l'opinion publique commencera à se réveiller, on sera obligé d'avoir recours à la censure, pratiquée ouvertement ou en secret. La censure est le seul spécifique connu contre la liberté de la presse.

## A VICTOR LANJUINAIS

Paris, 18 avril 1852.

Vous avez fait preuve d'une grande paresse à mon égard, mon cher ami; car vous ne m'avez écrit que deux fois depuis votre départ. Heureusement, j'ai eu de vos nouvelles par madame votre sœur et madame votre belle-sœur que j'ai été voir l'une après l'autre. J'ai su que vous vous portiez bien et que vous parveniez à oublier, parmi les chefs-d'œuvre et les ruines de l'Italie, nos affaires de France. Vous ne pouviez mieux faire, et je vous envie d'y avoir réussi. Quant à moi, j'y ai travaillé de mon mieux sans obtenir un succès complet. Je me suis si bien mis à l'écart de la politique, que j'ai fini par ne plus lire à peine les journaux; j'ai même été très-peu dans le monde des salons. J'ai beaucoup vécu chez moi ou à la Bibliothèque nationale. J'ai commencé de grands travaux que je poursuis assez mollement. En outre, je me suis bien porté : voilà mon bulletin depuis quatre mois. Mon intention est de quitter Paris à la fin du mois pour me rendre chez moi à la campagne. Là, j'espère, je pourrai consolider la pacification de mon esprit et achever de le mettre dans un état où il puisse produire. Une satisfaction que nous laissent les circonstances actuelles, satisfaction qui ne se rencontre pas toujours, même dans des temps plus heureux, est la complète certitude qu'on a de n'avoir rien de mieux à faire que ce que nous fai-

sons, vous en voyageant, moi en lisant et en écrivant.
Quels que soient le sort et les devoirs qui nous attendent, il
est bien certain que dans ce moment nous n'avons qu'une
marche à suivre : c'est de rester absolument étrangers à
la politique et de chercher ailleurs un aliment à l'activité de notre esprit. La France est dans un de ces moments où elle ne veut rien que la tranquillité et où il
faut se garder de chercher à la réveiller, si l'on ne désire
être mal venu d'elle. En vérité, quand la nation est prise
d'un de ces états-là, et il s'en est rencontré plus d'un
dans son histoire, on doit savoir gré à ceux qui la gouvernent de tout le mal qu'ils ne font pas; car ils pourraient tout faire absolument, sans que personne y prît
garde.

Je vais donc retourner chez moi dès que l'été sera
venu, et j'y resterai jusqu'à l'hiver. Rappelez-vous que
vous nous avez à peu près promis de venir nous y voir,
et que nous y comptons.

Beaumont vit à la campagne depuis le commencement
de l'année; Corcelle va de son côté partir. Dufaure quitte
Paris à la fin du mois pour la Saintonge; il est, je crois,
déterminé à reprendre, à Paris, sa robe d'avocat à la
rentrée prochaine : ce qui me semble excellent à tous
les points de vue. Vivien qui, comme vous le savez, est
très-pauvre et supporte très-noblement sa pauvreté, s'est
retiré dans une petite maison à Saint-Germain. Rivet est
plongé dans les Grandes affaires, où il doit réussir; la
compagnie du chemin de fer de l'Ouest a voulu l'avoir
pour président et directeur. J'aurais, comme vous pou-

vez penser, mille autres nouvelles, petites ou grandes, générales ou particulières, à vous donner; mais je me borne à vous remercier de tout ce que vous me dites d'intéressant dans votre lettre du 21, à me rappeler à votre souvenir, et à vous assurer que ce sera un vrai plaisir pour moi de vous revoir et de causer comme toujours à cœur ouvert avec vous. Tout à vous d'amitié.

*P. S.* Arrangez-vous, je vous prie, pour venir cet été chez nous.

### A MADAME PHILLIMORE

Tocqueville, 20 juin 1852.

Me permettrez-vous, madame, de rendre un véritable service à un de mes amis en lui procurant le plaisir de votre connaissance? J'ai assez compté sur vos bontés pour le croire; et j'ai donné cette lettre d'introduction à M. le comte de Champagne qui sera très-heureux de vous la rendre. C'est un jeune homme qui appartient à une famille très-ancienne et très-distinguée. Il est riche; il a reçu une excellente éducation. Depuis deux ans, il est attaché à notre ministère des affaires étrangères, et il occupera certainement un rang dans notre diplomatie. Je l'aime beaucoup et suis lié avec sa famille qui est alliée à la mienne. Je réclame pour lui un bienveillant accueil, et lui envie le plaisir qu'il aura à vous voir et à causer avec vous.

Je vous écris, madame, du fond d'une province où je vis peu avec les hommes et beaucoup avec les livres; et comme tous les humains ne vous ressemblent pas, je me trouve très-bien de m'être séparé d'eux. Je me suis plongé avec délices dans des études que les affaires et les révolutions avaient interrompues. J'ai commencé un grand ouvrage que j'avais en vue depuis plus de dix ans, et que je ne croyais jamais avoir le temps ni la liberté d'esprit d'entreprendre; et je vous confie qu'il y a bien des moments où je suis assez égoïste et assez mauvais Français pour me trouver très-heureux. Il n'y a qu'une sorte de vertu qui vient me troubler en me faisant sentir qu'il n'existe pas de bonheur individuel qui puisse consoler de la ruine des institutions dont on avait espéré la grandeur de son pays. Il est dur, quelque plaisir qu'on trouve dans la vie privée, de penser que cette grande et terrible révolution française puisse aboutir, après soixante ans, à ce que nous voyons. Aussi, madame, n'est-ce point la fin de ce grand drame, croyez-le; c'est un nouvel acte ajouté à tant d'autres; ce n'est pas encore le dénoûment.

Rappelez-moi, madame, je vous prie, particulièrement au souvenir de M. Phillimore et de M. votre père. Madame de Tocqueville veut être rappelée au vôtre; et moi, madame, je vous prie d'agréer de nouveau l'hommage de mon respect.

A M. FRESLON

Tocqueville, 28 juin 1852

Mon cher ami, j'aurais voulu vous écrire plus tôt. Je suis puni de ma négligence par l'absence de toute nouvelle, dont je souffre beaucoup en ce moment. Maintenant qu'on se défie de la poste (je crois à tort, du moins dans les cas ordinaires), on traite les absents comme les morts, et le prétendu danger qu'il y a à leur communiquer ses pensées endort la conscience relativement à la mauvaise action qu'on commet très-certainement en ne leur écrivant pas. Du reste, cette tirade ne s'adresse pas à vous (à votre égard je suis dans mon tort) mais à Rivet, auquel je m'étais adressé il y a déjà longtemps pour avoir des nouvelles et qui ne m'a pas répondu. Il n'y a plus maintenant à Paris que vous et lui, qui puissiez m'apprendre un peu ce qui se passe, en admettant qu'il se passe quelque chose. Quand vous êtes muets l'un et l'autre, je suis séparé du monde. Ne me laissez pas, je vous prie, trop longtemps au fond de mon puits, sans m'instruire de ce qui est arrivé à la surface de la terre. Je vous demande, entre autres, des détails sur ce qui s'est passé au Conseil d'État à l'occasion des biens confisqués à la maison d'Orléans. Il y a certainement eu une scène intérieure qui a dû percer bientôt dans le public. On doit savoir aujourd'hui, sans erreur, le nom de ceux qui ont voté dans un sens et le nom de ceux qui ont voté en sens contraire. Cet événement étant décisif dans la vie des uns et des autres, et beaucoup d'entre eux m'étant connus, j'ai hâte de savoir à quoi m'en tenir sur leur conduite dans cette circonstance capitale.

Je suis arrivé ici depuis trois semaines ; j'ai vu assez de monde, et ne puis portant vous rendre aucun compte du pays. On ne dit rien et, en vérité, je crois qu'on ne pense guère. Le trait saillant me semble une espèce d'hébétement général à l'endroit de la politique, et je dirais volontiers de toutes choses, si ce n'est des petits intérêts journaliers.

Cet immense silence qui règne amène peut-être en d'autres pays le malaise de l'esprit. Il me semble qu'ici il facilite son sommeil. Quand la passion politique existe, l'absence de nouvelles et de polémique la contrarie et l'exalte ; il en est de celle-là comme de toutes les autres qui s'augmentent dans la solitude et le silence. Mais pour des gens qui n'ont pas d'autres désirs que celui du repos, quoi de plus commode que la cessation de tout bruit ? Leur assoupissement en devient plus profond. Je sais bien que nous ne sommes pas une nation de dormeurs ; mais d'où peut venir maintenant le son qui nous éveille ? Je fais moi-même comme tout le monde, je sommeille. Je me permets seulement de rêver ; encore est-ce au temps passé plutôt qu'au présent. Dans le présent, je ne m'intéresse qu'à mes amis. Les derniers événements ont achevé de me guérir du faible que je conservais encore pour le demeurant de l'humanité. C'est comme un second âge mûr qui s'est ajouté à celui que j'avais déjà : une misanthropie instantanée qui est venue par-dessus la misanthropie graduelle qu'amènent naturellement les années. Il faut cependant bien vivre avec ce genre humain, puisqu'il n'y a rien de mieux que lui sur la terre, et qu'au fond il arrive souvent que celui qui en médit ne vaut pas mieux que lui.

Je demandais aussi à Rivet des nouvelles de nos amis d'au delà de la frontière; en avez-vous et quelles sont-elles? Enfin je lui disais de nouveau qu'il me remplirait de joie s'il venait nous voir à un moment quelconque de cet été. Je vous dis la même chose, mon cher ami; vous trouverez ici des hôtes qui seront heureux de vous recevoir dans une paisible solitude où l'on regarde les indifférents comme des ennemis naturels, mais où les gens qu'on estime et qu'on aime sont doublement bien accueillis; où l'on fait ce que l'on veut sans gêner personne ni être gêné par personne; où l'on trouve enfin la liberté qu'on exile du reste de la France. Venez donc quand vous voudrez, et soyez sûr de nous faire plaisir.

Ma femme veut que je la rappelle à votre souvenir, et moi je vous prie de croire à tous mes sentiments de vive et sincère affection.

## A M. ODILON BARROT

Tocqueville, 5 juillet 1852.

J'ai bien regretté, mon cher ami, de quitter Paris sans pouvoir aller vous serrer la main et prendre congé de madame Barrot. J'ai essayé en vain de vous trouver rue de la Ferme, et le temps m'a manqué pour pousser jusqu'à Bougival. Je sentais cependant très-vivement le besoin de vous dire adieu, de même que j'éprouve aujourd'hui celui de rester en communication avec vous. Avec nos opinions et nos goûts, qu'avons-nous de mieux à faire que de vivre entre nous? Ne sommes-nous pas des étrangers en France, et, pour retrouver quelques-uns des charmes de la patrie, avons-nous d'autres ressources que de nous communiquer souvent nos sentiments et nos pensées? Nous ne pourrons nous passer les uns des autres que quand notre pays nous sera rendu : cela arrivera un jour, mais quand? Je l'ignore. Indépendamment de cette raison générale, et qui n'est que trop durable, qui me porte à vous écrire, j'ai de plus, en ce moment, un motif particulier de vouloir le faire. Voilà, contre toute attente, les conseils généraux électifs, et l'élection cantonale par le vote universel conservée. C'est à vrai dire la seule liberté réelle qui reste; car, d'une part, l'administration ne pourra jamais dominer une élection de cette espèce comme l'élection politique, et, de l'autre, des corps ainsi élus auront toujours la haute main sur les autorités locales. Que devons-nous faire en présence d'une telle situation si on nous offre une candidature? Quant à la masse des hommes indépendants, je n'hésite pas à dire que je les verrais avec peine abandonner des fonctions de cette espèce. Mais ne sommes-nous pas dans une situation trop particulière pour faire nous-mêmes

ce que nous désirons voir faire à d'autres ? Je suis porté
à le croire. Toutefois, je n'ai voulu prendre aucun parti
sans vous écrire et sans vous demander ce que vous
pensez et ce que vous comptez faire. Je vous prierais de
ne pas trop tarder à me répondre, car d'un moment à
l'autre le gouvernement peut faire procéder aux élections
dont je parle.

J'ai vu très-peu de monde depuis mon arrivée dans
ce pays. Ce qui me frappe le plus, comme le trait le plus
saillant du moment, c'est moins l'approbation de la politique actuelle que l'absence de toute idée et de toute
impression politique quelconque. C'est une suspension
à peu près complète de la vie collective et nationale.
Chacun est retiré et comme enfoui dans ses affaires privées, n'en sort point de lui-même, et trouve mauvais
qu'on veuille l'en faire sortir. Ce serait un spectacle
triste à mourir, si l'on ne pouvait se faire au dedans de
soi-même un asile qui permît de laisser rarement échapper sa pensée au dehors. Je tâche d'agir ainsi, et j'y
réussis assez bien jusqu'ici, mais non pas assez cependant pour n'être pas saisi de temps à autre par une
grande mélancolie. Adieu.


### A M. G. DE BEAUMONT

Tocqueville, 16 juillet 1852.

Mon cher ami, la vie que nous menons ici est si retirée, si égale, si unie, qu'avec la disposition de vous

tout dire, je ne sais que vous dire. Je vous ai déjà
mandé, je crois, que je m'étais remis sérieusement au
travail. J'ai continué depuis lors avec une ardeur inter-
mittente, mais suffisante pourtant pour me faire trouver
souvent ma solitude charmante et toujours douce. J'ai
déjà ébauché un chapitre que je compte bien vous lire
si, comme je l'espère, vous venez ici..... Je rencontre
des difficultés effroyables dans le sujet, et je crains quelquefois qu'elles ne finissent par me rebuter. Que vous
êtes heureux de pouvoir vous figurer d'avance en détail
toute l'ordonnance d'un livre! Quant à moi, tout ce que
j'ai pensé sur celui que je veux faire m'arrive confusément au premier chapitre. C'est l'histoire de la bouteille
pleine dont le goulot est trop étroit pour laisser passer
le liquide, qui s'y précipite tout à la fois. Au fond, je ne
sais pas bien encore si j'ai un sujet, mais je le cherche
avec une énergie désespérée. Car, sans la ressource d'un
grand livre à faire, je ne saurais en vérité que devenir.

La semaine dernière, le silence qui règne autour de
cette vieille demeure a été troublé par le bruit d'une
voiture. Nous en avons vu descendre avec assez de surprise X. qui venait passer la journée avec nous. Nous
l'avons reçu de notre mieux, et nous avons parlé avec
lui littérature du matin au soir. Il en parle bien mieux
que de politique : il sait tout le dix-huitième siècle
par cœur, et j'ai vu le moment où il réciterait à ma
femme jusqu'à la *Pucelle* de Voltaire. Il m'aurait, en
vérité, fort amusé, s'il était au pouvoir d'un homme
quelconque de m'amuser huit heures de suite. Ne vou-

lant pas avoir l'air de fuir les discussions politiques, je lui ai dit à brûle pourpoint : « Comment pouvez-vous expliquer que le président, qui a passé toute sa vie dans des pays libres, ait détruit à ce point la liberté dans le nôtre? Pour moi, ai-je ajouté, ce qui m'empêchera toujours de me rallier à son gouvernement, c'est encore moins le 2 décembre, que ce qui le suit. » X. est convenu avec embarras qu'il en était surpris lui-même, qu'on avait été beaucoup trop loin; m'a assuré qu'il ne désespérait pas d'un retour vers la liberté, et s'est rejeté dans la littérature. J'ai repris le sujet dans un autre moment, ce qui a donné à X... l'occasion de me raconter que le Président était entouré de gens qui ne trouvaient de mal dans ce qui se passait que la modération et la lenteur dont on usait. Ceux-là se choquaient de l'excès de nos libertés et du peu de puissance que le président s'est réservée. Ce qui m'impatientait un peu dans mon hôte était de voir que, comme tant d'autres, en sacrifiant ses anciennes affections à ses intérêts, il avait retenu précieusement ses anciennes haines; et, dans un moment où il me faisait une tirade sur les crimes de la Restauration dont le plus grand était l'expédition d'Espagne : « Oui, ai-je dit, vous avez raison; c'est toujours en effet un grand crime de détruire la liberté d'un peuple, sous prétexte qu'il en fait mauvais usage. » Cette maxime a coupé net la conversation, et nous sommes rentrés définitivement dans Voltaire. Nous ne nous sommes pas moins quittés très-tendrement à dix heures du soir.

Voilà, mon cher ami, tout ce que je puis vous dire de plus intéressant aujourd'hui ; ne m'en demandez pas davantage : le monde finit pour moi au bout de mon avenue ; au delà je ne sais plus ce qui se passe. Adieu, et croyez à ma tendre amitié.


## AU BARON ÉDOUARD DE TOCQUEVILLE

—

Tocqueville, 17 septembre 1852.

Mon cher ami, il y a bien longtemps que j'ai le désir de t'écrire, et j'en suis empêché, non par de grandes affaires, je n'ai plus d'affaires de cette espèce, mais par une multitude de petites, dont les principales ont été de recevoir plusieurs de mes amis qui sont venus me voir : d'abord, Lanjuinais, puis Louis de Kergorlay, enfin les Beaumont qui sont encore ici. Nous attendons Corcelle au premier jour. Toutes ces visites de gens que j'aime très-tendrement m'ont fait plaisir, mais en même temps m'ont fort distrait du grand travail que j'ai entrepris et dont je te montrerai les premiers échantillons quand nous nous reverrons. C'est ce travail qui fait maintenant le fond de ma vie et qui m'a fait passer depuis quatre mois des jours plus tranquilles et plus heureux que je n'en avais connus depuis bien longtemps. J'oublie, en m'y livrant, la douleur que me cause le triste spectacle que nous donnons au monde en lui montrant une nation qui, hier, trouvait insuffisante une liberté modérée, et qui aujourd'hui se précipite avec enthousiasme dans le pouvoir absolu. J'ai appris avec une grande joie, mon bon ami, que tu avais fait exception à cette règle presque générale, et que ton langage et ton vote au sein du conseil-général de l'Oise ont montré que l'indépendance pouvait se concilier avec les tendances les plus anti-révolutionnaires. Ce sont de pareils exemples qui seuls peuvent maintenir à un certain niveau la moralité publique parmi nous. Combien peu le donnent parmi ceux qu'on appelle les honnêtes gens! Combien d'entre eux, soit par limite d'esprit, soit par médiocrité de cœur, confondent deux choses qu'il faudrait toujours séparer, l'obéissance et l'approbation.

## A M. N. W. SENIOR, ESQ.

Paris, 13 novembre 1852.

J'ai du malheur, mon cher Senior, avec vos lettres d'introduction. Vous savez combien j'ai désiré et tenté faire la connaissance de lord et lady Ashburton sans avoir pu y réussir. J'avais également grande envie, et j'aurais eu, je n'en doute pas, grand plaisir à me rencontrer avec M. Greg. Cette fois ce ne sont pas des hasards malheureux, c'est ma santé qui m'en a empêché : nous sommes revenus de Normandie ici dans les premiers jours du mois dernier. Nous allions à petites journées, comptant faire de ce voyage une partie de plaisir. Nous avons été pris en chemin par l'épouvantable temps que vous vous rappelez peut-être : le froid et l'humidité m'ont saisi.

J'y ai gagné d'abord un rhumatisme inflammatoire dans l'épaule et le côté, qui a fini par s'étendre à l'intérieur et devenir une pleurésie. La maladie n'a pas été bien grave, mais elle est bien longue. Je suis depuis le 10 octobre soit dans mon lit, soit dans ma chambre, et, quoique en pleine convalescence, je ne sais si je pourrai sortir avant quinze jours. C'est dans cet état que j'ai reçu la lettre dont M. Greg était porteur. Je n'étais pas en état de recevoir de visite, et j'ai été obligé de me borner à l'expression très-sincère de mes regrets.

Je ne vous parle point politique parce qu'on ne parle plus, ou du moins on n'écrit guère plus de politique en France qu'à Naples; et d'ailleurs de pareils sujets ne conviennent pas à un convalescent. Je vous dirai seulement, comme faits importants et authentiques, que les nouvelles dames de la cour ont déjà repris la robe à queue et le petit page, et que les nouveaux courtisans qui courrent le cerf avec leur maître dans la forêt de Fontainebleau, ont rendossé l'habit de chasse de Louis XV avec *the cocked hat* à plume.

Adieu, mon cher ami, ne soyez pas trop longtemps sans m'écrire, et croyez toujours à ma sincère amitié.


## A M. LE COMTE DE MONTALEMBERT

Paris, 1er décembre 1852.

Voici près de deux mois que je suis retenu dans mon lit ou dans mon appartement par une maladie assez grave. Je n'ai pu lire qu'hier votre nouvel écrit[1], et je veux dès aujourd'hui vous faire part moi-même des impressions qu'il m'a laissées.

Je ne vous remercierai point d'une note très-aimable que vous m'avez consacrée, bien qu'elle m'ait fait grand plaisir. Je veux vous remercier de la joie plus désintéressée et plus grande que m'a donnée la lecture de plusieurs chapitres de votre œuvre.

Je ne me sentais véritablement opprimé que depuis que je croyais voir la religion se rendre complice de ce qui se passe. Que certains hommes politiques se jettent aux genoux ou plutôt sous les pieds du maître, il n'y a là rien qui m'étonne et me blesse; c'est une évolution naturelle : mais une si noire et si prompte ingratitude envers la liberté, une si honteuse palinodie, des flatteries si basses de la part des précepteurs de la morale, des gardiens de la dignité et de la vraie grandeur humaine, c'en était trop; je ne respirais plus. Votre livre, mon cher Montalembert, m'a soulagé. Il m'a rendu un peu d'air et de lumière. Courage! ce que vous venez de faire ne sert pas seulement à la liberté régulière, mais plus encore peut-être à la religion; car, croyez-moi, mes impressions ne sont pas isolées. Tandis que ceux de ses ministres qui se livrent, comme vous le dites si justement, à un maître qui paraît leur vouloir du bien, croient remettre la main sur la foule, les cœurs élevés et droits, les âmes

---

1. *Des intérêts catholiques au dix-neuvième siècle.*

hautes et délicates qui approchaient de toutes parts,
s'éloignent; c'est-à-dire que, tandis qu'ils saisissent le
corps de la société, l'esprit est près de leur échapper.
Votre livre a relevé, consolé, rapproché les hommes
dont je parle. C'est un grand acte qui mérite non-seulement les remercîments, mais la reconnaissance de ceux
même qui vous en avaient le plus voulu après le 2 décembre. Cette lettre perdrait de son mérite à vos yeux
si je n'ajoutais que j'étais du nombre de ceux-là.

Je n'ai jamais été plus convaincu qu'aujourd'hui qu'il
n'y a que la liberté (j'entends la modérée et la régulière) et la religion, qui, par un effort combiné, puissent soulever les hommes au-dessus du bourbier où l'é-
galité démocratique les plonge naturellement, dès que
l'un de ces deux appuis leur manque. Croyez, je vous
prie, à tous mes sentiments de haute considération et
d'amitié.

### A MADAME LA MARQUISE DE LEUSSE

Paris, 5 décembre 1852.

J'ignorais, chère cousine, que vous fussiez arrivée à
Paris; sans cela, j'aurais essayé déjà de vous voir. Je
suis en ce moment, comme on dit aujourd'hui dans
notre français de cuisine, un homme de loisir. Il m'eût
été très-agréable d'employer ce loisir à vous aller chercher, car j'ai grand plaisir à vous voir, quoique ce soit
un plaisir auquel je ne me livre guère. Vous avez tout à

la fois de la bonté et de l'esprit : deux excellentes choses qui vont si bien ensemble et qui pourtant ne marchent point d'ordinaire de compagnie. Voilà une déclaration qui se trouve au bout de la plume et que vous voudrez bien laisser passer. Ce que vous approuverez moins, c'est que je ne puis absolument rien pour votre protégé. Je n'ai aucune raison de croire que je sois en mauvais termes avec M. Drouyn de Lhuys. Nous avons toujours vécu en bonne intelligence, et c'est moi qui l'ai nommé jadis à l'ambassade de Londres, mais je ne l'ai pas revu depuis le 2 décembre. Depuis cette époque, je me suis abstenu de toute recommandation directe ou indirecte vis-à-vis du nouveau gouvernement. Je me sens trop radicalement opposé à celui-ci pour ne pas me faire une conscience de lui rien demander. Je n'ai même pas voulu réclamer aux archives du ministère des affaires étrangères une pièce qui m'eût été utile.

# ANNÉE 1853

---

Saint-Cyr, près Tours, 14 août 1853.

J'ai appris avec quelque inquiétude, mon cher ami, que madame Dufaure était partie pour les eaux des Pyrénées. Il me semble que ce voyage n'entrait pas dans ses projets. Je vous prie de me rassurer....

Vous avez dû savoir par Rivet, qui nous a fait l'amitié de nous visiter, que nous sommes ici très-bien établis, en bon air, dans une maison qui est abritée du vent et qui cependant n'est pas sujette à l'humidité; j'espère y rétablir ma santé que la maladie de cet hiver a fort ébranlée. Jusqu'à présent la crainte de me fatiguer m'a contraint à peu travailler. Je n'ai pas perdu toutefois mon temps : j'ai trouvé à Tours une masse de documents dont je tâche de tirer parti, et bientôt je me mettrai sérieusement à l'œuvre. Mon intention est de rester ici la plus grande partie de l'hiver; j'y trouve une paix de l'esprit que je ne rencontrerais pas ailleurs et dans un contact plus direct et plus habituel avec les hommes. Ce remède-là, lui-même, n'est pas souverain; et de tristes pensées viennent de temps à autre me saisir au fond de mon désert comme dans le monde. Mais les attaques de ce mal moral (notre maladie naturelle et inévitable à tous dans le temps actuel) sont plus rares et moins tenaces : ce qui est un progrès. Au milieu de ma solitude, je suis avec bien de l'intérêt ceux de mes amis qui ont conservé une carrière active. Je pense à vous surtout, et apprends avec plaisir que vous prenez dans votre nouvelle profession la place qui vous est due; je n'ai jamais douté qu'il n'en fût ainsi...

La récolte ici est médiocre et le pain renchérit. Cet état de choses engendre un mécontentement presque aussi stupide que la satisfaction qui précédait. Le fait est qu'on s'en prend au gouvernement de ce qu'il a trop plu cet été. C'est sa faute : il a voulu passer à l'état de providence; il faut qu'il subisse les inconvénients, de même qu'il jouit des avantages du rôle. Je ne vous donne pas d'autres nouvelles, parce que je n'en sais point. La province est comme un caveau muré : on n'y voit goutte et on n'y entend rien.

## A M. BOUCHITTÉ

Saint-Cyr, 23 septembre 1853.

J'ai reçu avec grand plaisir de vos nouvelles, mon cher ami ; je voudrais seulement n'en être pas réduit à n'avoir de rapport avec vous que par lettres. Mais il n'y a pas apparence que nous puissions communiquer autrement ensemble d'ici à fort longtemps ; car nous nous trouvons si bien ici, nous y jouissons d'une paix si profonde et qui nous était si nécessaire, que nous nous sommes décidés à nous y fixer pour tout l'hiver. J'y ai apporté ou fait venir des livres ; Gustave de Beaumont habite dans le voisinage : ce qui empêche que notre retraite ne devienne une solitude. Nous craignons de quitter cet asile tranquille pour nous retrouver au milieu de la petite agitation tracassante et stérile de Paris. Il y a si loin de ma manière de penser et surtout de sentir avec celle de la plupart de mes contemporains, que l'éloignement où je vis d'eux n'a rien de très-pénible ; leur contact l'est souvent bien plus. Il est vrai que par comparaison il rend plus agréable la société de ceux qui, comme vous, ont continué à être avec moi en véritable sympathie...

Vous avez bien raison de dire que l'avenir est obscur et effrayant. Plus j'étudie, soit dans la pratique, soit dans les livres, la cause des mouvements de ce monde, plus je demeure convaincu que tout dans la politique n'est que conséquences et symptômes, si ce n'est les idées et les sentiments régnant parmi un peuple, qui sont les vraies causes de tout le reste. Qu'espérer de bon de ce qui sortira des idées et des sentiments de la France tels qu'une longue et pernicieuse éducation les ont faits? En vérité, je l'ignore.

## A M. ODILON BARROT

Saint-Cyr, ce 26 octobre 1853.

Je ne veux pas rester plus longtemps, mon cher ami, sans vous donner signe de vie et sans obtenir de vos nouvelles par vous-même (car j'en ai eu plus d'une fois indirectement). Comment allez-vous passer votre été? Comment se trouve la santé de madame Barrot et celle de madame votre belle-mère? Ce sont là les faits les plus intéressants que vous puissiez m'apprendre. Car, quant aux affaires publiques, j'imagine que vous n'en savez pas plus que moi et, assurément, n'y pouvez pas davantage. Nous sommes, l'un et l'autre, de l'*ancienne cour*, comme on aurait dit il y a quatre-vingts ans. Bien mieux, nous appartenons à un autre âge du monde; nous sommes des espèces d'animaux anté-diluviens qu'il faudra bientôt réunir dans des cabinets d'histoire naturelle pour savoir comment étaient faits, dans ces temps reculés, des êtres assez singulièrement constitués pour aimer la liberté, la légalité, la sincérité : goûts étranges qui supposent des organes absolument différents de ceux dont sont pourvus les habitants du monde actuel. La race ac-

tuelle passera elle-même, et sera remplacée par une autre
qui sera plus semblable à nous qu'à elle, j'en suis convaincu; mais assisterons-nous à cette nouvelle transformation? J'en doute; il faudra bien du temps pour effacer les impressions déplorables qu'ont laissées ces dernières années, et pour que les Français reviennent, je
ne dis pas au goût passionné de la liberté, mais à cet orgueil d'eux-mêmes, à cette habitude de parler et d'écrire
librement, ce besoin de discuter du moins leur obéissance, qui est dans l'esprit du siècle et dans l'instinct le
plus ancien de leur race. Quand je songe aux épreuves
qu'une poignée d'aventuriers politiques ont fait subir à ce
malheureux pays; lorsque je pense qu'au sein de cette
société riche et industrieuse on est parvenu à mettre,
avec quelque apparence de probabilité, en doute l'existence même du droit de propriété; quand je me rappelle
ces choses et que je me figure, comme cela est la vérité, l'espèce humaine composée en majorité d'âmes faibles, honnêtes et communes, je suis tenté d'excuser cette
prodigieuse énervation morale dont nous sommes témoins, et de réserver toute mon irritation et tout mon
mépris pour les intrigants et les fous qui ont jeté dans
de telles extrémités notre pauvre pays.

Je vous écris des bords de la Loire, où j'ai loué une
maisonnette que j'habite depuis cinq mois et dans laquelle
je compte bravement rester tout l'hiver. La santé de ma
femme s'y est entièrement rétablie; la mienne s'y est
raffermie. J'espère que ce bien se continuera et que je
sortirai d'ici ayant réparé, en partie, le mal que les agi-

tations de la vie politique m'avaient fait. Je ne puis pas dire que je mène ici une existence gaie; comment ne pas avoir l'esprit triste en présence du spectacle que nous avons sous les yeux? Mais du moins elle est fort douce. J'ai trouvé à la solitude de bien bons côtés que je ne lui avais pas connus dans d'autres temps. On y est presque à l'abri de cette agitation stérile qu'entretiennent à Paris le contact et la vue de tant de faiblesses et jusqu'à la conversation des gens qui pensent comme nous, mais qui, comme nous, ne peuvent que parler sans agir. Je suis si convaincu que, quant à présent, la maladie du temps est incurable, que le bruit de toutes ces consultations de médecins impuissants m'importune.

La seule chose qui me chagrine ici est d'y mettre si peu à profit pour le travail une si profonde retraite. Je m'occupe cependant beaucoup; mais, jusqu'à présent, je me suis préparé à faire, plutôt que je n'ai fait. J'espère que l'hiver sera plus fécond et que j'en tirerai meilleur parti que de l'été. Je vous reviendrai au printemps, et je n'ai pas besoin de vous dire avec quel plaisir je reverrai mes amis. Veuillez me donner, en attendant, de vos nouvelles et de celles des vôtres.

Croyez, mon cher Barrot, à tous mes sentiments d'estime et d'amitié qui dureront pour vous autant que ma vie.

## A M. L. DE LAVERGNE

Saint-Cyr, 31 octobre 1853.

J'ai reçu de vos nouvelles avec grand plaisir. Je vous avais de mon côté écrit, il y a un mois, pour vous demander des vôtres et je ne sais quel renseignement dont j'avais besoin alors. Mais ayant appris sur ces entrefaites que vous couriez le monde, j'ai jeté ma lettre au feu. Vous ne risquez pas qu'on vous oublie dans mon ménage. Indépendamment du souvenir que nous conservons des bonnes soirées que vous nous avez fait passer l'hiver dernier, nous vous attribuons en grande partie notre établissement en Touraine et le bon résultat que nous semblons devoir en tirer. Nous parlons donc tout naturellement de vous toutes les fois que nous nous félicitons d'être venus nous fixer ici. Ne croyez pas pourtant que nous habitions un palais et y menions une vie délicieuse. Nous avons seulement une petite maison fort commode, très à l'abri du vent et fort exposée au soleil; la Loire en face; à côté une assez agréable vallée, ce qu'on nomme une charmante vallée quand on n'est jamais sorti de Touraine. Nos journées s'écoulent là sans rien de bien vif, mais dans une tranquillité parfaite dont nous avions besoin l'un et l'autre. Nous espérons quitter, le printemps prochain, notre retraite et reprendre la vie de tout le monde après avoir repris nos forces, ce qui était devenu bien nécessaire. Ne voulez-vous pas, en retournant à Paris, venir juger vous-même de votre ouvrage ? Nous avons dans notre ermitage une chambre à donner ; nous serions très-heureux de vous la voir occuper pendant quelques jours. Nous sommes presque sur votre route, et il serait bien aimable de vous arrêter chez nous.

J'ai cherché à lire, mais je n'ai point encore lu les deux articles de la *Revue des Deux-Mondes* (du 1er août et du 15 octobre 1853) dont vous me parlez. Je désire pour vous que ces articles ressemblent à leurs devanciers dont la lecture m'a tant instruit et tant intéressé. Personne, avant vous, ne m'avait donné l'illusion que je comprenais quelque chose aux principales règles de la science agricole, et ne m'avait si clairement expliqué ce que j'avais toujours aperçu confusément, à savoir les rapports de l'agriculture avec l'état social et politique des peuples. Votre livre sera un admirable commentaire de ce mot profond de Montesquieu que vous citez, je crois, et qui devrait servir d'épigraphe à votre œuvre : « Que les terres produisent, non pas en raison de la fécondité du sol, mais de la liberté des hommes qui les cultivent. »

Vous me remplissez de confusion en me parlant de mes travaux ; car si j'ai en effet travaillé depuis que nous nous sommes quittés, je suis obligé d'avouer que je n'ai absolument rien produit. J'ai passé tout mon temps à deux choses qui, je le crains bien, ne me mèneront jamais à rien. La première a été d'étudier l'allemand, langue diabolique dans laquelle je suis trop avancé pour qu'il soit sage de reculer, mais que je n'aurais jamais dû entreprendre, si j'avais été prudent. Ma seconde entreprise a été d'apprendre *à fond* l'ancien régime, persuadé que je suis que les plus grandes révolutions ne changent pas les peuples autant qu'on le prétend, et que la principale raison de ce qu'ils sont est toujours dans ce qu'ils ont été. Je me suis donc mis à dévorer la collection de papiers de l'ancienne Intendance de Tours; mais je crains de ne pouvoir jamais les digérer. Si vous voulez prier M. le ministre de l'instruction publique, qui me veut du bien, de créer pour moi au Collége de France une chaire de droit administratif de l'ancien régime, je crois que je serai en état de la remplir assez bien. Mais utiliserai-je jamais ce fatras? Je crains bien que non. En attendant, si vous voulez me garder de belle humeur, parlez-moi des grandes choses que je-pourrai faire, et glissez, je vous prie, sur celles que j'ai exécutées depuis cinq mois; car tout mon temps s'est passé à faire le bénédictin ou l'écolier; et je vous avoue que je n'ai pas plus de dispositions à me faire moine que de possibilité de redevenir un jeune collégien.

# ANNÉE 1854

A M. BOUCHITTÉ

Saint-Cyr, 5 janvier 1855.

Il y a un siècle, mon cher ami, que je veux vous répondre et que j'en suis empêché par une foule de petites occupations. Je suis parvenu à m'en créer un si grand nombre dans cette solitude, que j'ai fini par y avoir moins de liberté de correspondre avec mes amis que je ne m'en trouvais jadis au milieu du tourbillon des grandes affaires. C'est une gêne, sans doute; mais je n'ose m'en plaindre, tant je me sens heureux d'avoir échappé à cette grande maladie des gens qui ont été quelque chose et qui ne sont plus rien. C'est ce qu'on a appelé le mal des anciens ministres : on en meurt, dit-on, quelquefois. Il est vrai que ce mal n'attaque guère que les ambitieux; et il me semble que, quant à moi, je n'ai point eu d'ambition dans le sens ordinaire qu'on donne à ce mot. J'ai voulu contribuer à fonder la liberté dans mon pays, et à jouer mon rôle au milieu d'institutions libres. Ce n'est pas le pouvoir en lui-même, mais le pouvoir dans ces seules conditions auquel j'ai aspiré; et ces conditions ne se rencontrant plus, non-seulement je ne regrette pas de n'être pas ce qu'on appelle un grand personnage, mais je me sentirais bien malheureux s'il existait une puissance quelconque qui pût me forcer à l'être.

## A M. LE BARON HUBERT DE TOCQUEVILLE

Saint-Cyr, 12 janvier 1854.

Je regrette de n'avoir pas répondu plus tôt à ta lettre, mon cher ami, et de ne t'avoir pas remercié des vœux que tu m'exprimes au moment où je l'ai reçue. J'ai réussi à me créer un si grand nombre d'occupations que le temps me manque presque absolument pour la correspondance. Voilà ce qui explique mon silence. Je suis bien heureux d'avoir contracté dans ma jeunesse le goût et l'habitude du travail : je trouve là aujourd'hui une ressource très-précieuse; et, malgré les événements politiques qui m'ont réduit à la vie privée et à la solitude où je vis, j'ai pu, grâce à cette habitude et à ce goût du travail, parvenir à passer mon temps plus agréablement qu'à aucune autre époque de ma vie. Je ne te dis pas cela pour t'engager à suivre mon exemple : je sais que tu as toujours été bon travailleur, et que tu continues à donner un emploi sérieux et utile à ton temps. Je ne puis donc que t'engager à t'imiter toi-même et à persévérer dans la bonne voie que tu suis. Je vois, d'après ce que tu me dis, que tu aurais quelque désir d'entrer au conseil d'État; j'ignore où cette carrière mène aujourd'hui : de mon temps elle conduisait à l'administration active, c'est-à-dire à être sous-préfet. C'est ce qui m'a empêché, il y a vingt-cinq ans, de la prendre. J'ai toujours eu sous tous les régimes (je ne fais aucune exception) la plus grande répugnance pour entrer dans l'administration; et ce que j'ai vu d'elle, en l'examinant de près, a augmenté encore depuis cette répugnance, et me donne en général et *a priori* (sauf les cas particuliers) peu de sympathie pour ceux qui y font leur chemin. J'ai remarqué que, pour y réussir, il fallait montrer beaucoup de souplesse et d'obséquiosité vis-à-vis de ceux qui vous commandaient, beaucoup de duplicité ou de violence envers ceux que vous commandiez vous-même. En France, l'administration ne se conduit guère dans l'intérêt général du pays, mais presque toujours dans l'intérêt particulier de ceux qui gouvernent; et tout homme qui n'est pas prêt à sacrifier sans cesse le premier de ces intérêts à l'autre n'a aucune espérance de s'élever. Cela était vrai sous la Restauration, vrai encore sous le gouvernement de Juillet, et est encore plus vrai, s'il est possible, sous le gouvernement actuel. J'ai donc toujours ressenti une répugnance invincible pour l'administration; et quoiqu'il y eût dans la carrière judiciaire bien des choses qui ne me plaisaient pas, je n'ai pas hésité à l'embrasser, persuadé que de toutes les carrières civiles c'était la seule qui donnât l'indépendance vis-à-vis des pouvoirs passagers qui se succèdent dans notre pays; la seule qui permît, tout à la fois, d'être fonctionnaire et de rester soi. Adieu, mon cher ami, compte toujours sur mon affection.

## A M. DUFAURE

Saint-Cyr, 13 janvier 1854.

Je vous remercie beaucoup, mon cher ami, de votre excellente et intéressante lettre.

. . . . . . . . . . . . .

. . . . . . . . . . . . .

Je ne puis malheureusement rien vous rendre en retour de toutes les petites nouvelles qui remplissent votre lettre et qui ont charmé notre solitude, car cette solitude est presque aussi complète qu'elle pourrait l'être si nous étions au château de Ham ou dans toute autre résidence impériale de la même espèce. Je n'ai pas cependant à me plaindre et je ne me plains pas; car ma santé est bonne et mes occupations m'intéressent et m'amusent beaucoup : elles font courir le temps avec une rapidité singulière. A propos de ces occupations, vous m'avez promis, mon cher ami, de vérifier s'il n'existerait pas, par hasard, dans la bibliothèque des avocats, quelques vieux bouquins relatifs aux *arrêts de règlement* rendus par le Parlement de Paris, c'est-à-dire, comme vous le

savez bien mieux que moi, à cette partie de l'action judiciaire qui s'étendait sur le domaine de l'administration proprement dite. Est-ce que sous l'ancien régime on
n'a jamais formé un recueil partiel ou complet de ces
arrêts?.....

Je vous écris aujourd'hui plus tôt qu'un autre jour,
parce que vous m'avez dit que demain vous devez dîner
chez Rivet avec ceux de nos bons amis qui habitent en
ce moment Paris. Je veux que vous leur disiez que je
suis de cœur avec eux, et qu'à la petite table de Saint-
Cyr on fera l'extraordinaire de boire demain un petit
verre à leur santé. Leur amitié à tous est le meilleur
bien que j'aie trouvé dans la vie publique, je dirais volontiers le seul; c'est le seul du moins qui soit resté
après elle et qui m'en rende le souvenir cher. Faites-leur
donc mille amitiés de ma part à tous et à chacun en
particulier. Nous avons formé une petite société d'honnêtes gens et de bons citoyens..... C'est un souvenir per-
sonnel qui peut nous aider à supporter la ruine de notre
cause, sinon nous en consoler. Il n'y a rien qui puisse
consoler d'un si grand malheur.

Je ne vous dirai rien de plus; car, en dehors de mes
occupations et de mon amitié, je ne saurais de quoi vous
parler du fond de ma Thébaïde.

## A M. G DE BEAUMONT

Saint-Cyr, 29 janvier 1854.

Mon cher ami, je lis toujours attentivement notre gazette[1], non tout entière, car je ne suis pas de force à
lire chaque jour un journal allemand d'un bout à l'autre
sans y mettre un temps plus long que celui que je veux
consacrer à cette étude; mais j'en lis du moins une
partie, et j'admire tout ce qu'on peut apprendre d'un
pays étranger dans une gazette, quand on fait attention
à ce qu'elle contient, et qu'on réfléchit sur les faits et
les idées qu'on y rencontre. Il n'y a peut-être pas de
meilleure préparation que celle-là à un voyage en Allemagne ou à un livre sur l'Allemagne. Je vous remercie
bien de m'indiquer soit au crayon rouge, soit à la plume,
les articles les plus utiles à lire..... J'avais remarqué
comme vous les progrès que la centralisation fait en Allemagne. Comment voulez-vous qu'il en soit autrement?
les gouvernements sont seuls prêts à hériter de tous les
anciens pouvoirs qui achèvent de mourir; les peuples ne
le sont pas. Il n'est pas étonnant que la sphère d'action
des individus et des corps aille toujours en se rétrécis-
sant et celle de l'administration centrale en s'élargis-
sant. L'égalité croissante des conditions mène là invaria-
blement, quand elle s'établit dans un pays où les citoyens

1. La *Gazette universelle* d'Augsbourg.

n'ont jamais eu ou n'ont plus l'habitude de conduire en commun leurs propres affaires, et l'art assez difficile d'y réussir......

..... Nous continuons à mener une vie très-douce. Je suis véritablement en train, quoique j'aie bien des hauts et des bas. J'espère avoir quelques chapitres à vous lire au printemps; de plus, l'ensemble du livre me paraît se dessiner assez clairement à mon esprit.

### A M. LÉON FAUCHER

Saint Cyr, 1er février 1854.

Madame Grote, mon cher Faucher, vient de nous mander qu'elle arrivait aujourd'hui même à Paris. J'ai besoin de lui écrire et j'ignore son adresse; mais, comme vous êtes la personne qu'elle verra sans doute la première en arrivant à Paris, vous devez savoir où elle demeure dans cette ville. Je vous prie de lui faire passer la présente lettre qui est assez pressée. Madame Grote m'annonce aussi l'arrivée prochaine de Senior...

Ce seront eux qui m'apprendront un peu ce qui se passe en France; car je ne le sais guère plus ici que si j'étais à Honolulu. Je vois seulement autour de moi que le peuple souffre de la misère, s'inquiète de la guerre et commence à murmurer contre le gouvernement qui songe à la faire. Il est écrit que je ne serai jamais d'accord avec le vote universel; car ce serait précisément ici la première occasion où je me trouverais être du même avis que le gouvernement. On peut reprocher avec raison à celui-ci d'avoir réveillé la question d'Orient pour plaire à des moines, et se faire *casser la petite fiole sur la tête*, comme disait le premier Napoléon à Lafayette; mais la question d'Orient réveillée, il ne pouvait agir autrement qu'il n'a fait.

Mais je ne veux pas prétendre parler politique dans un lieu où je n'en sais pas le premier mot, ni en écrire dans un temps où l'on ne peut écrire à ses meilleurs amis sans éveiller l'œil de la police. Je finis donc, mais non sans vous dire, parce que je crois que cela n'est pas absolument sans intérêt pour vous, que je vais bien; croyez à tous mes sentiments de sincère amitié.

## A M. LE BARON HUBERT DE TOCQUEVILLE

Saint-Cyr, 15 février 1851.

Il y a longtemps, mon cher ami, que je désire répondre à ta lettre sans en trouver le temps. Je vais le faire aujourd'hui brièvement. Je te dirai d'abord, que j'ai été fort content de cette lettre. Tu m'y expliques très-clairement tes raisons, et les sentiments que tu y manifestes sont de mon goût. Conserve toujours cette manière ferme et indépendante de penser et de sentir; elle convient à ta position, à ta famille, à ton nom; et ce serait un profond chagrin pour moi de te voir atteint par la façon de penser molle et vulgaire de la plupart des jeunes gens, sur ces matières.

Je regrette toujours que ton goût et la nature de tes facultés ne te portent pas vers la magistrature. Là seulement on peut être indépendant, si on veut l'être. Ce que tu remarques sur les complaisances d'un grand nombre de magistrats n'est que trop vrai; mais chez eux ces faiblesses sont volontaires : voilà la différence. Elles tiennent à la mollesse naturelle de leur cœur et non point aux exigences de leur position : car, quoique rien ne soit absolument solide aujourd'hui, on peut dire néanmoins que si quelque chose l'est encore, c'est le siége du juge.

Quant au conseil d'État, tu remarques qu'il donne issue à deux carrières, et que l'une de ces carrières permet beaucoup plus d'indépendance que l'autre; tu as raison. On peut réussir à rester honnête et indépendant dans l'une, quoique cela ne soit pas facile, si l'on veut avancer. Il est *impossible* d'y réussir dans l'autre : voilà la nuance. Mais, même dans la première, on se trouve souvent placé entre son devoir et une destitution. Tu as vu, il n'y a pas plus d'un an, un conseiller d'État, exclu parce que. . . . . . . . . .

. . . . . . . . . . . . .

Je vois que ta principale objection contre la magistrature vient de ce que tu crains de ne pas savoir parler en public. On peut être un magistrat très-éminent sans cela. Cependant, j'entre jusqu'à un certain point dans ton objection; mais qui te prouve que tu ne peux acquérir la faculté de parler en public? La timidité qu'on ressent dans un salon ne prouve rien quant à cela; j'en ai fait cent fois l'expérience; et j'ai vu sans cesse des gens qui se trouvaient facilement embarrassés dans la conversation et qui parlaient très-bien en public. Ce sont, en effet, deux talents fort différents. Je crois donc que tu ferais bien, avant de te former une idée définitive sur toi-même de ce côté-là, de chercher quelque occasion de t'essayer. Il y a sans doute à Paris, comme de mon temps, de petites réunions dans lesquelles on s'exerce à la parole. Je voudrais, qu'avant de désespérer de toi-même comme parleur, tu tentasses, non une fois, mais plusieurs, de parler à ces petites tribunes; cela te serait utile, quelle que fût ta résolution finale; car tu te trompes grandement si tu penses qu'au conseil d'État on puisse se passer de la facilité de la parole. Le rapporteur d'une affaire, après avoir fait son rapport, est obligé de le défendre dans une discussion souvent difficile et longue; il est le champion nécessaire de la commission au nom de laquelle il parle; et c'est à lui principalement à tenir tête à ceux qui attaquent l'opinion qu'il est venu exprimer au nom de ses collègues ou même en son nom propre. Les séances du conseil d'État, quoiqu'elles ne soient publiques que dans certains cas, sont toujours fort solennelles, parce que le plus souvent, un grand nombre de membres y assistent.

Je t'engage donc à bien peser encore ce que tu veux faire. Mais si tu te détermines pour le droit administratif, fais, du moins, bien attention à ceci : il n'y a pas d'étude qui soit plus propre à rétrécir et à fausser l'esprit que celle de ce qu'on appelle le droit administratif, à moins qu'on n'y prenne garde. Tous les auteurs qui ont écrit sur cette matière, même les plus célèbres, ont été ou sont encore des esprits peu élevés, qui n'ont pas su juger par eux-mêmes de la valeur et de la bonté des règles qu'ils enseignaient, ni apercevoir au delà de la science dont ils étaient les commentateurs, la science plus générale et plus grande qui enseigne à quelles conditions les sociétés prospèrent. Il y a, parmi eux, d'habiles commentateurs, des légistes distingués, des écrivains remarquables ; il n'y a pas un publiciste. Ils sont tous *engoués* de leur science, et se sont figuré qu'il n'y a rien de plus parfait au monde. Garde-toi d'une pareille erreur. La centralisation administrative, dont le droit administratif a pour but d'enseigner les règles, est assurément une machine fortement construite et on peut l'admirer, si on veut ne la considérer qu'au point de vue de la facilité qu'elle donne au gouvernement d'atteindre partout, de conduire, de régenter tous les hommes et toutes les affaires. C'est une machine de gouvernement très-bien faite, mais impropre à produire la sécurité, la liberté, les vertus publiques qui font la prospérité des empires et leur grandeur. C'est à elle surtout que nous devons nos révolutions incessantes, nos mœurs serviles, l'impossibilité où nous avons toujours été de fonder une liberté modérée et raisonnable ; c'est à elle que les provinces doivent l'espèce d'abâtardissement intellectuel dans lequel elles sont tombées et qui fait que tout mouvement y est comme éteint. Je ferais un volume sur ce sujet ; et nous en causerons longuement un jour, quand tu vou-

dras. Tout ce que je veux te dire aujourd'hui, c'est d'é-
tudier le droit administratif en préservant avec soin ton
esprit de l'engouement et des préjugés de toute espèce
qui remplissent l'esprit des commentateurs de ce droit
et de ceux qui l'appliquent. Il faut, tout en apprenant
ce droit, le juger, voir au-dessus et en dehors de lui
ce qui lui manque, et considérer enfin la centralisation
comme une machine admirablement agencée dans l'intérêt de ceux qui gouvernent, mais toujours défectueuse
et souvent détestable, si on se place au point de vue de
l'intérêt social, qui est, après tout, le seul auquel il
faille se mettre pour juger les institutions humaines.


## A M. LE COMTE DE CIRCOURT

Saint-Cyr, 18 février 1854.

Il me semble, cher monsieur de Circourt, que les événements se pressent, et que la lettre de l'empereur doit
encore les précipiter, du moins voilà l'impression que
ce document, lu loin du grand théâtre des affaires, a produite sur moi. Est-ce ainsi qu'à Paris on en juge?

Parmi les choses intéressantes dont, suivant votre
usage, vous avez rempli votre dernière lettre, se trouve
la peinture de l'état des esprits parmi les classes ou-
vrières à Paris. J'ai peine à croire que sur ce point on
vous ait dit vrai, ou du moins que la vérité n'ait pas été
colorée. Il n'y a rien de plus difficile, surtout en France,
que de se faire une idée juste de ce qui se passe dans

l'âme du peuple. Les intermédiaires qui pourraient remplacer les lumières directes manquent en cette matière; tant le peuple, chez nous, a conservé l'habitude de vivre intellectuellement à part des autres classes ! Je suis porté à ajouter foi à une certaine fermentation, mais non disposé à aller au delà. La classe ouvrière de province me paraît fort loin de l'état dont vous parlez, bien que les matières qui font la fermentation s'y aperçoivent aussi. En tous cas, les souvenirs de 1848 me semblent ici inapplicables. Tout était alors préparé pour laisser faire, en dedans et en dehors du gouvernement; tout, maintenant, est préparé pour la résistance. Mais la peur est tellement entrée dans le tempérament de tous ceux qui ont quelque chose à perdre, qu'ils sont, je crois, incapables de faire attention à ces différences; et c'est ce qui m'explique le style *effaré* que je remarque chez quelques-uns de nos correspondants et surtout de nos correspondantes. Nous ne recevons que des lettres qui annoncent la fin du monde. Quant à moi, non-seulement je ne crois pas que, pour le moment, le gouvernement soit à la merci d'un coup de main des ouvriers de Paris; mais je crois que leur fermentation le sert, en jettant sous son aile tous ceux qui tremblent, c'est-à-dire presque tous les Français, sauf les prolétaires. Ce sont ces sentiments-là qui ont fait naître le gouvernement actuel ; ce sont eux qui le feront vivre ; et si j'avais l'insigne honneur d'être l'un des ministres de S. M. Napoléon III, je ne commencerais à m'inquiéter que du jour où j'apercevrais que le peuple ne fait plus peur.

Vous me dites en passant, cher monsieur de Circourt, une chose que je ne veux pas laisser passer : vous
avez écrit quelque chose qui ne vaut pas la peine de
m'être montré !!! Vous me permettrez d'être d'un autre
avis. Je vous prie, en tous cas, de m'en faire juge en
m'envoyant la chose en question. Vous parlez d'un travail imprimé, sans doute; mais, imprimé ou manuscrit,
il m'intéresse vivement et très-sérieusement, je vous
demande de m'en faire part...

Les meilleures nouvelles que vous m'avez données de
madame de Circourt, m'ont fait une grande joie. Rappelez-moi à son souvenir très-particulièrement et croyez
à tous mes sentiments d'estime et d'amitié.


## A M. LÉON FAUCHER

Saint-Cyr, 23 février 1854.

J'aurais répondu à votre dernière lettre dont je ne
saurais trop vous remercier, mon cher ami, si je n'a-
vais voulu que celle-ci vous fût portée par madame Grote
qui, à notre grand regret, part demain...

Nous voilà enfin en guerre. Il y a longtemps, à mon
avis, qu'on aurait dû prendre son parti plus résolûment
et regardant, au moins, la guerre comme inévitable, se
préparer autrement qu'on ne l'a fait et qu'on ne le fait
encore, ce me semble, à la pousser avec vigueur. Je
blâme autant que vous ceux qui, dans de telles circonstances, attaquent la politique extérieure du gouver-

nement et affaiblissent sur ce point sa force morale. Assurément, ce n'est pas le moment de faire croire aux
étrangers que nous sommes divisés entre nous, dans ce
qui concerne les rapports de la France avec eux. Je n'i-
rais pas cependant jusqu'à dire que ce soit, *dès à présent*, le devoir de ceux qui, comme nous, trouvent le principe du gouvernement actuel mauvais en soi et dangereux pour la France, que le devoir de ceux-là, dis-je,
soit précisément de se rapprocher de lui et de lui venir
en aide. Quant à présent, la guerre n'est encore pour le
gouvernement qu'un *embarras*, embarras que nous ne
lui avons pas amené. Tout ce qu'on peut nous demander
c'est de ne pas l'accroître. Si les choses changeaient de
face, et que l'indépendance de la nation ou l'intégrité de
son territoire fussent menacées, alors, mais *seulement
alors*, la question du dedans disparaîtrait devant celle
du dehors; et ce serait le cas de dire comme je l'ai entendu dire jadis à M. Thiers avec grande raison, que la
nationalité doit passer même avant la liberté. Nous n'en
sommes point là, Dieu merci! Jusque-là je crois que nous
aurions très-grand tort de professer cette opinion qu'il
suffit que notre gouvernement soit en guerre pour que
nous mettions de côté toutes les raisons fondamentales qui,
à l'intérieur, nous séparent de lui. Prenez bien garde
qu'il ne manque point de gens, en France, qui ne demandent qu'un prétexte pour se rapprocher du pouvoir
actuel et qui saisiraient avec ardeur ce prétexte honorable
pour se transformer d'adversaires en adhérents de l'empire. Je crois que nous devons faire grande attention à

ne pas les mettre sur cette voie, et à tracer exactement,
en cette matière, la ligne du devoir. Je vois également
avec un profond chagrin les injures que se renvoient les
différents journaux de l'opposition à l'occasion de la
guerre, ou plutôt qu'on m'assure qu'ils se renvoient :
car je ne lis point de journaux français pour ne point
perdre dans une occupation inutile un temps utile. Mais
on m'assure qu'ils se traitent mutuellement d'*émigrés* et
de *démagogues*, de *Russes* et d'*anarchistes*. Un pareil
spectacle est à faire pleurer. Louis-Napoléon, plus habile en cela que son oncle, a ôté à ses adversaires toutes
les libertés, excepté celle de se battre entre eux ; et je
vois qu'ils profitent de celle-ci de leur mieux et à la
grande joie de l'ennemi commun. Cela me rappelle ce
que j'ai souvent pensé, que ce qui empêcherait peut-être
toujours les Français d'être dignes et capables de la liberté, c'est que chez eux on détestait toujours plus le
voisin que le maître. C'est là ce qui a produit le gouvernement actuel, et ce qui le fera durer en dépit de son
origine et de ses fautes...

Nous avons beaucoup moins joui que nous n'aurions
voulu du séjour de madame Grote. Vous savez qu'il y
a peu de plaisir qui vaille celui de sa conversation, si
pleine de traits, de gaîté et souvent de profondeur ; c'est
assurément un esprit très-vigoureux et très-pénétrant :
malheureusement elle part demain ; c'est grand dommage.

## A M. LE BARON HUBERT DE TOCQUEVILLE

Compiègne, 25 mars 1854.

J'ai été très-satisfait de ta dernière lettre, mon cher ami, et je t'aurais répondu plus tôt, si, depuis trois semaines, je n'avais été accablé de besogne. Je comptais partir d'ici il y a quelques jours, et je tenais à terminer avant mon départ un travail que j'avais entrepris.

Ce que tu me dis dans ta lettre sur toi-même m'a paru fort sensé, et ce que tu me racontes du pays où tu es [1], fort intéressant ; je dois ajouter très-exact, si j'en juge par ce que j'ai appris d'autres côtés et vu moi-même l'été dernier en Allemagne. Comme tu l'as très-bien compris, le caractère saillant de ce qui se passe en Autriche est, d'une part, disparution de la vieille organisation féodale que le moyen-âge avait léguée ; de l'autre, organisation du monde nouveau au seul profit de l'État et de la centralisation. Les vieux pouvoirs locaux disparaissent sans se rajeunir ou être remplacés par rien, et partout, à leur place, le gouvernement central prend la direction des affaires. Toute l'Allemagne te donnerait plus ou moins le même spectacle ; je puis dire, tout le continent. Partout on sort de la liberté du moyen-âge, non pour entrer dans la liberté moderne, mais pour retourner au despotisme antique. Car la centralisation, ce n'est pas

---

1. Hubert de Tocqueville était à Vienne, où il venait d'être nommé attaché à l'ambassade de France.

autre chose que l'administration de l'Empire romain mo-
dernisée. Je ne doute pas qu'il ne finisse par sortir
d'une pareille législation politique, si elle parvient à se
fonder solidement partout, des effets tout semblables
(sauf l'invasion des barbares) à ce qu'on a vu à la fin de
l'Empire romain, depuis dans l'Empire d'orient, et de
tout temps à la Chine : une race très-civilisée et abâtar-
die en même temps ; des troupeaux d'hommes intelligents et non des nations énergiques et fécondes ; mais
nous ne verrons pas les choses arriver à ce degré-là, car
nous n'assistons qu'au début de la maladie.

Il y a un coin de ce tableau qui me paraît particulièrement intéressant pour toi, c'est la Hongrie. Toutes
les autres parties de la monarchie autrichienne avaient
déjà plus ou moins subi le niveau de la bureaucratie.
Mais, en Hongrie, la liberté féodale a été jetée en
quelque sorte toute vivante dans le gouffre commun.
Et cela est arrivé dans des circonstances exceptionnelles
qui ne peuvent que rendre les caractères de cette révolution
plus remarquables encore. Je doute, malheureusement,
qu'il soit facile, peut-être même possible d'obtenir maintenant, même à Vienne, des notions détaillées et exactes
sur l'état véritable de la Hongrie. Je crois que tu ferais
bien de t'attacher particulièrement à cette étude. Indépendamment de ce qu'elle est très-digne d'exciter la curiosité, elle peut t'être d'une grande utilité personnelle.
Il est bien difficile de croire que d'ici à quelques années
la Hongrie ne fournisse pas au moins quelques incidents
à l'histoire de l'Europe. A tort ou à raison, on la pren-

dra, certainement d'ici à longtemps encore, en considération dans des résolutions politiques importantes. Et
l'homme qui pourrait donner des renseignements exacts
et détaillés sur ce qui s'y passe, sur l'état réel des esprits, les facilités plus ou moins grandes qu'y rencontrent les institutions nouvelles, la puissance de la race
et de la classe que la révolution a vaincues, les dispositions de cette classe et celle des autres races qui habitent le territoire hongrois ou en sont voisines, les embarras qui pourraient naître de toutes ces choses ; un pareil homme aurait un grand avantage dans la carrière
que tu as embrassée. Quelque chose d'analogue serait,
aussi, bon à savoir sur la Pologne autrichienne. Si l'été
prochain tu es à Vienne et que tu puisses *naturellement* aller un peu voyager dans ces différents pays, je
crois que ce ne serait pas perdre ton temps, surtout si
tu avais de bonnes lettres de recommandation qui te per-
missent de causer avec des hommes de *toutes les opinions*, sans exception. C'est la seule manière d'acquérir
une notion originale et juste sur un pays étranger ; je
l'ai éprouvé souvent.

J'ai été intéressé par ce que tu me dis des divers codes de
l'Autriche. Je croyais savoir que le code de Marie-Thérèse
n'avait jamais été appliqué ; mais je pensais qu'il avait été
imprimé, et je ne suis pas absolument sûr qu'il n'en ait pas
été ainsi. Tu as consulté des hommes de loi : ceux-là ne
s'occupent guère que des législations en vigueur et sont
quelquefois plus ignorants que personne, quant aux dispositions législatives qui n'ont qu'un intérêt historique.

Tu obtiendrais, je crois, une certitude plus complète si
tu t'adressais à une grande bibliothèque publique (s'il
en existe à Vienne, comme je le suppose), ou même à
un grand libraire de livres de droit, une espèce de Ron-
donneau autrichien.

J'ai retrouvé dans toute l'Allemagne, avec un profond
chagrin, les sentiments que tu as vu paraître à Vienne
à l'égard de la France; souvent la crainte, ordinairement la haine... Comment pourrait-il en être autrement?
Nous avons bouleversé le monde, troublé toutes les nations, versé des torrents de sang, renversé ou ébranlé
les trônes, remué jusqu'aux bases de la société; partout
au nom d'idées, de sentiments, de croyances que nous
semblons avoir abandonnés misérablement nous-mêmes
ensuite. Comment s'étonner de l'opinion de l'Europe à
notre égard?

A W. R. GREG, ESQ.

Saint-Cyr, 16 avril 1854.

J'éprouve un très-véritable regret, monsieur, de ne pas
être à Paris quand vous y êtes; j'aurais eu un grand plaisir à vous revoir et à vous parler de vos deux volumes,
que j'ai lus avec soin et qui m'ont fait beaucoup réfléchir[1]. Ce sont des travaux remarquables, et vous auriez
vu, en causant avec moi, que je les ai lus en homme

1. Intitulé : *Essays on political and social science*, 2 vol. in-8°.

qui les apprécie à leur valeur. Il m'eût été d'autant plus agréable de parler avec vous de la situation actuelle des affaires publiques, qu'un pareil sujet est bien difficile à traiter, chez nous, d'une manière épistolaire.

Je ne hasarderai donc que quelques mots en réponse à ce que vous me dites de l'alliance de nos deux nations. Je n'ai pas besoin de vous dire que je vois cette alliance avec bonheur; je l'ai toujours regardée comme l'événement le plus désirable qui pût avoir lieu. Seule elle peut garantir non-seulement les libertés générales de l'Europe, comme vous le dites, mais l'avenir des libertés particulières de chacun des peuples européens. Car la Russie est la pierre angulaire du despotisme dans le monde; et cette pierre, fût-elle arrachée par la main de despotes, entraînera tôt ou tard dans sa chute tous les gouvernements absolus. Je souhaite donc de tout mon cœur, et comme Européen et comme Français, que l'alliance dure et qu'elle soit triomphante. Quant à la réalisation de ce vœu, je ne sais qu'en penser. La nation française est assurément très-disposée, dans son ensemble, à vivre non-seulement en paix, mais en intimité avec l'Angleterre. Les rapports journaliers qui ont eu lieu entre les deux peuples depuis quarante ans ont prodigieusement éteint les anciennes haines et détruit les vieux préjugés. Mais vous n'ignorez pas que c'est moins, aujourd'hui, des dispositions de la nation qu'il s'agit que de celles d'un seul homme; et dans aucun temps personne n'a su précisément ce qui se passait dans l'esprit de cet homme-là. Sur les vues réelles de l'empereur et ses arrière-pensées, je n'en sais pas plus que vous, et j'ose dire que nul n'en sait pas plus que vous et moi. Je n'en excepte personne, pas même ceux qui croient avoir les meilleures raisons d'en être mieux instruits.

Beaumont, dont vous me parlez, n'habite pas Paris en ce moment, mais une terre qu'il possède à dix lieues d'ici ; j'irai m'établir moi-même chez lui pour quelque temps, dans deux ou trois jours. Je lui dirai quels avaient été vos projets, et il regrettera sans doute presque autant que moi de ne s'être pas trouvé à Paris lors de votre séjour. Mais j'espère, monsieur, que bientôt nous serons plus heureux l'un et l'autre. Pour mon compte, je reviendrai m'établir à Paris au mois d'octobre prochain, et j'y resterai tout l'hiver. Je souhaite vivement que durant ces huit mois vous ayez l'occasion de venir faire une nouvelle visite à la France. J'en profiterai pour renouveler avec vous des rapports que j'ai trouvés très-agréables.

Adieu, monsieur ; agréez de nouveau l'assurance de tous mes sentiments de haute considération.

A MADAME PHILLIMORE

1er mai 1854.

Il y a, madame, un vieux proverbe français qui dit que : *Quand on parle des gens, les oreilles leur tintent.* Si le proverbe est vrai, les oreilles ont dû beaucoup vous tinter, il y a deux mois, quand madame Grote était ici ;

car alors on a fort parlé de vous; et bien qu'un autre proverbe assure qu'il ne faut jamais écouter à la porte de ses amis, de peur d'entendre ce qu'ils disent de vous, je crois que vous auriez pu nous écouter sans être trop mécontente; car on est tombé d'accord que vous aviez beaucoup d'instruction, de grâces et d'esprit : trois choses qui ne se rencontrent pas fréquemment ensemble, surtout les deux premières, à ce qu'on prétend. J'ai cru qu'il n'y avait pas d'indiscrétion à montrer à madame Grote la dernière lettre que vous aviez bien voulu m'écrire, et elle en a trouvé, comme moi, la lecture très-agréable. Depuis que vous m'avez écrit, madame, la physionomie des affaires publiques a pris un caractère plus décidé. On a clos les protocoles pour en arriver aux coups de canon. Dieu veuille que la longue durée des premiers ne nuise point au succès des seconds, et qu'en parlant si long-temps de paix on n'ait pas oublié de se préparer à la guerre!... J'en éprouverais un profond chagrin, non-seulement comme Français, mais comme homme; car dans cette guerre (on l'a dit avec raison) il s'agit de l'Europe et de la civilisation qui est, à proprement parler, la cause du genre humain; j'ajoute qu'il s'agit de l'ave-nir de la liberté. La Russie est le plus formidable adversaire de celle-ci sur le continent. Elle abattue, j'ai la ferme confiance que la cause du pouvoir absolu en re-cevrait un irrémédiable échec. Il me paraît, du reste, madame, que depuis que vous êtes devenus nos alliés, vous avez trouvé que le despotisme dont on ne souffre pas ou dont on peut tirer parti avait du bon et qu'on

l'avait d'abord mal jugé. Je reçois un journal anglais
que je lis tous les jours honnêtement d'un bout à l'autre,
comme pourrait le faire un alderman; dans la première
page, on cherche à m'émouvoir contre la Russie en me
montrant un peuple tenu dans les ténèbres et le silence;
des citoyens livrés à l'arbitraire d'un seul homme, envoyés sans jugement dans des déserts pour y mourir. Je
commence à être ému, et, tournant la page, j'apprends
qu'un autre gouvernement que je n'ai pas besoin de
nommer, fondé aussi sur le pouvoir absolu, est plein de
modération, d'humanité, d'honnêteté, presque de candeur, en un mot tout digne de louange et de respect. Je
vous avoue, madame, que tout cela m'embrouille un peu
l'esprit, et qu'en réfléchissant à ce que je viens de lire,
avec la simplicité d'un philosophe retiré du monde, je
me demande comment il peut se faire que ce qui est un
cas pendable au soixantième degré de latitude soit une
peccadille au cinquantième. Je vous pose cette question,
madame, sans la résoudre; et je me borne, quant à moi,
à répéter avec un de vos poëtes :

He who values liberty confines
His zeal for her predominance within
No norrow bounds; her cause engages him
Wherever pleaded! This the cause of man [1].

---

1. *William Cooper:* « Le véritable ami de la liberté ne renferme point
dans d'étroites limites l'ardeur qu'il met à la défendre; partout où il voit
sa cause engagée, il s'y engage lui-même; la cause de la liberté est celle
de l'homme. »

## A MADAME GROTE

Beaumont, 11 mai 1854.

J'aurais répondu sur-le-champ à vos deux aimables lettres, chère madame Grote, si je ne vous avais su éloignée de Londres et dans vos bergeries du Lincolnshire. Je vous ai laissée à la société de vos moutons, et n'ai pas voulu vous troubler dans une si tranquille compagnie, qui vaut bien celle de ces animaux à deux pieds qui s'intitulent le chef-d'œuvre de la création. Mais je pense que vous voilà maintenant revenue à Londres, et que je puis un peu vous occuper de moi sans vous importuner. Je vous dirai d'abord, pour répondre à votre lettre dans l'ordre que vous y avez suivi vous-même, que nous n'avons jamais reçu la lettre (d'Arras?) dont vous parlez, et que par conséquent nous sommes innocents de n'y avoir pas répondu. Nous vous accusions d'avoir quitté la France sans nous dire adieu, comme si dans le pays et le temps où nous vivons on devait jamais s'en prendre à ses amis de l'irrégularité de la correspondance. C'est la suite des mauvaises habitudes que nous avait données la liberté et dont le gouvernement absolu nous corrigera à la longue.

Je vous écris de chez les Beaumont, chez lesquels, comme je vous l'ai dit, nous sommes venus passer une partie du mois de mai. Nous n'y jouissons guère du printemps, mais beaucoup de nos hôtes. Je leur ai fait part de l'aimable invitation contenue dans votre lettre. Ils m'ont chargé très-expressément de vous exprimer leur reconnaissance. Je ne crois pas, du reste, qu'ils profitent d'ici à longtemps de l'offre si obligeante que vous leur faites; ils se trouvent si bien dans leur charmante vallée, si heureux de la vie qu'ils mènent, et de si bonne compagnie l'un pour l'autre, que nous aurons grand'peine à les tirer d'ici, même pour venir voir leurs amis à Paris. Je crois que quant à entreprendre des voyages, ils sont bien éloignés d'y songer.

Je suis toujours fort peu satisfait de ma santé et je ne puis retrouver l'espèce de demi-bien que j'ai éprouvé cet hiver. Cet état prolongé, non de douleur proprement dite, mais de malaise, commence à m'attrister beaucoup. Il empêche tout à la fois et le travail et la distraction, et jette une incertitude bien pénible non-seulement sur l'avenir éloigné, mais sur le plus proche. C'est ainsi que nous ignorons encore ce que nous ferons cet été. Notre seule intention arrêtée est de nous rendre, au mois de juin prochain, à la campagne, chez mon père, près de Compiègne. Là, suivant l'état dans lequel je me trouverai, nous ferons un petit voyage en Allemagne que nous projetons, ou nous nous établirons pour tout l'été chez mon père, qui nous y invite.

Tout ce que je lis dans les journaux et tout ce que j'apprends d'autre part me prouve qu'en effet nos troupes se tirent mieux d'affaire que les vôtres en Orient, et trouvent plus aisément les moyens de vivre au milieu de l'espèce de désert qu'en pays musulman on appelle une province peuplée. Il y avait une grande raison pour qu'il en fût ainsi. Nos longues guerres en Afrique nous ont appris, depuis vingt ans, à nous passer d'une multitude de choses réputées indispensables par les autres troupes européennes, et à tirer parti des contrées les plus désolées. Le grand problème que nous avons eu à résoudre pour arriver à la conquête de l'Algérie a été, non de battre l'ennemi, mais de le joindre. Pour atteindre ce dernier résultat, il a fallu que nous apprissions (et nous avons mis dix ans à l'apprendre) l'art d'emporter avec nous tout ce qui est indispensable, et de nous procurer toutes les ressources quelconques que le pays pouvait fournir. Nous sommes arrivés ainsi à pouvoir vivre là où toute autre armée européenne mourrait de faim. Cette science qui nous serait peu utile dans les guerres ordinaires, doit nous être d'un grand service dans les circonstances si particulières où nous nous trouvons aujourd'hui.

Je ne veux pas finir cette lettre, chère madame Grote, sans vous remercier du souvenir que vous m'avez envoyé par Milnes[1]. Il fait l'admiration des connaisseurs. Cette petite attention m'a rempli de reconnaissance.

Adieu, chère madame Grote; rappelez-moi, je vous prie, au souvenir de M. Grote et de nos excellents amis Senior et Reeve. Croyez à mon inviolable attachement.

---

[1] Aujourd'hui lord Houghton.

## A M. L. DE LAVERGNE

Bonn, 29 juillet 1854.

Vous êtes en vérité très-aimable, cher monsieur de Lavergne, de vous être souvenu de moi et de m'avoir envoyé un témoignage de votre souvenir au travers des trois cents lieues qui nous séparent. Nous avons été très-sensibles, ma femme et moi, à cette preuve de votre amitié. Votre lettre nous a trouvés établis, suivant notre programme, sur les bords du Rhin, dans la jolie petite ville de Bonn que vous connaissez. Nous y menons une vie toute germanique. Nous ne fréquentons que des professeurs de l'Université et des femmes de professeurs. Ma femme parle l'allemand de son mieux : moi, j'aspire, en vain jusqu'ici, à le baragouiner. Je ne lis que des livres allemands et des journaux allemands. Je ne m'occupe du matin au soir que de l'histoire des institutions, des mœurs de l'Allemagne. Je trouve un grand plaisir à connaître un pays nouveau pour moi et à oublier mon propre pays. Les heures et les jours s'écoulent au milieu de mille études diverses auxquelles je me livre avec une *furia francese* qui étonne mes hôtes. Je trouve tant d'intérêt au genre de vie que je mène ici, que je le prolongerai, je pense, pendant la plus grande partie d'août. Les vacances vont disperser les hommes dont l'entretien m'instruit et m'amuse; et leur départ me chassera moi-même d'ici. Je me mettrai alors, sans doute, à parcourir le pays comme un voyageur ordinaire, c'est-à-dire à voir beaucoup d'auberges, beaucoup de nouveaux visages, beaucoup de terre et d'eau, sans rien apprendre. Je crois que je serai dans le courant de septembre à Berlin.

. . . . . . . . . . . .

. . . . . . . . . . . .

C'est l'Espagne qui, pour le moment, me semble fixer particulièrement l'attention de ceux qui s'occupent encore de ce qui se passe, de nos jours, sur la terre. Ce que vous m'aviez dit de l'Espagne depuis longtemps, et surtout de la reine, me préparait à de tels événements. On ne voit pas qu'il puisse sortir de tout ceci autre chose que l'anarchie, suivie bientôt du despotisme selon la loi inflexible des choses politiques. En attendant, mon attachement pour les personnes royales n'étant pas naturellement fort ardent, et la haine que je porte à leurs vices étant au contraire très-énergique, je ne puis m'attrister beaucoup du spectacle que nous avons sous les yeux. Si de là pouvait naître une monarchie constitutionnelle quelconque, je bénirais l'événement : il serait utile à l'Espagne et à la France.

Ce que vous me dites du département de la Manche me cause un grand étonnement. Êtes-vous bien sûr de ne vous être pas trompé? J'avais une idée contraire à celle que vous exprimez, et, si les faits que vous citez sont certains, il m'est impossible de les expliquer. Le paysan bas-normand est très-prudent et très-prévoyant, comme vous savez : il se marie tard, après avoir amassé, en général, un petit pécule. Le nombre des enfants me paraît assez limité, surtout parmi les paysans propriétaires, qui sont encore plus prudents et prévoyants que les autres.

. . . . . . . . . . . . .

. . . . . . . . . . . .

Dans la portion du pays que j'habite, non-seulement on ne croit pas que la population augmente, mais on croit généralement qu'elle diminue. En effet, la population des villages est moindre qu'il y a trente ans, et cela vient de ce que Cherbourg a attiré à lui les gens des campagnes.

Nous viendrons sans aucun doute passer l'hiver à Paris, et j'ajoute que nous nous réjouissons vivement de vous y rencontrer.

### A SIR G. CORNWALL LEWIS

Wiltbald, 19 septembre 1854.

J'espère, cher monsieur Lewis[1], que mademoiselle Lister est aujourd'hui et depuis longtemps complétement guérie, et que vous êtes tous arrivés à bon port

---

[1] Depuis que sir G. C. Lewis nous a communiqué les nouvelles lettres contenues dans ce volume, une mort prématurée et inattendue l'a frappé. En 1863, il a été enlevé à sa famille, à ses amis, au Cabinet anglais dont il faisait partie comme ministre de la guerre, et, il est permis de le dire, à tous les amis de la liberté et de l'humanité. On sait quel concert unanime de voix de tous les partis s'est élevé sur sa tombe pour rendre hommage à son mérite éminent comme homme d'État et comme savant. Les journaux et les revues du temps en ont été pleins. Mais je ne sais si, parmi

en Angleterre, tous en bonne santé. Le 28 du mois dernier, le jour même où j'ai reçu les lettres que vous et lady Théréza m'aviez fait l'amitié de m'écrire de Coblentz, j'ai répondu à lady Théréza. Je m'imagine que si ma lettre ne l'a plus trouvée en Allemagne, elle l'aura du moins rejointe en Angleterre, et que le retard involontaire que j'ai mis à lui répondre lui aura été

les jugements qui ont été portés sur lui, il en est un seul qui soit aussi juste et aussi heureusement exprimé que celui qui a été écrit par une Anglaise de beaucoup d'esprit, qui nous en a fait part, et que nous croyons devoir joindre ici :

« There was in him a most remarkable combination of philosophy and common sense, of deliberation and ready action, of speculation in thought and accuracy in facts ; nothing seemed too great for his comprehension ; nothing too small for his attention. His stores of knowledge were endless ; his love of learning insatiable ; yet his life was rather one of practical utility than of studious meditation. Still it was not even this unusual combination that made the most remarkable, or the most attaching part of his character. It was that beautiful simplicity in every thing, that unconsciousness of, that disregard of self, in every relation of life, that absence of all vanity, which no amount of applause could disturb ; that excited a loving admiration in all who knew him best. »

« Il y avait en lui un singulier mélange d'esprit philosophique et de sens pratique, de puissance de réflexion et de faculté d'action, d'élan dans la pensée qui saute par-dessus les faits, et de précision dans la recherche statistique qui les recueille ; rien n'était trop grand pour la compréhension de son esprit, rien trop petit pour son attention ; sa science était infinie, son amour de l'accroître insatiable, et cependant sa vie a été plus utile par son côté pratique que théorique. Mais ce n'est pas encore cette réunion extraordinaire de qualités si diverses qui le distinguait le plus et lui prêtait le plus de charmes : ce qui faisait de lui un homme à part et tout à fait attachant, c'était cette simplicité admirable en tout, cette absence complète de toute personnalité et de toute vanité, cet oubli et ce désintéressement de soi, que rien ne pouvait ébranler, pas même les succès d'amour-propre et les applaudissements du public ; voilà ce qui le faisait aimer et admirer de tous ceux qui le connaissaient intimement. »

expliqué par la longueur du temps que sa lettre et la vôtre avaient mis à me parvenir. J'ai une véritable impatience d'avoir de vos nouvelles à tous. Je ne saurais vous dire combien j'ai été reconnaissant de la manière si amicale dont j'ai été sur-le-champ accueilli dans le sein de votre famille, et quel souvenir précieux et agréable je garde du temps que j'ai passé avec vous.

Je n'ai rien de parfaitement bon à vous apprendre sur ma chère malade; elle va mieux, mais elle n'est pas guérie : ce qui fait qu'au lieu de continuer notre voyage en Allemagne, nous retournons assez tristement en France. Nous quittons ce lieu, et arriverons, je pense, dans huit ou dix jours chez mon père, à la campagne, près de Compiègne. C'est là que je vous prie de me répondre : notre intention est de rester là jusqu'au milieu de novembre, époque où nous irons nous établir pour l'hiver à Paris.

J'espère, cher monsieur Lewis, que, si dans cette ville je puis vous être bon à quelque chose, vous vous adresserez à moi sans hésitation, sûr que vous serez, je ne dis pas seulement de l'empressement que j'aurais à vous être agréable, mais du plaisir que j'y trouverai. Si un livre, un renseignement, quoi que ce soit enfin qui fût à ma portée, pouvait vous servir, je suis entièrement à votre disposition.

J'ai vécu dans une si profonde solitude depuis trois semaines que je n'ai absolument rien à vous dire de ce lieu-ci qui pût vous intéresser. Lorsque nous sommes arrivés, il était rempli par une foule qui s'est écoulée peu à peu, à mesure que les matinées et les soirées sont devenues plus fraîches, et j'ai été charmé de la voir s'écouler; car j'ai toujours trouvé cette espèce d'isolement qu'on éprouve au milieu d'indifférents et d'étrangers plus désagréable que la solitude proprement dite. Comme je ne puis rester sans rien faire, je me suis procuré quelques livres de droit wurtemburgeois que j'ai étudiés faute de mieux, et auxquels je suis parvenu à m'intéresser, parce qu'on finit toujours par s'intéresser aux choses qu'on fait de suite. N'ayez pas peur néanmoins que je vous fasse part de ma science. Je ne vous parlerai pas non plus de la politique que je n'aperçois qu'à travers les journaux. Il me semble que l'entreprise qu'on tente en ce moment sur la Crimée est un peu téméraire; mais les Russes se sont montrés depuis six mois si au-dessous de l'opinion qu'on avait d'eux, que j'espère le succès de notre armée et même à vrai dire j'y compte.

Adieu, cher monsieur Lewis, mille et mille souvenirs de notre part à lady Théréza que nous aimerions tant à revoir. Ne m'oubliez pas non plus auprès de votre famille. Embrassez pour nous la petite malade.

## A SIR G. C. LEWIS

Clairoix, près Compiègne, 9 octobre 1854.

Je trouve en arrivant ici, cher monsieur Lewis, votre lettre du 26 septembre, et, bien que je craigne un peu de vous fatiguer de ma correspondance, il faut que je vous écrive de nouveau pour vous demander des nouvelles plus récentes que celles contenues dans votre lettre...

Je vous remercie infiniment du soin que vous voulez prendre de m'envoyer l'ouvrage de Schlosser. Quoique j'attache quelque importance à le parcourir, je n'accepterais pas le prêt que vous voulez bien m'en faire, si vous ne m'assuriez que vous pouvez transmettre *sans gêne* ce volumineux ouvrage. Il me semble que la chose doit présenter des difficultés sérieuses.

Quoique la nouvelle de la prise de Sébastopol fût prématurée, je tiens cet événement comme certain. Il y a trois semaines environ, j'ai rencontré en Allemagne un de mes bons amis, le général Lamoricière. Nous avons beaucoup causé, et il me paraissait très au courant de tout le détail des faits militaires. A ses yeux, le débarquement (qui n'était pas encore fait) était un acte hasardeux; mais le débarquement une fois accompli, il considérait la chute de Sébastopol non-seulement comme probable, mais comme infaillible. Il en donnait toutes sortes de raisons que je rendrais incomplétement et mal. Ce qui m'importait, c'était sa conclusion : elle avait une grande autorité dans la bouche d'un aussi bon juge.

Je ne savais pas que votre histoire de Rome fût si avancée, et j'en ai appris la nouvelle avec grand plaisir.

Adieu, cher monsieur Lewis; parlez beaucoup de nous à lady Théréza : donnez-nous de ses nouvelles et de celles des malades, et croyez à tous mes sentiments de bien sincère amitié.

*P. S.* J'ai rencontré à Wiltbald un jeune ministre luthérien, M. Ehni. Je l'avais déjà connu à Paris, où il m'avait été recommandé par des personnes très-respectables. Ce jeune homme va aller en Angleterre pour chercher un emploi dans l'instruction. Je me suis permis de lui donner une lettre de recommandation pour vous. Si vous pouvez lui être bon à quelque chose, ce que j'ignore, vous rendrez service à un bon sujet. Je crois qu'une éducation particulière serait son affaire; mais on pourrait également lui confier des travaux de recherches comme je l'ai fait moi-même.

J'ai rouvert ma lettre pour vous dire ceci que j'avais oublié. Je vous en préviens de peur que vous n'ayez de mauvaises pensées sur la police française, cette vierge immaculée qui ne doit même pas être soupçonnée.

## A MADAME LA COMTESSE DE CIRCOURT

Clairoix, près Compiègne, 31 octobre 1854.

Vous êtes bien aimable, madame, de vous être aperçue que je ne vous avais pas encore répondu ; et moi, je serais bien impardonnable de ne l'avoir pas fait, si mon silence avait tenu à la négligence. Car votre lettre était parfaitement intéressante et si aimable que je n'ai pu la lire sans être très-reconnaissant. J'ai été d'autant plus contrarié de ne pouvoir aller chez vous, que j'ai maintenant peu d'espérance de vous rencontrer avant deux mois. Mon père nous garde près de lui jusqu'au moment où il retournera lui-même à Paris, c'est-à-dire dans le courant de janvier. Je dis avec intention *près de lui* et non chez lui. Nous avons loué en effet, pour deux mois, à peu de distance de sa demeure, une petite maison située plus haut, plus sèche et plus exposée au soleil que la sienne ; et nous nous y établissons jeudi. J'espère bien employer ces deux mois d'une solitude presque complète qui précéderont le tumulte de Paris.

Je vous avoue que je redoute singulièrement le contact de cette grande ville, et que je m'attends à y rencontrer moins que jamais, cette année, des impressions agréables. A mesure que je vis davantage, je ressens plus vivement deux choses : je me sens de moins en moins disposé à vivre dans un commerce où ne se rencontrent pas les plaisirs de l'esprit ; et j'aperçois que l'esprit seul ne sau-

rait ni m'attirer ni me retenir. Or, je vous le demande,
à vous, madame, qui connaissez aussi bien que moi
toutes les ressources que la société de Paris présente,
combien s'y rencontre-t-il, à votre avis, de personnes
qui puissent plaire tout à la fois et par l'esprit et par
le cœur? Mettez de côté tous les gens de bien qui ne sont
que d'honnêtes sots, et d'un autre tous les gens d'esprit
qui ne sont que de spirituels coquins, ou ce qui est pire,
peut-être, vu leur grand nombre, qui ne font voir que des
âmes communes et vulgaires, un peu ornées et enjoli-
vées par l'esprit; comptez, je vous prie, sur vos doigts,
ce qui reste; et cela ne vous donnera-t-il pas un certain
attrait pour le désert?

Ce que vous me dites de madame de Rauzan fait à la
fois, madame, mon admiration et mon chagrin. Quelle
triste situation et quel courage pour la supporter! Il me
tarde de pouvoir lui exprimer bientôt ma profonde sympathie.

A HENRY REEVE, ESQ.

Compiègne, 30 novembre 1854.

Il est bien tard, mon cher ami, pour vous remercier
des trois lettres de recommandation que vous m'avez
adressées à Bonn l'été dernier. J'ai d'abord attendu pour
vous écrire que j'eusse vu les personnes pour lesquelles
vous m'aviez donné des lettres; et à partir de l'époque
où il a fallu renoncer à aller en Saxe, j'ai eu tant de

tracas et de contrariétés que cela ne m'a pas mis en humeur de correspondance ; vous avez su sans doute la longue et douloureuse maladie qui a atteint ma femme à Bonn et qui est loin encore d'être terminée. Il a fallu d'abord aller aux eaux, puis revenir très-péniblement en France. Nous sommes maintenant établis pour deux mois dans une petite maison que nous avons louée dans le voisinage de mon père. Les douleurs rhumatismales dont madame de Tocqueville a si longtemps souffert décroissent graduellement, et peu à peu la malade rentre dans l'usage de son bras et de sa main ; mais sa santé semble un peu altérée par cette longue épreuve, et quoique son état n'ait rien de grave, il m'attriste beaucoup. Pardonnez-moi donc mon long silence et recevez mes remercîments pour vos trois lettres dont j'ai tant regretté de ne pouvoir faire usage, et que je tiens à votre disposition pour vous les rendre quand nous nous reverrons. J'espère que cela arrivera cet hiver et tout au moins le printemps prochain. Nous comptons sur l'exposition pour nous amener nos amis d'Angleterre, et nous espérons bien que cette fois-là madame Reeve vous accompagnera. Notre intention est de retourner nous fixer à Paris dans le courant de janvier, si tant est que nous y trouvions place ; car on détruit tant de maisons dans cette ville, que bientôt il y faudra *bivouaquer*.

Ce dernier mot ramène ma pensée vers nos grandes affaires d'Orient. Quelle guerre difficile et terrible ! et pourtant, puisqu'on y est entré, il faut la pousser jusqu'au bout ; car avoir dépensé tant d'hommes et tant de millions sans obtenir le seul résultat légitime de la guerre qui est de poser une barrière solide et permanente à la Russie, c'est ce que le peuple anglais aurait de la peine, je pense, à pardonner à son gouvernement, et ce que le peuple français lui-même, tout mort qu'il soit pour le moment, endurerait avec peine du sien. Ce qui me préoccupe le plus, au fond de ma solitude, quand je pense à ce qui se passe, et j'y pense sans cesse en dépit de moi, c'est l'attitude de l'Autriche. Que signifie au vrai sa conduite? Que veut-elle, enfin? Un homme placé comme vous sur le théâtre doit voir, en cette matière, ce que n'aperçoivent pas les gens perdus comme moi au milieu de la foule du parterre. Prévoit-on quelle va être chez vous l'attitude du Parlement? Ce qui a lieu en Crimée fera un éternel honneur au nom anglais; mais, quant à la manière dont l'affaire a été conduite, il y a, ce me semble, bien à en dire, et beaucoup d'occasions de guerre contre le gouvernement, si on est en goût de lui faire la guerre. Le voyage de lord Palmerston ici fait travailler aussi bien des têtes. On fait sur le but et l'effet probable de ce voyage toutes sortes de conjectures, dont pas une vraisemblablement n'approche de la vérité. Quant à moi, j'ai vu de trop près les affaires pour me plaire à conjecturer sur des faits particuliers que j'ignore. Mais je suis avec une émotion profonde le gros des événements, et je me sens presque aussi entraîné par le spectacle que si j'y étais mêlé moi-même. Quels efforts gigantesques! quelle énergie! quelles vertus viriles et héroïques sortent tout à coup de ces sociétés qui semblaient sommeiller dans le bien-être, et comme ce qui se passe venge bien la civilisation de tout le mal qu'on dit quelquefois d'elle !

Adieu, cher Reeve, n'imitez pas ma paresse. Écrivez-moi, car vos lettres, toujours bien venues, sont particulièrement précieuses dans le moment actuel. Songez que j'habite une île déserte de l'océan Pacifique, sans communication avec le reste du monde.

*P. S.* J'ai passé quelques jours si agréables à Bonn avec la famille Lewis, que je continue à porter le plus grand intérêt à ce qui la touche. La dernière fille de lady Théréza était, il y a un mois, très-dangereusement malade. Je n'ose demander de ses nouvelles directes, car je crains que la pauvre enfant ne soit morte; et cependant je désire vivement en obtenir ; n'oubliez pas de m'en donner en me répondant et rappelez-moi bien particulièrement au souvenir de sir G. Lewis et de lady Théréza...

Ne nous oubliez pas surtout auprès de notre excellente amie, madame Grote, ni de Senior. Madame Grote a depuis quelque temps le soin amical de nous envoyer de temps en temps des journaux anglais. Un journal qui parle librement est un fruit très-nécessaire et très-agréable à goûter en ce moment dans notre pays. Je me suis bien abonné à un journal allemand. Je l'ai choisi assez favorable au gouvernement français, afin de ne pas le voir trop souvent saisi. Mais, malgré cela, il ne m'arrive guère plus de deux ou trois fois la semaine. On ne peut concevoir une pareille fureur de silence.

## A M. BOUCHITTÉ

Compiègne, 15 décembre 1854.

Je me reproche, mon cher ami, de n'avoir pas encore répondu à l'intéressante lettre que vous m'avez écrite il y a quinze jours. Je n'ai point été détourné, je l'avoue, de ma correspondance par les visites ou les affaires, car je n'ai point d'affaires et ne connais personne dans le lieu que j'habite. Votre lettre m'a saisi au milieu d'un cours d'occupations dont je n'ai pu facilement sortir. Voilà ce qui fait que je ne vous écris qu'aujourd'hui.

J'avais pensé à vous, comme vous pouvez croire, quand j'avais vu la nouvelle loi sur l'instruction publique promulguée et en voie d'exécution. Je ne doutais pas que l'événement ne vous fît rentrer dans la retraite; mais je vous avais trouvé d'avance si préparé à ce qu'il en fût ainsi et si peu inquiet de l'emploi de votre temps que je ne vous ai pas beaucoup plaint. Je savais, d'ailleurs, que ce changement dans votre position ne ferait pas un changement dans votre fortune. Vous voilà donc rendu à votre loisir; je vous en félicite, car vous valez mieux que ceux qu'on emploie, et surtout que la besogne qu'on leur donne à faire. Je n'en suis pas non plus fâché pour nous. Nous ne gagnions rien à ce que vous fussiez un excellent recteur et nous y perdions les travaux que la retraite va vous permettre de faire.

Comme on vous l'a dit, nous avons employé l'été à

parcourir une partie de l'Allemagne, ou plutôt à séjourner dans deux ou trois villes allemandes, surtout à Bonn. On n'apprend rien en voyage, en changeant tous les jours de lieu. Ce que j'ai vu de l'autre côté du Rhin m'a fort intéressé. J'avais toujours vécu, quand je sortais de France, avec des gens de race anglaise; et cette nouvelle face de l'humanité que j'ai aperçue là m'a fort frappé. Jamais je n'aurais pu me faire une idée juste des Allemands avant d'aller en Allemagne, tant j'ai trouvé chez ce peuple-là une manière de percevoir les objets et d'apprécier les choses de ce monde, qui diffère de ce que j'avais rencontré ailleurs. Leurs livres même ne peuvent se bien comprendre, que quand on s'est trouvé un certain temps dans une sorte d'intimité avec eux. L'homme seul peut expliquer l'écrivain...

Ce que vous me dites de l'aspect général des choses me semble bien vu. Comme vous, je pense que le gouvernement quoique très-puissant est très-fragile, mais que sortirait-il de sa ruine et des ruines qu'il a faites? Excepté le soldat qui a retrouvé de la grandeur (je dis le soldat), qu'est-ce qui ne s'abaisse pas et ne s'énerve pas visiblement autour de nous? Adieu.

## A MADAME LA COMTESSE DE CIRCOURT

Compiègne, 31 décembre 1854

Vous m'avez fait de charmantes étrennes, madame, en m'envoyant une lettre si aimable. Je ne saurais trop

vous remercier, ni trop tôt vous remercier d'avoir bien
ainsi voulu penser à moi. Rien ne saurait m'être plus
sensible que votre souvenir, si ce n'est pourtant votre
présence dont j'espère bien jouir souvent cet hiver. Je ne
pense pas, du reste, pouvoir me procurer ce plaisir avant
trois semaines. Vous ne comptiez revenir, me dites-
vous, à Paris que vers le milieu de janvier; et moi je n'y
arriverai sans doute que vers la fin du même mois.

Une des misères que je vais trouver à Paris, ce sont
les élections académiques. Figurez-vous, madame, le désespoir d'un homme qui a à nommer presqu'à la fois six
membres de l'Institut, c'est-à-dire à faire face en même
temps à l'amabilité intéressée et tenace d'un nombre de
candidats qu'on ne doit point évaluer, ce me semble, à
moins de vingt-cinq ou trente. C'est, je vous jure, une
rude tâche. Pourquoi ne nous a-t-on pas ôté nos droits
académiques avec tous les autres? J'entends en nous laissant la faculté d'écrire sur un petit morceau de papier,
mais en nous dictant le nom qu'il faut mettre; les candidats du gouvernement seraient une nouveauté qui me
plairait à l'Institut. Il n'y aurait plus de cabale; nous ne
ferions plus un mauvais usage de notre liberté; l'ordre
règnerait sur tous nos bancs. Suggérez, je vous prie, ces
idées à ceux de vos amis qui ont voix au chapitre. MM. ***
et *** pourraient adroitement les faire pénétrer dans
l'oreille de leur maître. Sérieusement, madame, je suis
excédé d'avance de toutes les sollicitations auxquelles je
vais être en butte, et je me sens déjà fatigué de ma puissance. Pourquoi, d'ailleurs, conserver les académies,

puisqu'il semble qu'il n'y ait plus personne en France qui sache ni lire ni écrire? J'ose affirmer, madame, que depuis deux cents ans, nous n'avons pas vu dans notre pays si peu de goût pour les choses de l'esprit, et même si peu d'attention portée à ce qui s'y rapporte. Mais je ne veux pas finir l'année 1854 en faisant des jérémiades; j'aime mieux penser à celle qui va suivre et souhaiter qu'elle apporte toutes sortes de prospérités à ceux qui, comme vous, madame, connaissent et savent pratiquer, chose rare, l'art d'être heureux, qui n'est autre chose que l'art de bien arranger sa vie et de la remplir des vrais et solides plaisirs que l'esprit et l'amitié donnent.

Veuillez, madame, nous rappeler particulièrement, madame de Tocqueville et moi, au souvenir de M. de Circourt et agréer l'hommage de mon dévoûment. Ma femme ne veut pas être oubliée près de vous.

# ANNÉE 1855

---

## A M. LE BARON HUBERT DE TOCQUEVILLE

Compiègne, 4 janvier 1855.

J'ai reçu et lu avec grand plaisir, mon cher ami, tes lettres des 19 et 28 décembre. Je te remercie de tous les détails que tu me donnes. Tu sais l'intérêt que je te porte; je n'ai pas besoin, donc, de te dire que j'attache un véritable prix à recevoir de tes nouvelles souvent, et m'appliquerai toujours à faire tourner à ton profit l'expérience que j'ai acquise, surtout depuis vingt ans que j'ai été si mêlé aux hommes et aux affaires. Que je te dise d'abord à ce sujet que ce qu'il importe le plus de me dire, c'est moins les choses qui vont bien que celles qui t'inquiètent ou t'embarrassent; car c'est surtout dans celles-là que je puis te donner un avis utile ou un renseignement profitable. Ainsi, j'ai su par tes parents que le premier abord de M. de S.....[1] avait été très-froid : ce que tu ne me disais pas. Cet accueil de M. de S..... m'avait surpris et un peu alarmé. Je craignais que tu n'eusses donné quelque prise sur toi, soit en ne l'allant pas voir immédiatement après l'ambassadeur, soit en ne lui remettant pas sur-le-champ ma lettre. De quelque manière que les choses aient commencé avec lui, je vois qu'elles marchent bien maintenant. Ta dernière lettre me l'a appris, et une lettre que j'ai reçue hier de M. de S... lui-même ne me laisse pas de doutes à cet égard. Je te recommande très-fortement de tâcher de te conserver dans les bonnes grâces de celui-ci et de ne pas te laisser pousser par les opinions un peu trop vives que M. de *** a pu t'exprimer à son égard. Quoique de S..... ait de grands défauts que je connais bien, c'est cependant un homme de mérite; de plus, il est ton chef immédiat; et surtout, ce à quoi il faut toujours que tu penses, il a demeuré beaucoup d'années dans les bureaux de l'administration centrale; il y a été chef du cabinet du ministre pendant quelque temps. Il conserve dans les bureaux de l'influence, et il pourrait beaucoup nuire à ton avancement, s'il le voulait. Il faut donc t'en faire, autant que possible, un ami. Dans sa lettre, il me témoigne de très-bons sentiments à ton égard et d'excellentes intentions. Cultive les uns et les autres, tout en ne te laissant pas entraîner par lui plus loin que tu ne veux aller. Il a de la vanité; en lui demandant souvent des avis, en montrant du zèle pour faire ce

---

1. M. de S....., alors premier secrétaire de l'ambassade de Vienne.

dont il te chargera, et beaucoup de docilité à suivre ses instructions dans cette matière, il te deviendra, j'espère, très-favorable; ce qui est à désirer, parce que, dans ta position, tu as besoin de lui. Je ne crois pas nécessaire, non plus, de te recommander de te montrer très-bon garçon avec tes jeunes collègues; non-seulement bon camarade, mais camarade *facile*. Ce qu'il faut, c'est de ne pas te mettre dans leur confrérie; mais en dehors de cela, il ne faudrait pas y regarder de trop près pour faire quelques parties avec eux, si l'occasion s'en présente; entrer accidentellement dans leur genre de vie et au besoin dépenser un peu d'argent avec eux. Sois sûr que ce sera de l'argent bien employé.

Je te recommande aussi de nouveau de te mettre sur-le-champ sur un bon pied; car, dans la carrière que tu as embrassée, rien ne nuit plus et d'une manière plus durable que la réputation de faire mesquinement les choses. Tu me parais avoir assez d'argent cette année, avec ce que t'a donné ton père et l'excédant de tes frais de voyage, pour pouvoir faire les choses un peu grandement. Que je n'entende pas parler d'économie; ne fais pas de dettes, voilà tout ce que je désire en cette matière. Je te parle en homme qui connaît mieux que toi le terrain sur lequel tu marches. Je suis sûr que ta réputation d'homme sensé et travailleur est déjà faite; il faut t'appliquer maintenant à ce qu'on ne te fasse pas la réputation de n'être qu'un homme de cabinet sans goût pour le monde. Hante le spectacle et les grandes maisons qui te sont ouvertes, et si cela se peut faire naturellement, vas-y quelquefois dans la compagnie de tes camarades. Il ne faut pas pour cela avoir l'air de se jeter à leur tête; mais il ne faut pas moins éviter de sembler faire bande à part et viser au *contraste*. Je te recommande cela on ne saurait davantage.

Ce que tu me dis de tes études me paraît bien vu. Comme études diplomatiques proprement dites, il n'y a rien de plus nécessaire à étudier que les actes du Congrès de Vienne, puisqu'ils forment encore la base de tout l'ordre politique de l'Europe. Mais il est difficile d'en bien comprendre toute la portée, si on n'étudie pas très-attentivement l'histoire pendant le dix-huitième siècle et surtout la Révolution française : ce sont là les précédents de toutes les autres études. L'histoire en général, et en particulier celle des principaux traités qui sont intervenus depuis environ un siècle entre les différents peuples de l'Europe, *c'est le bréviaire d'un diplomate*. Tu ne connaîtrais que cela très à fond et imperturbablement, que tu serais déjà plus capable de ton nouveau métier que beaucoup de ceux qui le font depuis longtemps ou ont l'air de le faire.

Je ne t'en écris pas plus long aujourd'hui pour ne pas te faire payer un port énorme. Dans ta première lettre explique-moi comment je puis m'y prendre pour te faire passer mes lettres par l'ambassade; de ton côté, écris-moi par cette voie. Je crois qu'une lettre avec mon adresse, mise dans le paquet de l'ambassade pour Paris, me serait, aussitôt après son arrivée, transmise de cette ville; ce qui m'épargnerait des frais inutiles. En ajoutant au besoin à mon nom : *ancien ministre des affaires étrangères*, cela rendrait la chose encore plus naturelle.

Adieu, mon cher enfant, je t'embrasse de tout mon cœur.

A M. GUSTAVE DE BEAUMONT

Compiègne, 11 janvier 1855.

Votre lettre d'avant-hier m'a fait grand plaisir, mon cher ami, en nous apprenant que la santé du petit Paul était rétablie. Il nous restait sur le compte de cet enfant une inquiétude vague qui nous était pénible : car nous avons pour ce qui regarde vos enfants quelque chose de l'imagination effarouchée que les parents seuls ont d'ordinaire, et une ombre nous fait peur. Nous nous mettons maintenant à nous préoccuper de la mère....

Je vous avoue que quand je songe à la constitution physique et morale de madame de Beaumont, et qu'ensuite je viens à penser à la carrière que va embrasser Antonin, je ne puis m'empêcher de trembler. Ma raison continue à me dire que pour les fils de gens dans notre position la carrière militaire est la préférable; mais l'instinct se révolte quand j'imagine tous les tourments d'imagination, les maux d'esprit et de corps que doit éprouver la mère, tandis que le fils est exposé à tant d'aventures dangereuses. La vue de cette horrible guerre dont nous sommes témoins suggère naturellement ces idées. Elle sera finie, sans doute, quand Antonin entrera dans l'ar-

mée; mais il ne tardera pas à en recommencer d'autres.
L'empire est la guerre par mille raisons, mais entre autres, ce me semble, par celle-ci qu'on ne dit pas : c'est
que du moment où la liberté est détruite en France, le
lien qui unissait entre elles toutes les vieilles monarchies
en dépit de la diversité des intérêts, lien qui a rendu la
guerre comme impossible pendant quarante ans, se brise ;
chacun substitue à la politique de conservation la vieille
politique d'agrandissement ; aux opinions qui rappro-
chaient succèdent les intérêts particuliers qui séparent.
Les princes qui, jusque-là, ne pouvaient se livrer avec
sécurité à aucune de leurs passions, se donnent cette
douceur, dès qu'ils n'ont plus peur pour leur existence.
On a dit que la guerre pouvait sortir de l'esprit de liberté et de la révolution : cela est vrai. Mais ce qui est
bien plus sûr encore, c'est que la compression en apparence définitive de la liberté et de la révolution devait
infailliblement, dans un temps donné, ramener la guerre
et en faire un accident très-fréquent, comme jadis. Voyez
où Antonin, sans s'en douter, m'a conduit.

Je reviens aux seules choses qui soient aujourd'hui
de notre compétence. Vous avez dû recevoir déjà deux
numéros de la *Gazette d'Augsbourg;* trois ont manqué.
J'ai écrit à M. Alexander pour me plaindre ; il m'a répondu que personne ne les avait reçus. Ils ont été arrêtés
par le gouvernement, attendu, ajoute discrétement notre
homme, qu'ils contenaient sans doute de fausses nouvelles sur le théâtre de la guerre : vous voyez que mons
Alexander connaît son gouvernement!... Que dites-vous

de cette nouvelle gazette? Pour mon compte, j'en suis
assez content. Le journal est bien imprimé; il contient
beaucoup de matières; et quoiqu'il ne fasse pas connaître, comme la *Kölnishe Zeitung*, les passions de l'Allemagne libérale et révolutionnaire, d'une autre part il
jette sur les vues de l'Autriche et de la Russie des vues
curieuses. Il reste, à ce que je crois, Russe de cœur,
obligé seulement à suivre l'Autriche dans sa nouvelle politique et faisant des efforts amusants pour découvrir que
tout ce qui se passe doit être à la fois très-favorable à
l'Autriche et à la Russie.

Ce que vous me dites de l'ennui de ne voir que du
parterre ce qui se passe sur la grande scène du monde
est bien vrai. Vous auriez dû ajouter que cela paraît surtout dur, quand on a longtemps vécu dans les coulisses
de ce vaste théâtre. Mais telle est notre destinée, et qui
sait si elle changera jamais? X.... qui, tout en regardant le ciel, voit souvent très-profondément dans les passions des hommes ici-bas, m'écrivait l'autre jour : « Ce
régime-ci est le paradis des jaloux. » Ne trouvez-vous
pas le mot joli? J'admire comme la langue sacrée l'a bien
servi à cette occasion pour peindre avec précision le péché favori de ses adversaires. Rien n'est plus vrai; et la
joie générale que fait éprouver la chute de tant de personnages dont le bruit prolongé importunait, est assurément pour beaucoup dans l'assentiment que trouve un
gouvernement où le voisin ne brille jamais, et où personne, à vrai dire, ne se fait voir que le maître. Je
cherche de mon mieux à braver la destinée et à faire

quelque chose en dépit des circonstances qui semblent
nous condamner à l'obscurité. J'espère, dans deux ou
trois mois, avoir terminé tout ce qui doit former la première partie du livre que je médite depuis si longtemps.
Alors seulement on pourra se faire une idée de ce que
doit être l'ouvrage entier. Cette partie, d'ailleurs, quoiqu'elle se lie de la manière la plus intime au reste, est,
à elle seule, une sorte d'ouvrage entier qui formera les
trois quarts d'un volume....

Quant à vous, vous êtes absorbé pour le moment dans
l'éducation de votre fils. Non-seulement je ne blâme pas
cela, mais je vous approuve et vous envie. Quelle occupation attachante et même entraînante cela doit être de
développer l'esprit d'un fils, de voir ses sentiments s'é-
tendre sous votre contact et ses idées grandir! C'est une
joie que le ciel m'a refusée, mais non empêché de comprendre. Tout ce que vous me dites à propos des études
que vous suivez en ce moment avec Antonin, et à cause
de lui, m'intéresse tellement que je vous reproche de ne
pas me donner plus de détails. J'aimerais savoir quels
sont les auteurs avec lesquels vous vivez; quelles choses
vous frappent particulièrement, quelles observations vous
suggèrent votre travail et celui de votre jeune compagnon. Rien de tout cela ne me serait indifférent. J'ai
toujours pensé et je pense de plus en plus ce que vous
me dites de l'ancienne méthode d'éducation et de l'étude
de l'antiquité. Je crois, comme vous, que le fond de
l'éducation, sa vraie substance, est dans cette étude approfondie et non ailleurs; que c'est là qu'on rassemble le

mieux les forces de l'âme qui servent ensuite partout ailleurs, dans les actions comme dans les différents travaux
de l'esprit. C'est l'instrument commun avec lequel on
fabrique les grandes choses en tout genre.

Mais quand Antonin vous aura quitté, que ferez-vous?
Je ne saurais m'imaginer aucune réponse à cette question; car vous êtes un homme muré. N'avez-vous pas la
résolution sérieuse d'entreprendre quelque grand travail? Il y a des moments où il me semble apercevoir chez
vous, à travers le triple manteau qui vous couvre, un
homme las qui renonce à la carrière et semble se considérer comme arrivé au bout de ses courses. Vous me
paraissez quelquefois vous prendre sérieusement pour
un mort, et vous réduire aux vertus de cet état. Cela me
surprend et m'indigne quand je pense que, dans notre
jeunesse, c'était toujours vous qui étiez sur pied et prêt
à marcher. J'étais toujours *desponding*, et vous toujours
en train. Je le suis moins qu'alors; le seriez-vous devenu? Adieu.

### A M. FRESLON

Compiègne, 21 janvier 1855.

Je mène toujours ici ma même vie de bénédictin : c'est
assez dire qu'elle ne fournit rien à raconter. Ma petite
maison, maître, gens et chiens, est réglée comme une
pendule dont je suis le balancier. Chaque chose se fait
exactement, à la même heure et de la même manière; et

rien ne ressemble plus à la veille que le lendemain. Je m'étonne quelquefois qu'un homme, qui a tant aimé le mouvement et le bruit, puisse si bien se réduire à faire *tic tac* pendant des mois entiers. Mais nous avons vu bien d'autres révolutions se faire dans les esprits de notre temps, et de plus malheureuses. Toutes les semaines je fais le projet de revenir m'établir à Paris, et chaque semaine je recule et remets de quelques jours à quitter ma solitude. Le mois prochain ne se passera cependant pas sans que je redevienne, je ne dirai pas votre concitoyen, car nous n'avons ni l'un ni l'autre de *cité*, mais votre voisin. Plût à Dieu que je n'en rencontrasse que de semblables à vous! il y a longtemps que je serais revenu me fixer dans votre grande ville, si je pouvais l'espérer; mais ceux-là sont rares, et à Paris et en France et partout.

Je ne vous dis rien de la politique, parce que je ne sais absolument qu'en dire. Cette raison en vaut bien une autre. Cependant je lis des journaux en français, en anglais et en allemand; je n'en suis pas plus avancé. Je découvre bien les horizons; mais les objets intermédiaires sont plongés pour moi dans une obscurité impénétrable. Ce que j'aperçois de plus en plus, et ce que j'ai toujours pensé, c'est que le coup qui a atteint toutes les libertés en France d'une façon qui semble durable, du moins à tous ceux qui ne les aimaient pas; ce coup, dis-je, a changé du même choc tout le système des rapports internationaux dans le monde, et a créé pour les diplomates une nouvelle science à étudier, ou plutôt à rapprendre; car ce que nous voyons n'est que le jeu des anciens intérêts et des anciennes passions des princes, que la Révolution française avait troublés et remplacés par des intérêts et des passions qui s'effacent maintenant à mesure que cette révolution dégénère et devient un changement de despotisme au lieu de l'ère de la liberté

Adieu; mille amitiés de cœur aujourd'hui comme toujours.

## A M. LE BARON HUBERT DE TOCQUEVILLE

Compiègne, 31 janvier 1855.

J'ai reçu avec grand plaisir, mon cher ami, ta lettre du 14. J'en ai approuvé le fond et la forme. Tout ce que tu me dis est sensé et en bons termes. Je t'engage à continuer à m'écrire; tes lettres m'intéressent, et si j'y trouvais l'occasion de te dire quelque chose d'utile, je n'y manquerais pas. Lors même que je ne te répondrais pas ou tarderais à te répondre, cela ne devrait pas t'empêcher de poursuivre de ton côté la correspondance; car il y a des temps où tu dois avoir à me dire des choses importantes, et où, moi, je n'ai rien à t'apprendre qui t'intéresse. C'est un peu le cas aujourd'hui : ta dernière lettre m'a fait connaître beaucoup de détails au courant desquels j'aime à me trouver, mais elle ne contient rien sur quoi j'aie principalement besoin de te parler. Il me semble que tu es dans une bonne voie et que tu juges ta position et les moyens d'y réussir comme il convient de

le faire. S'il te survenait quelque embarras et que tu m'en
avertisses, j'aviserais aussitôt à te donner l'avis que je
croirais devoir t'être le plus utile. Tout ce que je te recommande aujourd'hui est de ne forcer en rien, outre mesure, ta nature; tu dépasserais le but et ferais mal les
choses. Tâche seulement de la développer, mais sans
trop d'efforts, dans le sens qui t'est le plus utile et le plus
profitable. Je ne saurais trop t'engager à ne négliger ni
les dehors, ni les apparences, ni le monde; mais, en cela
même, il faut ne pas sortir trop violemment de toi-
même, de tes goûts et de tes habitudes. Tu cesserais
d'être *naturel*, et, par conséquent, d'être à ton avantage.
Tâche de faire ces choses de manière à prendre une sorte
d'inclination pour elles; alors tu y réussiras avec moins
de peine et mieux.

Tes études me paraissent bien entendues. Continue à
m'en parler; et si elles te suggèrent des réflexions que
tu me communiques, j'en serai bien aise, et je te ferai
part des miennes. Tu fais bien de t'acharner à l'allemand. Si tu ne gagnais que cela à Vienne, ce serait déjà
un grand résultat obtenu. L'anglais te paraîtra ensuite
un jeu. Romps-toi à parler : rien n'est plus nécessaire
et peut plus facilement se faire à ton âge. Surtout ne
crains pas de dire des bêtises; dans une langue étrangère, elles ne comptent pas, et qui veut bien parler ne
parle pas du tout.

Je te remercie des recherches que tu as faites à ma
demande. Si tu peux te procurer le code de Marie-
Thérèse, n'y manque pas. Je sais que toutes les lois ont

changé depuis; aussi est-ce plutôt l'Allemagne de 1750 que celle de 1850 que je veux connaître. Cependant celle-ci m'intéresse aussi très-vivement : car c'est un pays en grande révolution, quoique la révolution se fasse d'une autre manière qu'elle ne s'est faite chez nous. Tout ce que tu me dirais de l'état actuel de l'Autriche, de la forme de ses institutions, des dispositions du pays, de l'opinion publique, de ses tendances.... enfin tout ce qui servirait à me faire connaître ce qui se passe dans le sein de ce grand corps, aurait pour moi un grand intérêt; et de pareilles lettres, en te forçant à réunir sur le papier ce que tu sais et à traiter des matières de cette espèce, te seraient un *exercice très-utile*. C'est, après tout, le fond même de ton métier que tu apprendrais là, en dehors de tes fonctions officielles. Il va sans dire qu'il faut avoir grand soin de ne mêler à ce que tu peux me dire sur l'Autriche et en général sur des matières qui se rapportent au gouvernement et à la politique, rien de ce que tu pourrais savoir confidentiellement à cause de ta position particulière. Mais tout ce que tu sais en dehors de là et ce qui est dans le domaine public, peut m'être communiqué sans inconvénient et avec l'avantage que je te disais plus haut. Le travail que je t'indique est celui que font la plupart des diplomates écrivant à leur ministre : tu le ferais avec profit. Tu peux être sûr que je répondrais toujours soit par des observations, soit par des questions qui te mettraient sur de nouvelles voies.

## A SIR G. CORNWALL LEWIS

Compiègne, 1er février 1855.

Mon cher monsieur Lewis,

Quoique je sois en dehors de la politique et, dans ce moment, pour ainsi dire en dehors du monde, je ne puis m'empêcher de me préoccuper des affaires générales de l'Europe, et ce qui arrive aujourd'hui en Orient à l'occasion de notre double expédition de Crimée me cause un profond sentiment de douleur. Je parle surtout de ce qui regarde votre armée; car la nôtre, quoique souffrant bien plus qu'on ne dit, me paraît sauve; mais votre pauvre et brave armée est en grand péril. Je m'en afflige à cause de vous et aussi, je l'avoue, par une raison plus générale. La manière dont vous avez conduit la guerre en Crimée, tout en faisant honneur au peuple anglais, sera amèrement exploitée chez nous contre le gouvernement libre. Tandis que les circonstances semblent glorifier chez nous le pouvoir absolu, chez vous elles paraissent déconsidérer la liberté : double apparence qui n'est bonne ni pour nous ni pour vous-même, dont les institutions subiront peut-être, dans les esprits du moins, sinon dans les lois, un contre-coup plus rude que ne peut l'être la perte d'une armée. Au fond, pourtant, il n'y a là que des apparences. Ce qui a donné à notre armée (indépendamment de l'aptitude particulière que possède notre peuple pour la guerre) les qualités solides qu'on lui voit, ce sont des circonstances ou étrangères, ou contraires au gouvernement absolu. La première est vingt-cinq ans de guerre continuelle en Afrique, ce qui nous a permis, remarquez bien cela, non-seulement de nous aguerrir *en général*, mais d'apprendre *précisément* à lutter contre les difficultés que nous rencontrons maintenant en Orient. Lamoricière me disait un jour, sous la tente, en Algérie, un mot profond : « Savez-vous, me disait-il, quel est le problème à résoudre pour conquérir l'Afrique? C'est de trouver le moyen d'y faire partout la soupe en tout temps. » La seconde circonstance qui nous a préparés à cette épreuve, c'est la liberté même qui, entourant d'une immense publicité tout ce que faisait cette armée d'Afrique, n'a pas permis qu'il s'y établît aucun abus, qu'il s'y fît aucun passe-droit, et a maintenu dans son sein une ardeur et un zèle incomparables. Pendant ce temps-là, chez vous, l'attention publique était absorbée par d'autres choses que par l'armée. Vous aviez pour ainsi dire oublié son existence ; il me semble, au moins quant à sa partie *administrative*, qui est peut-être, dans toute bonne armée, la principale. Malheureusement, je ne puis comprendre comment, au milieu de la guerre, vous pouvez changer tout à coup les vices de votre système. Vous n'avez pas chez vous, comme au commencement de la guerre de Sept-Ans, M. Pitt, et en face de vous Louis XV. Croyez pourtant que si l'Angleterre ne se relève pas vite et glorieusement de ce choc, si elle reste sous le coup de la destruction de son armée pour ne plus paraître grandement dans la lutte que par son argent et par ses vaisseaux, sa position dans le monde sera singulièrement diminuée et avec elle le renom de ses institutions.

Je me suis laissé entraîner à causer avec vous de choses dont je ne devrais pas me mêler. Je ne voulais qu'obtenir de vos nouvelles. Donnez-m'en, je vous prie. Vous avez tout le temps de me répondre ici, car je n'irai me fixer à Paris qu'à la fin du mois. Rappelez-nous, madame de Tocqueville et moi, de la manière la plus amicale au souvenir de lady Théréza, et agréez pour vous-même, mon cher monsieur Lewis, l'assurance de ma sincère amitié.

*P. S.* Où en êtes-vous de vos travaux? où en est l'Histoire romaine?

## A M. W. N. SENIOR, ESQ.

Compiègne, 15 février 1855.

Nous avons, mon cher Senior, appris avec beaucoup de regret la grippe de madame Senior et la reprise de votre bronchite. Je ne voudrais pas faire comme le pédagogue de la Fable, qui sermonne les gens quand le sermon ne sert plus de rien, et cependant il m'est impossible de ne pas vous dire que c'est une grande imprudence à vous de vous laisser prendre par l'hiver en Angleterre. Ce que vous avez n'est qu'une indisposition, mais deviendra une maladie, si vous persistez à préférer ainsi l'agrément à la santé. Je vous prie de bien songer à cela, les années qui vont suivre, et de ne pas tenter ainsi le diable.

Ce que vous me dites que l'Angleterre doit se borner à être la plus grande puissance maritime et ne doit pas viser à occuper le même rang parmi les puissances militaires est vrai. Aussi ce qui a produit en France et, autant que j'en puis juger par la lecture des journaux allemands, dans toute l'Allemagne, les impressions que je vous faisais connaître dans une précédente lettre, ce n'est pas de ne point voir à l'Angleterre une armée de cinq cent mille hommes. Ces impressions ont tenu à deux faits très-distincts de celui-là : à la mauvaise administration (à ce qu'on croit, du moins, peut-être à tort) de l'armée que vous aviez; secondement, et surtout à la vue de l'impossibilité où vous semblez être d'en lever une autre. Dans les idées du continent, un peuple qui ne peut pas lever des soldats dans la proportion de ses besoins, est un peuple qui diminue beaucoup de valeur. Toutes les idées non-seulement de grandeur, mais de patriotisme, sont liées dans nos esprits à celle-là ; et moi-même j'avoue que je comprends difficilement comment, dans l'état du monde, lorsqu'il est si difficile d'acheter des soldats, et quand toutes les nations s'en procurent si aisément d'une autre manière, vous pourrez tenir le haut rang où vous êtes parvenu, si vous ne pouvez obtenir de votre peuple l'établissement de quelque chose d'analogue à la conscription.

En général, quoiqu'il soit un peu imprudent de parler d'un pays qui n'est pas le sien, je me permets de dire que les Anglais auraient tort de se croire aussi séparés et en dehors du reste du monde qu'ils l'ont été jusqu'ici, de telle sorte que ce qui se passerait universellement sur le continent ne dût pas influer sur leurs propres institutions. Je crois que dans l'âge du monde où nous sommes, et surtout dans celui où nous entrons, nul peuple européen ne peut rester longtemps absolument différent, de tous les autres; et que tout ce qui devient la loi générale du continent ne peut manquer d'exercer à la longue une très-grande influence sur le sort des lois particulières de la Grande-Bretagne, malgré la mer, et plus qu'elle, les mœurs et les institutions spéciales qui vous ont caractérisés jusqu'à présent. Nous ne verrons peut-être pas de notre temps la vérification de ce que je dis là; mais soyez sûr que ceux qui viendront après nous le verront; et je ne craindrais pas qu'on mît ma lettre chez un notaire, et qu'on la relût dans cinquante ans d'ici.

Veuillez, je vous prie, dire à madame Grote que j'ai reçu sa dernière et très-intéressante lettre, et que je l'en remercie. Instruisez-la de nos projets et dites-lui que je ne quitterai pas ce lieu sans lui écrire.

Adieu.


### A M. LE VICOMTE ERNEST DE BLOSSEVILLE

Compiègne, 26 mars 1855.

Mon cher Blosseville, j'ai trouvé, il y a trois jours, en allant à Paris, votre lettre et le volume qui y était joint[1].

---

1. Ce volume était le livre intitulé : *Jules de Blosseville*, in-8, Évreux, 1854. Histoire touchante et pleine d'intérêt de la vie, des tra-

Je ne saurais trop vous remercier pour l'envoi de l'une et de l'autre. J'ai emporté avec moi dans ma voiture, en revenant hier ici, la notice que vous avez consacrée à un frère si digne de regrets. Je croyais n'en lire qu'une partie; mais je me suis senti attiré et retenu par un intérêt si vif et si continu en lisant l'histoire de cet héroïque jeune homme (car il l'était à sa manière), que pendant trois heures je n'ai pu m'arracher de ce livre, et suis arrivé jusqu'ici sans m'en douter. Le sujet vous a inspiré; vous l'avez traité avec une simplicité qui convenait au sujet, et qui n'a pas exclu un véritable talent d'écrivain. Enfin, vous m'avez fait plaisir et vous m'avez touché; car il y a dans cette catastrophe, précédée de tant d'ardeur et de tant d'espérances, et que recouvre une obscurité impénétrable, quelque chose de profondément émouvant, même pour celui qui n'a pas connu votre frère. Il était assurément de la famille de Christophe Colomb et de celle de tous ces grands et admirables découvreurs qui nous ont rendus maîtres de notre globe. Je vous remercie et du livre et surtout du plaisir (si l'on peut appeler plaisir ce qui laisse une impression douloureuse) que m'a donné sa lecture.

---

vaux et de la mort prématurée de Jules de Blosseville, frère de l'auteur, officier de marine de la plus grande distinction. On sait que Jules de Blosseville, âgé de vingt-neuf ans, entreprit en 1833, comme commandant de *la Lilloise*, une expédition de découvertes dans les mers du pôle nord, d'où il n'est point revenu, et où toutes les recherches faites pour le retrouver ont été infructueuses. Ce volume, écrit par le vicomte Ernest, aujourd'hui le marquis de Blosseville, est assurément le plus beau monument qui pût être élevé à la mémoire de son frère.

## A MADAME LA COMTESSE DE PISIEUX[1]

Tocqueville, 24 juillet 1855.

J'ai appris hier, chère cousine, que nous avions un compliment à vous faire. Madame d'Alsace est accouchée, et, qui mieux est, d'un garçon. Vous voilà donc arrière-grand'mère. Vous devez avoir quelque peine à vous habituer à porter ce titre vénérable; et j'ai moi-même bien de la peine à imaginer que vous l'avez, tant il me semble que je suis encore près du temps où je vous voyais si pleine de feu et de vie dans le salon de ma tante[2], et près de vous Laure[3] presque enfant. Ce salon, que vous eussiez suffi seule à animer de votre esprit, me revient souvent à la pensée. Il me semble que je n'ai jamais rencontré rien de si brillant depuis, et le souvenir de votre excellente mère mêle pour moi beaucoup de douceur à cet éclat. Jamais ni vous, ni moi, ni vos enfants, ni vos petits-enfants ne reverront rien de semblable à la société que nous avions alors sous les yeux. Les causes qui l'ont fait naître ont cessé d'exister et ne renaîtront pas.

Je vous remercie, chère cousine, de l'offre que vous me faites dans votre dernière lettre de m'envoyer le livre dont vous m'avez parlé. Il me serait inutile dans ce moment, où je ne puis penser à commencer un travail quelconque; mais je vous prie d'apporter l'ouvrage en ques-

1. Née Montboissier, petite-fille de M. de Malesherbes.
2. Madame de Montboissier.
3. Laure de Pisieux, devenue princesse d'Hénin.

tion à Paris cet hiver. Il me serait aussi bien nécessaire à cette époque, comme vous me le dites, de tâcher de recueillir le plus de renseignements possible sur la vie intime de notre grand-père[1] ; car c'est dans ces détails que l'homme se montre ce qu'il est, et donne, sans le vouloir, l'explication de ce qui paraît de lui au dehors. Mais les personnes aujourd'hui en état de fournir de pareilles lumières sont en bien petit nombre. Pourquoi, chère cousine, ne vous amuseriez-vous pas, dans vos moments perdus, à recueillir tout ce que votre mémoire vous rappelle, non point de M. de Malesherbes, mais de ce qu'on vous a raconté de lui. Vous appartenez à une génération qui le touchait ; vous avez vécu avec sa propre fille, la fille la plus attachée à son père et la plus remplie du souvenir de celui-ci. Combien de petits faits vous ont été connus que personne n'a sus ou n'a retenus ! Quelles impressions précieuses à recueillir que les vôtres ! Vous savez, d'ailleurs, chère cousine, mieux que moi, que la vérité d'une histoire est autant dans la manière de raconter les faits que dans les faits eux-mêmes ; de même que la ressemblance d'un portrait est dans le coloris autant que dans le dessin, et surtout dans l'art qui fait saisir au milieu des traits la physionomie. Vous êtes, chère cousine, bon dessinateur et bon peintre, et je suis sûr que quelques tableaux de vous m'en apprendraient plus que tout ce que les sots, les maladroits ou les indifférents peuvent me représenter.

---

1. M. de Malesherbes, dont Tocqueville pensait à écrire la vie.

## A M. N. W. SENIOR, ESQ.

Tocqueville, 19 septembre 1855.

Votre lettre du 26 août, cher Senior, m'est arrivée à bon port et m'a fort intéressé. Je vois que vous persistez dans l'idée de votre grand voyage. Je vous dirai comme Alexandre, quoique la comparaison soit un peu ambitieuse : « J'aimerais à être à votre place, si je n'occupais la mienne. » Mais je préfère encore celle-ci. Je ne puis me blaser du plaisir d'être chez moi, après en avoir été privé si longtemps. Tout me semble agrément dans cette vie de campagne, au milieu de mes propres champs, et la solitude même y a des charmes. Mais si je ne pouvais me procurer ce plaisir-là, j'aimerais le voyage que vous allez faire. Tout est curieux à voir et à étudier en Égypte : le passé, le présent, l'avenir. J'attends une grande instruction de la lecture que vous me permettrez, j'espère, au retour, de faire de votre journal. Nous serons certainement à Paris quand vous y viendrez; et ce sera une joie pour nous de vous y revoir.

Le bruit de la chute de Sébastopol a retenti jusque dans cette extrémité de la France que nous habitons. C'est un glorieux événement qui a rempli de satisfaction le cœur de tous les Français, quels que soient leur opinion et leur parti; car, en pareille matière, nous ne faisons qu'un. Je crains que la victoire n'ait coûté très-cher. Il n'y a pas de village dans mes environs qui n'ait déjà perdu quelqu'un de ses enfants dans cette guerre ; ils la supportent néanmoins d'une manière admirable. Vous savez que la guerre a toujours été notre côté brillant. Si le citoyen ressemblait chez nous au soldat, il y a longtemps que nous serions les maîtres en Europe. Jamais cette guerre-ci n'a été populaire, et elle ne l'est pas devenue ; cependant on est prêt à en supporter les charges avec une résolution que j'admire, en voyant les douleurs individuelles qu'elle cause et la misère que la cherté du grain vient y joindre. Si, au lieu d'être en Crimée, elle était sur le Rhin et qu'on en comprît bien alors l'objet, je crois qu'on pourrait encore mettre toute la nation *debout*, comme cela est arrivé dans d'autres temps. Mais le sens de la guerre demeure incompréhensible pour le peuple qui n'y voit autre chose, sinon que la France étant engagée, il faut à tout prix qu'elle triomphe. Je vous avoue que moi-même, qui comprends mieux que les paysans qui m'entourent l'objet qu'on se propose en versant tant de sang et qui l'approuve, je ne saurais pourtant prendre à ce qui se passe un intérêt aussi vif que la grandeur de la lutte semblerait devoir l'exciter, parce que je n'espère presque pas en voir sortir un résultat qui vaille l'effort. Je pense, comme vous, que la Russie est un grand danger pour le reste de l'Europe. Je le crois d'autant plus que j'ai eu plus qu'un autre peut-être l'occasion d'étudier les vraies causes de sa force, et que je crois ces causes permanentes et entièrement hors de l'atteinte des étrangers. (Il faudrait un temps que je n'ai pas pour en donner en ce moment les raisons.) Mais, d'une autre part, je suis profondément convaincu que ce n'est ni en prenant une ville, ni même une province, ni par des précautions diplomatiques, encore moins par des sentinelles posées sur les lieux par les puissances de l'Occident, qu'on arrêtera son essor de notre côté d'une manière durable. On élèvera peut-être un rempart momentané, mais que le premier événement fera tomber, que des changements d'ailleurs, que de nouveaux intérêts dynastiques ou autres rendront au premier jour inutiles. Je suis convaincu que la Russie ne peut être arrêtée d'une manière permanente que par la création, à côté d'elle, de puissances nées de la haine qu'elle inspire, dont l'intérêt vital et continu serait de la borner, et qui seraient en état par elles-mêmes d'y réussir : en d'autres termes par la restauration d'un royaume de Pologne et d'une Turquie vivante. Je crois ces deux conditions premières presque impossibles à remplir en ce moment. Le pût-on en s'entendant, les détestables jalousies ou ambitions qui divisent les différents peuples de l'Europe (ou les *Grecs*, pour suivre la comparaison que vous faisiez dans votre lettre) empêcheraient de le tenter et de s'unir sincèrement contre *Philippe*, en faisant chacun le sacrifices de ses passions ou visées particulières. J'ai lu, il y a environ un mois, dans les gazettes allemandes, des articles très-curieux, et qui vous sont peut-être tombés sous la main, sur la position que prend graduellement la Russie dans l'extrême Orient. L'auteur, qui me paraît homme de mérite et bien au courant des faits, expose comment depuis cinq ans la Russie, profitant des troubles de la

Chine, s'est emparée non-seulement de l'embouchure du fleuve Amour, mais d'une portion assez notable de la Mongolie; non-seulement du sol, mais d'une partie des tribus mongoles qui le peuplent. Vous savez que ces peuples ont une fois bouleversé toute l'Asie et deux fois conquis la Chine. Cela est toujours arrivé de la même manière, c'est-à-dire par un événement qui réunissait momentanément ensemble et soumettait à une volonté commune toutes les tribus. Or, dit l'auteur avec quelque apparence de raison, le czar est aujourd'hui en train de produire cet événement et de faire ce que Gengiskan et plusieurs de ses pareils ont fait jadis. Si ce dessein s'accomplit, toute la haute Asie sera de nouveau à la merci de celui qui d'une extrémité de l'Europe pourra mettre en mouvement vers un même point tous les Mongols.

Je suis plus avancé que vous sur le livre de sir G. Lewis. Je l'ai lu, et je ne dis pas, comme vous, que cela doit être un bon livre, mais que cela est. Dites-le, je vous prie, à sir Georges quand vous le verrez, pour le cas où une lettre que j'ai écrite à ce sujet à lady Théréza ne serait pas parvenue. Ces espèces de duplicatas sont aussi nécessaires aujourd'hui dans la correspondance des particuliers qu'elles l'étaient jadis entre deux amis que séparait l'Océan atlantique, lorsqu'il fallait toujours prévoir le cas où le vaisseau qui portait la première lettre périrait en route.

J'ai entendu dire que notre ami John Mill avait publié un ouvrage qui avait beaucoup de mérite. Je le crois sans peine.

Rappelez-moi au souvenir de l'auteur. Adieu, cher Senior; mille amitiés de cœur; ne nous oubliez pas plus que nous ne vous oublions. Rappelez-nous aussi au souvenir de madame et de mademoiselle Senior, et bien affectueusement à celui de madame Grote.

### A SIR G. C. LEWIS

Tocqueville, 18 novembre 1855.

Je me reproche de ne vous avoir pas encore écrit depuis si longtemps que j'ai reçu votre lettre, cher M. Lewis. (Permettez-moi de continuer à vous appeler ainsi, votre nouveau titre n'ayant pas de nom dans la langue française[1].)

La principale raison de ce retard a été le désir de répondre avec une suffisante exactitude à la question que vous me faites relativement à notre administration. Je sais que dans la position que vous occupez on ne saurait se contenter d'à peu près, et vous n'ignorez pas que rien n'est plus difficile que de pouvoir parler avec précision même de la chose qui se passe tous les jours sous les yeux. J'ai été obligé de faire une sorte d'enquête auprès des hommes engagés dans les différentes branches du service public. Je suis parvenu à apprendre ainsi ce que je désirais savoir, mais cela m'a pris un peu de temps. Si vous avez le désir d'aborder le détail dans lequel

---

1. M. G. C. Lewis était devenu baronnet, dont le titre se marque en anglais par le mot *sir*.

je suis entré moi-même et d'apprendre quels sont les examens qu'il faut subir pour suivre telle ou telle carrière, je pourrais très-aisément vous en envoyer le tableau. Mais je ne veux pas charger cette lettre sans nécessité de petits faits particuliers qui vous sont indifférents peut-être; je me borne à vous donner le résumé de mes observations. Le voici :

1° Vous connaissez sans nul doute notre système d'instruction publique. A la fin du cours d'études littéraires, se trouve un examen qu'on nomme l'examen du baccalauréat ès lettres. Cet examen, qui n'était guère qu'une pure forme dans ma jeunesse, est devenu une épreuve très-sérieuse. Au bout du cours d'études scientifiques, il y en a un autre qu'on nomme examen du baccalauréat ès sciences. Quand on a réussi dans le premier examen, on obtient un diplôme de bachelier ès lettres, et dans l'autre, ès sciences.

Aujourd'hui on exige de ceux qui se présentent pour entrer dans presque toutes les carrières publiques, de produire l'un de ces deux diplômes, surtout le premier. C'est la condition première qu'on impose. On ne peut entrer dans les écoles militaires sans être bachelier ès sciences; et quoique pour l'admission dans ces écoles le diplôme de bachelier ès lettres ne soit pas exigé, il est fort sage de s'en pourvoir, parce que, en cas d'insuccès des épreuves pour devenir officier, on risque de n'être admissible à aucun emploi civil si on n'a pas le diplôme de bachelier ès lettres. Ce diplôme est exigé pour la plupart des carrières civiles. Or, l'examen de bachelier ès lettres est purement littéraire; l'examen de bachelier ès sciences ne porte que sur la partie théorique et générale des sciences. On peut donc dire qu'en France, pour devenir fonctionnaire public, il faut prouver qu'on sait non pas précisément ce qui est nécessaire pour mener les affaires dont on va être chargé, mais le latin, l'histoire, la géographie, la géométrie....

Vous savez que ces examens sont passés devant un jury composé de professeurs des facultés des lettres et des sciences, dont c'est une des plus habituelles et plus importantes fonctions. Un jeune homme qui, en France, n'est pas bachelier ès lettres au moins, est censé n'avoir pas eu une éducation complète. J'ai dit que l'un de ces examens est exigé dans presque toutes les carrières publiques. Il y en a, en effet, encore quelques-unes où on ne l'exige pas; mais c'est le petit nombre; et la tendance est de le demander sans exception pour tout ce qui n'est pas agent d'un ordre tout à fait inférieur. Ainsi on l'exige pour les écoles militaires, pour le clergé quand il veut enseigner, pour la magistrature; on le demande pour entrer dans l'administration centrale des finances, dans celle de l'enregistrement et des domaines; on ne l'exige pas encore dans celle des douanes et des contributions indirectes; mais cela va, je crois, avoir lieu sous peu. On le demande pour entrer dans la diplomatie et, je crois, pour être admis comme commis à l'administration de l'intérieur.

2° Indépendamment de cette condition du diplôme, et dans les carrières mêmes où il n'est pas exigé, le candidat est obligé de subir un examen et souvent plusieurs avant d'être reçu. Ces examens sont, en général, passés devant un jury composé de fonctionnaires supérieurs de l'administration dans laquelle on veut entrer.

Ces examens, et surtout le premier quand il doit y en avoir plusieurs, portent en partie sur des connaissances générales qui prouvent l'éducation qu'on a reçue plutôt que l'aptitude à certaines fonctions, et qui rentrent par là dans la catégorie des examens littéraires. Je prendrai pour exemple ce qui se passe pour l'administration centrale des finances.

Il y a d'abord un examen dans lequel on vous fait copier ou écrire sous la dictée; on fait rédiger une lettre, et résoudre des problèmes d'arithmétique.

Quand on veut monter plus haut et concourir pour le grade de sous-inspecteur des finances, il y a un autre examen à passer dans lequel on vous fait faire une composition sur l'économie publique et l'administration en général, sur la comptabilité publique, etc.

Vous voyez que ce second examen, tout en portant sur des connaissances générales, se rapproche déjà du métier particulier qu'on veut suivre.

Deux ans après, arrive un troisième examen qui ne porte que sur les détails du métier.

On n'est apte à devenir sous-inspecteur qu'après avoir subi heureusement tous ces examens. Le ministre n'est cependant pas rigoureusement obligé de vous admettre; mais il ne peut guère alors s'en dispenser, et vous avez réellement pris pied dans l'administration.

Il y a en outre des conditions d'âge, et pour plusieurs
carrières des conditions de revenus dont je ne vous parle
pas. Dans un assez grand nombre il faut avoir suivi son
cours de droit et avoir passé avec succès l'examen qu'on
nomme de la licence.

Voilà en gros, mon cher M. Lewis, ce que j'ai à vous
dire. Je répète que si de plus amples détails vous paraissaient utiles, je vous les fournirais aisément.

Il est évident pour moi que tous les examens ont été
placés successivement à l'entrée de toutes les carrières,
moins encore pour obtenir la garantie de bons choix,
que pour opposer des obstacles à la multitude innombrable de postulants qui se présente. Ce sont comme les
fortifications qu'on élève autour d'une place pour empêcher qu'on ne puisse la prendre d'assaut. Toutes ces règles ont leur raison d'être dans notre état social et politique. Dans un pays où le nombre des places données
par le gouvernement est presque sans bornes; où un
quart des hommes appartenant aux classes supérieures,
et les deux tiers au moins des jeunes gens appartenant
aux classes moyennes veulent devenir fonctionnaires publics et agents du gouvernement central, de pareilles
règles sont indispensables. Doivent-elles être imitées dans
un pays constitué d'une autre manière? J'avoue que j'en
doute fort. Le résultat de tous les examens accumulés
les uns sur les autres me paraît plutôt être de former
une *moyenne* de fonctionnaires d'une capacité médiocre,
que de donner naissance à des administrateurs *éminents*.
On perfectionne ainsi le *métier* plutôt que l'art du gou-

vernement. Il ne vous échappe pas que presque tout notre système repose sur le diplôme de bachelier ès lettres. Ce diplôme crée pour toute la jeunesse l'obligation d'apprendre une multitude de choses *imparfaitement*, les *mêmes* pour tous. Je crois que rien ne saurait être plus contraire à la vigueur, à la puissance et à l'originalité de l'esprit. En résumé, je suis si convaincu que la bureaucratie, la centralisation administrative et toutes les mœurs et toutes les habitudes qu'elle a créées, sont presque incompatibles avec la liberté politique, que je tremble, je le confesse, quand je vois un peuple libre vouloir transporter chez lui une partie de nos lois. Tout se tient dans la constitution d'un peuple. Vous le savez mieux que moi; et il y a toujours à craindre, en important un perfectionnement, d'apporter avec lui les vices du système auquel on l'emprunte. Mais je m'aperçois que je parle ici de ce qui ne me regarde point. Pardonnez-le-moi. Je ne suis pas Anglais, mais je suis homme; et cela me donne une sorte de droit à m'occuper de l'Angleterre, dont le sort exerce tant d'influence sur celui du genre humain.

Je vois avec plaisir que lady Théréza, à laquelle j'ai eu l'honneur d'écrire il y a environ trois mois, a bien voulu vous dire tout le plaisir et l'instruction que j'avais rencontrés dans la lecture de votre ouvrage sur l'histoire primitive de Rome. Je n'avais pas lu depuis longtemps un livre qui m'intéressât autant, et il me ferait regretter que vous ayez perdu les loisirs qui vous permettaient d'écrire de si bons livres, si vous ne faisiez un si utile usage de votre temps dans la place que vous occupez. Je suis obligé de souhaiter, dans l'intérêt géné ral, qu'on ne vous rende pas de longtemps la faculté de vous occuper des Grecs et des Romains.

Je vous remercie de me parler comme vous le faites dans votre lettre, de mon travail actuel. Je crois pouvoir publier un volume cet hiver. Je ne vous en dirai rien de plus sur ce sujet; car je commence à être honteux de parler depuis si longtemps et si souvent à mes amis d'une œuvre dont il n'y aura peut-être rien à dire quand elle aura paru. Je suis, d'ailleurs, un peu fatigué moi-même. Il n'y a que les œuvres qui se font facilement et vite qui donnent les véritables plaisirs de la composition : plaisirs vifs, sans doute, quand on les ressent; mais trop rares, comme tous les plaisirs vifs.

Quoique les nouvelles que j'ai reçues par vous et par M. Grote de mademoiselle Alice soient rassurantes, je vois avec regret que la santé de cette enfant ne se fortifie pas autant que je le désirerais pour la tranquillité de lady Théréza. Veuillez nous rappeler bien particulièrement au souvenir de celle-ci, et croire à tous mes sentiments de haute estime et de sincère amitié.


A HENRY REEVE, ESQ.

Tocqueville, 26 novembre 1855.

Je ne veux pas, mon cher ami, que nous perdions absolument la bonne habitude de nous écrire. Il y a plus

de vingt ans qu'elle a commencé, et je ne vois pas
pourquoi elle s'interromprait aujourd'hui. J'ai su de vos
nouvelles depuis six mois, mais indirectement. Cela ne
me suffit pas. J'ai espéré un moment voir ici votre excellente mère dont je garde un si précieux souvenir.

Notre bon Senior m'a écrit à Marseille. Il partait
pour l'Égypte. Si la Méditerranée a ressemblé depuis ce
temps-là à notre Océan, il a dû faire une triste figure.
Il ne me dit pas où il faut lui écrire. Vous le savez,
sans doute, veuillez me l'apprendre en me répondant.
J'imagine que c'est au Caire.

Je ne sais naturellement ce qui se passe, quant aux
affaires publiques, que par les journaux. Mes seuls documents secrets sont les lettres que les paysans de ma
paroisse qui sont en Crimée écrivent à leurs familles.
Il est rare que le père ou la mère ne me les apportent
pas, sachant l'intérêt que je porte aux Tocquevilliens,
comme ils disent. Je vois que ces jeunes gens sont pleins
de mépris pour l'ennemi et ont une confiance illimitée
en eux-mêmes; ce qui n'est pas mauvais en paix et excellent en guerre. Car c'est l'opinion qui gagne les ba-
tailles. Il me semble voir également que le peuple des
campagnes prend plus de goût à la guerre que précé-
demment. Au fond il aime le bruit des armes; et comme
jusqu'à présent il ne s'aperçoit pas que la guerre arrête
le mouvement de l'industrie et du commerce, et qu'il
ne sent pas et ne voit pas les nouveaux impôts qu'elle
amène, ni ceux dont on peut le menacer dans l'avenir,
il s'y prête de fort bonne grâce. Il y a pourtant de

grandes douleurs individuelles. Quatre des jeunes gens
de cette communes ont déjà péri. Mais, en réalité, ce à
quoi les hommes attachent le moins de prix, c'est à la
vie des hommes. Si donc la nation anglaise continue à
vouloir se battre, je crois qu'on pourra pousser la guerre
à fond. Cela me semble très-désirable, puisqu'on l'a commencée. Si on ne sort pas de cette entreprise ayant porté
à la Russie un de ces coups dont les nations les plus puissantes ont peine à se relever, et si surtout l'on n'acquiert
contre elle des garanties qui donnent l'assurance de n'a-
voir plus à recommencer, ceux qui mènent les affaires
dans nos deux pays mériteront que tant de sang versé
retombe sur leur tête. Quand se réunira le Parlement?
quelle y sera, croyez-vous, l'attitude des différents partis? Est-il vrai qu'il y ait coalition effective entre les
torys et les peelistes? Cette question vous fera peut-être
sourire en vous montrant à quel point je suis devenu
étranger à la politique. La vérité est que je m'en occupe
bien rarement et ai mon esprit le plus souvent ailleurs.
Mais on ne saurait s'empêcher de revenir quelquefois
sur des sujets qui l'ont tant occupé jadis.

Adieu. Croyez, je vous prie, à tous mes sentiments
de bien sincère amitié. Offrez l'hommage de mon respect
et les plus affectueux souvenirs de ma femme à madame Reeve. Quand vous verrez les Lewis et les Grote, ne
nous oubliez pas auprès d'eux.

# ANNÉE 1856

---

Tocqueville, 20 janvier 1856

Mon cher ami,

Cette lettre ne me précédera que de peu, car mon intention est de retourner à Paris dans les derniers jours de ce mois. Je n'ai pas eu, à tout prendre, à me plaindre du long séjour que je viens de faire ici. Ma santé n'y a pas été mauvaise et j'y ai joui de plus de tranquillité d'esprit et de bien-être moral que cela ne m'était arrivé depuis bien des années. Aussi, je vous avoue que je ne m'éloigne qu'à regret ; attiré à Paris par le désir de revoir quelques parents ou quelques bons amis comme vous, mais par rien autre chose. A des gens comme nous la retraite absolue convient mieux que la petite agitation stérile que donne le contact du monde. Il est bon cependant de reparaître de temps en temps dans celui-ci afin de montrer qu'on n'est pas tout à fait aussi mort qu'on en a l'air.

L'acceptation pure et simple des propositions de l'Autriche comme base des négociations me paraît le préliminaire très-probable de la paix; celle-ci viendra bien à point pour nos finances. La Russie sortira de cette guerre humiliée, abaissée, mais à peu près aussi forte qu'au commencement. Elle gardera sa position dans la mer Noire et en Asie; Nicolaiew remplacera Sébastopol; elle n'en sera pas moins l'espérance des races slaves et grecques; elle n'en pénétrera pas moins au cœur de l'Europe civilisée par la Pologne, et, le jour peut-être prochain où l'union qui s'est faite contre elle sera dissoute, on la reverra presque aussi menaçante qu'elle était. Je crois que quand, dans vingt ans, on apercevra de loin l'effet que cette guerre a atteint, on s'étonnera de la petitesse du résultat comparé à la grandeur de l'effort, aux flots de sang versé et aux trésors perdus en la faisant.

J'ai toujours dit et je répète : la guerre était bonne quoiqu'elle coûtât, si elle repoussait territorialement la Russie du sud et de l'occident de l'Europe et élevait de solides barrières de ces côtés, en y établissant des forces indigènes en état de l'arrêter ou de l'amortir; dans le cas contraire, je ne saurais y voir autre chose qu'une entreprise plus dynastique que nationale.

Mais en voici trop long à un homme qu'on va revoir. Nous avons appris avec beaucoup de chagrin que madame Desfossés avait été malade et que madame Barrot n'allait pas mieux. Veuillez leur exprimer à l'une et à l'autre notre sincère sympathie et agréez pour vous l'expression de ma vive amitié.

A HENRY REEVE, ESQ.

6 Février 1856.

Mon cher ami,

Je ne connaissais pas la loi internationale qui règle aujourd'hui la propriété littéraire dans nos deux pays, ce qui est d'autant plus ridicule que c'est moi qui ai fait commencer, il y a sept ans, les négociations dont la reprise a amené le traité en question. Quant aux conséquences de celui-ci pour ce qui me regarde, je m'en rapporte *absolument* à vous pour les tirer ; ma seule instruction sera celle-ci : visez avant tout au succès proprement dit du livre. Ne sacrifiez donc rien au désir d'avoir une traduction à bon marché, et surtout ne me trompez pas dans l'espérance que vous me donnez de jeter vous-même un coup d'œil sur l'œuvre du traducteur, avant de la livrer au public, car j'y tiens beaucoup.

Quant à l'ouvrage lui-même, je crois ne pouvoir mieux répondre à la question bien naturelle que vous m'adressez à ce sujet, qu'en vous envoyant le titre des différents chapitres qui le composent. L'objet du livre est la *Révolution* (c'en sera peut-être le titre) vue dans ses œuvres, dans son mouvement et dans ses effets, non-seulement en France, mais dans tout le monde.

L'ouvrage entier aura deux, peut-être *trois volumes* ; mais, ainsi que je vous le mandais, celui que je vais publier forme à lui seul un ensemble qui pourrait subsister, si le reste ne paraissait jamais. Je ne puis vous en dire plus long aujourd'hui.

Mille amitiés de cœur.

## A M. LE BARON HUBERT DE TOCQUEVILLE

Tocqueville, 2 juillet 1856.

Il faut que tu m'excuses, mon cher enfant, de n'avoir pas répondu encore à la lettre que tu m'as écrite il y a quinze jours. J'étais trop accablé de chagrin et d'affaires pour écrire. Je savais, d'ailleurs, que tes bons parents te donnaient chaque jour de nos nouvelles et qu'ils se préparaient même à t'aller voir : ce dont je me suis réjoui pour toi et pour eux. Ils te feront du bien et tu seras pour eux une grande consolation. Ils sont assez heureux pour avoir des enfants, et de bons enfants dont la tendresse adoucira pour eux tous les maux de ce monde. C'est un bien dont je suis privé et dont je sens, de plus en plus, l'absence, à mesure que les années s'accumulent et que le vide se fait autour de moi. Je compte sur mes neveux et en particulier sur toi pour remplacer, autant qu'il est possible, ce grand bien que la Providence m'a refusé. Je n'ose cependant me plaindre d'elle; car sous d'autres rapports, elle m'a traité avec faveur. Je ne te parle pas de notre grand malheur, mon cher Hubert,

que t'en dirais-je que tu ne sentes? Mon pauvre père avait
une affection toute spéciale pour toi, et je sais que tu le
lui rendais. Je te crois quand tu me dis que sa mort t'a
plongé dans une vive douleur. Quant à moi, je ne saurais encore reprendre à rien. Le lieu même que j'habite,
auquel je suis si attaché, a perdu cette fois beaucoup de
charme à mes yeux : car c'est à travers nous-mêmes que
nous apercevons toutes choses, et quand nous sommes
en proie à une grande tristesse, la nature entière s'assombrit...

Adieu, mon cher enfant, je n'ai pas le courage de t'en
dire plus long aujourd'hui. Je t'embrasse de tout mon
cœur ; mille tendresses pour moi à tes parents, s'ils sont
avec toi. Écris-moi bientôt, je te prie.


### A M. LE COMTE DE MONTALEMBERT

Tocqueville, 10 juillet 1856.

Je n'ai reçu qu'hier, mon cher Montalembert, la lettre
que vous m'avez écrite le 4 de ce mois. Je dois vous
dire sur-le-champ toute la joie qu'elle m'a causée. Il y
avait dans votre approbation un accent vif et vrai qui m'a
touché. De toutes les lettres bienveillantes que j'ai reçues jusqu'ici, nulle ne m'a fait un plaisir plus sensible ;
car je retrouvais dans vos paroles comme une vibration
du mouvement de mon propre esprit. Je suis sûr que
la satisfaction que vous m'exprimez est sincère et elle
est d'un très-grand prix à mes yeux. Vos objections

mêmes indiquent une étude approfondie de mon œuvre.
On y trouve encore une nouvelle preuve de l'intérêt que
vous portez au livre et à l'auteur et je ne saurais trop
vous en remercier. Quelques-unes me paraissent fondées, mais prématurées. Il y a des jugements sur la Révolution qui ne peuvent trouver leur place que dans la
partie même de l'œuvre qui traitera de cette Révolution.
Dans le livre que vous venez de lire, je ne la considère
pas en face et pleinement. Je ne fais qu'ouvrir de temps
en temps des jours sur elle. Je montre ce qui se prépare.
Je n'ai pas encore pour but de la saisir dans ses procédés et de la juger dans ses œuvres. Du reste, tout ce
que vous me dites à ce sujet, alors même que je ne pourrais l'admettre pleinement, sera pour moi, vous pouvez
en être certain, un sujet de longue méditation. Je vous
avoue que je suis très-effrayé quand je songe à cette seconde partie de mon livre, ébauchée, mais si loin d'être
finie, et bien autrement difficile que la première. Quand
on parle de l'ancien régime, on opère sur un mort. On
ne saurait traiter la Révolution elle-même sans toucher le
vif. Eh puis! combien d'études plus variées et plus
grandes que celles auxquelles je me suis déjà livré sont
nécessaires, si je veux approcher de l'idéal que j'ai dans
l'esprit! Cependant, les encouragements que je reçois
m'obligent à ne point renoncer à mon entreprise et me
poussent au contraire énergiquement à la suivre. Il y a
bien longtemps, du reste, que cette entreprise est conçue.
Le livre que je viens de publier et sa suite roulent dans
ma tête depuis plus de quinze ans; le projet s'en est mûri

et les formes de l'œuvre se sont fixées dans la grande maladie que j'ai faite en 1850. Je puis dire que, depuis lors, j'y ai pensé presque sans cesse.

Vous me dites, mon cher Montalembert, que vous comprenez sans peine toute la sympathie que j'ai ressentie pour votre ouvrage après avoir lu le mien. Il y a en effet, dans votre beau livre sur l'Angleterre, un grand nombre de passages qu'il me semblait que je venais d'écrire, beaucoup de pensées qui m'agitaient aussi au moment même où vous les exprimiez; un sentiment commun surtout, le goût vrai et fort de la liberté, me paraissait animer les deux livres de la même vie. Vous avez donc bien raison de ne pas vous étonner en voyant que je vous ai si bien compris et si vivement approuvé. Si beaucoup d'autres n'ont pas éprouvé en ceci des impressions analogues aux miennes, il faut malheureusement en conclure, ce que nous ne savons déjà que trop, que nos contemporains sont une génération fatiguée et comme terrassée qui n'écoutera qu'à regret ce qui pourrait l'émouvoir et l'induire à faire un effort. Je crois, du reste, que vous vous tromperiez si vous croyez que votre livre n'ait pas vivement frappé beaucoup d'esprits. J'ai vu des gens qui sont de vos adversaires naturels, qui l'admiraient eux-mêmes vivement et je n'ai rencontré personne qui n'y trouvât encore plus de verve et de talent que dans aucun autre de vos écrits. Je voudrais donc que vous ne vous découragiez pas et que vous n'en restiez point là.

Adieu; croyez, je vous prie, à tous mes sentiments de haute considération et de bien sincère amitié.

## A LADY THÉRÉZA LEWIS

Tocqueville, 12 juillet 1856.

Je n'ai reçu qu'aujourd'hui 12 juillet, madame, la lettre que vous avez bien voulu m'écrire le 3 : je tenais à établir ce point-là, tout d'abord, afin d'expliquer comment je n'ai pas encore répondu à tout ce que cette lettre contient d'amical. Je serais bien ingrat si je n'en avais pas été très-touché. Vous nous invitez, madame de Tocqueville et moi, à venir chez vous, cet été, d'une façon si pressante et si aimable que la grâce de la forme augmente encore infiniment la reconnaissance que le fond même de votre invitation nous eût inspirée. Croyez à notre parfaite sincérité, quand nous vous dirons que c'est avec le plus vif regret que nous sommes obligés de ne point accepter. Les affaires que nous donne la grande perte de famille que nous venons de souffrir, nous retiendront jusqu'à la fin de l'année chez nous. Dans cette prévision nous avons invité nous-même plusieurs personnes à venir nous voir et nous ne saurions par conséquent quitter notre maison. Voilà nos raisons qui ne sont que trop bonnes. Elles nous persuadent sans nous consoler. Quand on a pu vivre pendant quelques jours au milieu de votre famille, madame, et qu'on a goûté les plaisirs délicats qu'on y rencontre, on ne se décide pas aisément, je vous assure, à refuser une proposition comme celle que vous nous adressez, et l'on se trouverait même très-malheureux d'être obligé de le faire, si l'on n'avait l'espérance que vous voudrez bien nous conserver pour une autre année la bonne volonté que vous nous exprimez en ce moment.

Merci, madame, de la sympathie que vous me montrez à l'occasion de la mort de mon cher et bon père. Je crois pleinement à cette sympathie. Vous avez été si tendre fille que vous comprenez mieux que personne la douleur poignante que je viens d'éprouver, et connaissez par expérience quel vide immense laisse un pareil événement même dans les existences les mieux remplies. Les paroles que vous me dites à cette occasion semblaient partir de votre cœur et ont été tout droit au mien.

Je vois par le *post-scriptum* de votre lettre que sir Cornwall a reçu le volume que je lui ai envoyé. Je ne m'attends pas qu'il le lise avant de s'être rendu dans ces montagnes du pays de Galles où je voudrais tant pouvoir le suivre. Mais arrivé là, je lui demande la faveur d'une audience. Je lui serais très-obligé non-seulement de me lire, mais de me dire sincèrement ce qu'il pense de cette lecture. Je ne connais pas de jugement qui me fût plus précieux que le sien. Si j'en crois ce que me mandent mon libraire et mes amis, j'ai lieu de croire que mon œuvre, quoique bien abandonnée à elle-même, fait fort bien son chemin en France; mais cela ne me suffit pas. L'opinion qu'on peut avoir de mon ouvrage en Angleterre m'importe, et quant à celle-là, je l'ignore absolument. Les amis que j'ai dans votre pays, ne sachant peut-être pas où me trouver, ne m'écrivent point; de

sorte que je ne sais rien de l'une des choses que je désirerais le plus apprendre. Je vous prie, madame, de faire
comparaître mon livre devant vous : je parle de l'exemplaire que j'ai envoyé à sir Cornwall. Vous verrez dans
les deux mots que j'ai écrits sur la première page que le
livre n'est pas seulement adressé à lui, mais à vous.
C'est assez vous dire que j'ai l'audace d'espérer que vous
aussi, finirez par me lire et même un jour me direz votre
avis. Je vous en serai très-reconnaissant. J'ai affirmé,
dans un endroit, sur votre parole, que durant les guerres
civiles de votre révolution de 1640, les juges continuèrent à faire leurs tournées et à tenir les assises. Ce fait
si curieux m'a été dit par vous. Souffrez donc que je
me décharge un peu sur vous de la responsabilité d'auteur. Je veux avant de finir, et au risque de tomber
dans des redites, vous répéter que la façon dont vous
nous invitez à venir chez vous nous touche profondément.

Je ne vous parlerai pas politique dans cette lettre. Je
vous dirai seulement que personne n'est plus heureux
que moi des bonnes relations des deux pays ; que personne en France ne porte plus d'intérêt au vôtre, et en
particulier n'est plus heureux de la haute situation qu'y
occupent ceux d'entre ses ministres qui vous tiennent
de si près.

Veuillez, madame, nous rappeler particulièrement au
souvenir de tous les vôtres, et croire à mon bien sincère
et bien respectueux attachement.

P. S. S'il n'était téméraire de rien affirmer quand il

s'agit de l'avenir, je dirais que j'aurai certainement le plaisir de vous revoir le printemps prochain à Londres : je compte très-décidément y aller.

## A M. ODILON BARROT

Tocqueville, 18 juillet 1856.

Mille et mille remercîments de votre lettre, mon cher ami, elle m'a causé une vive joie. Ce n'est pas une petite chose pour moi que d'être approuvé par vous dans une circonstance si grave de ma vie et en des termes si chauds. J'ai lu votre lettre avec bonheur; j'espérais bien être tombé dans le cours de vos sentiments et de vos idées. Votre lettre, que j'attendais avec une impatience qu'explique le grand prix que j'attachais à votre adhésion, m'a charmé ; je ne saurais trop vous le redire. Le livre paraît, du reste, avoir plus de succès que je n'osais l'espérer à l'époque léthargique où nous vivons. Je savais que j'aurais pour moi un certain nombre d'esprits comme le vôtre, je m'en flattais du moins. Mais la vente rapide du livre me montre que les idées que j'exprime et les sentiments dont j'ai été en cette circonstance l'organe, sont plus répandus qu'on ne le croit. Je ne m'exagère pas, cependant, croyez-le, l'influence que peut avoir un livre dans ce moment : elle est presque nulle. C'est une semence qui ne peut amener de fruits, si elle en produit jamais, que longtemps après qu'elle est répandue. La classe *politique* en France est changée. Celle qui, aujourd'hui, élève ou renverse les gouvernements, les soutient ou les laisse crouler, ne lit point de livres, se soucie très-peu de ce que pensent ceux qui les écrivent et n'entend même pas le petit murmure que ceux-là font au-dessus de sa tête. C'est la grande différence qui se rencontre entre cet âge de la Révolution qui, commencée en 1789, dure encore, et tous les autres. Le peuple n'a jamais eu jusqu'ici que le second rôle. Il tient maintenant le premier, et ceci change tout l'esprit et tous les ressorts de la pièce.

Néanmoins, comme les mouvements des masses, même les plus grossières, prennent naissance dans des idées et souvent dans des idées très-métaphysiques et parfois très-abstraites (ce dont il est facile de se convaincre en lisant avec attention et intelligence l'histoire du monde), il est toujours utile de jeter de ces idées-là en circulation dans l'espérance que, si elles sont justes, elles finiront peu à peu par se transformer en passions et en faits. Je demande à Dieu de voir de mon temps cette transformation, quoique, pour dire la vérité, je ne l'espère guère ; et en attendant, j'ai du moins éprouvé le soulagement de dire ma pensée tout entière sans aucun égard pour qui que ce soit, ni aucun mélange de vues et de considérations personnelles. Ce soulagement a été si grand que je ne sais (j'ai honte de le dire) si j'ai passé pendant toute ma vie un temps plus heureux que celui durant lequel j'ai écrit les pages que vous venez de lire, et qui ne sont pas sans mérite, puisqu'elles ont pu plaire à une âme aussi élevée et aussi libre que la vôtre.

Pardonnez-moi, mon cher ami, cet affreux griffonnage. Recevez de nouveau mes affectueux remercîments pour le plaisir que m'a causé votre lettre, et surtout croyez toujours à ma vive et sincère amitié.

Nous nous rappelons, très-particulièrement, ma femme et moi, au souvenir de ces dames.

### A M. FRESLON

Tocqueville, 31 juillet 1856.

J'ai reçu très-exactement votre lettre, mon cher ami, et comme toujours je dois vous remercier du plaisir qu'elle m'a causé. Je suis bien aise que vous ayez vu M. Hartmann [1], je craignais qu'il ne fût plus malade qu'il n'est en effet. Il y a longtemps que Dante a dit qu'il n'y avait rien de plus dur à monter que l'escalier de l'étranger. J'espère que ce n'est pas cet exercice-là qui a fatigué la jambe de M. Hartmann. En tout cas, je désire de tout mon cœur qu'on lui rende bientôt son pays, quoique je ne voie pas comment cela pourrait arriver d'ici à quelque temps. Mon intention, à mon retour à Paris, est de voir le plus d'Allemands que je pourrai. C'est comme une humanité différente de la nôtre : si différente que les points de comparaison pris en nous-mêmes manquent quelquefois pour la juger. Je n'entends pas seulement la langue d'un Anglais, j'entends sa

1. Publiciste distingué de l'Allemagne, exilé après la réaction de 1852.
(*Note de l'Éditeur.*)

pensée. L'habitude m'a familiarisé avec les différents
points de vue que les hommes de cette race et de cette
éducation-là ont sur les choses humaines. Il n'en est pas
ainsi des Allemands, et alors même que je sais ce qu'ils
disent littéralement, je ne suis pas sûr de savoir jusqu'où va ce qu'ils veulent dire. Vous comprenez que
tout céci me préoccupe surtout à propos de mon ouvrage :
c'est mon dada, l'objet qui se montre au bout de toutes
mes idées. Ne concluez pas de cette préoccupation que
j'ai employé d'une manière fructueuse mon séjour à la
campagne. Vous me feriez trop d'honneur. Je suis, au
contraire, obligé de confier à votre amitié que j'ai à peu
près complétement perdu le temps que je viens de passer
dans la retraite. La difficulté du sujet, l'absence de documents satisfaisants, l'embarras qu'on éprouve toujours
à rentrer dans le sujet, comme dit Pascal, une certaine
langueur qui suit les grands efforts, toutes ces causes
réunies m'ont retenu dans cette rêvasserie vague qui n'a-
vance guère plus que le rêve proprement dit. C'est donc
me rendre très-malheureux que de me demander, comme
tant de gens font tous les jours, quand paraîtra la seconde partie de mon livre. Je n'en sais en vérité rien :
ou plutôt ce que je sais, c'est que cela ne peut avoir lieu
avant longtemps. Tout ce dont je puis répondre, c'est
de ne point lâcher prise que je n'aie accompli la tâche
que je me suis donnée, et n'aie fait sortir de mon esprit,
en le taillant, l'objet qui s'y trouve encore comme une
masse informe.

Rien de nouveau à vous dire; car vous parler de ma

reconnaissance et de mon amitié, serait rabâcher. Il
fait un temps adorable ; les prairies sont étincelantes et
la mer bleue ; et je suis tellement un animal assujetti aux
impressions du monde physique, que ce spectacle extérieur de la nature suffit pour éclairer le sombre tableau
qui existe au fond de mon esprit, et qui y représente en
noir la destinée humaine. Adieu, mon cher ami, je vous
embrasse de tout mon cœur.


## A MADAME PHILLIMORE

Paris, 8 août 1856.

Nous avons bien des remercîments à vous faire, madame, pour l'agréable connaissance que vous avez procu-
rée, à madame de Tocqueville et à moi, en nous mettant
en rapport avec madame***. Notre seul regret est d'avoir
trop peu vu celle-ci, qui nous a paru pleine d'amabilité,
de connaissances, d'esprit et, de plus, très-jolie : ce qui,
comme vous savez, n'est pas incompatible avec l'esprit,
et, quoi qu'on en dise, lui va très-bien. Nous aurions
voulu pouvoir lui faire davantage les honneurs de Paris ;
mais la vie retirée que nous menons ne nous l'a pas
permis. Veuillez lui dire, du moins, quel agréable souvenir nous conservons d'elle et quel plaisir nous aurons
à la revoir.

Vous me remplissez de confusion, madame, quand
vous voulez bien me dire que vous attendez avec impatience la publication de mon nouvel ouvrage. D'abord, je

n'ai pas la vanité de croire que quelqu'un s'occupe d'avance de ce que je puis écrire; et, en second lieu, le livre dont vous parlez, loin d'être prêt à paraître, n'est pas, on peut dire, commencé. Les préoccupations, la maladie, cette maladie de l'esprit qui naît si aisément de la tristesse, m'ont empêché jusqu'à présent, tout en travaillant beaucoup, de travailler d'une manière efficace. J'ai déjà beaucoup lu, beaucoup rêvé; mais je n'ai encore rien écrit. Je n'ai aucune raison de me presser, si ce n'est la considération de la brièveté et des hasards de la vie; car le travail que j'ai entrepris est ma principale ressource pour échapper aux pensées peu agréables que suggère naturellement l'état de mon pays; et sa durée est un grand bien pour moi. C'est grâce à lui que je suis devenu si étranger à tout ce qui se passe, que je ne l'apprends plus guère que de loin en loin et par ouï-dire.

J'ai entièrement supprimé la lecture du journal comme inutile, et ne parle politique que le moins que je puis. Je ne saurais cependant m'empêcher de vous dire que la députation anglaise qui s'est rendue auprès de l'empereur a produit un effet indirect, mais très-favorable à celui-ci. Le peuple a interprété cette démarche, qui n'a pas de précédent dans notre histoire, comme un signe de la peur que la France, sous son nouveau gouvernement, inspirait aux Anglais : or, la vanité nationale, qui est toujours très-grande, quoiqu'elle ne se porte pas toujours sur des objets dignes en effet d'enorgueillir, a été très-flattée.

Ce que vous me dites sur les travaux législatifs de M. Phillimore m'intéresse vivement ; je me suis occupé autrefois très-longuement et fort curieusement des affaires de l'Inde anglaise, et vous serez très-aimable de m'adresser le journal qui aura reproduit le discours dont vous me parlez, quand ce discours aura été prononcé.

Adieu, madame ; agréez de nouveau mes remercîments, l'expression du désir que nous avons de vous revoir et, en mon particulier, l'hommage de mon respectueux dévoûment.

## A M. BOUCHITTÉ

Tocqueville, 9 août 1856.

Je vous remercie beaucoup, mon cher ami, des démarches que vous avez bien voulu faire pour ***.

J'ai aussi à vous remercier de la notice sur la vie et les œuvres de Philippe de Champagne, que vous m'avez envoyée. Je l'ai lue avec un grand intérêt, et quoique étranger à la matière des beaux-arts, j'ai trouvé un vrai plaisir dans cette lecture. Vous montrez dans cet écrit tout à la fois l'homme et le peintre, et vous faites aimer l'un et l'autre. Je vous reproche seulement de ne-pas vous être assez occupé des contemporains : vous dites des choses très-intéressantes sur le Poussin, mais rien sur ce modeste et aimable Lesueur, dont vous ne prononcez qu'une fois le nom. Vous devriez nous donner aussi la biographie de celui-là. Pour mon goût, il est supérieur à Philippe de Champagne; et comme homme, il appartient ainsi que lui à cette école d'artistes sincères, consciencieux, simples au milieu d'un siècle fastueux, chrétiens jusque dans l'exercice de leur profession, et faisant respirer les vertus jusque dans leurs œuvres.

Enfin, ce que vous me dites de mon livre m'a satisfait. Vous êtes tout à la fois un juge très-éclairé et un juge sincère. Votre approbation a, pour ces deux causes, un grand prix. J'ai à cœur de répondre à vos critiques; je ne puis le faire au long dans une lettre; je réserve ce sujet pour nos conversations. Je dirai seulement aujourd'hui ceci : Je ne nie point que les rois n'aient eu souvent en vue le bien public dans les établissements qui ont fini par aboutir aux plus mauvaises institutions; je dis seulement que ces princes-là, comme tous les autres, ont *principalement* songé à être les maîtres, soit qu'ils se rendissent nettement compte que telle était leur seule pensée, soit qu'ils parvinssent à l'envelopper dans l'idée du bien général à leurs propres yeux. Ce que je dis surtout, c'est qu'il n'y en a pas un qui ait réellement été sympathique aux misères du peuple, et qu'ils n'ont jamais songé qu'à s'aider de lui. Quant à la remarque que vous faites sur le style, il se peut que l'imitation dont vous parlez existe; mais alors elle est non-seulement involontaire, mais contraire à une volonté très-arrêtée d'avance et si bien suivie que je n'ai pas ouvert un volume de Montesquieu depuis dix ans, et que j'ai tâché, au contraire, depuis lors, de pratiquer particulièrement les auteurs dont la forme est la plus éloignée de la sienne,

Voltaire, par exemple. Mais je n'ai pas le temps de vous en dire plus long. Adieu.

## A SIR G. C. LEWIS

Tocqueville, 15 août 1856.

J'ai été très-reconnaissant, cher monsieur Lewis, que vous m'ayez lu et écrit. J'ai entrevu ce que c'était que la vie d'un ministre dans un ministère important, et je sais qu'il est bien difficile dans une pareille position de songer à autre chose qu'aux affaires courantes. Quand on est en train soi-même de faire de l'*histoire*, on n'a guère le temps de s'occuper de l'histoire des temps antérieurs. Vous m'avez cependant lu, lu avec le plus grand soin, ainsi que me le montre ce que vous me dites. J'en suis très-glorieux. Rien ne pouvait me flatter davantage que le suffrage d'un homme tel que vous. Aussi ai-je été très-heureux de voir que votre impression sur mon livre ne semble pas mauvaise. Vous vous plaignez avec quelque raison que je ne sois pas descendu dans plus de détails et n'aie pas produit mes preuves. Il est certain qu'il m'eût été bien facile de faire deux volumes au lieu d'un, et peut-être la valeur intrinsèque de l'ouvrage y eût gagné. Mais il fallait saisir l'attention de mon pays, chose bien difficile dans ce temps d'abattement intellectuel et moral. Pour cela il fallait être court et faire un livre qui pût être lu par tout le monde. J'ai dû, dans ce but, m'alléger de tout le poids des détails, et ne pas, en multipliant les notes, fatiguer l'attention et la détourner du texte. Vous savez que les Français (qui ressemblent en ceci aux Grecs sans les égaler) n'admettent les idées que quand la forme leur agrée. Je me suis donc borné à ne rien avancer que je ne pusse abondamment prouver et n'ai pas produit immédiatement mes preuves. Je crois que je n'ai point à redouter qu'on conteste, en France, rien de ce que j'ai dit d'essentiel, parce que le travail sérieux auquel il faudrait se livrer pour cela prouverait à celui qui s'y livrerait l'exactitude de ce que j'ai dit. J'avoue que sur plusieurs points il faut m'en croire sur parole. Cela contrarie un esprit exact et profond comme le vôtre, mais c'est un mérite aux yeux du commun de mes lecteurs français auxquels mon but sérieux était de faire parvenir, les idées mères et les sentiments qui forment le fond de mon œuvre. Jusqu'à présent l'expérience semble me prouver que je n'ai pas eu tort; car le livre se vend avec une rapidité inusitée chez nous; quoique la première édition soit considérable, je vais bientôt avoir à m'occuper de la seconde. Jamais livre cependant ne fut plus contraire à l'esprit de l'époque, puisqu'il tend à ramener vers des sentiments libres et énergiques des âmes découragées et des esprits las et flottants. C'est ce qui d'avance me faisait craindre qu'il ne tombât. Mais d'une autre part, comme vous le remarquez avec sagacité, ce même abattement des esprits rend possible de dire sur la Révolution française des vérités qui, il y a dix ans, auraient soulevé des tempêtes contre leur auteur.

Vous me faites, cher monsieur Lewis, à propos du

chapitre sur la religion, une critique à laquelle je crois qu'il n'est pas impossible de répondre. Je n'ai point prétendu que les opinions irréligieuses du dix-huitième siècle n'aient pris leur source que dans les vices du gouvernement et de la société : je dis même précisément le contraire. Je crois seulement que ce sont ces vices qui les ont rendues facilement populaires, et leur ont donné, en France, tous les caractères de passions politiques. Je ne dis pas non plus que chez tous les philosophes français de ce temps-là, ou même chez la plupart d'entre eux, l'objet principal qu'ils eussent en vue, fût d'attaquer les institutions de l'État; je dis seulement que si les institutions de l'État et la condition des citoyens eussent été différentes, les écrivains ne se seraient pas tous portés, ni avec tant d'*ardeur*, ni surtout avec tant de *succès*, à attaquer l'Église. Je ne saurais admettre avec vous que Voltaire n'ait pas été le premier de nos révolutionnaires en matière politique aussi bien qu'en matière de religion. Il est vrai qu'il n'avait pas de vues arrêtées en fait de gouvernement, et qu'il admettait assez volontiers que les hommes étaient une canaille incapable de se conduire elle-même, et qui devait être conduite par les habiles et les plus forts. Mais nul plus que lui n'a réussi à déshonorer le passé et toutes les institutions, les idées, les sentiments qui en venaient; nul n'a mieux répandu cette notion que toutes les lois sous lesquelles on vivait étaient ridicules ou absurdes, toutes plus ou moins contraires au moins à ce qu'il appelait la raison; et que les bases mêmes sur lesquelles reposait la société du temps, l'inégalité de naissance, étaient condamnées par le bon sens et par l'équité. Il n'a jamais dit cela formellement; il n'a jamais porté à fond ses attaques de ce côté. Mais cela ressort de tous ses écrits; et avec eux ces notions, pénétrant de toutes parts dans l'esprit de ses disciples et de la foule, ont, plus puissamment que les traités politiques eux-mêmes, préparé les esprits à la révolution. On ne pouvait, d'ailleurs, dans ce temps, détruire l'Église sans toucher à tout dans l'État.

Les regrets amicaux que vous exprimez de ne point nous voir cet été chez vous à la campagne accroissent encore beaucoup le chagrin que nous éprouvons nous-mêmes de n'avoir pu nous permettre ce plaisir. Je puis vous dire sincèrement que rien ne nous a plus coûté. Parmi les plaisirs permis dans ce monde, je n'en connais pas, en vérité, de plus grand que la vie à la campagne, dans la belle saison, avec des gens qui plaisent, dont on aime la personne et dont on prise l'esprit. Nous aurions trouvé tout cela réuni chez vous. Permettez-moi d'espérer que cette occasion est ajournée plutôt que perdue. En tout cas, j'espère pouvoir vous visiter à Londres, le printemps prochain.

Veuillez, je vous prie, cher monsieur Lewis, nous rappeler de la manière la plus affectueuse au souvenir de lady Théréza, et ne pas nous laisser oublier non plus par M. et mademoiselle Lister. Croyez à mes sentiments de bien sincère amitié.

*P. S.* J'ai toujours à vous huit volumes que je compte bien vous rapporter moi-même.

A SIR G. C. LEWIS

Tocqueville, 6 octobre 1856.

Puisque les affaires de l'Europe et celles de l'Angleterre, cher monsieur Lewis, ne suffisent point pour remplir votre esprit, et que cet esprit, si admirablement
constitué pour le travail, trouve encore quelque agrément
à s'occuper de la philosophie de l'histoire, je céderai au
plaisir que me donne notre correspondance, et je reviendrai sur les questions que traitait votre dernière lettre
d'une façon si intéressante. Je devrais être satisfait du
jugement que vous portez sur mon livre; et, en effet, il
n'y en a pas qui m'ait été plus agréable. Mais c'est précisément parce que je tiens extrêmement à être approuvé
de vous que je veux encore essayer de répondre à la critique que vous faites de deux de mes idées.

    - Vous persévérez à penser que c'est à tort que j'attribue
à l'état de la société civile et politique les opinions que les
philosophes du dix-huitième siècle ont émises en matière
religieuse. Permettez-moi de répondre d'abord que je
n'ai jamais dit que les opinions de ces écrivains en fait
de religion ne fussent suggérées que par la situation politique que le clergé occupait de leur temps et par l'appui que l'Église donnait à toutes les institutions anciennes
qui régissaient alors l'État. J'ai indiqué, au contraire,
que ces opinions étaient depuis longtemps dans le monde,
qu'elles avaient une origine et des causes qui leur étaient

propres. Seulement, j'ai affirmé que jamais ces opinions anti-chrétiennes n'eussent été professées à la fois par tous les écrivains français du dix-huitième siècle, et surtout ne seraient devenues si vite et si complétement dominantes parmi nous et populaires, sans les circonstances sociales et politiques du temps. Je n'ai pas avancé autre chose, et j'avoue que je crois encore que ma pensée, *ainsi limitée*, est juste, et je me flatte que je vous en convaincrais si, au lieu de vous écrire, j'avais le très-grand plaisir de causer avec vous, et si je pouvais entrer dans le détail qui mettrait mon idée en lumière.

Vous me dites encore que plusieurs des philosophes auxquels j'attribue un rôle et des vues révolutionnaires en politique aussi bien qu'en religion ne se sont jamais montrés partisans des institutions libres, ni de la démocratie, et qu'ils n'avaient aucun désir de bouleverser la monarchie. Vous citez surtout Voltaire, et vous faites à cette occasion, sur cet homme illustre, des remarques très-fines et très-justes qui prouvent que vous le connaissez aussi bien que si vous aviez été un de ses contemporains, et mieux que ne le connaissent la plupart des Français de nos jours. Vous avez parfaitement raison de dire que rien n'était moins républicain que Voltaire; que personne n'a jamais eu même, plus que lui, le mépris des hommes en général, et la croyance qu'il leur fallait, de toute nécessité, un maître qui les forçât à être modérés et raisonnables. Tout cela est parfaitement vrai. J'ajoute avec vous que Voltaire n'avait aucune idée de produire une révolution violente, ni d'armer les basses classes.

Ni lui, ni aucun des philosophes ne voulaient de révolution sous cette forme. Mais tous, et lui tout le premier, voulaient néanmoins qu'un changement profond et radical s'opérât dans les lois civiles et politiques qui servaient de base à la société de leur temps. Ils ne s'attendaient pas, il est vrai, à ce que cette grande fabrique s'effondrât tout à coup et leur tombât sur la tête; ils croyaient fermement que tous les changements qu'ils indiquaient ou que supposaient leurs théories générales se feraient paisiblement, par les seuls progrès de la raison; et comme il convient toujours de couvrir les entreprises dangereuses d'un nom attrayant, ils n'appelaient pas ce qu'ils désiraient une *révolution*, mais une *régénération* : c'était le mot consacré alors. Néanmoins, en faisant un ensemble de leurs maximes en matière de société ou de gouvernement, et en comparant l'idéal de gouvernement qu'ils avaient toujours devant les yeux, avec les institutions réelles sous lesquelles ils vivaient, il est facile de voir que c'est bien, à leur insu peut-être, une révolution et non une réforme qu'ils préparaient. Voltaire ne voulait pas assurément le règne de la démocratie, en prenant le mot dans son sens ancien et vrai, c'est-à-dire le gouvernement du peuple. Il était *homme de trop bonne compagnie* pour cela. Mais il tendait néanmoins de tous ses vœux vers ce qu'on appelle dans le jargon d'aujourd'hui une royauté ou un empire démocratique, c'est-à-dire un gouvernement d'un seul homme agissant sans contrôle, mais d'après les lumières de la raison naturelle; une société dans laquelle il n'y a plus ni classes privilégiées, ni classes permanentes et héréditaires, ni individus puissants, ni vieilles institutions traditionnelles, ni législation particulière et locale.... Du moins il a travaillé à établir toutes ces choses à l'état d'idéal dans l'esprit de ses contemporains. On peut dire que telle a été sa théorie politique, bien qu'il ne l'ait jamais exposée dogmatiquement. Il n'eût pas été éloigné de trouver notre régime actuel assez passable, s'il ne l'eût pas jugé très-hébétant pour l'esprit humain et surtout ennuyeux. Or, ce qu'il désirait ne pouvait s'accomplir sans une révolution très-radicale. Voltaire, qui n'a jamais eu aucun goût pour la république et qui méprisait fort la démocratie, n'en doit donc pas moins être rangé parmi les hommes qui, par les idées qu'ils ont détruites en fait de société, et par les idées qu'ils ont inspirées, ont le plus contribué à la révolution d'où la république d'abord et ensuite le mélange de despotisme et de démocratie sont sortis. On ne saurait douter qu'il ne voulût profondément modifier la société de son temps, bien qu'il ne prévît pas où irait tomber la masse une fois en branle.

Ceci répondu, j'ajoute, cher monsieur Lewis, que vos critiques m'ont été extrêmement utiles en me montrant qu'il est nécessaire de remanier la partie de mon livre à laquelle elles se rapportent, afin de mettre ma pensée plus en relief et de la rendre plus saisissable qu'elle ne l'est dans l'état actuel. C'est ce que j'aurais cherché à faire dès la seconde édition qui vient de paraître, si l'éditeur me l'avait permis; mais il était si pressé d'avoir de nouveaux exemplaires à sa disposition, qu'il a précipité la réimpression de telle manière que je n'ai même pu corriger plusieurs fautes grossières contenues dans la première et même des incorrections de langage. Ce même éditeur m'assure qu'à la manière dont les choses marchent, il est convaincu que nous aurons une troisième édition à faire l'an prochain. C'est alors que je me réserve de revoir attentivement tout l'ouvrage, et de faire droit aux critiques de mes principaux amis.

En attendant, je me suis remis à l'ouvrage, et je travaille à la seconde partie que j'ai promise et qui est déjà préparée. Comme mon objet est bien plus de peindre le mouvement des sentiments et des idées qui ont successivement produit les événements de la Révolution que de raconter ces événements eux-mêmes, c'est bien moins de documents historiques que j'ai besoin, que des écrits dans lesquels l'esprit public se manifeste à chaque période, journaux, brochures, lettres particulières, correspondances administratives.... J'ai déjà parcouru beaucoup de documents de cette espèce; mais je sens la nécessité d'en consulter beaucoup d'autres, et il est bien plus difficile de se les procurer que vous ne pourriez le croire. Il n'y a pas de lieu en France où ils soient rassemblés en très-grand nombre, pas même à la Bibliothèque nationale ou aux Archives. J'ai entendu dire qu'une grande réunion de journaux, brochures, écrits des temps relatifs à la Révolution française, existait au *Bristish Museum;* savez-vous si cela est vrai? Ce précieux recueil est-il catalogué, et ce catalogue est-il imprimé?

J'imagine que toute recherche est interdite dans les archives de vos affaires étrangères à partir de 1789. J'en suis bien fâché; car il serait curieux de connaître les jugements que portait votre ambassadeur sur ce qui se passait sous ses yeux au commencement de la Révolution et avant que la guerre le forçât à s'éloigner.

Ne croyez pas que vous soyez encore au bout de mes questions. Je recherche avec grand soin et je lis autant que je puis tous les écrits publiés en Allemagne à la même époque ou sur la même époque, quand ils ont un caractère individuel et qu'ils montrent successivement ce qui se passait dans l'esprit et dans le cœur des populations allemandes de 1788 à 1814, lettres, mémoires, biographies, pamphlets.... Je commence à savoir assez d'allemand pour lire ces documents dans l'original. N'auriez-vous pas des documents de cette espèce à m'indiquer? Il semble assez ridicule, cher monsieur Lewis, que ce soit au chancelier de l'Échiquier de la reine d'Angleterre et non point à un savant allemand que je m'adresse pour avoir des renseignements de cette nature. Ma raison pour agir ainsi, c'est que je suis convaincu que vous en savez autant qu'un Allemand sur l'Allemagne, et que beaucoup mieux qu'aucun Allemand vous vous rendez compte de ce que vous savez. L'Angleterre est aujourd'hui le seul pays du monde où l'on puisse rencontrer dans le même homme un des meilleurs *scholars* du temps et à la fois l'administrateur des finances d'un grand empire. Je vous assure que je ne suis point tenté de faire de pareilles questions à aucun de nos ministres français.

Il faut que je finisse cet énorme bavardage, mais non sans vous prier de nous rappeler de la manière la plus particulière et la plus affectueuse au souvenir de lady Théréza et de mademoiselle Lister. Croyez à mon amitié bien sincère, qui n'est égalée que par la parfaite estime que j'ai pour vous.

## AU BARON HUBERT DE TOCQUEVILLE

30 Octobre 1856.

Personne ne m'avait appris, mon cher ami, ton changement de résidence. Je ne l'ai su que par une lettre que ta mère écrivait à ma femme, lettre dans laquelle il était incidemment question de ce changement que ta mère supposait évidemment nous être connu[1]. J'ai aussitôt écrit à Édouard, qui m'a donné tous les détails dont je manquais. Comme toi, je considère que tu n'as pas à te plaindre de ce qui arrive. Ta nouvelle destination te permet d'étudier l'Allemagne avec beaucoup plus d'avantage; car le lieu d'où tu vas la voir est bien plus éclairé que celui que tu quittes. Berlin et la Prusse sont les foyers de la lumière en Allemagne. Alors même que l'influence politique de la Prusse est affaiblie, ainsi que cela a lieu, je crois, en ce moment, l'action qu'elle exerce

1. Hubert de Tocqueville venait d'être nommé attaché à l'ambassade de Berlin.

sur l'esprit et les mœurs de l'Allemagne est toujours
prépondérante. Je suis enchanté que tu puisses continuer là ton éducation germanique. Tu trouveras dans
les Prussiens des hommes assez *avantageux*, remplis
souvent d'une vanité nationale un peu bruyante et dis-
proportionnée avec le rôle que la Prusse joue maintenant
dans le monde; mais, chez eux, du moins, règne une
vie intellectuelle active, et encore, sur certains points, fé-
conde. On trouve, à Berlin, des hommes très-distingués,
dont le nom conserve de la grandeur. L'Université de
Berlin est sans contredit la première de l'Allemagne;
elle contient encore un certain nombre d'hommes de
lettres ou de science fort éminents. Les professeurs et
les administrateurs, en Prusse, ont une position qu'ils
ne possèdent nulle part ailleurs (les premiers surtout).
Ils forment la classe influente. C'est là, si tu veux étudier l'esprit vrai du pays, qu'il faut tâcher de faire des
connaissances. Quand tu auras un peu pris langue dans
le pays même, si tu désires être introduit auprès de quelques-uns des hommes distingués dans la science et dans
la littérature, je pourrai aisément, surtout à mon retour
à Paris, te donner ou te procurer les moyens d'arriver
facilement et agréablement jusqu'à eux. Presque tous
sont membres correspondants de notre Institut. J'ai eu
moi-même des rapports directs ou indirects avec quelques-uns d'entre eux.

La Prusse entière porte l'empreinte de Frédéric II.
C'est lui qu'il faut toujours étudier pour achever de la
comprendre. Étudie-le donc avec soin dans toutes ses

œuvres. Cela, d'ailleurs, te fera bien voir de tes connaissances prussiennes; et plus on te trouvera au courant
des actes et des écrits de cet homme singulier, plus on
aura une bonne idée de toi.

Adieu, mon cher ami; pense à nous et crois à notre
tendre affection.

## A MADAME LA COMTESSE DE PIZIEUX

Tocqueville, 12 novembre 1856.

Chère cousine, j'ai si grande envie d'avoir de vos nouvelles et de celles de madame de Gourgues, que, malgré
mon abominable paresse, il faut bien me décider à écrire.
C'est, comme on dit, la faim qui fait sortir le loup du
bois. Qu'est devenu le temps où le salon de votre pauvre
mère était si bien le centre du monde que le bruit de
tout ce qui s'y passait se répandait de lui-même jusqu'aux antipodes? Ce temps-là est loin de nous et par le
nombre des années et plus encore par les changements
qui se sont faits depuis dans l'aspect du monde. Son
souvenir nous rejette vers une société si différente de
celle d'aujourd'hui, que j'ai souvent peine à croire que
j'aie vécu dans les deux. Est-ce un commencement de
radotage que de penser que la première valait mieux que
la seconde? Est-ce parce que je suis devenu vieux moi-
même que je trouve que dans votre jeunesse et dans la
mienne on apercevait dans les cœurs de grands feux
qu'on n'y voit plus, et dans les esprits de hautes visées

qui disparaissent? J'ai bien peur que notre pays ait encore plus vieilli que nous dans le cours de ces quarante années. Quand je vois tant de jeunes gens, si indifférents, si froids, si honnêtement ennuyeux ou si tristement vicieux, il me semble avoir devant moi de petits octogénaires avec un masque juvénile. Cette vue me désespère, car j'ai toujours eu un grand attrait pour le spectacle de la jeunesse : je dis la vraie, celle qui mêle à l'inexpérience et à l'imprudence de son âge l'ardeur, l'enthousiasme et le dévoûment qui doivent en être aussi. Mais me voici bien loin de l'objet de cette lettre.

J'y reviens, en vous priant de me dire comment va votre sœur et comment vous allez vous-même. Espère-t-on que madame de Gourgues reprendra l'usage des membres qui ont été atteints? Sa vie est-elle entièrement hors de péril, et se trouve-t-elle enfin entourée de ses enfants? Ce sont là des questions dont la réponse m'intéresse vivement, et auxquelles vous me ferez grand plaisir de répondre.

De nous, je n'ai rien à vous dire, sinon que nous affrontons résolûment l'hiver sur les bords de notre Océan.

A M. HENRY REEVE, ESQ.

21 Novembre 1856.

Je reçois, cher Reeve, une lettre de vous, datée du 18. Cette lettre ne fait pas mention de celle que je vous ai écrite de mon côté le 15 de ce mois. J'espère qu'elle vous est arrivée depuis. Je me reproche d'avoir gardé si longtemps le silence avec vous : votre éloignement de Londres en a été la cause ; je craignais de vous adresser une lettre là où vous ne seriez plus. D'une autre part, je ne puis concevoir que je ne vous aie point encore parlé du plaisir que m'a fait l'article de M. Greg. J'ai remercié ce dernier, il y a déjà plus d'un mois, et j'étais convaincu que j'avais fait quelque chose d'analogue avec vous. C'est pourquoi je ne vous en parle point dans ma dernière lettre, bien que je vous entretienne du numéro d'octobre. La vérité est que l'article sur mon livre auquel vous avez ouvert votre Revue est un de ceux, et peut-être de tous, celui dont j'ai le plus lieu d'être satisfait, et j'en sais un gré infini à l'auteur et à l'éditeur. Veuillez agréer, je vous prie, cette part dans ma reconnaissance.

Comme je suppose que ma lettre du 15 vous est arrivée après un retard, je ne rentrerai pas dans les sujets que je traitais dans cette lettre. Je n'ai rien de nouveau, d'ailleurs, à vous dire. L'élection de M. Buchanan, à laquelle je croyais comme vous, a enfin eu lieu. Comme vous aussi, je pense qu'elle achève de mettre l'Union dans une pente qui conduit à la guerre civile ; et ces hommes du Sud menacent de faire un si grand mal non-seulement à leur pays, mais à l'humanité tout entière, que les amis même de l'Amérique (et je suis de ceux-là) en sont réduits à désirer qu'on les arrête, fût-ce en introduisant de nouveau la guerre dans ces vastes contrées qui, depuis tant d'années, ne la connaissaient pas.

J'ai toujours le projet d'aller en Angleterre au printemps. Lewis, qui sait tout et quelque chose encore par
delà, m'a confirmé l'existence, à Londres, du plus grand
dépôt de documents sur la Révolution qui existe dans le
monde. Ce sera pour moi un attrait de plus au voyage.

### A MADAME PHILLIMORE

29 Novembre 1856.

Vous êtes bien aimable, madame, de n'avoir pas voulu
quitter Paris sans me donner un signe de votre souvenir. Madame de Tocqueville n'y a pas été moins sensible
que moi; et nous regrettons l'un et l'autre que vous
ayez visité Paris à une époque de l'année où nous n'habitons jamais cette ville. Espérons que ce voyage sera
bientôt suivi d'un autre, et que l'Exposition vous ramè-
nera au printemps en France. Vous savez toute la satisfaction que nous aurons à vous rencontrer de nouveau,
et à jouir du plaisir que votre conversation procure à tous
ceux qui vous connaissent. Nous avons fait cette année un
bien malencontreux voyage, comme on vous l'a dit. La
maladie est venue troubler tous nos projets et déranger
des plans qui avaient été arrêtés en vue, non-seulement
de l'agrément, mais de l'utilité; car ce voyage était tout
à la fois pour moi un plaisir et une étude. Dieu merci!
la santé de ma femme commence à se remettre, quoique
bien lentement, et j'espère enfin voir bientôt finir les
souffrances qui la tourmentent depuis quatre mois. Mais

qui oserait se plaindre de misères de cette espèce en voyant tous les malheurs dont vous me parlez et que nous déplorons autant que vous. Quant à moi, je me sens rempli tout à la fois d'admiration et de douleur à un tel spectacle. Comme vous, je me tourne volontiers vers cette pensée consolante au milieu de tant de maux, que du moins nos deux nations les supportent en commun, au lieu de se les infliger mutuellement comme elles n'avaient guère cessé de le faire depuis cinq cents ans. J'espère que ces maux mêmes cimenteront pour l'avenir une union si désirable, et qui est pour moi la seule consolation que je rencontre dans le temps présent. Ne trouvez-vous pas, madame, que c'est un grand et beau spectacle que celui que présentent ces deux nations, les plus civilisées et les plus riches du monde, qui, au lieu de s'être laissé amollir, comme on le prétendait, par les jouissances de ces quarante années de paix, peuvent fournir, au besoin, des soldats plus énergiques et plus résistants aussi aux misères de la guerre que ne le sont ces demi-barbares qui sortent d'une société pauvre et rude. Voilà qui dérange bien les systèmes de l'antiquité, qui voulaient que, pour bien faire la guerre, il fût nécessaire de se nourrir de brouet noir. Je suis, du reste, comme vous, fort préoccupé du sort de la grande entreprise qui se poursuit devant Sébastopol, et profondément inquiet, je l'avoue, des suites qu'elle peut avoir. Ce que vous me dites de la manière de voir de *** me frappe d'autant plus, que celui-ci est, dit-on, du très-petit nombre des écrivains qui ne sont pas hostiles au gouvernement actuel,

et que par conséquent il doit, mieux que moi, savoir ce
qui se passe et quels sont les sentiments de ceux qui mènent les affaires. Moi, qui ne mène rien du tout, qui ne
suis absolument rien, et surtout ne veux rien être, je
juge de loin que la position est critique; non-seulément
la position particulière, sur laquelle nous avons principalement les yeux en ce moment, mais l'ensemble des
affaires. Je crains que nous ne marchions vers la guerre
générale; et la guerre générale peut aboutir au rema-
niement de toute l'Europe. Cependant, puisque cette
guerre a été commencée, je ne saurais vouloir qu'on s'ar-
rêtât avant d'avoir atteint son seul but légitime, qui est
de délivrer l'Europe des périls que la Russie lui fait courir. Je crains que tout ce qui ne sera pas le rétablissement de la Pologne ne soit en deçà de ce but. Vous voyez,
madame, comment l'entraînement des circonstances actuelles m'emporte à ne vous parler que politique. Mon
seul but pourtant, en vous écrivant, était de vous remercier de votre aimable souvenir et de vous prier de croire
que nous y avons été fort sensibles. Veuillez, je vous
prie, me rappeler respectueusement à la mémoire de lady
Elgin, si tant est qu'elle se souvienne encore de m'avoir
rencontré, et agréez l'assurance de mon dévouement.

A M. DE LAVERGNE

Tocqueville, 14 décembre 1856.

Où êtes-vous, cher confrère? A Paris, je suppose; et
c'est là, en effet, que je vous écris pour savoir des nouvelles et surtout de vos nouvelles. Qu'avez-vous fait cet
été et cet automne? Voilà de premières questions qui demandent réponse. A quoi occupez-vous votre esprit en ce
moment? J'imagine que vous n'avez pas envie de laisser
dans le fourreau une si bonne lame. J'aime presque autant votre talent que votre personne et votre conversation, ce qui n'est pas peu dire; et je m'ennuie de ne rien
voir paraître de vous, soit sous forme de livre, soit, du
moins, sous forme d'articles de revue. Je reçois ici la
*Revue des Deux Mondes;* j'y cherche aussitôt quelque
chose de vous, mais inutilement. Moi, qui vous prêche,
je ne vous donne pas de bons exemples. Il est difficile de
mener une vie plus occupée, il est vrai, mais plus stérile que celle que je mène depuis six mois. C'est la première fois que je m'aperçois de la merveilleuse facilité
que possèdent les propriétaires campagnards pour être
constamment affairés, inutiles, et néanmoins fort satis-
faits. Je suis ces trois choses à la fois depuis mon arrivée ici. On dirait que je me suis proposé le problème de
ne rien faire et de ne pas m'ennuyer. Je le résous après
l'avoir posé; et, n'était une volonté préexistante que je
conserve de sortir enfin d'un état si misérable et si doux,

je serais capable de m'y endormir tout à fait. Je compte sur mon arrivée à Paris pour m'en tirer; et je me console de mon inaction présente par mille projets d'études qui remplissent mon cerveau. Malheureusement, je ne serai guère de retour avant le milieu de février. Vous qui vivez depuis plusieurs mois peut-être dans cette grande ville, dites-moi donc, je vous prie, un peu ce qui s'y passe. En province, nous sommes comme des gens renfermés dans un caveau, qui entendraient seulement qu'on remue au-dessus de leurs têtes, sans savoir ce qu'on y fait. *In profundo clamantes audi nos, Domine!*

Je vous dois toujours un exemplaire de mon livre; je vous le porterai fidèlement aussitôt après mon retour. Si le présent ne vaut pas la peine d'être fait, il sera du moins offert par une amitié véritable.

A propos d'amis et d'amitié véritable, nous avons ici en ce moment Ampère, qui nous charme par toutes les qualités aimables et rares que vous lui connaissez. Quelle activité et quelle fécondité d'esprit! Cet homme-là semble augmenter de verve en augmentant d'années. On ne saurait avoir un plus agréable hôte.

## A MADAME LA COMTESSE DE GRANCEY

Tocqueville, 20 décembre 1856.

J'ai été très-touché, chère cousine, de votre bonne lettre. Vous avez eu raison de penser que la mort de mon

cher oncle de Rosambo me causerait une grande tristesse. Comment ne pas s'affliger, en effet, en voyant disparaître un être si rare? Il était le dernier d'une génération qui valait mieux que la nôtre. Qui a jamais eu plus
de chaleur dans le cœur, plus de véritable élévation dans
les sentiments, plus d'énergie même au milieu de son
extrême douceur et de son angélique bonté, dès qu'il
s'agissait de l'honneur ou du devoir. C'était une grande
âme ornée de toutes sortes d'aimables et charmantes
qualités. J'espère que son souvenir ne sera stérile pour
aucun de ceux qui ont eu le bonheur de l'approcher.

Je n'en ai point voulu à votre fils de n'être pas venu
me voir à son passage à Cherbourg. Je sais qu'il était
très-pressé. J'ai regretté seulement que nous n'ayons pas
eu le plaisir de recevoir chez nous un jeune homme dont
nous apprécions beaucoup, ma femme et moi, le mérite et la conduite. Il eût été reçu ici en parent et en ami.
Je crains, d'après ce que vous me dites, que cette occasion ne soit perdue pour deux ans au moins. Je me réjouis
pourtant, et pour lui et même pour vous, qu'il ait voulu
faire le grand voyage qu'il va entreprendre. Vous avez
désiré en faire un sujet distingué; et tous les signes qui
montrent que vous avez réussi doivent vous être agréables. Veuillez dire à votre navigateur, chère cousine, que
je le suivrai, de loin, avec un bien vif intérêt, autour du
monde.

Rappelez-moi, je vous prie, au souvenir de votre père,
que je serais très-heureux de revoir. J'attache un grand
prix à ce que vous me dites que mon livre l'a intéressé;

j'aimerais aussi à causer avec lui de ce qui en fait la matière. Je conçois qu'on trouve la liberté politique péril-
leuse, pourvu qu'on ne trouve pas le despotisme bon.
J'aime surtout qu'en cette matière on ait le courage de
son opinion, et qu'au lieu de dire aux Français : « Vous
avez un admirable gouvernement! » on leur dise ce
qu'on pense, c'est-à-dire : « Chers compatriotes, il est
sans doute très-désagréable de dépendre comme vous de
tous les caprices d'un seul homme; mais vous me permettrez de vous dire que vous avez le gouvernement qui
vous convient le mieux. » Je consens à ce qu'on n'ait
pas les vertus qui permettent de se conduire soi-même
et dispensent du maître, pourvu qu'on ne soit pas content de ne les pas avoir. Est-ce trop exigeant?

Vous jugez, très-chère cousine, qu'il faut que je
compte encore sur votre amitié pour vous envoyer cet
affreux griffonnage. Je ne saurais, en effet, me déshabi-
tuer d'y compter un peu. Je me rappelle toujours le
temps de notre première jeunesse, où nous riions de si
bon cœur; et je ne puis non plus oublier votre mère, ni
la bonté particulière qu'elle m'a toujours témoignée. Ces
souvenirs sont un lien qui m'attache toujours à vous, en
dépit de *l'espace* qui nous sépare et du temps, et me
rendent toujours agréables nos causeries. Je voudrais
que vous en pensiez autant de votre côté; mais j'en
doute.

## A MADAME LA COMTESSE DE GRANCEY

Tocqueville, 28 décembre 1856.

Votre lettre est si aimable, chère cousine, et votre colère si bienveillante, que je veux sur-le-champ vous remercier. Je confesserai d'abord que je suis un affreux griffonneur. La faute en est un peu à ce bon et spirituel vieillard qui m'a élevé; vous l'avez connu, l'abbé Lesueur, un saint, et un saint aimable, ce qui ne se rencontre pas toujours. Il a eu l'idée singulière de me faire apprendre à écrire avant de m'apprendre l'orthographe. Comme je ne savais pas trop comment écrire mes mots, je les embrouillais de mon mieux, noyant ainsi mes erreurs dans mon barbouillage. Il en est résulté que je n'ai jamais su parfaitement l'orthographe, et ai continué indéfiniment à barbouiller. Je vous prie de croire que mon cher abbé a mieux réussi dans d'autres parties de mon éducation. Pour en revenir au mot que vous déclarez sans doute avec raison illisible, j'imagine que ce doit être la *distance* ou quelque chose de semblable. Je ne vois guère, en effet, que le temps et la distance qui puissent nous séparer. Tout le reste nous rapproche, et surtout tant de souvenirs communs qui ne sauraient jamais s'effacer entièrement de notre mémoire. Comment ne pas se rappeler avec plaisir les amis de sa jeunesse? On les aime pour eux et pour le charmant souvenir de la jeunesse elle-même qu'ils rappellent. Je ne saurais non plus jamais oublier votre mère, non-seulement ses bontés, mais son esprit : cet esprit fort et brillant, propre à une génération qui avait appris à penser et à sentir par elle-même, au lieu de respirer dans je ne sais quel lieu commun terne et fade, comme celle d'aujourd'hui.

Je ne suis pas étonné que le monde vous ennuie ; j'ai trop bonne opinion de vous pour en douter. Il est, en effet, mortellement ennuyeux, surtout ce qu'on appelle le *grand monde*, sans doute parce qu'on s'y réunit surtout dans de grandes maisons et dans de grands appartements. Paris est cependant encore la ville où se rencontrent le plus de gens d'un commerce spirituel et aimable ; mais il faut les pêcher au milieu d'un océan de sots ; et une fois qu'on les tient, il est difficile de les mettre ensemble. Je me figure cependant qu'il ne serait pas impossible de se faire, à Paris, une société fort agréable, au milieu de laquelle on pourrait passer, chaque année, avec plaisir plusieurs mois. Mais il faudrait, pour cela, beaucoup de temps, d'efforts, de soins, et je dois ajouter, hélas ! beaucoup de bons dîners. Car, en général, il n'y a rien qui ait meilleur appétit que les beaux esprits.

Pardonnez-moi de bavarder ainsi avec vous. Cela vous prouvera, du moins, que je vous écris avec plaisir. Que n'êtes-vous notre voisine, comme vous le dites ? Je vous assure que nous passerions quelquefois ensemble de bonnes soirées. Je demeure, quelque temps qu'il fasse, presque toutes mes journées dehors ; mais quand le soir arrive, je rentre, non plus dans le salon, mais dans un cabinet bien tranquille, où brille dans une antique et vaste cheminée un grand feu clair. Nous restons là, jusqu'au coucher, ma femme et moi, et de plus, comme dans ce moment, un ou deux amis particuliers. Nous sommes entourés des meilleurs livres qu'on ait publiés dans les principales langues de l'Europe. Je n'ai rien admis dans cette bibliothèque que d'excellent : c'est assez vous dire qu'elle n'est pas très-volumineuse, et surtout que le dix-neuvième siècle n'y tient pas une très-grande place. Nous prenons, pour le lire, tantôt un livre, tantôt un autre : c'est comme si nous forcions l'homme d'esprit qui l'a écrit à venir causer avec nous. Le temps fuit au milieu de ces occupations tranquilles; nous trouvons toujours qu'il va trop vite; et, en effet, la vie s'avance. Il est bien dommage qu'on ne sache véritablement le parti qu'on en peut tirer, que quand on devient vieux.

Je m'arrête là pour ne pas vous ennuyer. Adieu, très-chère cousine, ou plutôt à bientôt; car, à la fin de février, nous retournerons à Paris, et j'imagine que vous y serez. Ne nous oubliez pas tout à fait jusque-là. Portez-vous bien et surtout croyez à mon ancienne et très-sincère amitié. Ne m'oubliez pas auprès de votre mari ni de vos enfants, surtout du marin auquel nous nous intéressons de bien bon cœur.

# ·ANNÉE 1857

Tocqueville, 1ᵉʳ janvier 1857.

Vous commencez l'année en manquant à une promesse, cher monsieur de Circourt, ce qui n'est pas un bon début. Vous m'aviez dit dans votre dernière lettre que vous me feriez parvenir les opuscules que je vous avais demandés, et vous ne l'avez point exécuté. Je vous rappelle votre engagement et profite de la même occasion pour vous faire, suivant mon habitude, des questions. Si celles-ci vous ennuient, ne vous prenez de ce mal qu'à vous-même, qui avez amassé un si grand trésor de connaissances et qui en faites si volontiers part à vos amis. Voici cette fois ce dont il s'agit. J'ai quelque curiosité de savoir en quoi consistait cette espèce d'agitation fiévreuse de l'esprit humain qui a précédé immédiatement la Révolution française dans toute l'Europe, et qui s'est mani-

festée par l'illuminisme, les rose-croix, la franc-maçon-
nerie, le mesmérisme..... Je sais par divers ouvrages,
entre autres par le livre assez médiocre de Mirabeau sur
la monarchie prussienne, qu'en Allemagne, en 1788,
date du livre, toutes ces doctrines avaient immensément
d'adeptes et agitaient d'une manière profonde, bien que
vague, les esprits. S'il existait un livre et même quelques
livres qui donnassent une idée exacte de ce singulier état
de l'esprit humain, particulièrement en Allemagne et
dans le nord de l'Europe, et qui pût indiquer en quoi il
consistait, je tâcherais de me procurer ces ouvrages. Je
ne puis donner à ce sujet un temps très-long, ni me livrer, à cette occasion, à de très-grandes études ; mais je
souhaiterais beaucoup apercevoir en gros la chose sous
un jour vrai, et me rendre compte de son caractère et de
son étendue. Si vous pouvez m'aider à cela, vous me
ferez plaisir.

Je lis avec trop de plaisir tout ce que vous dites de la
politique pour vous laisser libre de ne m'en point parler. Toute l'Europe est-elle aussi amie et réconciliée que
le dit le *Moniteur?* J'en doute un peu, quand je vois les
cajoleries de la presse anglaise pour l'Autriche. Cela me
semble indiquer une certaine crainte d'isolement et une
certaine défiance de l'amitié auguste qui, depuis trois
ans, fait la gloire de l'Angleterre, comme chacun sait.

Ce qui se passe en Asie, surtout à l'égard de la Perse,
me paraît de nature à préparer d'assez grands embarras
en Europe ; ou plutôt ce qui tôt ou tard amènera des
événements graves, c'est la haine violente qui sépare au-

jourd'hui la Russie et l'Angleterre et qui ne peut manquer de produire quelque jour des effets considérables dans les affaires du monde. La guerre de Turquie, en rendant les Russes et les Anglais de rivaux ennemis, a plus fait contre la paix du monde qu'elle n'a fait pour cette même paix, en éloignant pour un temps la question du partage de la Turquie.

Que deviennent les salons? Les petites nouvelles ont bien du prix quand on est aussi privé que nous le sommes des grandes. Adieu.

### A M. FRESLON

Tocqueville, 6 janvier 1857.

Je ne vous écris que deux mots, mon cher ami. J'ai toujours oublié de vous faire une question que voici. Il y a un M. ***, avocat, qui rend compte des tribunaux dans un feuilleton hebdomadaire de ***. Il paraît fort indépendant, et très-approbateur de ceux de ses confrères qui témoignent de l'indépendance; et néanmoins il ne cesse de parler en termes piquants et souvent méprisants de l'Académie française qui, cependant, est le seul corps en France qui montre encore de l'indépendance et fait parfois de l'opposition. Je voudrais bien savoir ce qui anime si fort M. *** contre nous. Si vous connaissez l'homme, demandez-le-lui donc, je vous prie. Du reste, presque tous les feuilletonistes des journaux indépendants donnent en ce moment le même spectacle, et ce n'est qu'un des symptômes de la maladie générale qui consiste à détester toujours davantage le voisin que le maître, et à sacrifier ce qui devrait être la grande passion à mille petites. Tant qu'il en sera ainsi, je vous prédis que nous ne serons faits que pour servir. Le monde politique obéit à des lois qui sont toujours les mêmes, et qui, quand on les connaît bien, annoncent par ce qui arrive aujourd'hui ce qui va arriver demain. C'est ainsi que quand vous voyez les différentes classes d'une nation mettre de côté les haines et les jalousies particulières qui les divisent, dans l'intérêt d'une défense ou d'une attaque commune, quitte à les faire revivre plus tard, dites hardiment que le moment de la révolution approche. Dans le cas contraire, plaidez ou faites des livres paisiblement.

## A M. VICTOR LANJUINAIS

Tocqueville, 11 février 1857.

Comme il se passera au moins trois semaines avant que je ne vous revoie, mon cher ami, je veux encore vous écrire, et même vous demander de me répondre. Il y a bien longtemps que notre silence me pèse. Mais le grand nombre d'occupations et le petit nombre d'idées qu'ont les gens qui vivent à la campagne ne me laissent ni le temps ni la matière d'une correspondance. Du reste, je n'ai rien de plus intéressant à vous dire qu'il y a un mois; mais je m'ennuie de ne point revoir de votre écriture. Faites-moi donc savoir en quelques mots ce que vous deveniez et ce que vous pensez pour le quart d'heure.

Je me suis remis assez vivement au travail depuis deux mois, après avoir mené pendant six mois une vie très-occupée et très-stérile. Jusque-là c'était l'ardeur plus que les livres qui me manquait dans ma retraite; maintenant ce sont les livres surtout. Bien que les bibliothèques publiques de Paris en agissent avec moi avec une libéralité extraordinaire, je ne sais comment il se fait que la pièce dont j'ai le plus besoin soit toujours celle que je n'ai pas. Ce n'est qu'en travaillant qu'on aperçoit ce qui est nécessaire pour le travail. Rien ne saurait donc remplacer le voisinage des grands dépôts, archives ou bibliothèques. Aussi mon intention est d'employer les quatre mois que je compte passer à Paris dans un travail très-actif et qui ne me laissera que le temps de voir mes amis; le monde proprement dit, fort peu. Mais parlons d'autres choses que de moi.

Vous avez sans doute été frappé du résultat du recensement général de la population depuis cinq ans. Il a prouvé que non-seulement la population se déplaçait, allant des campagnes dans les villes, mais encore qu'elle ne s'était pas accrue. Mille causes expliquent le premier fait; mais comment rendre compte du second? Je serais bien curieux de savoir ce que votre esprit exact et pénétrant peut avoir à dire là-dessus. Peut-être ce que ce résultat a de plus saillant est-il purement accidentel; mais il est hors de doute au moins que si la population n'est pas d'ordinaire aussi stationnaire en France que cette fois, elle l'est habituellement beaucoup plus que dans la plus grande partie de l'Europe. Que dit votre philosophie politique de cela? Je vois, du reste, que le fait excite vivement l'attention soit au dedans, soit au dehors. Si vous vous sentiez dans la tête de bonnes idées sur la matière, vous devriez en faire part au public. Le sujet vous va.

Vous voyez que mon amitié est toujours importune, et que je ne cesserai jamais, quoique cela soit peu efficace, de vous tourmenter pour tirer parti d'un excellent instrument qui finira par se rouiller dans le fourreau. Ne faites point de gros livres, si le temps et le courage vous manquent; mais faites du moins, de temps à autre, des écrits qui rappellent au public que vous êtes toujours de ce monde et le même homme.

Avez-vous déjà des projets pour cet été? Je voudrais qu'il entrât dans vos plans d'avenir de venir nous visiter ici; car malgré que je me permette de vous gronder, je ne vous considère pas moins comme un de mes meilleurs et plus sûrs amis. C'est peut-être même pour cela que je vous gronde. Or, le nombre de ces amis-là est si petit qu'il est bien naturel de désirer leur compagnie. Venez donc ici l'été prochain, si vous le pouvez, et soyez sûr d'y rencontrer des hôtes très-heureux de vous posséder.

## A M. LE COMTE DE CIRCOURT

Tocqueville, 22 février 1857.

Je veux, cher monsieur de Circourt, joindre quelques mots à la lettre que je viens d'écrire à madame de Circourt pour vous remercier de la communication que vous m'avez faite relativement *aux Illuminés d'Allemagne.* Vous me dites que M. Ranke vous annonce l'envoi de quelques ouvrages. Si ces ouvrages vous parviennent, je vous prierai de les garder jusqu'à mon retour, qui aura lieu dans trois semaines environ. M. Ranke sait-il que c'est dans mon intérêt que vous lui avez fait les questions auxquelles il répond? Cela ne ressort pas du fragment de lettre que vous m'avez communiqué. S'il en était ainsi, et que ce fût pour être mis sous mes yeux que les livres qu'il vous annonce fussent envoyés, je me croirais obligé de lui écrire, quoique je n'aie pas l'honneur de le connaître personnellement. J'entrerais, d'ailleurs, avec plaisir en rapport direct avec un homme aussi justement célèbre. Dans ce cas, veuillez me donner son adresse. Je vois, du reste, qu'il s'est trompé sur le sens des questions que je lui ai fait adresser. Je n'ai jamais cru que les sectes des Illuminés aient eu une influence appréciable sur l'arrivée de la Révolution française, et qu'on doive les considérer comme une de ses causes. Je les regarde seulement comme un des nombreux symptômes qui caractérisaient l'état des esprits à l'époque où elle est arrivée : état des esprits d'où elle est sortie. C'est sous ce rapport que ces sectes m'intéressent. Je possède, du reste, et j'ai lu l'Histoire de *Schlosser*, dont M. Ranke parle. C'est une œuvre un peu lourde, mais qui renferme des faits allemands fort intéressants pour un étranger. Cet ouvrage m'a été indiqué et prêté par Lewis, le chancelier actuel de l'Échiquier. Je vous avoue confidentiellement que je n'ai pas bien compris l'essai éphémère des Illuminés pour *concilier l'esprit particulier du dix-huitième siècle avec les formes hiérarchiques et hiératiques du seizième siècle.* Cela veut dire sans doute qu'ils ont voulu animer de l'esprit nouveau le corps de la vieille société européenne. Ne trouvez-vous pas que les Allemands les plus distingués couvrent quelquefois d'un peu de galimatias les idées les plus claires?

J'espère que dans votre réponse vous ne me parlerez pas seulement des choses qui se disaient il y a cent ans, mais de celles qui se disent aujourd'hui. Vos grandes et vos petites nouvelles sont un des grands agréments de notre solitude. Je suis porté à croire que le gallicanisme du gouvernement, qui peut être sincère chez l'agent, n'est, chez le maître, qu'une manière de montrer les dents à la cour de Rome et de forcer le pape à venir à Paris. Le moyen pourrait bien être efficace. En attendant, les *** et compagnie doivent commencer à envoyer leur saint au diable; et c'est déjà assez réjouissant pour les spectateurs.

Rappelez-moi, je vous prie, particulièrement au sou-

venir de madame de Rauzan et à celui de madame Swet-
chine, et croyez, etc.


## A M. LE BARON HUBERT DE TOCQUEVILLE

Tocqueville, 23 février 1857.

Si je n'ai pas répondu plus tôt, mon cher ami, à ta lettre,
il n'en faut pas conclure qu'elle ne m'ait pas intéressé.
Tes lettres me font, en général, fort grand plaisir à lire :
mais je ne suis pas toujours maître de t'écrire à mon
tour aussi souvent que je le voudrais. Mes matinées sont
consacrées à l'étude, et mes journées se passent dans les
champs à surveiller des ouvriers. Nous avons en ce moment de grands travaux que nous poussons le plus vite
que nous pouvons, afin de rendre nos dehors à peu près ce
qu'ils doivent être. Cela fait, nous n'entreprendrons plus
que de petits travaux ; car nous ne sommes pas de ces
oisifs qui ne peuvent souffrir la campagne qu'à la condition d'y avoir une multitude d'ouvriers, et ne sont pas
plutôt parvenus à y être bien établis qu'ils s'y ennuient.
Je crois que tu trouveras Tocqueville fort changé en bien,
quand tu y reviendras : je voudrais que ce fût cette année. Pour la première fois depuis vingt ans que j'habite
ce pays, j'ai entrepris de mettre un peu d'ordre dans
toutes les vieilles paperasses qui sont entassées ici dans
ce qu'on nomme le chartrier. Un examen complet m'eût
pris plus de temps que je n'en avais à ma disposition.
Mais le peu que j'ai vu de ces documents de famille m'a

très-intéressé. J'ai rencontré pendant près de quatre cents ans la ligne de nos pères, les retrouvant toujours à Tocqueville, et leur histoire mêlée à celle de toute la population qui m'entoure. Il y a un certain charme à fouler ainsi la terre qu'ont habitée les aïeux, et à vivre au milieu de gens dont toutes les origines se mêlent aux nôtres. Je t'attends pour compléter ces études qui n'ont d'intérêt que pour nous, mais qui pour nous ont un intérêt très-grand. J'ai eu aussi la curiosité de jeter un regard sur les vieux actes de baptême et de mariage de la paroisse; ils existent en partie jusqu'au seizième siècle. Je remarquais, en faisant cette lecture, que, il y a trois cents ans, nous servions de parrains à un très-grand nombre d'habitants du village : nouvelle preuve des rapports doux et paternels qui, dans ce temps-là, existaient encore entre les hautes et les basses classes; rapports remplacés dans tant de lieux par des sentiments de jalousie, de défiance et souvent de haine.

Je suis charmé de ce que tu me dis de tes études. Tu fais bien de te rendre maître de l'histoire d'Allemagne, surtout depuis la Réforme. Ce que tu me dis de Schiller[1] m'a souvent été dit par des Allemands de goût. Comme historien, Schiller est un grand coloriste, mais non un copiste fidèle de la nature. Son livre serait, je crois, un bien mauvais guide si on le lisait pour connaître le détail exact des faits et même les ressorts particuliers qui ont fait agir certains personnages et produit certains in-

---

1. De son ouvrage sur la guerre de Trente Ans.

cidents de cette grandè pièce. Mais je crois qu'il indique
bien les causes générales de l'événement et le mouvement des idées et des passions qui produisirent celui-ci
ou en naquirent. Après tout, il n'y a que cela qui soit
absolument *sûr* en histoire; tout ce qui est particulier
est toujours plus ou moins douteux. Du reste, Schiller
est surtout digne d'occuper le premier rang parmi les
hommes de génie par ses poésies. Ses grandes pièces de
théâtre et ses petits morceaux détachés sont, à mon avis,
parmi les plus belles poésies qui se puissent rencontrer
dans aucune littérature. Si je savais assez l'allemand
pour juger en pareille matière, je dirais que Schiller me
paraît au moins égal à Gœthe comme poëte; et il lui
est infiniment supérieur comme homme. Le dieu Gœthe,
immobile dans son Olympe, et décrivant les passions humaines sans jamais les ressentir ni les partager, m'a
toujours paru un être peu attirant, tenant du diable par
son insensibilité, son égoïsme et son orgueil, et de
l'homme par ses petites passions seulement.

Il y a une Histoire générale de l'Europe au dix-huitième siècle, faite par un Allemand, Schlosser : c'est un
ouvrage solide et très-bon à lire dans les parties qui traitent de l'Allemagne dans ce siècle-là. Je te le recommande quand tu seras arrivé à l'époque qu'il décrit.

Ton père m'écrit que si je pouvais te trouver une
bonne femme, il faudrait l'indiquer ; et que tu serais disposé à te marier, si l'occasion se présentait et que la
personne te plût. Montre-moi donc un peu ce côté de
ton esprit. Je m'intéresse à ton bonheur domestique au-

tant qu'à ta carrière; et tout ce qui pourrait contribuer
à te rendre heureux comme tu l'entends me causerait
une grande joie; et je travaillerais de mon mieux, si
cela était possible, à t'y aider. Il n'y a de solide et de véritablement doux dans ce monde que le bonheur domestique et l'intimité avec une femme qui sait vous comprendre, vous aider, et au besoin vous soutenir dans les
difficultés de la vie. J'ai trop éprouvé cela par ma propre
expérience pour n'en être pas convaincu. Au fond, il n'y
a que dans un père ou dans une femme que la vraie et
continuelle sympathie peut se trouver. Toutes les autres
amitiés ne sont que des sentiments incomplets et ineffi-
caces comparés à celui-là. Je voudrais que tu trouves ce
bonheur, puisque tu peux le comprendre et y aspirer.
Mais avec la manière dont on se marie en France, il est
bien difficile d'y réussir; la plus grande affaire de la vie
s'y conclut, en général, plus légèrement que l'achat
d'une paire de gants.

Me voilà au bout de mon papier et de mon temps; je
t'embrasse de tout mon cœur.


A M. LE BARON HUBERT DE TOCQUEVILLE

Paris, 4 avril 1857.

Il ne faut pas t'excuser, mon cher enfant, de me
donner des détails sur toi-même. Rien ne saurait m'intéresser davantage, et ta confiance ne saurait être mieux
placée. Tu trouves en moi un ami très-tendre et très-

sûr pour lequel rien de ce qui te touche ne sera jamais
indifférent, et qui prendra toujours un grand plaisir à
t'aider en toutes choses, autant que faire se pourra. Dans
la circonstance actuelle, je ne te blâme point de songer
au mariage; je crois même que tu as raison. Seulement
je suis effrayé quand je pense au besoin particulier que
tu as de faire un bon choix, et à l'incertitude qui entoure un pareil choix, quoi qu'on fasse, en France, où
l'on se marie à peu près comme à la Chine, c'est-à-dire
de façon à ne connaître qu'après le mariage qui on a
épousé. Pour un homme de ton caractère, il faut rencontrer de certaines qualités bien difficiles à démêler à
l'avance. Nous nous y appliquerons de notre mieux, quand
l'occasion se présentera. Mais qu'il est difficile de discerner le caractère d'une jeune fille! Je le crois presque
impossible. Aussi, ainsi que je le mandais à ton père il
y a quelque temps, et à toi peut-être, la méthode la
plus sûre à suivre m'a toujours paru, moins de chercher
à savoir ce qu'est la jeune fille (hors l'extérieur, bien
entendu), que de bien connaître le père et la mère, la
famille, l'éducation, l'esprit qui règne autour de celle
dont on désire faire sa femme. Tout ce qu'on dit d'elle
avant le mariage me touche, je l'avoue, très-peu. Mais
je suis très-sensible à tout ce que des gens bien infor-
més me racontent des dispositions, des idées, des sentiments qui ont cours parmi ceux qui l'entourent, et
qui ont exercé de l'influence sur elle. Il est peu de bons
arbres qui produisent de mauvais fruits. Mon expérience
personnelle m'a montré, au contraire, qu'il était extrê-

mement rare de voir une femme désirable sortir d'une
famille où les habitudes sont mauvaises ou les sentiments vulgaires. Cela arrive quelquefois, mais très-rarement; et le plus souvent j'ai vu que les jeunes filles
sorties de ces familles, après s'être bien conduites un
certain temps, finissent par mettre enfin au grand jour
es défauts qu'elles tiennent du sang ou que l'éducation
leur a données. Le choix est donc difficile à faire. Mais
c'est une raison de plus pour s'appliquer à bien rencontrer. Sois sûr que ta tante et moi nous nous join-
drons de tout notre cœur à tes parents pour faire heureusement cette recherche.

Tu ne m'apprends rien, mon cher enfant, en me
parlant de ta disposition mélancolique et de ta timidité.
Quant à cette dernière, il ne faut pas t'en trop préoccuper; elle cédera, sans disparaître peut-être jamais
complétement, à l'action de l'âge, à l'expérience des
hommes et des affaires, au poids qu'on acquiert en avan-
çant dans la vie. Cela est infaillible, à moins que tu ne
quittasses une carrière qui te mêle forcément aux affaires et aux hommes, pour te renfermer dans une retraite dont bientôt tu ne pourrais plus sortir. Qui a été
plus timide dans sa jeunesse que ton cher grand-père?
Notre bon abbé Lesueur, dont tu as entendu tant parler,
m'a raconté des traits incroyables de cette fâcheuse disposition de l'esprit. Peu à peu, cependant, mon père est
devenu un homme du monde chez lequel ce défaut originaire s'était, en très-grande partie, effacé. Ainsi t'ar-
rivera-t-il, si tu tiens bon et ne cèdes pas à la tentation

qu'ont les hommes de ton tempérament de vivre presqu'à part. Il n'y a pas précisément à vouloir vaincre de
force sa timidité : il suffit de persévérer dans un genre
de vie qui ne peut durer un certain temps sans la détruire ou la diminuer infiniment de lui-même.

Ta disposition mélancolique est un fait plus grave. Je
dois te dire, pour te donner du courage, que souvent
elle tient beaucoup à l'âge. Elle se montre fréquemment
beaucoup plus forte dans la jeunesse que dans l'âge
mûr. Je l'ai éprouvé moi-même. Dans ma jeunesse, j'ai
été extrêmement sujet à ces tristesses vagues et sans
cause dont tu parles. J'étais alors souvent, pendant des
espaces de temps très-longs, inutile à moi-même et à
charge aux autres. Quelquefois encore les accès reviennent ; mais ils sont de plus en plus rares et toujours
très-courts. Aussi me trouvé-je plus heureux aujour-
d'hui qu'il y a vingt-cinq ans. Je ne crois pas qu'il soit
bien efficace, quand on se sent poussé de ce côté-là, de
se retenir par des raisonnements. Cela ne sert guère.
Le seul remède actif que j'aie rencontré, ce sont les affaires et le travail. Jamais, dans ces moments-là, ou
très-rarement du moins, le monde proprement dit n'a
suffi pour me soulager. J'y portais ma tristesse, et la vue
des effets désagréables que cette tristesse causait sur les
autres l'augmentait encore. J'étais, au contraire, très-
propre à jouir du monde, dès que les affaires ou le travail avaient chassé ou écarté, du moins pour un temps, le
mauvais démon. J'ai éprouvé aussi par mon expérience
que, quand on se sent porté à ce mal, la société de per-

sonnes ou trop occupées d'idées sérieuses ou surtout sujettes à une humeur mélancolique était très-nuisible. La conformité des humeurs porte à désirer s'en rapprocher ; le contact trop fréquent et trop intime avec elles est dangereux. Rien ne m'a plus servi dans ma vie que la rencontre de quelques amis, d'opinions et de sentiments élevés et conformes aux miens, mais d'humeur vive et en train. Je citerai, par exemple, G. de Beaumont et Louis de Kergorlay. Je te parle avec tant de tendresse et de franchise, et tu me connais si bien, que tu ne m'en voudras pas d'ajouter que je crois que quelquefois le contact trop fréquent et trop intime de ton âme avec celle de ton excellente mère, quelque doux qu'il puisse être, n'est pas de nature à te fortifier contre le penchant dont nous parlons. Tout a une teinte mélancolique dans cette âme tendre; ses consolations même doivent viser à la résignation plutôt qu'à la lutte. C'est une mère admirable qu'on ne saurait trop vénérer et chérir, mais qui a plutôt besoin d'être *remontée* comme on dit, qu'elle n'est en état de remonter les autres. Tu serais un ingrat de ne pas lui donner la tendresse la plus dévouée, comme tu le fais. Mais je crois que si tu te concentrais dans sa conversation ou dans sa correspondance, tu y trouverais peu de remèdes efficaces contre le mal dont tu te plains.

Voilà, mon cher ami, ce que je pense très-sincèrement, quand je pense à toi, et j'y pense souvent avec une grande affection. Je compte sur toi pour continuer les traditions de notre famille et maintenir intacte la bonne réputation qui s'attache à notre nom. J'espère surtout qu'un jour tu continueras, au milieu des populations parmi lesquelles tes ancêtres ont vécu, le rôle si honorable qu'ils ont eu, et que tu y laisseras un jour un nom aimé et respecté comme eux. Je voudrais donc te mettre en état de profiter de tous les avantages que tu as naturellement et tirer parti des excellentes qualités et des facultés que tu possèdes. Tu vois, en tous cas, par la longueur même et le détail de cette lettre, combien tu me préoccupes, et combien ta confiance en moi, au moins sous ce rapport, est bien placée.

## A M. HENRY REEVE, ESQ.

Paris, 5 avril 1857.

C'est enfin de Paris que je vous écris, mon cher ami, ce petit mot. J'ai cru que nous n'y viendrions jamais, tant il nous était pénible de nous arracher à notre retraite. On m'en a presque tiré de force pour me faire venir à une élection *académique* qui a eu lieu mardi dernier. Je suis arrivé de très-méchante humeur et j'ai peine encore à me consoler de n'être plus d'où je viens. J'espérais presque trouver ici à mon débarqué l'ami Senior. Mais de lui point de nouvelles. J'imagine que la curiosité l'aura retenu en Angleterre, et qu'il a voulu voir quel serait le résultat électoral. Ceci importe plus, en effet, qu'une élection académique.

Nous approchons aussi, sans qu'il y paraisse rien,

d'une élection générale : élection à laquelle personne n'attache une grande importance, mais qui n'en fait pas moins de nous, comme nous l'assure le *Moniteur*, l'un des peuples les plus libres de la terre, et achève de rendre notre gouvernement en tout conforme aux grands principes de 89. Dans l'état actuel des faits et. moyennant les précautions prises par la législation et le gouvernement, je crois qu'il n'y a pas possibilité de lutte quelconque dans les campagnes. Dans quelques grandes villes, où, malgré tous les efforts de l'administration, les électeurs peuvent s'entendre un peu, cette lutte serait possible. Mais c'est surtout à Paris, et seulement, je crois, à Paris, qu'on pourrait espérer un succès. Une espèce de comité électoral composé de gens assez modérés cherchait à se former pour préparer l'entente des différents partis opposants. Ses membres viennent d'être arrêtés, au nombre de 35, sous la prévention, à ce qu'on m'assure, de tentative pour corrompre les élections. Peste ! quels puristes que nos gouvernants !

Les articles de Lavergne, à propos de la population, dans la *Revue des Deux Mondes*, font, me dit-on, une assez grande sensation. Je n'ai pu encore les lire. L'auteur est à Rome; la mort de son frère l'a forcé d'aller en Italie où celui-ci demeurait. Cet aimable et excellent homme est bien poursuivi dans sa famille depuis un an.

Mon éditeur m'a dit que M. Guizot allait publier bientôt des espèces de Mémoires qu'il intitule : *Mémoires pour servir à l'histoire de mon temps.* Je suis fâché sous un certain rapport qu'il n'ait pas laissé faire cette publication à ses enfants après lui. Je ne suis bien friand que des Mémoires posthumes; quand, n'ayant plus rien à espérer ni à craindre, on se donne à cœur-joie le plaisir de mordre après sa mort ceux qu'on a été obligé de ménager de son vivant. Néanmoins, ce que peut dire M. Guizot des hommes de son temps, après avoir été mêlé à tant d'affaires, ne peut manquer d'être très-intéressant. Il est d'ailleurs de la race de ces chevaux de combat qui ne se plaisent que dans la guerre. Quoique vivant, j'espère donc qu'il sera presque aussi animé qu'un mort. Il ne tombera pas dans la fadeur des demi-teintes, si ordinaires à ceux qui veulent attirer l'attention mais non la haine ou la critique sur leur personne et mourir tranquilles après s'être longtemps battus. Il y a un siècle que je n'ai des nouvelles des Grote; j'espère que la femme et le mari vont bien. Me voilà ici au moins jusqu'au 15 juin, époque où j'ai toujours l'intention d'aller vous voir. D'ici là, je serai bien plus dans les bibliothèques et dans les archives que dans les salons.

Rappelez-nous particulièrement et très-amicalement au souvenir de madame et de mademoiselle Reeve, et croyez à ma bien sincère amitié.

A M. HENRY REEVE, ESQ.

Paris, ce 20 avril 1857.

J'ai reçu, mon cher ami, votre numéro d'avril, et je vous en remercie infiniment. J'ai d'abord lu l'article sur notre dernier recensement. Je trouve cet article très-bien fait et très-digne d'attirer l'attention publique : non-seulement à cause de la connaissance que vous y montrez du sujet particulier qui vous occupe, mais aussi et plus encore peut-être pour l'intelligence générale que vous y faites voir de la France et de son état social. Je ne crois pas qu'il y ait beaucoup d'Anglais qui fussent en état de concevoir et d'exprimer autant d'idées justes sur un pays, qui, bien que voisin, est si dissemblable du leur. Ce que vous dites sur la population rurale de France est d'une vérité frappante. Vous l'avez bien comprise et fidèlement peinte. J'ai trouvé aussi beaucoup de portée dans ce que vous dites des conséquences politiques que doivent avoir les faits signalés par le dernier recensement, surtout quant à l'armée et à la constitution politique du pays. Quant aux *causes* de ces mêmes faits, vous ne m'avez pas pleinement satisfait. Le problème reste encore extrêmement obscur à mes yeux ; et comme rien de ce qu'on a écrit ou dit jusqu'à présent sur ce sujet ne l'a encore résolu, je commence à croire que, dans l'état encore peu développé des faits observés, il est insoluble.

Je suis convaincu que chez nous la division du sol et
le partage égal ont été pour beaucoup dans la lenteur
du développement de la population. Cela a-t-il été ou
eût-il été de même ailleurs? Je n'en sais rien. Mais il est
incontestable que chez nous ce sont les gens aisés qui
ont peu d'enfants. A mesure que le paysan devient propriétaire, la famille est moins nombreuse. Je ne dis point
cela dans le but de vanter ni de critiquer nos lois, mais
comme un fait que je tiens pour constant. Dans les familles aisées, c'est un reproche très-ordinaire que l'on
adresse à des amis qui ont une nombreuse famille ou
qui semblent bientôt devoir en avoir une. Comment éta-
blirez-vous cette fille-là? comment donnerez-vous un état
à ce garçon? Est-il raisonnable de mettre dans le monde
des êtres qui tous y occuperont une position si inférieure à
la vôtre et transformeront une famille riche en famille
pauvre? La vérité est qu'en France, pour continuer la
famille, il ne faut pas suivre le vieil usage d'avoir beaucoup d'enfants; mais, au contraire, veiller à ne pas dépasser le chiffre de deux ou au plus de trois. A cette
seule condition on peut espérer perpétuer le nom qu'on
porte et le rang social qu'on occupe.

Quant à l'autre phénomène, l'attraction de la population rurale dans les villes, je crois que ce mouvement
est précipité d'une manière violente et anormale par les
procédés gouvernementaux dont vous parlez; mais en
lui-même il me paraît naturel et conforme aux lois de
la civilisation. Je suis convaincu qu'à tout prendre la
population qui habite vos villes est encore, comparati-

vement parlant, très-supérieure à la nôtre. Je ne crois
pas non plus que le résultat de ce mouvement soit d'ap-
pauvrir l'agriculture. Je crois au contraire que, si ce
déplacement n'est pas trop brusque, il la sert. Il crée
des centres de consommation pour ses produits, des
marchés pour ses denrées. J'avoue que, pour ce qui est
des pays qui m'environnent, je ne saurais y voir aucun
signe de décadence agricole, mais plutôt un progrès,
qui, dans le département que je connais le mieux, puisque je l'habite, peut être appelé rapide.

Ce que vous me dites des conséquences qu'aura ce
même accroissement de la population des villes et surtout de Paris, quant au gouvernement du pays, me
semble, du reste, très-vrai, mais appartient à un autre
ordre de conséquences que celui dont il vient d'être
question. Vous remarquez aussi avec beaucoup de vérité
que la France, et surtout la France agricole, est devenue
infiniment moins disposée à aimer la guerre qu'à des
époques antérieures. J'ajoute seulement qu'il ne faudrait
pas trop se fier à cette humeur pacifique des paysans.
On pourrait encore les entraîner plus facilement que leurs
dispositions habituelles ne pourraient le faire croire.
C'est encore la classe la plus propre à se jeter avec passion dans la guerre, si on sait bien la prendre. J'ai été
surpris de voir avec quelle facilité elle s'est prêtée à la
dernière guerre, à laquelle elle ne comprenait rien, et
comme peu à peu elle s'habituait à l'état violent que
cette guerre produisait. Je ne m'y attendais point. Cela
m'a fait beaucoup réfléchir, et m'a donné lieu de croire

qu'un très-grand effort militaire serait encore possible, s'il avait lieu avant que les causes qui développent chaque jour l'humeur pacifique n'eussent eu le temps de produire tout leur effet.

J'ai noirci tant de papier en vous parlant de votre excellent travail, qu'il ne m'en reste qu'assez pour vous dire que nous allons assez bien, que je travaille le plus que je puis, mais bien moins que je ne voudrais ; que je regrette un peu ma retraite et qu'il me tarde d'y retourner, mais par le chemin le plus long et le plus agréable qui est l'Angleterre. Rappelez-nous bien au souvenir des vôtres. Mille amitiés.

## A M. J. J. AMPÈRE

Chamarande, 25 mai 1857.

J'ai reçu avant-hier votre petit mot de Florence, cher ami.

. . . . . . . . . . . . . .

J'ai assisté avant-hier au convoi de X... Tout le monde officiel était là, et je me suis donné la satisfaction de montrer mon dos à plusieurs anciens amis qui me présentaient leur visage. Le mort avait été visité par l'archevêque de Paris, qui, disait-on, avait opéré son retour au giron de l'Église. Personne n'en croyait rien. Mais on n'en préparait pas moins une superbe cérémonie à la paroisse. X..., qui se doutait apparemment du coup, avait mis dans son testament qu'il défendait de mener

son corps à l'église. Il paraît que plusieurs voulaient
qu'on ne lût le testament qu'au retour de la cérémonie.
Mais ce même X..., toujours obstiné et prudent, avait
chargé spécialement son exécuteur testamentaire de faire
respecter cette clause. Celui-ci, entêté et de plus mécontent, a menacé de faire du bruit, si on voulait passer
outre. On a donc cédé, et au dernier moment on a dé-
claré à l'assistance qu'on allait conduire le mort non à
l'église mais en terre. Cela était fort triste en soi-même.
Le côté comique fut l'indignation que manifestèrent aussitôt certains hommes pieux du nouveau régime, tels
que F..., par exemple; il paraissait scandalisé jusqu'à
l'horreur; L. V. a presque maudit le corbillard qui tournait vers le Père-Lachaise et non vers Saint-Louis-d'An-
tin. Un homme qui s'est mêlé de l'éducation des princes
donner un pareil scandale! entendais-je dire autour de
moi; il y a dans ce dernier acte quelque chose d'impardonnable! Adieu, à bientôt! Je tiens votre itinéraire secret et vous embrasse.


### A M. LE COMTE DE CIRCOURT

Tocqueville, 17 avril 1857.

J'ai revu avec grand plaisir votre écriture, cher monsieur de Circourt. Il y avait longtemps que j'étais privé du
plaisir de recevoir des lettres de vous, et cela me manquait
réellement. J'avais espéré un instant vous rencontrer en
Angleterre où nous avons tant d'amis communs. Mais à

l'instant où il me semblait vous saisir, vous m'avez
échappé tout à coup, comme ces acteurs qui disparaissent par une trappe de la scène. Votre lettre m'explique
cette circonstance, et comment le spectacle du monde vous
a fait fuir au désert. Vous savez que depuis longtemps
je me permets de vous faire des querelles à l'occasion
de ce dégoût des hommes qui vous prend tout à coup,
et aussi de la vue par trop noire, ce me semble, que vous
avez de l'avenir. On doit, si je ne me trompe, juger la
condition de son temps comme la sienne propre, par
comparaison. On risque sans cela de se trouver toujours
malheureux. Quand je me sens tenté d'être mécontent
de mon sort, je baisse les yeux vers tant de misérables
qui remplissent le monde et couvrent presque la surface
de la terre ; de même quand je me sens de trop mauvaise humeur contre mes contemporains, je regarde l'histoire. Combien de temps pires que le nôtre ! Combien
d'hommes plus mauvais que nos contemporains ! Si nous
avons perdu des vertus mâles, combien de passions violentes et dévastatrices ne sont point attiédies ! combien
de conquêtes sur la vieille barbarie ! Ne soyons donc pas
fâchés d'être au monde, je vous prie.

Il faut avouer que notre maître a raison de croire à
une étoile. Le bonheur le favorise d'une étrange manière.
Si l'insurrection de l'Inde eût eu lieu ici il y a trois ans, elle
eût amené une complication formidable dans ses affaires.
Aujourd'hui elle sert merveilleusement tous ses projets,
et fait, de plus en plus, pour les Anglais de l'alliance française, non pas une affaire de choix, mais de nécessité.

Croit-on que l'ambassadeur anglais à Constantinople soit enfin rappelé? Avec quelle admirable désinvolture lord Palmerston a abandonné sa politique et ses agents, dès que le moment en est venu!...

## A LADY THÉRÉZA LEWIS

Tocqueville, 5 août 1857.

Je me sens un peu embarrassé, madame. Je crains de vous ennuyer en vous écrivant : et cependant je ne voudrais pas que mon silence vous fît croire qu'en quittant l'Angleterre j'ai perdu le souvenir de tous les témoignages d'amitié que j'y ai reçus, particulièrement chez vous. Le moyen de me tirer de cette difficulté, c'est de vous prier de ne point prendre la peine de me répondre, du moins tant que vous serez à Londres. Je sais à quel point vous êtes accablée d'occupations dans cette ville, et je me reprocherais en vérité d'y rien ajouter.

Je serais bien ingrat si je ne ressentais pas vivement tout ce qu'on a fait pour moi dans ce pays ; et je puis vous assurer que je ne le suis point. Parmi les personnes auxquelles je dois le plus de gratitude, se trouve lord Clarendon ; je le lui ai déjà écrit. Veuillez, je vous prie, le lui dire. J'ai été particulièrement sensible à la confiance qu'il m'a montrée en me laissant lire les documents diplomatiques du commencement de la Révolution. J'ai eu le grand plaisir, en outre, de trouver dans ces pièces la preuve que l'opinion si généralement accréditée en France que les Anglais avaient secrètement travaillé à accroître le désordre en France afin d'embarrasser notre politique au dehors, que cette opinion était erronée. J'aurai grand plaisir aussi à le dire au public, quand je publierai la fin de mon ouvrage.

Je vous avoue, madame, et je suis sûr que vous me pardonnez, que malgré tout le charme que j'ai trouvé à mon séjour en Angleterre, j'éprouve une grande douceur à me retrouver de nouveau dans mon ménage et sous mon toit. La vue de l'Angleterre m'a un peu gâté, il est vrai, la première vue de la France ; il m'a semblé que mon village était encore moins propre qu'avant mon départ, mes champs moins bien cultivés et ma maison plus laide. Ce qui me manque le plus dans l'aspect général de ce pays-ci, après avoir quitté le vôtre, c'est la vue de très-grands arbres répandus de tous côtés dans la campagne. Les grands arbres sont une institution aristocratique que je vous envie beaucoup.

Nous éprouvons ici une grande anxiété à l'occasion des affaires de l'Inde. Ma femme, qui a conservé dans le cœur la fibre anglaise, en est constamment préoccupée ; et, pour ma part, je suis les développements de ce drame avec une curiosité inquiète. Je suis convaincu, du reste, que vous triompherez. Mais que de sang précieux a déjà coulé !

Adieu, madame, rappelez-moi de la manière la plus particulière à sir G. Cornwall et veuillez agréer pour vous l'hommage d'une amitié bien sincère et d'une reconnaissance qui est ressentie plus facilement qu'exprimée.

*P. S.* Ma femme veut que je vous parle d'elle et vous offre son bon souvenir.

## A M. GUSTAVE DE BEAUMONT

Tocqueville, 17 août 1857.

Votre femme qui, il y a quelques jours, a écrit la plus charmante lettre du monde à la mienne, lui a annoncé le dernier et heureux examen d'Antonin. Je suis bien aise que cette épreuve soit passée, et je vous vois désormais jouissant du plaisir de vous retrouver chez vous avec tous les vôtres autour de vous, et dans le charme de la vie des champs. Plus je vais, plus, pour ma part, je suis sensible à ce charme-là. Autrefois, après la vie que j'ai menée à Londres, le calme profond de ma retraite m'et paru d'abord pénible; des jours et peut-être des semaines se seraient passés avant que l'agitation de mon esprit fût assez calmée pour me permettre de goûter les plaisirs très-doux, mais très-tranquilles et très-uniformes, de mon intérieur. Cette fois j'ai été saisi sans transition par cette impression de bonheur domestique, qui sur-le-champ a remplacé et comme violemment chassé de mon cœur toutes les impressions plus vives, mais moins pénétrantes, qui l'avaient rempli en Angleterre. Suis-je devenu plus sage que dans notre jeunesse, ou seulement plus vieux? Je crains que je sois seulement devenu plus vieux; mais je ne veux pas regarder les choses de trop près. Tant il y a que je suis enchanté d'être de retour chez moi, enchanté d'y reprendre mille petites occupations, dont je n'ai pas même le mérite de me bien tirer, et surtout enchanté d'y être seul.

Vous triompheriez si vous voyiez la peine que j'ai à me remettre au travail, et la pente qui m'entraîne à m'endormir dans les petites affaires de tous les jours. Ou plutôt vous ne triompheriez pas, mais me gronderiez et vous auriez raison. Je ne crois pas me tromper en affirmant que cette somnolence sera passagère, et que, dès que je serai quitte des visites, je reprendrai l'œuvre avec plus d'ardeur et d'entrain que jamais. Il me semble du moins ressentir cette impatience intérieure, qui autrefois précédait chez moi l'action vive. . . . . .

. . . . . . . . . . . . .

Quelles horreurs viennent de se passer dans l'Inde, et s'y passent peut-être encore! Je ne puis m'imaginer que la domination anglaise soit véritablement en péril malgré les apparences. Du reste, personne ne connaît, au vrai, les dispositions de l'Inde, pas même en Angleterre : c'est ce que m'ont avoué tous les hommes d'État de ce pays, à commencer par lord Palmerston. C'est là le plus grand mal qu'a produit le gouvernement de ce grand pays par une compagnie. Elle a dérobé l'Inde à la vue de l'Angleterre; et l'eût-elle bien gouvernée, il ne faudrait pas moins déplorer ce résultat. Car tout le ressort des Anglais est en eux-mêmes, dans leur perspicacité

pratique, dans leur énergie à corriger, réparer, suppléer
le vice des institutions et l'action des faits contraires.
Mais pour cela, il faut voir, connaître, comprendre.
Depuis un siècle, ils ne voient l'Inde qu'à travers un corps
étranger qu'on nomme la Compagnie. On a fait valoir
bien des arguments contre cette institution coloniale;
mais non celui-là, qui me semble pourtant le principal.
Il frappe aujourd'hui; mais il est bien tard... J'aurais
encore cent choses à vous dire, mais me voilà au bout de
mon papier.

## A M. BOUCHITTÉ

Tocqueville, 25 août 1857.

Je suis bien fâché, mon cher ami, d'apprendre que
l'état de mademoiselle votre nièce n'est pas encore assez
satisfaisant pour vous donner la certitude de pouvoir
vous éloigner d'elle au mois d'octobre. Je conçois votre
répugnance à vous éloigner des vôtres avant d'avoir l'esprit tout à fait tranquillisé. Tout ce que je puis vous
dire, c'est que si vous pouvez venir, vous nous ferez grand
plaisir. Votre voisin Rivet m'a promis de venir aussi vers
cette époque : et dans le même temps Ampère sera établi à poste fixe chez nous. Vous voyez que vous pouvez
compter sur une bonne compagnie.

Je suis revenu d'Angleterre, il y a trois semaines, après
avoir fait dans ce pays un voyage qui ne m'a pas appris
beaucoup de nouveau (car je connais depuis longtemps très-

bien les Anglais chez eux et hors de chez eux), mais qui m'a été extrêmement agréable. J'ai trouvé dans ce pays une réception si flatteuse, que j'ai dû, en bonne conscience, l'attribuer autant aux principes que je soutiens qu'à moi-même, et ai pu m'en réjouir légitimement. Vous pensez que ces impressions rapportées de mon voyage n'ont pas diminué le désir que j'ai de continuer mon livre de mon mieux. Mais cela même m'oblige à des études et à des soins qui m'empêchent même de prévoir quand je pourrai publier.

Je voudrais bien, pour toutes sortes de raisons, que vous puissiez, vous aussi, vous remettre bientôt à l'œuvre; cela prouverait que vos préoccupations de famille ont cessé, et nous ferait espérer une étude originale sur ce sujet éternel : l'action de Dieu sur l'homme et de l'homme en vue de Dieu; sujet dans lequel chaque génération vient déposer sa pensée, que chaque individu traite intérieurement, soit volontairement, soit involontairement, sans en jamais trouver le fond; peut-être n'y a-t-il pas de fond, pas du moins que puisse toucher l'intelligence humaine.

Croyez à tous mes sentiments de bien sincère amitié.

## A M. DE LAVERGNE

Tocqueville, 4 septembre 1857.

Votre lettre nous a fait le plus grand plaisir, cher confrère. Nous avons appris ainsi de vos nouvelles et eu la

preuve que vous pensiez quelquefois à nous : deux choses qui nous sont toujours très-agréables à savoir. Il me
semble comprendre par votre lettre que vous êtes maintenant de retour à Paris. C'est donc là que je vous écris.

Ainsi que vous le savez, j'ai fait, depuis que nous nous
sommes vus, un voyage en Angleterre.... Il faut que je
vous dise sur-le-champ que, partout où j'ai prononcé
votre nom et m'en suis recommandé, j'ai eu le plaisir
de voir que vous êtes apprécié par les Anglais comme
vous méritez de l'être. Le mérite si solide de votre livre[1]
(mérite que je me flatte d'avoir découvert un des premiers) vous a donné là, dans l'estime publique, la place
élevée qui vous est due. J'ai joui infiniment de ce légitime succès. Sur un seul point je me suis permis quelquefois de combattre une opinion que vous avez émise
et à laquelle votre nom donne un grand poids. Les Anglais ont conclu des articles, si remarquables, du reste,
que vous avez publiés dans la *Revue des Deux Mondes*
sur le recensement, que la France était en pleine décadence. Je vous avoue que si l'on se borne à parler du
bien-être matériel et des choses qui y conduisent, je n'en
crois rien ; et c'est ce que j'ai cherché à prouver à mes
amis d'outre-Manche, bien étonnés de me voir sur ce
point d'une autre opinion que celle d'un homme que je
louais, d'ailleurs, si souvent. Je crois que l'impression
produite en Angleterre par vos articles a dépassé ce que
vous vouliez. Elle va bien au delà du gouvernement ac-

---

1. *L'agriculture en Angleterre et en Écosse.*

tuel, et porte sur nos institutions fondamentales et permanentes elles-mêmes.

J'étais chez lord Granville lorsque la nouvelle de la
révolte de l'Inde est arrivée par voie télégraphique. On
était loin, alors, de prévoir l'étendue du mal et la grandeur du péril. Jamais l'Angleterre n'a eu de plus terrible aventure. Si cette crise se prolonge, l'action extérieure des Anglais sera pour un temps comme paralysée;
et qui peut dire ce qu'un événement si nouveau et si extraordinaire peut produire dans les affaires de l'Europe?
Quel champ cette éclipse momentanée d'un si grand
corps peut ouvrir dans l'imagination de ceux qui conduisent ou croient conduire les affaires humaines! Il se
peut, du reste, qu'au commencement de l'année prochaine, quand les Anglais auront transporté une armée
européenne au Bengale, ils chassent devant eux comme
une poussière les insurgés et rétablissent leur domination
sans peine. Mais si la lutte s'étend et se prolonge, la
question de l'Inde ne tardera pas à devenir, soyez-en
sûr, un élément tout nouveau et très-perturbateur dans
la politique de l'Europe. Que dit-on à Paris?

## A MADAME LA COMTESSE DE PIZIEUX

Tocqueville, 21 septembre 1857.

Je dois vous paraître, chère cousine, d'une ingratitude
révoltante; car vous m'avez écrit six pages qui m'ont vivement intéressé et souvent touché, et je ne vous ai pas en-

core répondu. Je vous prie très-humblement de ne pas me condamner sans m'entendre. Quand vous m'avez adressé votre lettre, j'avais quitté la France. Je n'ai trouvé cette lettre qu'à mon retour; et il n'y a pas long-temps que je suis revenu. Voilà l'excuse de ce long si-lence. J'espère que vous voulez bien l'agréer.

Je quittai Paris à peu près le jour que vous m'écri-viez, pour me rendre en Angleterre. Je suis déjà assez vieux pour qu'il fût raisonnable de me guérir de la pas-sion des voyages; mais vous savez que la sagesse hu-maine consiste le plus souvent à se guérir des passions, quand on ne peut plus les satisfaire. Je n'en étais pas tout à fait là. Je me portais bien, et j'avais encore dans le fond de ma bourse un petit magot qui provenait de l'argent que m'a rapporté mon livre. Vous avouerez que cet argent-là était bien gagné et qu'il était permis de s'en servir pour s'amuser un peu. D'ailleurs, j'avais encore un but sérieux en visitant Londres; c'est ce que je me disais un peu à moi-même et beaucoup aux autres. Comme j'ai d'anciennes et intimes relations avec plu-sieurs membres du gouvernement actuel (d'Angleterre), j'espérais qu'on ne refuserait pas de me communi-quer les dépêches diplomatiques qui se rapportent au commencement de notre révolution. On m'a permis, en effet, de faire là une étude très-curieuse. Je n'avais pas le droit de prendre des notes, mais j'ai bonne mémoire. De plus, les Anglais, qui, grâce à leur argent, parvien-nent à acquérir en tous genres les choses les plus rares, celles même dont ils ne se soucient guère, les Anglais,

dis-je, se sont imaginés de réunir sur la Révolution française une collection de documents imprimés si immense,
que nous n'avons rien de pareil en France. Je savais
cela, et j'ai encore trouvé là plusieurs renseignements
précieux que je n'avais pu me procurer à Paris. Mais ce
que j'ai fait surtout en Angleterre, c'est de regarder tout
ce qui se passait et d'écouter tout ce qui se disait autour
de moi. J'ai été bien souvent en Angleterre autrefois, et
la connaissais alors presque aussi bien que la France ;
mais, depuis vingt ans, les affaires, les maladies et les
révolutions (cette grande maladie chronique de notre pauvre pays) m'avaient empêché de retourner chez les voisins. J'ai été surpris de les retrouver si semblables à eux-
mêmes. Ces vingt ans qui ont changé tant de choses sur
le continent, déplacé tant de pouvoirs publics, troublé
tant d'existences privées, ces vingt ans-là semblent avoir
passé sur la vieille Angleterre sans la toucher. Si elle a
changé, c'est au rebours de ce que nous voyons en
France. Je l'avais laissée agitée par des passions démocratiques assez bruyantes ; j'ai trouvé cette fois que la
démagogie était sinon vaincue, au moins apaisée et
muette. En apparence, au moins, les institutions aristo-
cratiques y sont plus fermes et moins contestées que
dans ma jeunesse. L'Angleterre est encore le seul pays
de la terre qui puisse donner l'idée de l'ancien régime
européen, revu et perfectionné. Le bruit de l'Inde est
survenu comme un coup de tonnerre au milieu de ce
calme. Je ne sais si depuis le massacre des Romains en
Asie par l'ordre de Mithridate, il y eut jamais pareille

tragédie dans l'histoire. Je me suis sauvé pour ne point entendre tous les jours parler de ces abominations inouïes. Je suis rentré chez moi, comme le célèbre porcher du roi d'Ithaque, accompagné de deux superbes cochons qu'un lord de mes amis avait bien voulu me donner pour répandre cette race intéressante en France. Quand on ne peut pas rendre de grands services à son pays, on se fait le bienfaiteur de sa patrie en petit. Eussiez-vous imaginé que je devinsse jamais un introducteur de cochons? J'en reste sur le récit d'un si bel exploit. Veuillez, malgré l'ennui que vous causera cette lettre, ne pas renoncer absolument à m'écrire; car j'attache un véritable prix à votre correspondance, et surtout que mon long silence ne vous persuade point que je ne vous suis pas tendrement attaché, ainsi qu'à votre bonne et aimable fille.

### A MADAME LA COMTESSE DE GRANCEY

Tocqueville, 8 octobre 1857.

Vous êtes très-aimable, bien chère cousine, d'avoir pensé à me donner des nouvelles de notre cher Chinois. C'est de votre part un acte de bonté et de justice; car l'intérêt que je prends à votre fils dépasse le bout des lèvres : il vient directement du cœur. J'aime ce jeune homme, d'abord parce qu'il a la qualité rare de vouloir *faire*, d'en avoir la capacité et d'y réussir dans un temps où les jeunes gens de son espèce semblent croire que leur privilége consiste à ne pas pouvoir grand'chose et à

ne désirer ardemment rien du tout (parmi les choses, du
moins, qui valent la peine d'être désirées). Je soupçonne
de plus que, quand même il ressemblerait un peu plus
à ses contemporains, j'aurais encore la faiblesse de m'intéresser à lui, par la raison qu'il est votre fils et qu'il y
a une foule de souvenirs qui ne me permettent point
d'être indifférent à ce qui touche à vous et aux vôtres.
Donc, je vous remercie des bonnes nouvelles et des paroles d'amitié que vous me transmettez de l'autre bout
du monde. Dites à Antonin que j'ai été très-sensible à ce
que vous me dites de lui et de sa part.

Je ne suis pas porté à croire que les affaires de l'Inde
aient pour effet de rendre la position des Français plus
brillante en Chine. Je suis tenté, au contraire, de penser qu'elles auront pour résultat de faire ajourner, de part
et d'autre, tout ce qu'on avait envie de tenter. Il paraî-
trait que, même tous ensemble, les Européens auraient
bien de la peine à faire là, en ce moment, des choses
très-considérables. C'est, du moins, l'opinion de l'Américain qui a donné une lettre à votre fils, le beau-frère
de M. Forbes, M. Beckwith, qui m'écrivait, il y a peu
de temps, sur ce sujet.

Quant à l'Inde, il est bien difficile de porter un pro-
nostic sur l'avenir de l'insurrection qui y a éclaté, parce
que, pour le faire, il faudrait savoir quelles sont, au
vrai, les dispositions des populations. Si la masse de la
population indoue était arrivée à cet état d'exaspération
qui fait soulever même des hommes à cœur de mouton
comme sont les Indous, quelle que fût la supériorité euro-

péenne, l'Inde finirait par rejeter de son sein les Anglais.
Mais, jusqu'à présent, on ne voit guère se soulever que l'armée indigène, et même une partie de cette armée. S'il continue d'en être ainsi, le triomphe définitif des Anglais est hors de doute, quels que soient les revers qui puissent les atteindre d'ici à l'arrivée des renforts. Ce qu'ils envoient dans l'Inde, quoique moins considérable peut-être que ce qu'il faudrait, doit suffire pour réduire en poussière l'armée indigène, si la population reste spectatrice du combat. Je ne crois pas cette population même aussi animée contre l'Angleterre qu'on le dit. J'ai fort étudié autrefois les affaires de l'Inde et l'espèce de gouvernement que la Compagnie et la couronne d'Angleterre y ont établi. Je crois, après tout, ce gouvernement infiniment supérieur, en équité et en douceur, à celui des princes musulmans qui l'a précédé; et je pense que, depuis trois siècles, l'Inde n'a jamais été plus tranquille et moins durement traitée qu'aujourd'hui. Mais un maître étranger n'est jamais en faveur, quoi qu'il fasse. Les Anglais, d'ailleurs, ont le privilége d'exaspérer par leurs *manières* les sujets même qu'ils favorisent le plus par leurs lois. Les Français, au contraire, quoique d'assez mauvais maîtres, se font le plus souvent tolérer. Il arrive même parfois qu'on les aime, parce qu'ils donnent des coups d'étrivières d'un air gai et affable.

Ma femme vous remercie de votre souvenir et veut que je vous fasse ses amitiés. Ne m'oubliez pas auprès de M. de Grancey et croyez à l'expression de ma vieille et vive affection.

## A M. L. DE LAVERGNE

Tocqueville, 14 novembre 1857.

Je me reproche bien vivement, cher confrère, de ne
vous avoir pas encore remercié du volume que vous avez
pensé à m'envoyer. Ne croyez pas que je n'aie pas été
très-sensible à cette marque de votre souvenir; mais il
m'était plus facile de ressentir la reconnaissance que de
trouver le temps de l'exprimer. Vous savez quelle est ici
ma vie. Auteur jusqu'à midi; paysan de midi jusqu'au
soir; une fois sorti de mes paperasses, je suis dans mes
champs et n'en sors plus. D'ailleurs, je voulais vous lire
ou plutôt vous relire avant de vous écrire, et cela m'a
pris du temps.

Maintenant que j'ai accompli ce devoir agréable, je
puis vous dire que la seconde fois, comme la première,
vous m'avez extrêmement intéressé. On ne saurait répandre plus d'agrément que vous ne le faites sur des
questions de statistique et d'économie politique qui, de
leur nature, en sont peu susceptibles; et, ce dont je
vous loue surtout, c'est de le faire sans effort, presque
sans le vouloir, par le seul plaisir que donnent à l'esprit du lecteur des idées nouvelles ou des faits importants
bien exposés. Je trouve dans tout ce que vous écrivez un
agrément simple et de bon aloi mêlé aux études les plus
sérieuses et aux sciences les plus graves; et je suis de
l'avis de mon voisin (M. de Blangy), qui a coutume de

dire : « Quand j'ai vu beaucoup d'ennuyeux dans ma journée, je lis *de l'Angleterre* de M. de Lavergne, pour me remettre. »

Quant à la critique que je vous ai faite et à propos de laquelle vous m'avez répondu, je vous avoue que je persiste à croire que, malgré le phénomène très-extraordinaire que nous a révélé le dernier recensement, il n'y a point de décadence dans la prospérité matérielle du pays. La contrée que j'habite me fait peut-être voir trop en beau ; mais peut-être celle que vous habitez ou venez de parcourir vous montre-t-elle le tableau trop en laid. En prenant le pays tout entier et faisant la moyenne entre les extrêmes, je crois qu'on trouverait pour vérité que la France, depuis quelques années, sans avoir les merveilles de prospérité dont on se vante, a fait cependant d'assez bonnes affaires. Du reste, ceci ne peut bien s'expliquer qu'en causant ; mais quand causerons-nous ? Vous retrouver devient un plaisir rare. J'espère bien pourtant me le procurer avant la fin de l'hiver.

## A MADAME LA COMTESSE DE GRANCEY

Tocqueville, 15 novembre 1857.

Deux mots, chère cousine, pour vous dire que je viens de recevoir votre lettre, et que sur-le-champ j'ai écrit à votre fils celle qui est ici jointe. Je suis charmé que vous m'ayiez fourni cette occasion d'entrer en communication directe avec lui. Dites-lui qu'il me fera grand plaisir de me donner quelquefois de ses nouvelles directement; car je m'intéresse bien sincèrement à lui. J'espère qu'il vous reviendra bien portant et avec de bons services qui ne resteront pas sans récompense.

Je connais les articles dont vous me parlez sur M. de Malesherbes. J'ai même eu l'occasion, l'hiver dernier, d'en faire mes remercîments à Saint-Marc-Girardin. Connaissez-vous celui-ci? C'est un homme de beaucoup d'esprit, et d'un esprit aimable : deux qualités qui ne vont pas toujours ensemble. Je lui ai dit, à cette occasion, qu'il me semblait avoir fait de M. de Malesherbes le portrait le plus ressemblant que j'eusse encore vu, le seul, du moins, qui se rapportât exactement avec ce que j'avais entendu dire de notre grand-père à nos parents. Ce remercîment, ainsi motivé, a paru lui être sensible. J'ai toujours regretté de n'avoir pas un portrait de M. de Malesherbes; je l'aurais mis dans le plus bel endroit de ma maison. Je ne possède de lui qu'un buste en plâtre que vous avez sans doute. Il est dans ma bibliothèque; c'est en face de lui que je vous écris. Je crois que le plus beau portrait qui reste de notre aïeul est à la Flotte, dans la possession de madame de la Roche-Bousseau[1]. Un jour je lui demanderai la permission de le faire copier. Adieu, très-chère cousine; on vous fait d'ici mille amitiés que vous recevrez, j'espère, de bon cœur, comme elles vous sont offertes.

1. Léontine de Colbert de Maulevrier, marquise de la Roche-Bousseau.

## A MADAME LA COMTESSE DE PIZIEUX

Tocqueville, 16 novembre 1857.

Il faut, chère cousine, que je vous demande de vos
nouvelles. Le *Journal des Débats* nous a appris hier que
vous aviez eu une aventure tragique dans l'intérieur du
parc de Montgraham. Ce coup de fusil au milieu de la
nuit, cette lutte, ce malheureux blessé ramené tout san-
glant au château : voilà un drame qui a dû vous émouvoir profondément, ainsi que madame d'Hénin. Donnez-
moi de vos nouvelles à toutes deux et dites-nous si le récit
du journal est véritable. Voilà une race de braconniers
près de laquelle il est bien pénible et dangereux de vivre.
Nous ne connaissons heureusement rien de semblable en
ce pays, où l'on se borne modestement à tendre des
piéges. Il est vrai que nous n'avons guère de gibier; la
cause du délit fait défaut.

Nous avons eu ici un été beaucoup plus mondain que
cela ne nous est ordinaire. Pendant près de deux mois,
le château (qui, il est vrai, n'est pas fort grand) a été
rempli d'amis et de parents; et comme nous avons le
caractère bien fait, après nous être trouvés à merveille
de notre compagnie, nous avons été enchantés de nous
retrouver seuls. Je ne puis nier que, si nous aimons le
monde en passant, nous n'ayons le goût de la solitude
comme état ordinaire. Nous passons tête à tête nos longues soirées d'hiver dans ma bibliothèque, qui est fort

grande et assez bien munie de livres, et nous trouvons que les heures s'écoulent fort vite. Ne croyez pas pourtant que nous soyons de l'humeur de ce savant dont Fontenelle a fait l'éloge et qui avait coutume de dire : « Ceux qui viennent me voir me font honneur, et ceux qui ne viennent pas me font plaisir. » Je dis seulement que je sais très-bien vivre seul, ce qui est une espèce de qualité très-appropriée à ma condition, puisque mes sentiments et mes idées font de moi une sorte d'expatrié dans son pays.

Adieu, chère cousine. Cette lettre n'était que pour vous demander de vos nouvelles. Veuillez, je vous prie, m'en donner sans trop tarder, et surtout croire à mes sentiments de vive affection.

## A MADAME LA COMTESSE DE CIRCOURT

Tocqueville, 5 décembre 1857.

Votre lettre, madame, que je viens de recevoir, m'a rempli de confusion et de remords; car il y a très-longtemps que je voulais vous écrire et que je le devais pour vous remercier de vos bontés à l'égard de mon neveu; et j'ai été très-honteux de me voir prévenu par vous. Mon silence vis-à-vis de M. de Circourt et de vous serait inexplicable, si vous ne me permettiez de vous raconter un peu ma manière de vivre actuelle. Depuis six semaines, nous sommes enfin entrés en possession de la retraite complète après laquelle je vous confesse que nous soupirions un peu, nous avons repris notre vie de couvent, réglée et remplie. Ma journée est, comme vous savez, divisée en deux parts : jusqu'au déjeuner je suis un écrivailleur assez mal content de lui-même; à partir de midi, je ne reparais plus dans mon cabinet. Je suis dehors par tous les temps, et trouve toujours le temps trop court. Le soir je rentre au logis aussi las qu'un laboureur qui a fini sa journée. C'est la seule heure dont je puisse disposer pour écrire à mes amis; mais un large fauteuil en face d'une grande cheminée a de grands charmes pour un homme qui vient d'être exposé pendant quatre ou cinq heures à la bise. Au lieu d'écrire, je me mets à rêvasser; je cherche vaguement, en regardant mes tisons, le mot de beaucoup d'énigmes que je ne trouve pas plus là, malheureusement, que dans les livres de philosophie. L'heure s'échappe; la soirée commence, et avec elle des occupations communes qui ne me laissent point la liberté de m'occuper de correspondance. C'est ainsi, madame, que les jours se passent à désirer écrire et à n'écrire point. Veuillez m'excuser; ou, si je suis sans excuse, me pardonner mon long silence : il n'est point volontaire. Il n'y a rien que j'aime mieux, en fait de lettres, que celles que veut bien m'écrire quelquefois M. de Circourt; et si j'écrivais à quelqu'un, ce serait assurément à lui pour en obtenir une réponse. Il me tardait aussi, ainsi que je vous l'ai dit plus haut, de vous remercier, madame, de l'obligeance que vous avez montrée à mon neveu. Celui-ci, grâce à votre lettre, a fait, à Berlin, la connaissance d'un homme très-instruit, très-aimable, et qui l'a accueilli comme un visi-

teur recommandé par vous. Mon neveu vous devra assurément une partie de l'agrément qu'il trouvera en Prusse.
Il est touché comme il doit l'être de ce que vous avez fait
pour lui sans le connaître; et je ne le suis pas moins
que lui en pensant que l'oncle, dans cette circonstance,
a peut-être été pour quelque chose dans le service qu'on
a rendu au neveu. . . . . . . . . . . . . .

Je suis charmé que M. *** fasse un mariage riche; mais
je n'en suis pas surpris. Je me doutais que cet accident
lui arriverait, car il m'a toujours paru un de ces jeunes
gens qui ont tout, excepté la jeunesse : le talent, la prudence, l'esprit de conduite, tout enfin, hors ce je ne
sais quoi qui, entre vingt et trente ans, fait faire aux
hommes tant de sottises et de grandes choses; il est vrai
que M*** a plus de trente ans. . . . . . . . .

Croyez, madame, etc., etc. . . . . . . . .


## A MADAME LA COMTESSE DE PIZIEUX

Tocqueville, 21 décembre 1857.

Je ne saurais vous dire, chère cousine, combien votre
lettre m'a intéressé et touché. Les détails que vous me
donnez sur votre grand-père sont bien précieux; et je
garderai avec soin cette pièce pour m'en servir, si,
comme je l'espère, Dieu me laisse le temps d'écrire sur
l'homme admirable auquel elle se rapporte ce que j'ai
dans l'esprit.

Quoique vous soyez, chère cousine, mon aînée (pas

autant pourtant que vous semblez le dire), il faut que je vous gronde un peu. Pourquoi parler sans cesse de la crainte que vous avez d'ennuyer les gens? Cela est très-agréablement conté, mais n'a pas le sens commun. Je n'ai point de contemporaine qui ait plus d'esprit et bien peu qui ait autant d'esprit que vous. Ne vous enterrez donc point, comme vous le dites, avant d'être morte. Il ne faut pas déranger sans nécessité l'ordre naturel des choses. Parlez donc, sans vous retenir, puisqu'on vous écoute si volontiers; et écrivez sans scrupule de longues lettres, quand vous avez un correspondant qui vous lit avec autant de plaisir.

Ceci dit, je vous prie de m'excuser si je retourne à mon métier; car je travaille beaucoup en ce moment. Je suis charmé que votre homme ne soit pas mort et très-heureux d'apprendre que tous les vôtres se portent bien. Rappelez-nous à leur souvenir et croyez, non à ma jeune, mais à ma tendre amitié.

# ANNÉE 1858

A M. LE COMTE DE CIRCOURT

Tocqueville, 5 janvier 1858.

Il fait ici, mon cher monsieur de Circourt, un froid glacial, encore très-accru par la violence de la bise. L'hiver a succédé tout à coup à la saison la plus douce. Ce temps nous déplaît pour nous-mêmes et nous inquiète pour ceux de nos amis qui sont malades. Je crains qu'il n'ait des conséquences fâcheuses sur la santé de madame de Circourt. Veuillez lui dire que je fais les vœux les plus sincères pour qu'il n'en soit rien, et que je souhaite que cette année 1858 la rende complétement à ses amis et à elle-même. J'ai reçu dernièrement un mot de madame de Rauzan qui m'a attristé : la nature même de son écriture indique la souffrance et annonce l'abattement de l'esprit. Quel accablement de maux de toute espèce viennent souvent peser sur les pauvres humains vers la fin de leur carrière, et qu'il est sage de ne parler du bonheur dont un homme a joui dans ce monde qu'après s'être assuré qu'il est bien mort et qu'on a devant soi le tableau entier de sa vie! Je retrouvais dernièrement, dans les papiers de mon père, une lettre qui lui annonçait le mariage de madame de Rauzan, et dans laquelle on faisait mille prévisions de bonheur sur la destinée de la jeune mademoiselle de Duras. Celui qui écrivait alors de si belle humeur, est mort depuis assez tristement; et celle qui devait vivre si heureuse ferait assurément envie à des gens bien misérables; mais je m'aperçois que je commence l'année nouvelle par une philosophie bien lugubre; et je passe aux petites affaires de ce monde qui nous aident à oublier les grandes.

J'ai lu avec un grand intérêt dans votre lettre ce que vous me dites sur lord Normanby et son livre[1]. J'ai beaucoup connu l'auteur; mais je ne sais rien de l'ouvrage, sinon qu'il me paraît susciter une grande colère non-seulement en France, mais en Angleterre. Je serai curieux de lire ce livre dès qu'il me tombera dans les mains; en attendant, je me contente du jugement que vous portez sur lui pour m'en faire une idée....

1. *La Révolution de* 1848, par lord Normanby, ancien ambassadeur d'Angleterre à Paris. *A year of revolution in France,* 1848.

## A M. BOUCHITTÉ

Tocqueville, 8 janvier 1858.

Il y a bien longtemps, mon cher ami, que je n'ai plus de vos nouvelles. Je désirerais cependant bien savoir si les soucis que vous donnait la santé de mademoiselle votre nièce ont achevé de se dissiper....

Nous avons plusieurs fois regretté depuis deux mois de ne pas vous avoir pressé de venir. Nous avons eu jusqu'à présent un hiver comme il ne s'en voit guère dans cet *empire du vent,* comme dit la Fontaine. Point de tempêtes; pour ainsi dire, pas de vent; une température presque toujours douce et des chemins toujours praticables : ce sont là des merveilles auxquelles nous ne sommes pas accoutumés et dont cette année nous sommes témoins. Depuis huit jours, le temps s'est mis au froid, mais en restant serein et calme. On ne pouvait prévoir une saison si exceptionnelle. Je me console de ne vous avoir pas vu par ces beaux jours d'automne en pensant que vous viendrez, j'espère, l'été prochain, et qu'à tout prendre le soleil d'août vaut encore mieux que celui de décembre.

Vous me dites dans votre dernière lettre, sur les grandes questions qui vous préoccupent, des choses fort profondes et très-bien dites. Cette lettre est bien digne d'être relue, et le sujet qui y est traité est le plus grand, on pourrait presque dire le seul, qui mérite l'attention de l'homme. Tout n'est que bagatelle à côté de cette question-là. J'aurais eu un goût passionné pour les études philosophiques qui vous ont occupé toute votre vie, si j'avais pu en tirer plus de profit; mais, soit défaut de mon esprit, soit manque de courage dans la poursuite de mon dessein, soit caractère particulier de la matière, j'en suis toujours arrivé à ce point de trouver que toutes les notions que me fournissaient sur ce point les sciences ne me menaient pas plus loin, et souvent me menaient moins loin que le point où j'étais arrivé du premier coup par un petit nombre d'idées très-simples, et que tous les hommes, en effet, ont plus ou moins saisies. Ces idées conduisent aisément jusqu'à la croyance d'une cause première, qui reste tout à la fois évidente et inconcevable; à des lois fixes que le monde physique laisse voir et qu'il faut supposer dans le monde moral; à la providence de Dieu, par conséquent à sa justice; à la responsabilité des actions de l'homme, auquel on a permis de connaître qu'il y a un bien et un mal, et, par conséquent, à une autre vie. Je vous avoue qu'en dehors de la révélation je n'ai jamais trouvé que la plus fine métaphysique me fournît sur tous ces points-là des notions plus claires que le plus gros bon sens, et cela me donne un peu de mauvaise humeur contre elle. Ce que j'ai appelé le *fond que je ne peux pas toucher*, c'est le pourquoi du monde; le plan de cette création, dont nous ne connaissons rien, pas même notre corps, encore moins notre esprit; la raison de la destinée de cet être singulier que nous appelons homme, auquel il a été donné juste assez de lumière pour lui montrer les misères de sa condition, et pas assez pour la changer... C'est là le fond ou plutôt les fonds que l'ambition de mon esprit voudrait toucher, mais qui resteront toujours infiniment par delà mes moyens de connaître la vérité. La fin de mon papier m'avertit de finir ma philosophie. J'espère que nous trouverons *Le Poussin* imprimé à notre arrivée à Paris. En attendant l'époque prochaine où je vous serrerai la main, mille amitiés.

## A M. FRESLON

Tocqueville, 12 janvier 1858.

J'aurais voulu vous répondre beaucoup plus tôt, mon cher ami ; mais j'ai voulu finir auparavant un travail que j'avais entrepris et qui a duré plus que je ne pensais. Je ne me livre au plaisir de causer avec mes amis que quand je me suis acquitté de la tâche que je me suis imposée. J'ai besoin de me faire de ces obligations d'écolier pour arriver à travailler fructueusement. Heureux ceux qui jouissent sans fin et sans effort de leur esprit ! C'est le paradis de Mahomet pris dans un sens plus honnête que le Coran ne l'indique. Je n'ai jamais mis le pied dans ce lieu de délices ; et quand je viens à comparer la valeur de ce que je tire de moi avec la peine que l'*extraction* me donne, je me trouve, je vous le dis très-sincèrement, bien ridicule. Mon excuse est que si ce que je fais ne vaut pas la peine que j'y trouve, je n'ai rien de mieux à faire pour le moment. Mieux vaut en-

core casser des pierres pour quinze sous par jour que
rester les bras croisés. M. de Chateaubriand me disait
un jour : « On prétend que pour écrire il faut attendre
la verve; mais si je l'attendais, je n'écrirais point. » Puisque la verve manquait à un si grand écrivain, il faut
bien qu'un barbouilleur comme moi se console de ne la
point trouver. J'ai donc écrit sans verve; mais assez assi-
dûment pour avoir fini le premier livre de mon nouvel
ouvrage[1]. Ce n'est que le commencement; mais c'était
beaucoup que de se mettre sérieusement dans mon sujet.
Je ne sais quand cette partie, que je dis *finie*, parce que
tous les morceaux qui la composent sont à leurs places,
sera en état d'être montrée. Dès que j'en serai là, je
vous prendrai pour auditeur et pour juge. Je vous assure
que je suis dans une incertitude absolue sur la valeur de
ce que je fais, et que si quelqu'un bien accrédité auprès
de moi m'assurait que ce que je viens d'écrire ne vaut
rien, je n'aurais pas de peine à le croire. Il me semble
bien voir devant moi un grand tableau éclairé par des
lumières nouvelles. Mais quand j'en arrive à vouloir le
reproduire, la copie qui sort de mon esprit est si inférieure à l'original qui y reste, que je demeure accablé
par la vue de la différence qui existe entre ce que je fais
et ce que je voulais faire. Mais je ne veux pas vous fatiguer davantage par mon *égotisme* d'auteur, comme di-

---

1. Ce I<sup>er</sup> livre, dont parle ici M. de Tocqueville, ce sont les sept chapitres qui n'avaient point encore paru à sa mort, arrivée quinze mois
après la date de cette lettre, et qu'on trouve tels qu'il les a laissés dans
le tome VIII de la présente édition.

sent les Anglais. Le mot est bon, si la chose ne l'est point. Égotisme n'est point égoïsme; c'est moins noir. Cela signifie seulement la facilité ingénue qu'on a à fatiguer les gens en leur parlant infiniment trop longtemps de soi.

J'en étais là quand je reçois votre dernière lettre dont je vous remercie très-affectueusement. Croyez que de mon côté je ne vous ai pas oublié dans ce temps qui ramène si naturellement la pensée vers les vrais amis; et que si mes vœux pouvaient servir à quelque chose, vous seriez aussi heureux que vous méritez de l'être.

Je vois que dans les choses publiques vous ne vous laissez pas aller à l'abattement, et vous avez raison. Je suis très-loin moi-même de chanter le *De profundis* sur la société française. Seulement, je crains que nous ne soyons pas destinés à revoir le personnage bien vivant. L'histoire du passé donne peu de lumière sur les moyens de le ranimer, parce que, chez lui, les principes mêmes de la vie sont différents de ce qu'ils ont été. Jusqu'à des temps encore récents, les forces vives et agissantes de la société étaient dans les classes éclairées. Quand on avait persuadé, excité, uni celles-ci dans une même pensée, toutes les autres suivaient. Aujourd'hui, non-seulement les classes éclairées sont devenues momentanément insensibles par le mal des longues révolutions, mais elles sont réellement détrônées. Le centre de la puissance sociale, si l'on peut parler ainsi, s'est peu à peu déplacé et enfin brusquement changé. Il est aujourd'hui dans les classes qui ne lisent point, ou du moins qui ne lisent

que des journaux, quand elles lisent quelque chose; et
c'est là la raison profonde qui porte notre gouvernement
à n'enchaîner que la presse périodique. On nous laisse
crier aussi haut que nous voulons, nous autres académi-
ciens, parlant à un public académique; mais le moindre
bourdonnement d'une pensée hostile est supprimé dès
qu'on suppose qu'il peut arriver jusqu'aux oreilles du
peuple. Ne dites donc pas : Voltaire, Rousseau, etc., etc.,
ont renversé par leurs livres des pouvoirs bien plus solidement établis. Ces pouvoirs étaient plus solides, il est
vrai; mais la force qui devait les renverser était bien
plus à la portée des faiseurs de livres et mieux dans les
mains de ceux-ci. Ils étaient entourés de classes supérieures ou moyennes qui croyaient aux idées, tandis que
les mêmes classes ont maintenant le mépris et la peur
des idées quelles qu'elles soient (en tant qu'idées), et ne
songent qu'aux intérêts. Et, de plus, ces mêmes classes
supérieures et moyennes, dont l'oreille leur était si bien
ouverte, étaient maîtresses de la société. Parvenait-on à
les gagner, on avait tout fait.

Je crois, comme vous, que ces classes peuvent être de
nouveau persuadées et excitées; et je pense qu'une fois
cela fait, on exercerait par elles une assez grande quoique moindre influence sur le peuple; mais cela ne peut
se faire qu'avec une extrême lenteur, à l'aide d'une multitude de coups frappés successivement sur les esprits. Il
est assurément bon et même nécessaire de se livrer à ce
travail; et ce serait exagérer que de dire que ceux qui
s'y livrent perdent leur temps; mais ce serait exagérer

plus encore que de croire à l'efficacité considérable et au résultat prompt de leurs efforts. Pour changer vite l'esprit de la nation, il faut une instruction moins raffinée et plus à la portée des classes qui ont le pouvoir; et puisque la presse périodique n'est pas libre, il n'y a que les *faits* et non les idées qui puissent l'éclairer en peu de temps sur la nature véritable du gouvernement qui la régit. Si ce gouvernement suivait son naturel; qu'il fît dès à présent les fautes dans lesquelles à la longue les gouvernements absolus tombent toujours, la nation verrait clair tout à coup dans sa constitution; et comme, après tout, toutes les comparaisons qu'on fait de notre société avec la société romaine en décadence sont inexactes; que le gros du peuple ne forme ni une nation corrompue, ni une nation craintive, ni une nation asservie comme la canaille romaine; le jour où la lumière dont je parle se ferait, la nation jugerait. Le papier me manque. Adieu.

## A M. LE BARON HUBERT DE TOCQUEVILLE

Tocqueville, 7 février 1858.

Je voulais, mon cher ami, te remercier de ta dernière lettre qui est une de celles qui m'ont le plus intéressé. Tout ce que tu me dis de l'Allemagne est conforme à ce que j'en pensais et en savais. L'état des esprits me paraît bien observé. Je suis revenu d'Allemagne il y a trois ans et demi, convaincu que nous avions dans nos voisins d'outre-Rhin les ennemis les plus irréconciliables; et que, quels que fussent les désirs des gouvernements de s'allier à nous, les peuples entraîneraient toujours leurs chefs dans d'autres alliances. C'est là une des conséquences les plus funestes pour la France qui soit résultée du premier empire. Si tu lisais toute la littérature allemande qui précède immédiatement la Révolution française, tu serais frappé de l'attrait que les Allemands montrent alors pour tout ce qui est français et de l'espèce de dégoût qui porte une partie d'entre eux à se détacher volontiers de leur patrie naturelle pour nous prendre comme patrie adoptive. Il y a déjà parmi les écrivains une réaction contre l'esprit français; mais c'est une réaction toute littéraire. Les cœurs se tournent encore naturellement vers la France. Les premières guerres de la Révolution ne font pas disparaître ces dispositions. La guerre désole l'Allemagne; mais l'esprit français la délivre des vices de l'ancien régime, et les provinces du Rhin, malgré la violence de nos proconsuls et de nos guerres, préfèrent de beaucoup nous appartenir que de rester sous la domination de leurs anciens maîtres. C'est la longue, épuisante, et surtout méprisante oppression exercée par l'empire en Allemagne, qui l'a réunie tout entière contre nous, et a allumé dans le cœur des peuples allemands contre nous des passions qui survivent et survivront bien longtemps aux causes qui les ont fait naître. Il y a cinquante ans, nous trouvions toujours, en Allemagne, les populations les plus disposées à apprécier notre politique. Aujourd'hui nous n'y rencontrons jamais une alliée véritable, quoi que nous fassions ; et nous sommes contraints ou de nous livrer à l'Angleterre qui ne nous accepte qu'à la condition que nous la laisserons s'étendre sur toutes les parties du globe habitable, ou à la Russie, avec l'alliance de laquelle on a toujours en perspective la guerre générale. Nous avons fait nos pires ennemis de nos alliés naturels. L'animosité des Allemands contre nous ne leur permet plus même de nous comprendre. Je l'ai remarqué bien des fois. Leur vanité excessive et qui nous semble quelquefois ridicule, nous rend d'ailleurs leurs mauvais sentiments pour nous plus visibles et plus déplaisants encore. Les Anglais, qui ont autant d'orgueil et un orgueil mieux justifié, n'éprouvent point le besoin aussi continuel de nous faire sentir en quoi, suivant eux, nous ne valons rien, et en quoi eux, au contraire, sont excellents ; leur contact ne cause point cette espèce d'impatience que m'a toujours donnée la fatuité nationale des Allemands.

J'espère que tu profites de ton séjour à Berlin pour apprendre à parler la langue, et si tu as le temps pour lire beaucoup en allemand, tu te féliciteras toute ta vie d'avoir agi ainsi.

Comprends-tu quelque chose à l'état actuel des affaires du Danemark, et pourrais-tu me l'expliquer ? cela m'intéresserait.

Je crois que lady Bloomfield est la sœur de lady Clarendon (la femme du ministre des affaires étrangères à Londres). Je connais beaucoup toute la famille Clarendon, lord Clarendon lui-même, et sa sœur lady Thereza Lewis. Si tu rencontres lady Bloomfield et que tu trouves l'occasion de lui dire combien j'ai été reconnaissant de la réception que lord Clarendon et lady Thereza Lewis m'ont faite en Angleterre, et combien je t'ai parlé d'eux avec respect et affection, tu me feras plaisir.

Toutes les fois que tu as l'occasion de me raconter sur l'Allemagne ce qui s'y fait, ce qui s'y dit, ce que tu en penses, dans les limites où la discrétion diplomatique permet de le faire, je t'en serai obligé. Tout dans ce pays m'intéresse beaucoup. Adieu, mon cher enfant.

## A M. J. J. AMPÈRE

Tocqueville, 18 février 1858.

Je vous écris, mon cher ami, pour vous donner de nos nouvelles et pour vous demander des vôtres. Il y a, du reste, peu d'autres sujets qui se puissent traiter en ce moment avec sécurité. Je vous écris toujours de Tocqueville où nous sommes encore, j'imagine, pour trois semaines. Nous avons grand'peine à nous en arracher, comme vous savez. Il faudra bien finir pourtant par prendre notre grand parti. Nous allons bien. J'ai eu, comme presque toute la France, la grippe et je n'en suis pas encore débarrassé tout à fait. Nous avons eu un hiver extraordinaire pour ce pays-ci : point de neige, pas de froid, presque pas de pluie et peu de vent. Notez ce dernier point-ci. Les journaux prétendent qu'on a grand froid en Italie. Ce serait un fait récent, car votre dernière lettre me vantait encore le climat de Rome. Si les frimas en nous respectant vous ont atteint, je le regretterai pour vous qui vous laissez facilement prendre à la gorge par la bise, et aussi pour une santé à laquelle vous vous intéressez si vivement et à laquelle je m'intéresse moi-même par tout ce que vous me dites. Donnez-moi donc des nouvelles, et adressez-moi la lettre à Tocqueville. Je parierais volontiers qu'elle m'y trouvera encore et, si je n'y suis plus, la lettre me sera renvoyée immédiatement à Paris.

Vous avez vu nos deux élections académiques. Est-ce ainsi que vous auriez voté? Je n'ai pu me rendre à l'Académie, et j'en ai été très-contrarié. Car, autant que possible, il faut remplir les petits comme les grands devoirs, et quand on a l'avantage d'être d'un corps, supporter les charges qui en résultent. Mais j'étais obligé de me retrouver ici à la fin de ce mois, et deux longs voyages de cette espèce en plein hiver ont surpassé les forces de ma vertu. Je suis donc resté, mais me promettant bien que cela ne m'arriverait plus à partir du moment très-prochain où notre chemin de fer serait établi. On nous l'annonce pour juillet. Comme il y avait un très-grand nombre de candidats et qu'on ne savait pas pour qui je votais, je n'ai point été fort sollicité de revenir.

On a eu de grandes émotions à Paris depuis que je vous ai écrit : d'abord l'odieux attentat qui a coûté tant de victimes ; puis la nouvelle loi de sûreté générale qui a excité, à qu'il paraît, une terreur extraordinaire et

ume colère qui ne l'était pas moins. Je conçois le second
de ces sentiments ; car il est triste, après avoir fait tant
de révolutions au nom de la liberté, de voir apparaître
des dispositions comme celles que la loi contient. Mais
quant à la terreur, j'avoue que je ne l'ai jamais partagée.
L'homme qui conduit les affaires a trop de sens pour
vouloir faire de la violence sans nécessité. Or, une fois
le premier mouvement de terreur et d'irritation passé,
j'étais convaincu qu'il comprendrait que cette nécessité
n'existait pas, et qu'il n'y avait quant à présent aucun
danger sérieux à craindre pour lui. J'ai donc pensé et
je pense encore que la loi est une arme terrible qu'on
laissera à moitié dans le fourreau pour le moment, et
qu'on n'en fera guère usage que contre des adversaires
obscurs, qui en sentiront le poids le plus lourd. Mais il
faut reconnaître que depuis le Directoire on n'a jamais
forgé un plus complet et plus efficace instrument de tyrannie ; et nous nous en apercevrons, si les circonstances
ou le maître changent.

J'ai fini tout le travail que je puis faire à Tocqueville,
cela ne veut pas dire grand'chose ; et je serais honteux
et découragé en me voyant encore si peu avancé dans
mon œuvre, sans la conviction où je suis que je vais
marcher plus vite maintenant. Je suis sorti de la région
des ombres où j'ai tâtonné bien longtemps ; je vois à
présent mon chemin. Je sais où est le but que je vais
toucher et je me trouve en train d'y marcher. A peine à
Paris, je vais me jeter dans les archives et les bibliothèques et j'espère y recueillir des matériaux qui me per-

mettront de pousser la rédaction assez loin à mon retour.

Que dites-vous de votre ancien ami et de ce mélange, sans nom, de bassesse et de calomnie qui le porte à vouloir reporter sur les écrivains, notamment sur ceux qui flétrissent l'Empire romain, une sorte de responsabilité de l'attentat? Voilà un drôle complet auquel il ne manque rien.

*P. S.* Le sujet d'Alexandre est beau, mais plus difficile que César. Alexandre est derrière un nuage ; César nous est connu par tant de documents qu'on peut le faire vivre devant nous. Courage et surtout venez nous voir quand vous pourrez.

### A M. G. DE BEAUMONT

Tocqueville, 27 février 1858.

Je ne saurais vous dire, mon cher ami, combien votre dernière lettre m'a intéressé, et à quel point je suis de votre avis dans la plupart des choses que vous me dites, entre autres choses sur le prix de la liberté. Comme vous, je n'ai jamais été plus profondément convaincu qu'elle seule peut donner aux sociétés humaines en général et aux individus qui les composent en particulier, toute la prospérité et toute la grandeur dont notre espèce est capable. Chaque jour me confirme davantage dans cette croyance ; mes observations, à mesure que je vis, les souvenirs de l'histoire, les faits contemporains, les nations étrangères, la nôtre, tout concourt à donner à ces opinions de notre jeunesse le caractère d'une conviction absolue. Que la liberté soit la condition nécessaire sans laquelle il n'y a jamais eu de nation véritablement grande et virile, cela pour moi est l'évidence même. J'ai sur ce point la foi que je voudrais bien avoir sur beaucoup d'autres. Mais qu'il est difficile d'établir solidement la liberté chez les peuples qui en ont perdu l'usage et jusqu'à la notion juste ! Quelle impuissance que celle des institutions quand les idées et les mœurs ne les nourrissent point ! J'ai toujours cru que l'entreprise de faire de la France une nation libre (dans le sens vrai du mot), cette entreprise à laquelle pour notre petite part nous avons consacré notre vie, j'ai toujours cru, dis-je, que cette entreprise était belle et téméraire. Je la trouve chaque jour plus téméraire, mais en même temps plus belle. De sorte que si je pouvais renaître, j'aimerais encore mieux me risquer tout entier dans cette hasardeuse aventure que de plier sous la nécessité de servir. D'autres seront-ils plus heureux que nous ne l'avons été ? Je l'ignore ; mais je me demande si de nos jours nous verrons en France une société libre, du moins ce que nous entendons par ce mot. Cela ne voudrait pas dire que nous n'y verrons pas des révolutions. Il n'y a rien d'assis, croyez-le. Une circonstance imprévue, un tour nouveau donné aux affaires, un accident quelconque peuvent amener des événements extraordinaires qui forcent chacun à sortir de sa retraite. C'est à cela que je faisais allusion dans ma dernière lettre et non à l'établissement d'une liberté régulière. Ce qui me fait craindre que rien d'ici à longtemps ne puisse nous rendre libres, c'est que nous n'avons pas sérieusement envie de l'être... Ce n'est pas que je sois du nombre de ceux qui disent que nous sommes une nation décrépite et corrompue, destinée à tout jamais à la servitude. Ceux qui, dans cette vue, montrent les vices de l'empire romain, et ceux qui se complaisent dans l'idée que nous allons en reproduire en petit l'image, tous ces gens-là, suivant moi, vivent dans les livres, et non dans la réalité de leur temps. Nous ne sommes pas une nation décrépite, mais une nation fatiguée et effrayée de l'anarchie. Nous manquons de la notion saine et haute de la liberté; mais nous valons mieux que notre destinée actuelle. Nous ne sommes pas encore mûrs pour l'établissement définitif et régulier du despotisme; et le gouvernement s'en appercevra s'il se fonde jamais assez solidement pour décourager les conspirations, faire mettre bas les armes aux partis anarchiques, et les dompter au point qu'ils semblent disparaître de la scène. Il sera alors tout étonné, au milieu de son triomphe, de trouver une couche de frondeurs et d'opposants sous la couche épaisse de serviteurs qui semblent aujourd'hui couvrir tout le sol de la France. Je pense quelquefois que la seule chance de voir renaître en France le goût vif de la liberté est dans l'établissement tranquille et en apparence définitif du pouvoir absolu. Voyez le mécanisme de toutes nos révolutions; on peut aujourd'hui le décrire très-exactement. L'expérience de ces soixante-dix dernières années a prouvé que le peuple *seul* ne peut faire une révolution ; tant que cet élément nécessaire des révolutions est isolé, il est impuissant. Il ne devient irrésistible qu'au moment où une partie des classes éclairées vient s'y joindre ; et celles-ci ne lui prêtent leur appui moral ou leur coopération matérielle qu'au moment où elles n'ont plus peur de lui. De là vient que c'est au moment même où chacun de nos gouvernements depuis plus de soixante ans a paru le plus fort qu'il a commencé à être atteint de la maladie qui l'a fait périr. La Restauration a commencé à mourir le jour où personne ne parlait plus de la tuer : ainsi le gouvernement de Juillet. Je crois qu'il en sera de même du gouvernement actuel. Paul dira un jour si je me trompe. . . . . . . . . . . . . .

. . . . . Je vous recommande particulièrement l'article de la *Revue d'Édimbourg* sur l'Inde : il est de Reeve. Je ne connais rien qui donne en si peu de mots autant de notions justes et importantes sur ce pays. Le même numéro contient un article très-intéressant sur Pitt ; il est de sir G. C. Lewis. . . . . . . . . . .

A MONSEIGNEUR \*\*\*, ÉVÊQUE DE …

Tocqueville, 4 mars 1858.

Monseigneur,

Je viens de recevoir l'Instruction pastorale que vous avez bien voulu m'adresser.

J'ai été très-touché que vous ayez bien voulu vous souvenir de moi dans cette circonstance. Veuillez agréer l'expression de ma vive reconnaissance. Je vous ai lu, monseigneur; je vous ai admiré. J'ai admiré cette abondance de la parole qui n'ôte rien à la précision de l'idée; l'éclat du langage; la force de la pensée que les richesses de l'expression ornent et n'énervent point. J'ai reconnu, en un mot, les dons particuliers de votre éloquence, de cette éloquence qui pénètre dans l'esprit et touche le cœur.

En même temps que je vous exprime avec une parfaite sincérité ces sentiments que la lecture de votre Mandement m'a inspirés, me permettrez-vous, monseigneur, de vous soumettre, avec toute la défiance que je dois avoir en moi-même quand je vous parle, une observation critique. Elle se rapporte à ce paragraphe du Mandement, page 31, où vous parlez de l'*Envoyé du Très-Haut, Celui que sa grâce a choisi, ce Ministre des divins Conseils*, etc. Il m'a paru que ces paroles impliquaient une sorte de consécration au nom de la religion; et j'avoue avec candeur que venant d'un homme tel que vous, elles m'ont ému. Je ne veux point, assurément, entrer dans une discussion politique. Je me suppose ami des institutions actuelles (ce que je confesse que je ne suis point), et, partant de cette donnée même, je me demande s'il n'y a pas quelque danger pour la religion à prendre parti pour le pouvoir nouveau et à le recommander en pareils termes au nom de Dieu. J'ai vu, de mon temps même, l'Église mêler aussi sa cause à celle du premier empereur; je l'ai vue de même couvrir de sa parole la Restauration; et il ne m'a pas semblé qu'elle eût profité de cette conduite. Dans un pays en révolution comme le nôtre, les jugements qui sont portés sur le pouvoir du moment ne sauraient être unanimes. Dans ces temps malheureux, on ne blâme pas seulement les actes du gouvernement; on conteste sa moralité, ses droits. Il y a encore aujourd'hui, en France, un grand nombre d'hommes qui regardent comme un acte de conscience de ne point reconnaître le nouveau pouvoir. Je crois qu'on ne saurait nier que parmi ceux-là il ne s'en trouve plusieurs qui par l'étendue de leurs lumières, l'honnêteté de leur vie, souvent par la sincérité de leur foi, sont les alliés naturels de l'Église; je dirais ses alliés nécessaires, si la religion n'avait sa principale force en elle-même.

Parmi ceux mêmes qui approuvent la marche actuelle du pouvoir, combien peu ont honoré ses débuts et ses premiers actes? . . . . . . . . . . .

Ces actes peuvent être excusés et même approuvés par la politique; mais la morale universelle ne les réprouve-t-elle pas? Ceux qui ont présents ces souvenirs si récents de notre histoire, n'éprouvent-ils pas un trouble douloureux au fond de leur âme et une sorte d'ébranlement de leur croyance, en entendant les voix les plus autorisées couvrir de pareils actes au nom de la morale éternelle?

Voilà du moins, monseigneur, le doute que je me permets de vous soumettre, en faisant appel à votre indulgence en faveur d'un homme qui professe pour vous autant de respect que d'attachement.

## A MADAME LA COMTESSE DE CIRCOURT

Tocqueville, 5 mars 1858.

Je vous aurais remercié beaucoup plus tôt, madame, de votre lettre et de l'envoi du discours de M. Beulé, si je n'avais été constamment indisposé depuis quinze jours. J'avais eu, comme tout le monde, la grippe; elle était passée à peu près. Le mauvais temps qu'il fait en cette saison l'a rappelée et, comme d'ordinaire, la rechute a été plus fâcheuse que la maladie originaire. Je n'ai point eu de fièvre cependant, mais beaucoup de malaise; l'obligation de renoncer à ma vie active est un grand ennui : petites misères qui disposent mal à la correspondance. Il n'y a que vous, madame, qui sachiez souffrir sans que vos amis s'en aperçoivent. Je vous envie ce don comme beaucoup d'autres.

Ce que vous me dites de votre santé, madame, me fait grand plaisir. J'espère dans la chirurgie : c'est une science qui n'a rien de conjectural, et vos maux me semblent de son ressort. J'espère donc que les premières nouvelles m'apprendront que vous allez mieux, et que bientôt je pourrai vérifier par moi-même leur exactitude. Il me tarde d'être à Paris; mes travaux eux-mêmes l'exigent; mais je ne veux point me mettre en route tant que la température ne sera pas changée.

J'ai lu avec beaucoup d'approbation le discours de M. Beulé. On y découvre le sentiment vrai du beau véritable, et, par conséquent, une grande censure de tout ce qui se fait aujourd'hui en beaux-arts. Je voudrais croire que les théories de M. Beulé persuaderont les peintres, les sculpteurs et les architectes; mais j'ai bien peur qu'il n'en soit pas ainsi. Je ne crois pas que la haute inspiration dans les arts soit un don isolé; elle tient à l'état général des idées et des sentiments, du moins dans une grande mesure. Quand l'élan manque en toutes choses (excepté en affaires d'argent), il est bien difficile qu'il se retrouve quand il s'agit de statues et de tableaux; mais si de pareilles doctrines ne sont pas aussi efficaces que je le voudrais, elles me paraissent du moins très-belles. On doit être un moment consolé de trouver dans les paroles du professeur l'idéal qu'on ne rencontre plus dans les œuvres des artistes; et la lecture de son discours m'a confirmé dans le désir que j'avais déjà d'assister à son cours. Je n'apporte dans les matières qui l'occupent que des instincts vagues; mais ils sont vifs.

## A M. G. DE BEAUMONT

Tocqueville, 23 mars 1859.

Mon cher ami, l'autre jour, me trouvant quelque loisir, j'ai imaginé de lire sérieusement (je n'avais fait jusqu'ici qu'y jeter les yeux) l'*Histoire de Grèce*, par Grote. Malgré le juste effroi que doivent causer douze gros volumes, je crois que ce livre, si vous l'aviez dans les mains, vous intéresserait comme il m'intéresse. L'auteur

commet la faute, qu'il eût évitée avec plus d'art, de traiter avec autant de soin et de mettre aussi en relief les
parties secondaires de son œuvre que les principales. Il
faut le lire dans un autre esprit; parcourir vite ou même
passer les détails d'un intérêt moindre; mais s'arrêter
à ce qui frappe. Quand on agit ainsi, on est étonné
d'apercevoir une autre antiquité que celle de Rollin, et
de reconnaître nos idées, nos passions, nos institutions,
nos mœurs dans ces sociétés qui paraissent si éloignées
de nous et si différentes. Ce qu'il y a de fondamental, de
permanent, de pareil dans toute l'humanité, quel que soit
le temps, saute aux yeux; et dans l'humanité, en général, ce que nous tenons de la civilisation grecque paraît
bien plus grand que je ne le supposais. Je ne crois pas qu'il
y ait une seule des opinions, qui ont agité nos esprits, qui
n'ait été exposée et débattue déjà par ces gens qui paraissent, au premier abord, nous ressembler si peu. L'ouvrage de Grote restera. Il ne laissera, je crois, presque
rien à dire sur le sujet qu'il traite.

Je suis très-frappé de la supériorité qu'ont les œuvres
de l'esprit en Angleterre, comparées à ce qui s'écrit ailleurs. Les Allemands, par exemple, mettent de la conscience et de la gravité dans leurs travaux; mais les auteurs, étant presque tous seulement hommes d'études,
ne donnent jamais une connaissance efficace des choses humaines. Dans tout ce qu'écrivent les Anglais,
non-seulement il y a quelque chose à apprendre et à
retenir, mais ce quelque chose peut toujours servir au
gouvernement de ce monde.

## A M. LE BARON HUBERT DE TOCQUEVILLE

Paris, 4 avril 1858.

Je t'écris à la hâte deux mots, mon cher ami, pour t'accuser réception de ta lettre du 28 mars, qui vient de m'être renvoyée de Tocqueville.

J'ai laissé Tocqueville mercredi dernier. J'ai toujours peine à me remettre en pleine santé; cette maudite grippe m'a fort ébranlé. J'ai pourtant besoin de me bien porter en ce moment; car mon séjour ici doit être occupé par de grands travaux de recherches qui exigent l'usage de toutes les forces de l'esprit et même du corps. L'un n'est guère alerte quand l'autre est languissant. . . . .

Merci des détails que tu me donnes sur l'état actuel du gouvernement libéral en Prusse. Ta lettre m'a causé un grand plaisir. Il est très à désirer que les Prussiens débutent dans cette carrière avec prudence et modestie. Rien ne presse d'attirer outre mesure l'attention du continent sur leurs institutions nouvelles, ni de faire naître les agitations inséparables de l'usage de la lib té politique sur le terrain des passions. Toute la question est de savoir si cette liberté limitée est assez grande et efficace pour faire sentir à la nation qu'elle prend part à ses affaires et qu'elle s'en trouve bien. Tu juges qu'il en est ainsi. Cela étant, les choses marchent pour le mieux et de la façon la plus propre à enraciner les nouvelles institutions et à leur faire porter plus tôt tous leurs fruits.

Les Prussiens sont bien heureux de n'avoir point eu de révolution.

Tu réponds à mes questions sur le pays que tu habites d'une façon assez intéressante pour que je t'en adresse encore. Celle d'aujourd'hui est la grande question de notre temps : le rapport des classes. Aperçois-tu déjà en Prusse quelle est la position de l'ancienne noblesse? ce qui peut devenir et est déjà une aristocratie proprement dite? quel est l'élément démocratique et sa force? où marchent et comment marchent l'*opinion* et les *faits* relativement à ces matières? Je sais qu'il faudrait plusieurs années pour étudier à fond un pays du côté que je t'indique; mais je suis sûr que pour un homme public il n'y a pas de plus grandes questions à étudier que celles-là. Je ne te demande pas des idées bien mûries, mais celles que tes premières impressions du pays te suggèrent.

*P. S.* Je suis extrêmement touché de la lettre de M. de Humboldt; exprime-le très-vivement à cet illustre vieillard. J'apprends aussi avec plaisir tes rapports avec les Savigny.

## A M. LE BARON HUBERT DE TOCQUEVILLE

Tocqueville, 27 mai 1858.

En vérité, mon cher ami, il y a longtemps que j'aurais dû te remercier de ta lettre de la fin du mois der-

nier. Cette lettre m'a très-intéressé; et, après l'avoir lue
avec curiosité et profit, je la garde comme un renseignement fort utile sur le pays que tu habites. Une correspondance de cette espèce ne pourrait que te faire honneur, si elle était connue. Ce que tu dis est vraisemblable,
et tu n'as pas la prétention d'avoir saisi toute la vérité,
dans un séjour de quelques mois, sur un pays si différent
du nôtre. Cette dernière manière est celle des voyageurs
et, en particulier, des Français. Je te félicite d'avoir bien
aperçu et jugé ce que tu peux déjà apercevoir, et de
t'être arrêté prudemment là où l'horizon s'étendait encore trop loin.

Ma femme a reçu de toi, il y a peu de jours, une lettre
qui lui a été très-agréable et dont elle te remercie. L'un
et l'autre nous sommes occupés de toi, et dans un grand
désir de te voir rencontrer une bonne et aimable femme
en état de te comprendre et de te rendre heureux. Personne
ne sait mieux que nous qu'il n'y a de vrai bonheur
dans ce monde que par l'union intime d'un bon ménage.
Il n'y a rien de plus rare et de moins romanesque que
ce roman-là. Je crois qu'il est à la portée bien plus souvent qu'on ne se l'imagine. S'il arrive que si peu de gens
le réalisent, c'est qu'il est assez rare, quoi qu'on dise,
qu'on attache un véritable prix à le réaliser. On fait d'ordinaire, après tout, en cette matière, ce qu'on a voulu
principalement faire. On a voulu associer des fortunes
et des positions, non des âmes et des intelligences.
On jouit de l'union des premières au milieu de la désu-
nion des autres. A qui la faute? Ce n'est pas comme la

foule que tu raisonnes en fait de mariage, et j'ai l'espérance que ton sort sera dans la catégorie de celui du
petit nombre. . . . . . . . . . . .

## A M. HENRY REEVE, ESQ.

Tocqueville, 16 juin 1858.

Il y a longtemps, mon cher ami, que je veux vous
écrire ; j'en suis empêché par l'incertitude où je suis de
l'emploi de mon été dont, pourtant, je voudrais vous
rendre compte à l'avance. Cette incertitude continue.
Cependant il y a un point qui paraît bien arrêté et que
je veux vous signaler. Il est à peu près certain que je serai ici à l'époque du voyage impérial. Ce voyage, qui
était fixé au 24 juillet, est ajourné jusqu'au 7 août. Tout
annonce qu'il se fera certainement à cette époque-là.
Plusieurs de nos amis particuliers m'ont écrit, comme
vous avez fait vous-même, pour m'annoncer qu'ils choi-
siraient ce moment pour me venir voir. Cela achève de
me déterminer à rester chez moi, quelque désagréable
que puisse être le voisinage des pompes officielles. Vous
annoncer que je reste ici, c'est assez vous dire combien
nous serons heureux que vous y veniez. Permettez-moi
seulement de vous prier de garder pour vous seul ce
que je vous dis de ma présence en ce pays pour ce moment-là. Vous connaissez Tocqueville. Trois amis suffisent pour en occuper tout l'espace et je ne voudrais pas
avoir le désagrément de ne savoir où mettre ceux qui

voudraient bien me visiter. Quant à un vieil et intime ami comme vous, on n'a pas à craindre la sévérité de ses jugements ; on est sûr de son indulgence. Venez donc. Il est probable que vous trouverez ici Rivet, Lanjuinais, Beaumont, peut-être Corcelle ; tous gens que vous connaissez, je crois, et qui seront heureux de se rencontrer avec vous, je puis en répondre. Pour nous, je n'ai pas besoin de vous dire si vous nous ferez plaisir.

Si vous avez en votre possession le volume de Buckle, dont on parle, je vous serais obligé de l'apporter en venant ici. Je serais bien aise de le parcourir. Mais si vous ne l'avez pas, il ne faut pas l'acheter pour moi. Avant de faire cette acquisition, je veux être plus sûr que je ne le suis encore du mérite de cette œuvre. J'en avais entendu parler avec grands éloges aux Senior durant leur séjour à Paris. Votre revue d'avril en a fait le sujet d'un examen très-intéressant et très-approfondi, à ce qu'il me semble. Ce qui me frappe le plus jusqu'à présent dans cet ouvrage, c'est l'esprit dans lequel il est écrit. Il paraît sans cesse sur le continent des livres qui ont pour but ou qui pourraient avoir pour effet de restreindre ou d'annuler l'idée de la liberté humaine. Les Allemands notamment s'efforcent de leur mieux de prouver qu'il en est des hommes comme des chevaux, et qu'il suffit de substituer un sang à un autre pour donner d'autres sensations et d'autres idées. Il a paru dernièrement en France un gros livre en quatre volumes qui nous fait part de ces belles découvertes. M. Buckle, avec un point de vue différent, me paraît appartenir à la même école. Cette fois ce n'est pas la race qui tyrannise la volonté humaine, ce sont certains faits antérieurs et précédents. Des deux pentes on aboutit à la *machine*. Que de pareils symptômes aient une certaine faveur sur le continent où règne une réaction violente contre la liberté, cela ne m'étonne pas ; nous avons la philosophie de nos institutions ; mais qu'un livre qui a cette tendance ait une grande vogue en Angleterre, cela m'étonne et m'afflige un peu.

### A MADAME LA COMTESSE DE CIRCOURT

Tocqueville, 23 juin 1858.

Je voulais répondre, il y a longtemps, à votre lettre du mois dernier, Madame. Mais j'en ai été empêché par une indisposition assez violente qui, depuis plus de trois semaines, me rend toute occupation difficile. Je commence seulement à aller mieux, et j'en profite pour vous remercier en quelques mots de votre souvenir.

J'espère que vous êtes établie aux Bruyères depuis près d'un mois et que vous avez ainsi échappé à la chaleur de Paris, la pire de toutes les chaleurs qui puissent tourmenter les malades et gêner les bien portants. Si vous étiez restée au milieu de cet immense four, je vous aurais plainte de tout mon cœur et j'aurais été fort inquiet pour vous. Mais le bon air qu'on respire sur vos collines me rassure. La brise de notre océan nous

vient aussi fort en aide ; et il est vraiment ridicule de
ne se pas bien porter quand on habite un aussi beau
pays par un si beau temps. J'imagine que vous jouissez
de votre situation actuelle, et qu'elle a un effet salutaire
sur ce mal sans nom qui vous fait encore tant souffrir.
Je suis sûr que vous avez aussi éprouvé un véritable soulagement en vous retrouvant dans votre solitude. Le
monde avait pénétré dans votre chambre de malade. Il
tourbillonnait autour de votre fauteuil d'une façon qui
a dû souvent vous étourdir et quelquefois vous ennuyer ;
or, l'ennui pour les gens d'esprit, c'est presque une seconde maladie ajoutée à la première. Je m'attends donc
à entendre dire que votre séjour à la campagne hâte
d'une manière très-sensible votre guérison. Je le souhaite surtout.

M. de Circourt, tout en courant à travers la Suisse,
m'a écrit une lettre qui m'a fort intéressé. . . .

. . . . . . .

Je n'ai point de nouvelles de madame de Rauzan
depuis un mois. . . . . . . . . . .

L'ouverture de notre chemin de fer est remise au
7 août. . . . . . . . . . .
Vous savez qu'à la même époque on fait entrer la mer
dans une vallée grande comme le Carrousel et une
partie de la place Louis XV, creusée à cinquante pieds
dans le roc et qu'on nomme le grand bassin ; ne vous
montez pas trop l'imagination sur l'effet que produira
l'entrée du grand Océan dans cette ornière. C'est encore
là une de ces choses qu'il vaut mieux se figurer que

voir. (Combien y en a-t-il de pareilles en ce monde!) La
digue qui ferme le bassin du côté de la mer ne peut être
abaissée tout à coup. L'eau n'entre que peu à peu par
une cascade qui ressemble à celle d'un gros moulin.
Nous nous en tiendrons, si vous m'en croyez, à la chute
du Niagara. C'est là ce qu'il faut aller voir. Que n'êtes-
vous en état de faire ce voyage, à la condition pourtant
de ne pas l'entreprendre, mais de rester au milieu de vos
amis. Adieu, madame...

## A M. LE BARON HUBERT DE TOCQUEVILLE

Tocqueville, 28 juillet 1858.

Je suis bien en retard avec toi, mon cher ami, car
voilà plus d'un mois que je te dois une réponse. Mais
ma vie laisse peu de nouveau à dire, et l'état de ma
santé qui, sans être précisément mauvais, n'a jamais été
bon depuis longtemps, m'ôte un peu le goût d'écrire.
Ta dernière lettre et le récit de ton voyage nous ont fort
intéressés. Je dis nous : car Hippolyte était ici quand je
l'ai reçue et je lui ai lu ainsi qu'à ma femme ce que tu
me racontais de tes excursions. Parmi toutes les choses
qui me plaisaient dans ton récit, la bonne camaraderie
qui a existé entre toi et tes compagnons n'est pas ce qui
m'a été le moins agréable à apprendre. J'aime toujours
à te voir de ces rapports de *bon compagnon* avec les
hommes de ton âge, ou qui n'en sont pas éloignés. La
faculté de se lier superficiellement, mais avec un grand

nombre de personnes; d'entrer dans leurs goûts pour un temps; de se plaire dans leur compagnie sans pour cela avoir souvent une très-grande idée d'eux; de prendre enfin les hommes comme ils se présentent et de savoir par des manières liantes en tirer parti; cette faculté, qui n'est pas assurément au premier rang dans l'échelle de la valeur morale, est, pourtant, l'une des plus nécessaires au succès. Elle supplée quelquefois à un grand mérite, et est d'un singulier secours au grand mérite lui-même. Je crois la posséder assez bien aujourd'hui, mais je ne l'avais point du tout dans ma jeunesse. J'étais alors fort difficile en fait de compagnie, très-exclusif; j'avais besoin de me livrer entièrement ou point du tout. Je m'éloignais de tout ce qui ne me paraissait pas excellent; et quoique de naturel très-sociable, il y avait très-peu d'hommes avec lesquels j'eusse le moindre goût à faire société. Rien ne m'a plus nui que ce défaut-là et ne m'a plus empêché, au début de ma vie publique, de me créer un voisinage bienveillant et d'exercer sur les hommes qui m'entouraient l'influence utile que mes excellentes intentions auraient pu me donner. Ce n'est qu'à la longue que j'ai pu vaincre l'instinct dont je parle, et apprendre à me mêler à toute sorte de gens, à accorder des *portions* de confiance suivant le mérite des personnes, à m'arranger des gens dont les bonnes qualités étaient souvent entourées de grands défauts, et à devenir, en un mot, un bon enfant sans cesser d'être un brave homme. Je t'engage à faire attention à cette partie de mon expérience pratique.

Tout ce pays-ci est en l'air à cause des fêtes qui vont avoir lieu à Cherbourg. On ouvre notre chemin de fer. On fait entrer la mer dans notre grand bassin. On lance deux ou trois grands vaisseaux de guerre, le tout en présence de plusieurs très-puissantes majestés. Toute la France et toute l'Angleterre se donnent rendez-vous sur la presqu'île. Quant à moi, je ne verrai point toutes ces belles choses, ou ne les verrai que de loin. Je n'ai pas besoin de t'en dire la raison. Adieu, cher ami, ne tarde pas à me donner de tes nouvelles et crois à mon tendre attachement.

## A M. J. J. AMPÈRE

Tocqueville, 4 août 1858.

Je commence, cher ami, à être un peu chagrin et même inquiet de ne pas entendre parler de vous. Un si long silence n'est pas dans vos habitudes. Je crains qu'il ne soit motivé par l'état plus grave d'une santé qui vous est chère, mais cela même ne devrait pas vous empêcher de nous écrire : car vous devez savoir avec quelle sympathie nous prenons part à tout ce qui vous touche. J'ai écrit à Paris à l'ami Loménie pour savoir ce que vous deveniez. Il ne me paraît pas le savoir mieux que moi. Je vous aurais écrit à vous-même depuis longtemps si j'avais été sûr que ma lettre vous trouvât à Rome. Mais il me paraît bien difficile que vos amis y aient affronté la canicule, et j'ignore où ils sont. Je me détermine ce-

pendant à vous envoyer cette lettre à Rome, espérant
que si vous n'êtes pas dans cette ville il s'y trouve du
moins quelqu'un qui s'y charge de vous faire parvenir
votre correspondance. Seulement vous me permettrez
de n'écrire que quelques mots, puisque je ne suis pas
sûr que ma lettre vous parvienne. Donnez-moi le plus
tôt possible de vos nouvelles.

Voici des nôtres : Nous allons passablement. Nous
avons avec nous les Beaumont et Rivet, ce qui nous
charme. Mais nous avons à côté de nous tout le tinta-
marre des réceptions impériales de Cherbourg, ce qui
nous ennuie fort. L'Empereur avec toute sa suite vient
aujourd'hui même ouvrir le chemin de fer. A l'heure
qu'il est, notre évêque jette un peu d'eau bénite sur le
chemin, et lance tout le goupillon à la tête de Sa Majesté.
Demain la reine d'Angleterre arrive : beaucoup de coups
de canon dont le bruit pénétrera jusque dans ma solitude; beaucoup de fumée; beaucoup de bruit qui ne
changeront rien à la réalité des choses; sentiments venant du fond du cœur, néant. Mon couvreur, qui est un
vieux soldat de l'Empire, me disait hier : «Monsieur, le
garde champêtre est venu me dire qu'il serait bon de
me trouver demain sur le passage de l'Empereur en
habit de dimanche. Cherbourg est loin; j'ai fort à faire
chez moi. Cette course me dérange beaucoup. Mais ne
croyez-vous pas que je me compromettrais en n'y allant
pas?» Voilà l'enthousiasme dans sa nudité.

`A M. HENRY REEVE, ESQ.

Tocqueville, 13 août 1858.

Mon cher ami, j'ai beaucoup regretté que vous ne soyez pas venu voir de Tocqueville les fêtes de Cherbourg. M. et madame de Beaumont, qui étaient ici, ont particulièrement regretté votre absence et m'ont chargé de vous le dire. J'ai su que pendant ce temps-là vous donniez le plus beau et le plus agréable dîner du monde à M. Guizot, qui est très-content, me dit-on, de sa tournée en Angleterre. Milnes [1] a profité de la fin des fêtes de Cherbourg auxquelles il était venu assister avec la Chambre des communes (comme on dit dans les journaux de la localité) pour nous faire une visite. Il a amené avec lui M. Arthur Russell, que je ne connaissais point auparavant, mais que nous avons trouvé un jeune homme très-instruit, très-bien élevé, et en somme de la compagnie la plus agréable. Je ne sais si vous le connaissez. Je crains que ces messieurs ne se soient pas trouvés trop bien logés. Mais, comme dit le proverbe, la plus belle femme du monde ne peut donner que ce qu'elle a.

Je vous avoue que je ne trouve pas que ce qui se passe en Angleterre soit de nature à relever la cause du gouvernement représentatif sur le continent. Un ministère qui gouverne par la tolérance de ses ennemis les plus naturels et qui est obligé de faire constamment aux af-

---

[1] Aujourd'hui lord Houghton.

faires le contraire de ce qu'il a dit dans l'opposition, voilà un spectacle qui n'est pas favorable à la moralité des institutions sous l'empire desquelles il peut se produire. Ce sont des scènes semblables qui, en France, ont porté la nation à croire que le gouvernement parlementaire n'était qu'un instrument à l'usage de quelques ambitions privées et se bornait à un simple jeu d'adresse, auquel se livraient quelques joueurs privilégiés, en présence d'un peuple à peu près désintéressé dans le sort de la partie. Heureusement que cet admirable gouvernement a parmi vous assez de racines dans toutes les mœurs et toutes les idées de la nation pour qu'une impression passagère ne puisse y détruire le sentiment permanent de son utilité. Si le ministère, dans son ensemble, me paraît jouer un assez misérable rôle, il y a un ministre qui me semble s'être fort distingué et avoir de l'avenir : c'est ce jeune homme que j'ai rencontré chez vous, je crois, sans pouvoir lui parler, lord Stanley. Je l'ai vu également à déjeuner chez lord Macaulay. Les circonstances m'ont encore empêché d'avoir avec lui ce jour-là autre chose qu'une conversation d'un moment. Je le regrette beaucoup. Tout ce que je vois de lui annonce une grande distinction.

Il y a dans la dernière revue que vous avez bien voulu m'envoyer, indépendamment d'une continuation des articles à mon avis très-remarquables sur M. Thiers, un article sur Béranger, qui témoigne une grande connaissance de la France et contient des jugements très-fins et très-justes sur cet homme que les circonstances avaient longtemps élevé au-dessus de son niveau véritable et que la mort a si vite remis à sa place. Peut-on savoir le nom de l'auteur?

Devez-vous toujours aller passer octobre et novembre en Italie? Si votre chemin vous conduit à Paris dans le courant d'octobre, n'oubliez pas de demander si j'y suis. Je compte, en effet, passer une partie du mois prochain et celui d'octobre à Paris. Mes souvenirs affectueux à madame Reeve. Croyez à ma bien sincère amitié.

## A M. BECKWITH

Tocqueville, 7 septembre 1858.

Cher monsieur Beckwith, vous nous avez écrit les lettres les plus intéressantes. Celle qui m'est adressée, datée de la fin de juin dernier, m'a donné autant de plaisir qu'elle m'a procuré d'instruction. Quoiqu'elle fût longue, j'ai trouvé qu'elle finissait beaucoup trop tôt, et j'avais peine à me consoler que vous n'eussiez pas eu le temps de me parler plus longuement encore de l'étrange pays que vous habitez. Si vous saviez le plaisir que me causent vos lettres, vous consentiriez à prendre, de temps à autre, quelques moments sur les occupations qui vous accablent, pour nous écrire. C'est une bonne fortune de voir un peuple si étrange jugé par un observateur d'un esprit aussi pénétrant et aussi original. N'en restez pas là, je vous prie, de votre correspondance; nous vous le demandons très-instamment. Au moment où je vous écris, on a en Europe la connaissance officielle du traité de paix qui vient d'être signé entre toutes les puissances chrétiennes et le Fils du Ciel. Les conditions m'en paraissent favorables; et, si elles sont fidèlement exécutées, la Chine va se trouver bien plus ouverte aux regards de l'Europe qu'elle ne l'a encore été. Mais ce traité recevra-t-il une exécution effective? C'est ce dont je doute encore, surtout une exécution permanente. Je suppose qu'on se soumettra d'abord à en exécuter les clauses; mais je pense qu'on ne tardera pas à tenter d'y échapper par toutes sortes de subterfuges. Je serais bien curieux de savoir ce que vous pensez des effets probables qui doivent résulter des événements qui viennent de se passer.

Rien ne m'a plus surpris que ce que vous me racontez de la probité presque chevaleresque des Chinois en matière de commerce. Les faits que vous me citez sont décisifs, et en désaccord cependant avec l'opinion commune de l'Europe, qui est que les Chinois sont aussi fourbes qu'intelligents. C'est une preuve de plus qu'il n'y a rien de plus sujet à erreur que l'opinion commune. Un bon observateur isolé a en réalité plus de poids sur mon esprit que mille témoignages superficiels ou intéressés de gens qui se répètent les uns les autres.

Une autre opinion très-générale, et sur laquelle je serais très-curieux d'avoir votre avis, est celle qui se rapporte aux croyances religieuses des Chinois. Tous ceux qui reviennent de la Chine, principalement les missionnaires, assurent que la Chine est le pays du monde où la religion proprement dite existe le moins dans toutes les classes éclairées et se rapproche le plus d'une pure philosophie. Suivant eux, la religion de Bouddha n'a d'adhérents ardents et convaincus que dans la dernière classe du peuple, où même elle est en décadence, ainsi qu'on peut s'en apercevoir par le grand nombre de temples qui tombent en ruines. Au-dessus du peuple, le sentiment religieux, du moins celui qui s'attache à une religion positive, est même comme inconnu. Les mêmes personnes ajoutent que de tous les hommes, les Chinois sont les plus livrés à un épicurisme pratique, qui les porte à ne rechercher que les jouissances de ce monde, et à ne vivre qu'en but de celui-là. Cela est possible, mais un pareil état est rare et en général de peu de durée parmi les hommes. Je doute qu'on ait jamais vu pendant des siècles une grande masse d'hommes se renfermant dans la seule passion du bien-être matériel. Il n'a jamais manqué d'apparaître, de temps en temps, des aspirations plus hautes, et des élans de l'âme vers un monde invisible. Le phénomène contraire serait aussi curieux que triste à considérer. Je vous fais cette question ; je pourrais vous en faire mille autres, car tout pique au plus haut point, dans le pays que vous habitez, ma curiosité ; ainsi vous voilà bien à l'aise pour m'écrire. Ayez, je vous prie, l'amitié de le faire toutes les fois que vos affaires vous le permettront.

Je voudrais bien payer vos nouvelles chinoises par des nouvelles européennes qui fussent de nature à m'acquitter ; mais je n'ai rien à vous donner qui vaille ce que

vous m'avez envoyé. Les journaux vous donnent, mieux
que je ne pourrais le faire, la connaissance des faits. Il
ne me reste donc qu'à vous communiquer mes apprécia-
tions. Je crois pour quelque temps au moins, à la certitude de la paix. Le gouvernement français, qui avait
paru un moment, après l'horrible attentat commis au
mois de janvier, frappé d'une sorte de vertige, semble
rentré dans son sang-froid. Dans le premier instant de
frayeur et de colère, on avait eu l'air de vouloir adopter
une politique de violence que la nation, toute fatiguée
qu'elle soit des agitations politiques, n'aurait pas longtemps soufferte. Au dehors, on s'était emporté en menaces qui avaient fait croire aux Anglais qu'on méditait
quelque grand coup contre eux. Au dedans et au dehors,
ces mauvaises mesures avaient créé un état de craintes,
d'incertitudes et d'émotion dans les esprits, qui, joint
aux derniers effets de la crise industrielle, achevait de
paralyser tout le mouvement des affaires ; mais depuis
peu, le gouvernement français a pris une meilleure voie.
Avec cette faculté rare qu'il possède de reconnaître ses
erreurs et la facilité qu'ont les pouvoirs absolus pour réparer celles qu'ils ont commises, il est parvenu à rassurer la nation contre les violences intérieures et contre
les folles aventures au dehors. Il a fait des efforts prodigieux, et en partie couronnés de succès, pour ramener
le gouvernement anglais à l'alliance intime. Mon opinion très-arrêtée, est que la conséquence de tout cela va
être une reprise assez vive des affaires. La récolte, sans
être excellente, est suffisante; ce qui permet encore de

diriger vers l'industrie les capitaux qu'il eût fallu envoyer au loin pour acheter, contre de l'or, du grain. Je crois donc à un retour prochain d'une prospérité publique qui, depuis la crise d'Amérique, a manqué à l'ancien continent aussi bien qu'au nouveau. Quelles seront les limites de cette reprise? Quelle en sera la durée? Je crois que personne ne peut le dire, puisqu'elle dépend en partie de ce qui peut se passer dans la tête d'un seul homme, qui ne parle guère et ne parle que dans ses desseins. La fortune le conduit jusqu'à présent comme par la main.

Je ne sais si aucun homme sur la terre a jamais vu succéder à dix années d'infortune dix années d'une prospérité aussi inouïe. Il ne s'est presque pas passé d'événements depuis dix ans, qui ne l'ait servi et comme porté vers le succès; mais ce n'est pas déjà un faible mérite, il faut le reconnaître, que de savoir *suivre* la fortune; il y a tant d'hommes qui s'obstinent à lui tourner le dos!

Rappelez-nous avec beaucoup d'amitié au souvenir de madame Beckwith, et si de votre côté vous conservez un peu d'amitié pour nous, écrivez-nous quelquefois, car vos lettres nous font un grand plaisir.

Ma femme vous remercie beaucoup de ce que vous lui avez écrit.

A M. J. J. AMPÈRE

Il me paraît, mon cher ami, qu'il est écrit que nous ne nous reverrons pas à Rome. Andral ne pense point que faisant tant que de chercher un climat particulièrement égal, il soit sage d'aller à Rome. Il m'avait permis Pise, mais je vous avoue que l'insignifiance de cette ville comme séjour me repousse. Je ne trouve pas que cela vaille la peine de passer les monts ou la mer, et de faire faire un grand effort de voyage à ma pauvre femme qui est déjà si fatiguée. Notre intention arrêtée est donc (toujours avec l'approbation d'Andral) de ne pas sortir de France et de prendre nos quartiers d'hiver à Cannes. Nous trouverons là un climat très-doux, une petite maison bien exposée à habiter, et nous serons toujours en France, à portée des livres des bibliothèques publiques. S'il me venait un peu de santé, je suis sûr que je jouirais de ce séjour et l'utiliserais. Mais la santé reviendra-t-elle? Ce que j'ai n'a rien de dangereux immédiatement; c'est une bronchite chronique, autrement dit *un catarrhe*. Mais pourquoi un catarrhe à mon âge? Si ce n'est pas une grande maladie, cela peut être pire: le commencement d'une infirmité. Depuis dix jours que je suis ici, je fais force remèdes. Les médecins prétendent que je suis un peu mieux; je vous assure que je ne m'en aperçois pas du tout. Ma femme, retenue après mon départ à Tocqueville pour nos affaires, arrivera, j'espère, aujourd'hui; ce sera une grande consolation. Dans une dizaine de jours nous partirons pour Cannes. Je vous écrirai de là en vous donnant notre adresse exacte. Vous dire que je ne suis pas triste et découragé, et que je ne commence pas à être assez las de mon personnage, ce serait jouer la comédie, ce qu'on ne doit pas faire avec de bons amis comme vous. Mais comme on n'améliore en rien cette matière en parlant, j'en reste là, non sans vous avoir embrassé de tout mon cœur.

## A M. LE BARON HUBERT DE TOCQUEVILLE

Cannes, 15 novembre 1858.

Je suis bien en retard avec toi, mon cher ami, mais tu sais les tristes circonstances qui ont motivé mon long silence, et qui, aujourd'hui même, m'obligent à ne pas t'écrire longuement.

Je suis arrivé ici le 4 de ce mois après un voyage de huit jours qui s'est fait dans les conditions les plus mauvaises. Au moment où je me mettais en route, un hiver prématuré se déclarait, surtout dans le Midi. J'ai trouvé dans la vallée du Rhône un véritable ouragan du Nord, aussi glacial qu'il était violent; de la neige sur toutes les montagnes et la gelée dans la vallée. J'étais déjà parti de Paris faible. Cette longue course m'a épuisé, et je suis arrivé ici n'en pouvant réellement plus. Onze jours de repos m'ont un peu remis. Je suis moins faible, quoique très-faible encore. Le médecin que je vois ici semble augurer bien de la maladie des bronches; mais je n'en suis pas moins, je t'assure, dans une triste position.

Nous avons loué ici une maison très-agréable qui est voisine d'un grand bois d'arbres verts. On a en face de soi et autour de soi, des bois d'oliviers au-dessus desquels s'étend la mer; tout cela serait fort agréable à voir si on avait le cœur gai en regardant, et surtout si le temps était meilleur. Mais depuis notre arrivée ici nous avons un vent du nord violent qui ne me permet pas de sortir, ou des torrents de pluie qui font disparaître la mer de notre horizon, bien qu'elle ne soit qu'à un quart de lieue.

Même jour, deux heures.

Je reçois ta lettre du 11, mon bon ami, elle m'intéresse beaucoup et sa lecture m'a été très-agréable. Je t'en remercie. Ce qui se passe en Prusse peut être un événement très-considérable, si les libéraux savent marcher prudemment et ne point s'embarrasser dans la manœuvre constitutionnelle qui est toujours bien difficile à ceux pour qui elle est nouvelle. S'ils fondent une vraie monarchie représentative en Prusse, il n'y a pas de doute que le fait n'ait une importance bien plus grande qu'un simple fait prussien. Toutes les vieilles monarchies de l'Allemagne en seront plus ou moins influencées, et la politique extérieure elle-même ne peut manquer d'en recevoir un nouveau tour. Tout ce que tu me manderas sur les suites de cette grande entreprise m'intéressera beaucoup.

Je dois un peu faire réparation à ce climat; depuis midi le vent a changé, le soleil inonde de chaleur et de lumière la terre, et j'ai pu faire avec délices quelques pas au grand air. Ta tante te remercie de ta lettre de Paris qu'elle a reçue. Elle n'y a pas encore répondu, parce que la pauvre femme a été presque autant éprouvée que moi par le voyage; elle était partie souffrante, et depuis son arrivée ici elle ne peut se remettre. Adieu, mon cher enfant, écris-moi souvent, et compte sur ma tendresse.

### A M. LE COMTE DE MONTALEMBERT

Cannes, 20 novembre 1858.

Mon cher Montalembert, quoique je sois relégué en ce moment dans un coin bien retiré du monde et assez malade, je ne suis pas cependant insensible à ce qui vous arrive, et le bruit des violences dont vous êtes l'objet arrive jusqu'à moi.

Je n'ai jamais pu me procurer votre article[1]. Dufaure, dont j'ai reçu une lettre hier, m'assure qu'il ne s'y trouve pas un seul mot qui puisse servir de fondement raisonnable à la poursuite qui est dirigée contre vous. Aussi, suivant lui, ce n'est pas à cause des passages in-

1. *Un débat sur l'Inde au Parlement anglais.*

criminés qu'on vous poursuit, mais bien à cause de ce qu'on n'ose pas incriminer. Ceux-là sont, me dit-on, la plus admirable apologie des institutions libres et des grands effets que ces institutions produisent. Je n'ai pas besoin de vous dire que, sur ce terrain, je suis avec vous de cœur et d'âme, et qu'ici vous êtes le champion de ma cause. Laissez-moi donc vous serrer la main de loin avec effusion.

Vous serait-il impossible de m'envoyer votre article sous enveloppe? Nul, j'ose le dire, ne vous lirait avec un cœur plus sympathique que moi.

Présentez mes hommages à madame de Montalembert et croyez à tous mes sentiments de sincère amitié.

Je suis arrivé ici depuis trois semaines pour y passer l'hiver, afin d'essayer de m'y débarrasser d'une bronchite opiniâtre qui commençait à m'inquiéter.

# ANNÉE 1859

Cannes, 1ᵉʳ mars 1859.

Chère cousine, je vous renvoie les lettres si intéressantes que vous m'avez envoyées et j'y joins deux mots :
car aujourd'hui le temps me manque pour faire une
chose que j'aime beaucoup, qui est de vous écrire longuement.

Que notre cher Antonin se soit fait les amis les plus
respectables parmi ceux qui ont vécu près de lui, c'est,
en vérité, ce qui ne demandait pas sa preuve. Je connais
notre jeune homme *à fond*, et je sais les sentiments qu'il
doit et peut inspirer.

Je ne suis pas encore bien rassuré par la correspondance que vous m'avez envoyée, et je désire vivement en
savoir plus long. L'âme de votre fils, malgré tout ce qu'il
dit de son calme, est encore profondément agitée; elle

n'a point repris son équilibre; et tant qu'un homme est
en cet état, on ne saurait être parfaitement tranquille.
L'idée de donner sa démission me paraît folle. Dieu
veuille qu'elle ne soit pas exécutée avant que vous soyez
arrivée à temps pour l'en empêcher. Je suis sûr que cet
incident n'exercera qu'une très-faible influence sur sa
carrière, pour peu qu'il laisse un peu marcher les choses
sans s'en mêler; et c'est plus que jamais le cas de dire
avec Pascal, « que presque tous les malheurs des hommes
leur arrivent toujours pour ne pas savoir se tenir quelque temps tranquilles dans une chambre. » A la chambre près, qui serait bien chaude en Cochinchine, Antonin ne saurait mieux faire. L'amiral sera bientôt fâché
et troublé de ce qu'il a fait; car votre fils n'est pas le
premier venu... Enfin, ce qui m'inquiète, c'est l'espèce
de mal du pays qui semble s'être emparé de votre fils et
qui, du reste, se comprend très-bien. Il serait, au contraire, très à désirer qu'il pût rester-là jusqu'à la fin des
opérations militaires et y prendre part dans une condition quelconque. Mais c'est beaucoup demander d'un
jeune homme épuisé de fatigue et abreuvé de dégoût. Le
temps me manque et j'en reste là. Mille et mille amitiés
de cœur.

Ci-jointe une lettre pour Ampère. J'écris de plus en
particulier à celui-ci.

## A M. BOUCHITTÉ

Cannes, 5 mars 1859.

J'ai reçu votre lettre, mon cher ami, et je vous en remercie. Je vois que vous ne m'oubliez pas, et que les
bruits qui ont alarmé mes autres amis vous ont ému
vous-même. Ces bruits étaient, comme vous l'avez su,
sinon entièrement faux, au moins singulièrement exagé-
rés. Il n'est que trop vrai que je suis malade ; sans cela
je ne serais pas ici ; mais, pour le moment, ma maladie,
loin de s'aggraver, semble marcher vers un mieux décisif. Depuis mon arrivée ici, j'ai retrouvé le sommeil,
l'appétit, les forces ; malheureusement les bronches sont
encore loin d'être guéries, et tant qu'on n'en arrivera
pas là, on ne tient rien.

Ma plus grande misère est l'ennui. On m'ordonne
comme premier remède le silence ; et, en effet, mon corps
s'en trouve à merveille ; mais souvent mon esprit se sent
accablé de ce régime. Je n'aurais jamais pu m'imaginer
le prix qu'a la parole avant d'en avoir perdu l'usage. Je
ne puis encore travailler sérieusement ; j'en suis donc
réduit à lire. Mais on ne peut lire sans cesse, et puis quoi
lire ? J'ai toujours été un très-mauvais *liseur*, à moins
que je n'eusse un but positif dans la lecture. Mon habitude est plutôt de me nourrir sur moi-même, ce qui est
souvent, il est vrai, une assez maigre nourriture. Mais
telle qu'elle est, je la préfère à une meilleure que me

fournissent les autres. Je dis me *nourrir sur moi-même*, en réfléchissant profondément, mais non en laissant divaguer misérablement ma pensée, comme je suis réduit à le faire en ce moment.

Je vous sais gré de garder bon souvenir du pauvre Tocqueville; c'est un lieu qui est bien avant dans mon cœur; et je préférerais vivre sous son ciel tantôt si tristement doux, tantôt si orageux et si terrible, que de respirer l'air le plus embaumé de l'univers, sur les bords de la mer la plus bleue et la plus tranquille. Mais ma pensée ne se tourne vers lui en ce moment qu'avec quelque mélancolie; car je ne pense pas que son climat puisse s'arranger d'une manière habituelle avec ma santé, et je désespère de passer de nouveau sous mon toit ces longs hivers qui me paraissaient si courts.

Adieu, mon cher ami.....

FIN DU TOME SEPTIÈME.

# TABLE

TABLE. 525

PARIS. — IMPRIMERIE SIMON RAÇON ET COMP., RUE D'ERFURTH 1.

# TABLE ALPHABÉTIQUE

### DES CORRESPONDANCES CONTENUES DANS CE VOLUME

FIN DE LA TABLE DU SEPTIÈME VOLUME

PARIS. — IMP. SIMON RAÇON ET COMP., RUE D'ERFURTH, 1.